21世纪高职高专经管专业精编教材

# 企业经营管理实务

熊小霞◎主编　邵洵　李雪霞　熊金凤　徐冰◎副主编

U0423678

清華大學出版社
北京

## 内容简介

本书是专门为以工作过程为导向的专业课程开发的成果教材。全书以企业经营管理岗位和岗位群要求的工作任务和职业能力分析为依据，按照企业运营的流程，将教材内容整合成企业的创建、企业的发展和企业的成长三个相互衔接、依次递进的学习情景，每个学习情景下又根据实际工作需要设置了若干工作项目和工作任务。在具体的编排中，按照“项目背景—任务分解—任务引入—信息获取—任务实施—项目验收与评估”的流程设计编写体例；按照理论知识“必需、够用”，重点突出实践环节这一要求来选取教材内容。另外，为了强化专业技能的培养，开阔学生的视野，增强学生分析问题、解决问题的能力，在教材中提供了大量的小思考、小资料和案例，使教材融“知识性、科学性、实用性、可操作性”于一体，从而扎实、有效地培养和提高学生的管理技能。本教材共分十三个工作项目，系统地介绍了创立企业、企业战略管理、企业经营决策、企业文化、企业生产管理、企业营销管理、企业人力资源管理、企业物资管理、企业财务管理、企业技术管理、企业质量管理、企业的战略联盟和并购以及企业的国际化经营等知识，适合高职高专企业管理专业的学生学习使用。

**本书封面贴有清华大学出版社防伪标签，无标签者不得销售。**
**版权所有，侵权必究。举报：010-62782989，beiqinquan@tup.tsinghua.edu.cn。**

**图书在版编目（CIP）数据**

企业经营管理实务/熊小霞主编．—北京：清华大学出版社，2013.2（2024.1 重印）
21 世纪高职高专经管专业精编教材
ISBN 978-7-302-31245-1

I. ①企…  II. ①熊…  III. ①企业经营管理-高等职业教育-教材  IV ①F270
中国版本图书馆 CIP 数据核字（2013）第 001678 号

**责任编辑：**李昱颉
**封面设计：**刘　超
**版式设计：**文森时代
**责任校对：**赵丽杰
**责任印制：**曹婉颖
**出版发行：**清华大学出版社
　　**网　　址：**https://www.tup.com.cn, https://www.wqxuetang.com
　　**地　　址：**北京清华大学学研大厦 A 座　　**邮　　编：**100084
　　**社 总 机：**010-83470000　　**邮　　购：**010-62786544
　　**投稿与读者服务：**010-62776969，c-service@tup.tsinghua.edu.cn
　　**质量反馈：**010-62772015，zhiliang@tup.tsinghua.edu.cn
**印 装 者：**涿州市般润文化传播有限公司
**经　　销：**全国新华书店
**开　　本：**185mm×230mm　**印　　张：**23.75　**字　　数：**504 千字
**版　　次：**2013 年 2 月第 1 版　**印　　次：**2024 年 1 月第 12 次印刷
**定　　价：**69.00 元

---

产品编号：044275-03

# 前言

企业作为现代社会经济的基本构成单位，承担着为社会创造物质财富、推动社会不断进步、促进社会经济不断增长的重要任务。当今，随着经济全球化的日益深入，我国市场经济体制建设的不断完善，企业面临的竞争环境日益激烈。据资料报道，我国中小企业的平均寿命仅为2.5年，集团企业的平均寿命仅为7～8年，每年有数百万家企业倒闭。不仅企业的生命周期短，能做强做大的企业更是寥寥无几。是什么造成中国企业普遍的“夭折”？原因之一是企业的经营管理不善造成的企业价值观模糊、企业文化薄弱、经营管理理念不当、战略意识不强、管理效率低下、抗风险能力差等。从这一方面来讲，要实现企业的可持续发展，需要一大批谙熟经营管理之道的专门人才。另一方面，当前高等院校毕业生的就业压力大，面对严峻的求职环境，不少毕业生选择创业作为自己事业的起点。而创办企业，再将企业由小做到大，需要具备一定的经营管理技能。有鉴于此，我们编写了此教材。在编写中，我们按照企业由小到大、由大到强的发展脉络来设计编写体例、选取教材内容，使教材具有科学性、可操作性和实用性，能够切实培养学生的经营管理技能，以达到为社会输送合格的高技能管理人才的目的。

本书以高职高专教育改革理念为指导，以基于工作过程为导向的项目任务驱动式教学为原则编写，以供高职高专院校企业管理专业教学之用。全书设计了三个学习情景、十三个工作项目。项目一由熊金凤老师编写，项目二、四、五、十、十二、十三由熊小霞老师编写，项目三、七由李雪霞老师编写，项目六、八、十一由邵洵老师编写，项目九由徐冰老师编写。本书在编写中参考了一些企业管理方面的著作和研究资料，包括网上的一些资料，在此对相关作者和专家表示诚挚的谢意！

由于编者的学识、能力有限，书中疏漏和失当之处在所难免，敬请专家学者和广大读者批评指正。

编　者

# 目录

## 学习情景一　企业的创建



## 学习情景二　企业的发展

## 学习情景三　企业的成长

# 学习情景一　企业的创建

## 项目一　创立企业

# 项目一　创 立 企 业

【知识目标】

1. 了解企业的特征；经营管理的内容和要素。
2. 熟悉企业的类型；现代企业制度的内容；公司的治理机构。
3. 掌握公司设立登记的程序；企业组织结构的类型。

【能力目标】

1. 能判断企业的类型。
2. 能树立正确的企业经营思想。
3. 充分了解现代企业制度。
4. 会设立、登记有限责任公司。
5. 会设计企业组织结构。

【项目背景】

假定你是一名刚从大学毕业的学生，在大学学习的是工商企业管理专业。现在，怀抱创业激情和理想的你筹划着和几名同学创办一家企业，开创自己的一片事业天地。万事开头难，如何迈开自己的第一步呢？

【任务分解】

创业是很多学子毕业后的一项选择。为了让自己的事业有一个良好的开端，在创业之初，你需要对企业、企业的经营管理以及现代企业制度有深刻的认识，需要选择创立企业的法律形式以及设计企业的组织结构等。通过本项目的学习，你应该能完成以下任务：

任务一　感知企业
任务二　领悟经营管理内涵
任务三　认识现代企业制度
任务四　创立公司
任务五　设计企业组织结构

# 任务一 感知企业

【任务引入】

在我们身边存在着各种各样的组织，其中为社会创造物质财富、推动整个社会和经济不断发展的组织便是企业。什么是企业？企业相对于其他组织有什么特征？有哪些类型的企业？下面将就这些问题一一解答。

【信息获取】

## 企业的概念、特征和分类

### 一、企业的概念

企业是从事生产、流通、服务等经济活动，以生产或服务满足社会需要，依法设立的一种营利性的经济组织。企业是人类社会发展到一定阶段，特别是商品经济发展到一定水平的产物。企业是国民经济的基本单位，是近现代社会重要的细胞和组成部分，是经济生活中最积极、最活跃的因素。

### 二、企业的特征

1．经济性

企业是经济组织，从事的是经济活动，以谋求利润为目的。经济性是企业区别于其他非经济组织的本质特征。

2．社会性

企业是一个社会组织，是社会经济系统中的一个子系统，与其他系统发生着广泛的经济联系，受外界环境的影响很大。

【小思考】

社会大系统中与企业利益紧密相关的群体或机构有哪些？

3．独立自主性

独立自主性是指企业独立自主从事生产经营活动，在国家法律、政策允许的范围内，其生产经营活动不受其他主体干涉，主要受市场机制的影响。政府通过法律、行政手段对企业进行宏观调控。

**4. 能动性**

企业存在于社会大系统中，受外部环境的影响，企业无法控制其环境，但企业可以发挥自己的能动性，通过调整自己的经营行为来适应环境、影响环境，从而使环境朝有利于自身经营活动的方向发展。

**5. 竞争性**

企业是市场竞争主体。竞争是市场经济的基本规律。企业要生存、发展就必须参与竞争。

## 三、企业的类型

依照不同的标准可以对企业进行不同的分类。

**1. 根据企业的组织方式来分类**

（1）公司。公司是依照公司法规定的条件和程序设立的，以营利为目的的企业法人。我国现行《中华人民共和国公司法》（简称《公司法》）只规定了有限责任公司和股份有限公司。公司是世界各国所采用的企业组织形式中最重要的一种企业形态，它也是我国社会主义市场经济体制中一种主要的基本企业组织形式。

**【小资料】**

法人是指法律上具有人格的组织，它们就像自然人一样享有法律上的权利与义务，可以发起或接受诉讼。法人能够以政府、法定机构、公司、团体等形式出现，具有民事权利能力和民事行为能力，依法独立享有民事权利和承担民事义务。法人是世界各国规范经济秩序以及整个社会秩序的一项重要法律制度。

（2）合伙企业。合伙企业是指由两名以上的合伙人根据合伙协议，共同出资、合伙经营、共担风险、共享经济收益，对合伙企业债务负无限连带责任的企业。根据《中华人民共和国合伙企业法》规定，合伙企业包括普通合伙企业和有限合伙企业。

（3）个人独资企业。个人独资企业是指依法在中国境内设立，由一个自然人投资，财产为投资人个人所有，投资人以其个人财产或者家庭财产对企业债务承担无限责任的经营实体。

**2. 根据企业的所有制形式来分类**

（1）国有企业。国有企业又被称为全民所有制企业，是指企业的全部财产属于国家所有，由国家出资兴办的企业。国有企业是国民经济的主导力量，在社会经济生活中起着重要的支配作用。

（2）集体所有制企业。集体所有制企业是指生产资料属于一定范围内的劳动群众集体所有，实行共同劳动、自主经营、自负盈亏、独立核算，以按劳分配为主要分配方式的经济组织。

（3）私营企业。私营企业是指财产属于私人所有，雇工在 8 人以上的营利性经济组织。私营企业可以依法采取独资企业、合伙企业和有限责任公司等形式。

（4）外商投资企业。外商投资企业是指外国投资者依照中华人民共和国法律，经中国政府批准，在中国境内投资兴办的企业。外商投资企业包括中外合资经营企业、中外合作经营企业和外资企业等。

**3．根据生产力各要素所占比重来分类**

（1）劳动密集型企业。劳动密集型企业是指生产需要大量的劳动力，也就是说，产品成本中活劳动量消耗占比重较大的企业，又称为劳动集约型企业。在劳动密集型企业里平均每个工人的劳动装备不高，比如纺织企业、服务企业、食品企业、日用百货等轻工企业以及服务性企业等。

（2）技术密集型企业。技术密集型企业是指技术装备程度比较高，所需劳动力或手工操作的人数比较少，产品成本中技术含量消耗占比重较大的企业，比如重型机械制造、汽车、石油化工等重工业。

（3）知识密集型企业。知识密集型企业主要指拥有较多中高级科技专家，综合运用国内外先进科学技术成果进行生产经营的企业。这类企业拥有大量高、尖、新技术设备，产品具有较高的知识与技术含量，生产与管理的内容和环节主要依赖于知识与技术活动，企业的无形资产占有相当的比重，比如航天、生物工程、计算机、激光技术等企业。

**4．根据企业规模来分类**

（1）大型企业。大型企业是指年销售收入在人民币 4 亿元，年平均资产在人民币 3 亿元以上的企业。

（2）中型企业。中型企业是指年销售收入在人民币 4 000 万～4 亿元，年平均资产在人民币 3 000 万～3 亿元的企业。

（3）小型企业。小型企业是指年销售收入在人民币 4 000 万元以下，年平均资产在人民币 3 000 万元以下的企业。

**【小资料】**

据第二次全国经济普查，2008 年我国中小企业数量（含持照个体工商户）约 3 700 万户。据国家统计局统计，2010 年全国规模以上中小工业企业数量达到 44.9 万家，实现总产值 49.8 万亿元，分别比 2005 年增长 50.1%和 240%。中小企业对经济社会发展贡献巨大，它创造了全国 60%的国内生产总值，贡献了全国 50%以上的税收，提供了 80%的城镇就业岗位，全国 65%的发明专利、75%以上的企业技术创新和 80%以上的新产品开发都是由中小企业完成的。

**5．根据企业所属经济部门来分类**

分为工业企业、农业企业、商业企业、运输企业、邮电企业、建筑安装企业、金融企业、旅游企业和饮食服务企业等九大类企业。

【任务实施】

## 一、技能训练

1. 上课时教师说出一些身边常见的组织、社团、机构等，让同学们指出哪些是企业，哪些不是企业。

2. 开展课堂讨论：公司制企业、合伙企业和个人独资企业各有何优缺点。

3. 上网查阅《2012 年世界 500 强企业》的名单，分析前 100 名企业构成情况，并选择几家企业，了解这些企业是如何做大做强的。

## 二、案例分析

据美国《财富》杂志报道，美国中小企业平均寿命不到 7 年，大企业平均寿命不足 40 年；而中国中小企业的平均寿命仅为 2.5 年，集团企业的平均寿命仅为 7～8 年。美国每年倒闭的企业约 10 万家；而中国却有 100 万家，是美国的 10 倍。在中国不仅企业的生命周期短，能做强、做大的企业更是寥寥无几。

企业做不长、做不大的根源当然很多，但核心根源却只有一个——缺乏一个能引领企业永续前进、具有真正商业领袖基因的企业掌门人。不管你是刚刚创业的商场新秀，还是久经沙场的企业老将，都要掌握“经营人心”、“管理人心”的心训方法。

资料来源：http://finance.sina.com/jygl/20040519/1443767985.shtml

【案例分析题】

1. 你认为中国企业寿命短的原因是什么？
2. 你认为应该如何来“经营人心”、“管理人心”？

# 任务二　领悟经营管理内涵

【任务引入】

任何企业在其创办之初都想能够长期稳定地发展下去，但是市场竞争的激烈、经营管理的不善、意外风险的遭遇等常常使企业中途夭折。无数中外企业成功、失败的经验告诉我们，要使企业能够持续健康地发展，必须对企业实施科学的经营管理，让我们一起来领悟经营管理的内涵吧。

【信息获取】

# 经营管理的概念、内容、要素和过程

## 一、经营管理的概念

企业经营管理是对企业整个生产经营活动进行决策、计划、组织、控制、协调，并对企业成员进行激励，以实现其任务和目标一系列工作的总称。其基本任务是合理地组织生产力，使供、产、销各个环节相互衔接、密切配合，人、财、物各种要素合理结合、充分利用，以尽量少的活劳动消耗和物质消耗生产出更多的符合社会需要的产品。

## 二、经营管理的主要内容

合理确定企业的经营形式和管理体制，设置管理机构，配备管理人员；搞好市场调查，掌握经济信息，进行经营预测和经营决策，确定经营方针、经营目标和生产结构；编制经营计划，签订经济合同；建立、健全经济责任制和各种管理制度；搞好劳动力资源的利用和管理，做好思想政治工作；加强土地与其他自然资源的开发、利用和管理；搞好机器设备管理、物资管理、生产管理、技术管理和质量管理；合理组织产品销售，搞好销售管理；加强财务管理和成本管理，处理好收益和利润的分配；全面分析评价企业生产经营的经济效益，开展企业经营诊断等。

## 三、经营管理的要素

经营管理的要素是指企业投入生产经营过程中的各种资源。任何企业的生产经营都必须先投入一定种类和数量的资源，才能最终生产和经营一定的产品或提供服务。因此，经营要素是企业进行正常生产经营活动必不可少的客观条件和物质基础。经营管理的要素主要有：

（1）土地。在农业中，土地是基本的生产资料，它既是农业生产活动的基地，又是农业生产的劳动对象和劳动手段；而在工商、服务等行业中，土地只是作为生产经营的基地和场所发挥作用。在目前的科学技术条件下，土地的功能是其他任何生产资料都无法替代的。土地的质地和肥力不同，地理位置不同，其经济价值就不同，它们对企业的生产经营及经济效益的影响也各不相同。

（2）劳动力。劳动力是指企业内部生产产品或为企业提供智力和服务的人。它包括管理人员、技术人员、工人等。劳动者在生产力要素中居支配地位，是最活跃、最富有创造力的因素。企业因人而生，由人组成。企业的任何一项经济活动都要靠人来组织，它的任何一台设备都要靠人来操纵指挥，所以劳动者的数量和质量、劳动力的组织和搭配均会直接影响企业的效益。在现代社会中，劳动者素质的高低，劳动积极性和创造性的大小，在很大程度上决定着企业未来的前途和命运。

（3）资本。资本是指企业事先用于生产经营所垫付的货币资金和生产资料，又称本金。一定数量的货币资本是企业创立时所必需的条件之一，它也是企业生产经营全过程中始终都必需的。在商品经济中，由于货币是一般等价物的特殊商品，故备受人们的青睐。企业的任何经济活动都离不开货币资金。此外，企业经济活动效益的好坏往往也要通过货币来衡量。因此，在某种程度上可以说企业生产经营的目标是确保企业资本的增值。

生产资料是一定数量货币物的表现形式，又称劳动手段，它是企业生产经营的物质基础，需要企业用货币在市场上购买。同劳动一样，生产资料也是创造物质财富的源泉，它包括劳动资料和劳动对象。劳动资料是人们在劳动过程中用来改变或影响劳动对象的一切物质资料和物质条件。企业正是利用这些劳动资料才使劳动对象发生预期的变化，生产出市场所需的产品。因此，劳动资料特别是机器设备的数量和质量、工艺技术的先进程度，对企业生产经营的进行及效率影响甚大。劳动对象是指人们在生产中将劳动加于其上的一切东西，它包括自然物和原材料两大类，其中自然物的品位、蕴藏量、开采的难易程度，原材料的品种、质量是影响企业生产效率和产品质量的关键因素。随着科学技术的发展，人们将会发现自然物更多的有用属性，创造出许多新材料，从而会使原材料种类更加多样化，替代范围更加广泛。

（4）技术。技术是人们所掌握的知识在生产中的具体应用，泛指根据生产实践经验和自然科学原理而发展成的各种工艺操作方法和技能。除此之外，它包括相应的生产工具和其他物资设备、生产的工艺过程或作业程序方法。技术常常蕴藏在人们的头脑之中，并通过人们的四肢等器官表现出来，更多的是，技术常常物化在生产资料之中，以生产资料为载体，通过其质量、种类、性能等表现出来。科学技术的发展可以使人们操纵更多的机器设备，极大地提高劳动效率。新技术、新工艺、新材料不仅能节约时间、费用和材料，而且还能增加生产总量，创造出许多新的产品，提高产品的功能，开拓新的市场。因此，科学技术对企业的生存及发展至关重要，也正是由于现代科学技术的飞速发展，才出现了功能齐全、日益先进、各种各样的现代化生活消费品。

（5）信息。信息就是接受者预先不知道的音信和消息，这里主要指经济信息。信息同材料、能源一起被称为现代化科学技术的三大支柱。在市场经济高度发达的今天，市场有关信息，如需求的种类、数量，产品价格，竞争对手的实力、策略，新工艺、新项目、新产品等，其中任何一个信息都有可能使一个企业迅速摆脱困境，出现新的转机，获得高额的利润。正是由于信息的巨大价值，现在社会上出现了许多专门以提供信息为生的企业，如信息咨询公司、点子公司等。

## 四、企业经营目标

（1）成长性目标。它是表明企业进步和发展水平的目标。成长性目标的实现标志着企业的经营能力有了明显的提高。成长性目标的指标包括销售额及其增长率，利润额及其增长率，资产总额，设备的能力、品种、生产量。其中销售额与利润额是最重要的成长性目标。

（2）稳定性目标。它表明企业经营状况是否安全，有没有亏损甚至倒闭的危险。稳定性指标包括经营安全率、利润率、支付能力。

（3）竞争性目标。它表明企业的竞争能力和企业形象，具体包括市场占有率和企业形象。

## 五、企业的经营思想

企业的经营思想也称为企业的经营哲学，是指企业在经营活动中对发生的各种关系的认识和态度的总和，是企业从事生产经营活动的基本指导思想，它是由一系列的观念所组成的。企业对某一关系的认识和态度，就是某一方面的经营观念。

（1）市场观念。市场观念是企业处理自身与顾客之间关系的经营思想。顾客需求是企业经营活动的出发点和归宿，是企业的生存发展之源。企业生产什么、生产多少、什么时候生产以及生产的产品以什么方式去满足顾客的基本需求是市场观念的基本内涵。

（2）竞争观念。竞争观念是企业处理自身与竞争对手之间关系的经营思想。市场竞争是在市场经济的条件下，各企业之间为争夺更有利的生产经营地位，从而获得更多的经济利益的斗争。市场竞争具有客观性、排他性、风险性和公平性。企业对这方面的认识和态度，反映出企业竞争观念的表现方式和强度。

（3）效益观念。效益观念是企业处理自身投入与产出之间关系的经营思想。企业可视为一个资源转换器，以一定的资源投入，经过内部的转移技术，转换出社会和市场所需要的产品。经济效益是产出和投入之比，这个比率越大，经济效益就越高。效益观念的本质就是以较少的投入（资金、人、财、物）带来较大的产出（产量、销售收入和利润）。因此，企业的效益观念涉及处理好投入、转化和产出的综合平衡，解决好投入、转换的经济、高效和产品的适销对路。

（4）创新观念。创新观念是企业处理现状和变革之间关系的经营思想。创新是企业家抓住市场的潜在机会，对经营要素、经营条件和经营组织的重新组合，以建立效能更强、效率更高的新的经营体系的变革过程。企业的创新观念主要体现在三个方面：一是技术创新，包括新产品开发、老产品的改造、新技术和新工艺的采用以及新资源的利用；二是市场创新，即向新市场的开拓；三是组织创新，包括变革原有的组织形式，建立新的经营组织。变革是有风险的，然而不变革也是有风险的。对两种风险的认识和态度是创新观念的本质。

（5）长远观念。长远观念是企业处理自身近期利益与长远发展关系的经营思想。近期利益和长远发展是一对矛盾统一体，商品生产的特点是扩大再生产，然而投资者和职工当前的利益又不能不考虑。企业领导者如何兼顾这对矛盾，是长远观念的核心。

（6）社会观念（生态观念）。社会观念是企业处理自身发展之间关系的经营思想。现代企业越来越感到社会责任的重要性。企业之所以能存在，就在于能对社会做出某些贡献。除了生产适销对路的产品外，企业还负有对国家、生态环境、文化教育事业、社区发展、就业、职工福利和个人发展等的责任。社会观念的本质就是谋求企业与社会的共同发展。企业的发展为社会做出了贡献，社会的发展又为企业的发展创造了一个良好的外部环境，所以也称为生态平衡观念。推而广之，生态观念是指企业与所有利益相关者互惠互利，共同发展的观念。

（7）民主观念。民主观念是企业领导在决策时处理与下属以及职工关系的经营思想。决策是企业经营的核心问题，现代企业的经营决策要科学化、民主化。企业的广大职工中蕴藏着丰富巨大的想象力和创造力，企业领导者如何把这种想象力和创造力激发出来，予以加工提炼，是民主观念的核心。

【任务实施】

## 一、技能训练

查阅资料，了解当前企业经营管理理论的新动向和新理论，并结合自己的理解谈谈对这些新理论的看法。

## 二、案例分析

### 同仁堂传奇

在北京大栅栏林立的店铺中，有一座古朴庄重的楼阁，这便是清康熙八年（公元1669年）由祖籍浙江宁波，明代迁居北京的乐家第四代传人乐尊育创建的，享誉海内外的老字号“同仁堂”药店。

在坎坷的岁月中，在市场经济大潮的冲刷下，同仁堂非但没有消逝，反而日见辉煌——由解放前的三间小门脸发展到今天营业面积为4 600平方米的大楼；从过去“供奉御药”的中药房发展为总资产18亿元，拥有6 000多名员工的现代集团企业，并成为医药界为数不多的上市企业。其店名更成为企业“德、诚、信”的化身。

同仁堂经营不少名贵药——上百上千元的人参鹿茸；同时廉价药品也十分丰富:一元一张的狗皮膏，几角钱一瓶的眼药水……他们做大生意，但也不放过小买卖，“只要能方便顾客就行”。同仁堂以“养生济世”为己任，从不为不义之财所动。前几年我国南方一些城市流行肝炎，特效药板蓝根冲剂供不应求，到同仁堂拉板蓝根的汽车排起了长队。同仁堂的职工昼夜奋战，生产高质量的板蓝根。有人提出药品需求量这么大，况且当时配料之一：白糖没有库存了，同仁堂使用的是高价糖，如果按原价出厂不合算，应提高价格。但同仁堂将治病救人视作自己的天职，岂能乘人之危发难民财，药品一律按原价出厂。同仁堂“德、诚、信”这一服务宗旨更是体现在药品质量上。20世纪60年代曾发现过一批保存了几十年甚至百余年同仁堂制作的中成药，这些药香气浓郁，润而不干，就像是近期制作的一般，其过硬的质量是不言而喻的。同仁堂的药质和药效让人倍感神奇，殊不知它的采购和制作是何等的考究。同仁堂一向不惜以高价购买上品参茸；对于不按时令采集的劣等药材，尽管市场价格便宜，也绝不购买。对黄酒、蜂蜜等附加料的选择也是极为重视。在制作成药的过程中，同仁堂严格地按照祖训“炮制虽繁，必不敢省人工；品味虽贵，必不敢减物力”行事。如今，“质量第一”的宗旨不变，店内所有药品都从主渠道进货，“产非其地，采非其时”的药材被拒之门外。店内的中成药，从购进原料，炮制工到包装上柜，要经上百道工序，每道工序都有严格的标准。所售饮片，均需经过再加工，除去杂质方可销售。

三百多个春秋过去了，同仁堂药店大了，名气大了，但它的追求——“质量第一”却丝毫未变。为了让每一位顾客都能买到放心药，药店采取各种措施，杜绝假冒伪劣商品进店。药店建立了从采购、验收、保管到销售，一环紧扣一环，层层把关的质量检验制度。在收购野山参、鹿茸、冬虫夏草、牛黄等名贵药材时，要派经验丰富的中药专家亲临产地，看货选样。俗话说“丸散膏丹，神仙难辨”。传统的中药生产鉴别所凭借的经验，是对药物的眼看、手摸、耳闻、口尝的感性认识。但鉴于现今假冒伪劣药品充斥市场，同仁堂的产品除了传统的鉴别方法外，还要由质检科送权威检测部门检验，合格后方可销售。过去的同仁堂就很注重宣传自己：每当京城会试期间，同仁堂都要向举子们馈赠牛黄清心、羚翘解毒等四季度时之药，以此为同仁堂传名。每当阴历二月开沟时，同仁堂便制造写有同仁堂字样的大红灯笼，夜晚置于开沟之地，以防行人落入沟中。同仁堂时常还做些舍粥、舍棺材的义举……这一切都使同仁堂美名流传。

在市场经济中，同仁堂人更没有放弃对自己的宣传。媒体的宣传是其中的一小部分，大部分的宣传手段靠的是“真诚的服务”。多年来，同仁堂一直默默地为顾客提供着费工、费时、不见经济效益的各种便民服务。买药的顾客有时对药性不清楚，或是代别人抓药，为此同仁堂在店堂中设立了“问病服药处”，聘请有经验的退休老药工为顾客免费提供咨询。中药里，汤剂的比重较大，熬制汤药费工费时。同仁堂坚持为顾客熬制汤药，只收取极低的工本费。此外，他们还长期代客加工中成药，加工的丸、散、膏、丹等保持了传统的制作工艺，用料细，做工精，有效成分保持得好，因而许多国际友人和海外华侨托人或专程来同仁堂配药。代客邮寄药品业务也是赔本的买卖，可同仁堂的邮寄部始终做到“有信必答，有求必应”。顾客寄来的钱剩余的多，便为顾客寄回；如果只剩下块八毛的，就买成邮票同药一起寄回。他们这种“计较”的态度令顾客感动不已。药店还安排专人夜间售药，设立患者和客户急需药品登记簿，为残疾人送药上门，增设ATM取款机、磁卡电话、助听器测试仪以及外币兑换业务，目前已可兑换21个国家的货币。1996年，同仁堂又本着“社会效益第一，一心为病患者服务”的指导思想，创办了医馆，聘请26名有丰富临床经验的北京市名老中医坐堂应诊，为百姓解决了看专家号难的问题。由于医馆专家的医术精湛、疗效显著，国内外各阶层人士纷纷慕名而来。这些便民、利民的服务胜过了千言万语的文字宣传，因此它深入民心。

现在，在经济大潮中，同仁堂为维护自己的声誉——在国内外进行商标注册。同仁堂商标已在新加坡、泰国、菲律宾、意大利、英国、日本等国家和地区以及28个马德里协约国注册或申请注册。由于全面考虑商标的可读性和可传播性，同仁堂又在以上国家申请注册“TONG REN TANG”英文商标，双龙加英文为同仁堂出口产品的专用标志。同仁堂对商标管理极为严格。同仁堂包装广告公司行使对集团商标的管理职能，商标问题的重大决策必须经过集团总经理、主管副总经理、有关处室处长召开办公会讨论通过。使用同仁堂商标的单位，按统一表格填报申请材料，交同仁堂包装广告公司，申请材料经商标办公会议审批，申请批准后要签订统一的商标使用许可合同，被许可人无权再转让他人使用。商标使用许可合同签订后3个月内报注册人和被许可单位所在工商局备案；委托手续中产生的一切文书材料，同仁堂包装广告公司负责归档。使用期限最长为3年，使用期满后如继续使用，应重新申报使用手续。商标的制版和印刷交给工商行政部门批准的，有资格承揽该项业务的厂家负责印刷。每块版都要有档案，每批印刷都要登记留样。同仁堂商标被许可使用单位要对商标标识物建立入库、领料手续。商标管理人员定期对车间、仓库的商标标识物、各种包装材料的使用及仓储情况进行现场检查、监督，并完善使用、回收和销毁制度。

同仁堂“德、诚、信”的声誉的确来之不易。规模、实力的壮大并没有让同仁堂停止前进的脚步。同仁堂人十分清楚自己的处境，中国大地上有不少中外合资、外商独资的制药企业，他们的西药简单方便、疗效快的优势对同仁堂冲击很大。而且，欧美仍有不少国家和地区对中医、中草药持怀疑态度，这块市场很难抢占。现今中国年青一代受现代文化的影响，对“同仁堂”只有少许印象。面对这些不利因素，同仁堂集团公司投资3.4亿元改造生产环境，增添现代化设备。他们添置的高压液相仪、原子吸收光谱仪、薄层扫描仪等全套检测设备，使产品质量有了科学保证。店内还完善了计算机信息管理系统，各业务部销售情况、物价、资金使用情况、人员档案、广告宣传，以及水蜜丸、药酒等的生产过程中的投料、监控等均采用计算机操作。同仁堂积极巩固国内“阵地”，在北京、香港等建立分店，电视上也出现了他们的广告。与此同时，他们还大胆地走出国门，目前“同仁堂”已取得了十几个国家和地区的质量认证和进口许可，产品通过直接和转口贸易形式出口四十多个国家和地区；在亚洲、欧洲、大洋洲的4个城市设立销售分公司，以拉近与这些地区的消费者的距离。为了适应国外的习惯，同仁堂集团努力在药品的剂型、包装、销售等方面与世界接轨。以前藿香正气丸一次要吃一大把，外国患者不习惯；他们反复研究，生产出了浓缩的软胶囊，每次只服两粒，这个改进扩大了销量。中药的说明采用的往往是古老的四六句，老外弄不明白，且不标明毒理和病理数据，同仁堂集团把出口药品的说明改成普通语言，标明有关检测数据，甚至用图解说明。这些努力在世界卫生组织及西亚太地区举办的首届国际传统医药大会上得以回报:牛黄清心丸获首届长城国际金奖，国公酒、白凤丸获银奖。虽说从前门轰轰烈烈地杀到了国际市场这个大舞台，同仁堂却像往昔一般平淡:热情的服务，一流的质量，唯有新扩建的同仁堂又增添了许多中国古老的中医药文化气息，还有门口那两只经过细心选择的、寓示着祥瑞之意的可爱的麒麟……

资料来源：代凯军，《管理案例》博士评点．北京：中华工商联合出版社，2000

【案例分析题】

概括同仁堂的经营思想，其经营思想对于当今企业有何启迪？

# 任务三 认识现代企业制度

【任务引入】

现代企业制度是针对计划经济体制下建立起来的传统国有企业制度提出来的。建立现代企业制度对建设我国社会主义市场经济体制，促进国有企业改革具有重要意义。要对现代企业制度有所认识就需要了解现代企业制度的特征、内容和公司的治理机构。

【信息获取】

## 现代企业制度的概念、内容和特征

### 一、现代企业制度的概念

现代企业制度是指以市场经济为基础，以完善的企业法人制度为主体，以有限责任制度为核心，以公司企业为主要形式，以产权清晰、权责明确、政企分开、管理科学为特征的新型企业制度。

### 二、现代企业制度的内容

（1）企业法人制度。现代企业制度下的企业都是独立的企业法人，具有独立的法人财产，并且以所拥有的法人财产独立地承担民事责任，从事民事行为。

（2）有限责任制度。企业以其全部法人财产为限，对其债务承担有限责任；出资人以其出资额为限对企业债务承担有限责任。

（3）科学的组织制度。科学完善的组织领导制度是现代企业制度的重要组成部分。现代企业的组织制度的基本形式是公司制，其基本的领导体制是公司的董事会领导下的总经理负责制。

（4）现代化的管理制度。现代企业的管理必须科学化、现代化，它的内容包括劳动制度、人事制度、分配制度、财会制度等一系列的内容。除此之外，现代企业制度的基本内容还包括企业破产制度、企业外部保障制度等内容。

## 三、现代企业制度的特征

（1）产权明晰，即企业是法人团体，具有民事行为能力，独立享有民事权利，承担相应的民事责任。企业产权关系清楚，出资者享有企业的产权，企业拥有企业法人财产权。

（2）权责明确。企业法人有权、有责，企业以其拥有的全部法人财产，依法自主经营、自负盈亏、照章纳税，并对出资者负责，承担资产保值、增值的责任；出资者按投入企业的资本额享有所有者权益，也就是拥有资产受益、重大决策和选择管理者等权利；企业破产时，出资者只以投入企业的资本额对企业债务负有限责任。

（3）政企分开。政府依法管理企业，企业依法自主经营，不受政府部门直接干预。政府调控企业主要用财政金融手段或法律手段，而不用行政干预。

（4）管理科学，即一方面有相互制衡的法人治理结构，如股份制公司中的股东会（权力机构）、董事会（决策机构）、监事会（监督机构）和总经理（执行机构）等；另一方面具有权责明确的经理式的管理层级制，善于管理，提高效率。

【小思考】

传统的国有企业制度有何弊端？

# 现代企业的治理结构

现代企业的治理结构，即公司的治理结构，是指公司的组织机构设置和这些机构的运作规则。按有关规定，公司的治理结构包括股东会、董事会、总经理和监事会等四个部分，其关系如图 1.1 所示。

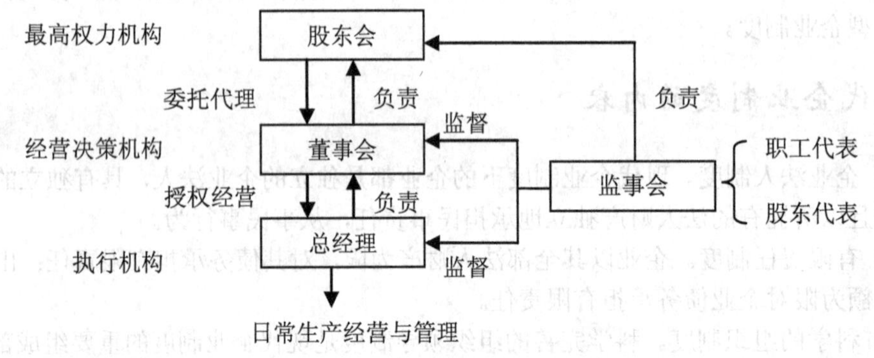


图 1.1　公司的治理结构图

## 一、股东会

股东会是依照公司法和公司章程规定，由全体股东组成的，决定公司重大问题的最高权力机构，是股东表达意志、利益和要求的场所和工具。股东会有定期会议和临时会议两种形式。一般由董事长主持，在召开之前提前 15 天通知全体股东。

股东会行使下列职权：

（1）决定公司的经营方针和投资计划；

（2）选举和更换非由职工代表担任的董事、监事，决定有关董事、监事的报酬事项；

（3）审议批准董事会的报告；

（4）审议批准监事会或者监事的报告；

（5）审议批准公司的年度财务预算方案、决算方案；

（6）审议批准公司的利润分配方案和弥补亏损方案；

（7）对公司增加或者减少注册资本作出决议；

（8）对发行公司债券作出决议；

（9）对公司合并、分立、解散、清算或者变更公司形式作出决议；

（10）修改公司章程；

（11）公司章程规定的其他职权。

股东会会议由股东按照出资比例行使表决权；但是，公司章程另有规定的除外。股东会的议事方式和表决程序，除《公司法》有规定的外，由公司章程规定。

## 二、董事会

董事会是由董事组成的负责公司经营管理活动的合议制机构，在股东大会闭会期间是公司的最高决策机构，是公司的法定代表，对外代表公司。董事会由股东选举产生。按照我国《公司法》规定，有限责任公司的董事会由 3～13 人组成，其中国有独资公司的董事会由 3～9 人组成，股份有限公司的董事会由 5～19 人组成。董事会设董事长一人，副董事长若干名。董事会的议事方式和表决程序，除《公司法》有规定的外，由公司章程规定。董事会决议的表决，实行一人一票。

董事会对股东会负责，行使下列职权：

（1）召集股东会会议，并向股东会报告工作；

（2）执行股东会的决议；

（3）决定公司的经营计划和投资方案；

（4）制定公司的年度财务预算方案、决算方案；

（5）制定公司的利润分配方案和弥补亏损方案；

（6）制定公司增加或者减少注册资本以及发行公司债券的方案；

（7）制定公司合并、分立、解散或者变更公司形式的方案；

（8）决定公司内部管理机构的设置；

（9）决定聘任或者解聘公司经理及其报酬事项，并根据经理的提名决定聘任或者解聘公司副经理、财务负责人及其报酬事项；

（10）制定公司的基本管理制度；

（11）公司章程规定的其他职权。

【小资料】

独立董事是指独立于公司股东且不在公司内部任职，并与公司或公司经营管理者没有重要的业务联系或专业联系，并对公司事务做出独立判断的董事。

执行董事也称积极董事，是指在董事会内部接受委任担当具体岗位职务，并就该职务负有专业责任的董事。执行董事是公司的职员，他本身作为一个董事是参与企业的经营的。

## 三、总经理

总经理及其下属机构是董事会领导下的公司管理和执行机构。总经理依照公司章程和董事会授权，统一负责公司的日常生产经营和管理工作，由董事会聘请或解聘，对董事会负责。

总经理对董事会负责，行使下列职权：

（1）主持公司的生产经营管理工作，组织实施董事会决议；

（2）组织实施公司年度经营计划和投资方案；

（3）拟订公司内部管理机构设置方案；

（4）拟订公司的基本管理制度；

（5）制定公司的具体规章；

（6）提请聘任或者解聘公司副经理、财务负责人；

（7）决定聘任或者解聘除应由董事会决定聘任或者解聘以外的负责管理人员；

（8）董事会授予的其他职权；

（9）公司章程对总经理职权另有规定的，从其规定。

## 四、监事会（或监事）

监事会是由股东大会选举产生的，对董事会及经理人员的活动进行监督的机构。其成员一般不少于 3 人，由股东和员工代表按一定比例组成，对股东大会负责。公司的董事、经理人员及业务负责人一律不得兼任监事。

监事会、不设监事会的公司的监事行使下列职权：

（1）检查公司财务；

（2）对董事、高级管理人员执行公司职务的行为进行监督，对违反法律、行政法规、公司章程或者股东会决议的董事、高级管理人员提出罢免的建议；

（3）当董事、高级管理人员的行为损害公司的利益时，要求董事、高级管理人员予以纠正；

（4）提议召开临时股东会会议，在董事会不履行本法规定的召集和主持股东会会议职责时召集和主持股东会会议；

（5）向股东会会议提出提案；

（6）依照《公司法》第一百五十二条的规定，对董事、高级管理人员提起诉讼；

（7）公司章程规定的其他职权。

【任务实施】

## 一、技能训练

开展《为什么要建立现代企业制度》的主题讨论。通过讨论，让学生们对于建立现代企业制度的意义以及如何建立现代企业制度有一定的认识。

## 二、案例分析

### 公司赢了

狭义的江湖道义已不再重要，黄光裕、陈晓之间的输赢也无关宏旨，最重要的是——公司赢了！

2010年11月10日晚11点，国美电器发布公告称，双方已达成谅解备忘录，国美董事会同意大股东黄光裕提名的邹晓春和黄燕虹两名代表进入，前者担任国美电器执行董事，后者担任非执行董事，董事会成员将从11人扩至13人。国美分拆警报也由此解除。

这场旷日持久的国美股权之争已经鼓瑟渐稀，虽然仍未尘埃落定，但是已经发生的足以令现今的商业环境进行一次"猛回头"式的反思。在情、理、法之间的斗争中，国美最终摆脱了以往的"灰色"操作手段，尽管大股东和管理层公开决裂，从公关战、间谍战、心理战，到真刀实枪、欲擒故纵的拉票战、攻心战，但这一过程却是在阳光下进行的。

长久以来，中国民营企业的存亡总是与其创始人的个人命运息息相关。早年因为创始人意外获罪，企业随之垮台的案例比比皆是，如牟其中之于南德、胡志标之于爱多、唐万新之于德隆等。其中的一大原因，是由于企业正处在高速扩张阶段没有理顺所有权与经营权的关系而造成的。而另一大原因，是我国法律环境尚不健全，有时难以保护公民的合法财产权。一旦创始人锒铛入狱之后，公司随即成为无人驾驶的"鬼船"，类似创维创始人黄宏生入狱后，王殿甫、张学斌临危受命使企业业绩稳定增长的案例少之又少。

黄光裕之于国美则是一个典型案例。就像万通地产董事长冯仑所说的那样，10年以前民营企业出现了此类挫折，基本上属于机毁人亡模式；5年以前，情况发生好转，演进为人机分离模式；而这一次更进一步，不仅人机分离，且民事权利受到保护，还能积极争取自己的权利。"与其说是两个当事人的输赢，不如说是民企在未来道路和财产制度上的进步。”

黄光裕有句名言——“一件事只要有三分把握，我就去做”，但是国美电器公众公司的地位已经使得他不能随心所欲。黄光裕作为国美电器的大股东已经不是唯一的股东。在民营家族企业向现代管理企业转变的过程中，“以股东价值为指引实行专业治理”与“尊重并约束大股东利益”的最佳结合点成为至关重要的一环。黄光裕、陈晓之争可被视为中国民营家族企业治理的教科书，这既是对国美的洗礼，也是对所有民营企业的洗礼。

2010 年 9 月 28 日，国美股东在亿万国人的“观礼”之下做出了自己的选择：公司董事会无权增发，大股东股权被摊薄的危险被消除；陈晓继续担任董事会主席，保持了现有管理团队的稳定——黄光裕、陈晓之间既无全赢也无全输。但是毫无置疑的是：身为法人的公司赢了！

资料来源：http://finance.sina.com.cn/leadership/20110215/19309378515.shtml

【案例分析题】

1. 国美控制权之争的案例反映了我国民营企业在公司治理中存在哪些方面的问题？
2. 你认为国美控制权之争的根源是什么？

# 任务四 创 立 公 司

【任务引入】

2010 年第八届最佳雇主榜单揭晓，本届最佳雇主调查基于来自七百多所高校的近二十万名学生的投票结果。调查报告显示：53.7%的大学生未来五年内有创业计划。新一代的毕业生把就业不再看作是找饭碗，而是造饭碗，真正成为自主创业、勇创大业的先行军。在经济逐步回暖的大背景下，毕业生的就业压力依然巨大。面对严峻的求职环境，毕业生们的心理趋于更加务实理智，更多的学子将积累经验及快速适应社会作为选择工作的前提。而在社会上迅速得到人们认可的途径之一就是创业，加之无数创业精英的榜样作用，使得越来越追求个性化的大学生瞄准了创业这个能施展自己个性的舞台。

毕业生创业的主要企业形式是公司，在此次任务中，将学习如何创立公司和如何构建公司的组织机构。

【信息获取】

## 公司的名称、住所与经营范围

### 一、公司的名称

公司名称是公司人格特定化的标志。公司以自身的名称区别于其他经济主体。公司的名称一般由四部分构成：

（1）公司注册机关的行政级别和行政管理范围；

（2）公司的行业经营特点；

（3）商号，它是公司名称的核心内容；

（4）公司的法律性质；

【小思考】

以下五个企业名称是否符合法律规定？

（1）南京市商贸有限公司；（2）美姿服装有限公司；（3）上海路通有限公司；（4）无锡小天鹅洗衣机公司；（5）上海大众汽车股份有限公司。

## 二、公司的住所

公司以其主要办事机构所在地为住所。申请办理公司登记时必须提交能够证明其拥有使用权的文件，如房屋的产权证或租赁合同。公司住所的作用是：

（1）确定诉讼管辖地。按照法律规定，如果出现合同纠纷、侵权行为等，一般由被告所在地的人民法院管辖。

（2）确定公司送达文件的法定地址。

## 三、公司的经营范围

（1）公司的经营范围由章程做出规定。

（2）公司的经营范围要依法登记。

（3）经营范围中属于法律、法规规定的项目，必须经过有关部门批准，如经营金银业务必须经过中央银行批准，经营烟草业务必须经过烟草专卖局批准等。

（4）公司超范围经营，由登记机关责令改正，并要处以 1 万元以上 10 万元以下的罚款。

（5）公司修改章程，并经过登记机关办理变更登记可以变更经营范围。

【小思考】

企业申请变更经营范围是否只需在原登记机关处进行修改即可？

# 有限责任公司的设立和登记

## 一、有限责任公司的概念

有限责任公司是指根据《公司法》设立的，公司以其全部资产对公司债务承担责任，股东以其认缴的出资额为限对公司承担责任的企业法人。

## 二、有限责任公司设立的条件

**1．股东符合法定人数**

有限责任公司由五十个以下股东出资设立。

**2．股东出资达到法定资本最低限额**

有限责任公司注册资本的最低限额为人民币三万元。法律、行政法规对有限责任公司注册资本的最低限额有较高规定的，从其规定。公司全体股东的首次出资额不得低于注册资本的百分之二十，也不得低于法定的注册资本最低限额，其余部分由股东自公司成立之日起两年内缴足；其中，投资公司可以在五年内缴足。

股东可以用货币出资，也可以用实物、知识产权、土地使用权等可以用货币估价并可以依法转让的非货币财产作价出资；但是，法律、行政法规规定不得作为出资的财产除外。

对作为出资的非货币财产应当评估作价，核实财产，不得高估或者低估作价。法律、行政法规对评估作价有规定的，从其规定。

全体股东的货币出资金额不得低于有限责任公司注册资本的百分之三十。

**3．股东共同制定的公司章程**

有限责任公司章程应当载明下列事项：

（1）公司名称和住所；

（2）公司经营范围；

（3）公司注册资本；

（4）股东的姓名或者名称；

（5）股东的出资方式、出资额和出资时间；

（6）公司的机构及其产生办法、职权、议事规则；

（7）公司法定代表人；

（8）股东会会议认为需要规定的其他事项。

## 三、有限责任公司设立的程序

**1. 申请名称预先核准由全体股东指定的代表或者共同委托的代理人向公司登记机关申请名称预先核准**

申请名称预先核准应当提交下列文件：

（1）有限责任公司的全体股东签署的公司名称预先核准申请书；

（2）股东的法人资格证明或者自然人的身份证明；

（3）公司登记机关要求提交的其他文件。

公司登记机关应当自收到前款所列文件之日起10日内作出核准或者驳回的决定。公司登记机关决定核准的，应当发给《企业名称预先核准通知书》。预先核准的公司名称保留期为6个月。预先核准的公司名称在保留期内，不得用于从事经营活动，不得转让。

**2．全体股东共同制定公司章程**

全体股东就章程事项达成一致后，应当在公司章程上签名、盖章。

**3．验资后向登记机关申请设立**

股东的首次出资经法定的验资机构验定后，由全体股东指定的代表或共同委托的代理人向公司登记机关申请设立登记。有限责任公司设立、登记时需要提交的材料有：

（1）公司法定代表人签署的《公司设立登记申请书》。

（2）全体股东签署的《指定代表或者共同委托代理人的证明》及指定代表或委托代理人的身份证件复印件，应标明指定代表或者共同委托代理人的办理事项、权限、授权期限。

（3）全体股东签署的公司章程。

（4）股东的主体资格证明或者自然人身份证件复印件；股东为企业的，提交营业执照副本复印件；股东为事业法人的，提交事业法人登记证书复印件；股东为社团法人的，提交社团法人登记证复印件；股东为民办非企业单位的，提交民办非企业单位证书复印件；股东为自然人的，提交身份证件复印件；其他股东提交有关法律法规规定的资格证明。

（5）依法设立的验资机构出具的验资证明。

（6）股东首次出资是非货币财产的，提交已办理财产权转移手续的证明文件。

（7）董事、监事和经理的任职文件及身份证件复印件；依据《公司法》和公司章程的有关规定，提交股东会决议、董事会决议或其他相关材料。股东会决议由股东签署，董事会决议由董事签字。

（8）法定代表人任职文件及身份证件复印件；根据《公司法》和公司章程的有关规定，提交股东会决议、董事会决议或其他相关材料。股东会决议由股东签署，董事会决议由董事签字。

（9）住所使用证明；自有房产提交房屋产权证复印件；租赁房屋提交租赁协议复印件以及出租方的房屋产权证复印件。有关房屋未取得房屋产权证的，属城镇房屋的，提交房地产管理部门的证明或者竣工验收证明、购房合同及房屋销售许可证复印件；属非城镇房屋的，提交当地政府规定的相关证明。出租方为宾馆、饭店的，提交宾馆、饭店的营业执照复印件。使用军队房产作为住所的，提交《军队房地产租赁许可证》复印件。将住宅改变为经营性用房的，属城镇房屋的，还应提交《登记附表——住所（经营场所）登记表》及所在地居民委员会（或业主委员会）出具的有利害关系的业主同意将住宅改变为经营性用房的证明文件；属非城镇房屋的，提交当地政府规定的相关证明。

（10）《企业名称预先核准申请书》。

（11）法律、行政法规和国务院决定规定设立有限责任公司必须报经批准的，提交有关的批准文件或者许可证书复印件。

（12）公司申请登记的经营范围中有法律、行政法规和国务院决定规定必须在登记前报经批准的项目，提交有关的批准文件或者许可证书复印件或许可证明。

**4. 工商登记机关核准**

公司登记机关对申请登记的事项及文件进行审核，对符合法定条件的予以登记，发给公司营业执照。公司营业执照签发日期为有限责任公司成立日期。

# 股份有限公司的设立、登记

## 一、股份有限公司的概念

股份有限公司是指依照《公司法》的设立，全部资本分为等额股份，股东以其认购的股份为限对公司承担责任，公司以其全部财产对公司债务承担责任的法人。

**【小资料】**

上市公司是指所发行的股票经过国务院或者国务院授权的证券管理部门批准在证券交易所上市交易的股份有限公司。

股份有限公司上市的条件:

（1）股票经国务院证券管理部门批准已向社会公开发行。

（2）公司股本总额不少于人民币 3 000 万元。

（3）公开发行的股份达公司股份总数的 25%以上；公司股本总额超过人民币 4 亿元的，其向社会公开发行股份的比例为 10%以上。

（4）公司在最近三年内无重大违法行为，财务会计报告无虚假记载。

（5）开业时间在三年以上，最近三年连续盈利；原国有企业依法改建而设立的，或者本法实施后新组建成立，其主要发起人为国有大中型企业的，可连续计算。

## 二、股份有限公司设立的条件

**1. 发起人符合法定人数**

设立股份有限公司，应当有两人以上两百人以下为发起人，其中须有半数以上的发起人在中国境内有住所。

**2. 发起人认购和募集的股本达到法定资本最低限额**

股份有限公司注册资本的最低限额为人民币五百万元。法律、行政法规对股份有限公司注册资本的最低限额有较高规定的，从其规定。公司全体发起人的首次出资额不得低于注册资本的百分之二十，其余部分由发起人自公司成立之日起两年内缴足；其中，投资公司可以在五年内缴足。在缴足前，不得向他人募集股份。

**3．股份发行、筹办事项符合法律规定**

**4．发起人制定公司章程，采用募集方式设立的经创立大会通过**

股份有限公司章程应当载明下列事项：

（1）公司名称和住所；

（2）公司经营范围；

（3）公司设立方式；

（4）公司股份总数、每股金额和注册资本；

（5）发起人的姓名或者名称、认购的股份数、出资方式和出资时间；

（6）董事会的组成、职权和议事规则；

（7）公司法定代表人；

（8）监事会的组成、职权和议事规则；

（9）公司利润分配办法；

（10）公司的解散事由与清算办法；

（11）公司的通知和公告办法；

（12）股东大会会议认为需要规定的其他事项。

**5．有公司名称，建立符合股份有限公司要求的组织机构**

股份有限公司应当在名称中标明“股份有限公司”字样，其组织机构一般由股东大会、董事会、监事会和经理机构组成。

**6．有公司住所**

## 三、股份有限公司设立的方式

股份有限公司的设立，可以采取发起设立或者募集设立的方式。发起设立是指由发起人认购公司应发行的全部股份而设立公司。募集设立是指由发起人认购公司应发行股份的一部分，其余股份向社会公开募集或者向特定对象募集而设立公司。在现实中，采用募集设立股份有限公司的比较少。

## 四、股份有限公司设立的程序

（1）发起人签订发起人协议，明确各自在公司设立过程中的权利和义务。

（2）由全体发起人指定的代表或者共同委托的代理人向公司登记机关申请名称预先核准。

申请名称预先核准，应当提交下列文件：

① 股份有限公司的全体发起人签署的公司名称预先核准申请书；

② 发起人的法人资格证明或者自然人的身份证明；

③ 公司登记机关要求提交的其他文件。

公司登记机关应当自收到前款所列文件之日起10日内作出核准或者驳回的决定。公司登记机关决定核准的，应当发给《企业名称预先核准通知书》。预先核准的公司名称保留期为6个月。预先核准的公司名称在保留期内，不得用于从事经营活动，不得转让。

（3）发起人制定公司章程。

全体发起人就章程事项达成一致后，应当在公司章程上签名、盖章。

（4）以发起设立方式设立股份有限公司的，发起人书面认定公司章程规定其认购的股份。

一次缴纳的，应即缴纳全部出资；分期缴纳的，应即缴纳首期出资。以非货币财产出资的，应当依法办理其财产权的转移手续。发起人不依照前款规定缴纳出资的，应当按照发起人协议承担违约责任。

（5）发起人首次缴纳出资后，应当选举董事会和监事会。

（6）发行股份的股款缴足后，必须经依法设立的验资机构验资并出具证明。发起人应当自股款缴足之日起三十日内主持召开公司创立大会。创立大会由发起人、认股人组成。

（7）董事会应于创立大会结束后三十日内，向公司登记机关报送下列文件，申请设立登记。

① 公司法定代表人签署的《公司设立登记申请书》。

② 董事会签署的《指定代表或者共同委托代理人的证明》（由全体董事签字）及指定代表或委托代理人的身份证件复印件；应标明指定代表或者共同委托代理人的办理事项、权限、授权期限。

③ 由发起人签署或由会议主持人和出席会议的董事签字的股东大会或者创立大会会议记录（募集设立的提交）。

④ 全体发起人签署或者全体董事签字的公司章程。

⑤ 发起人的主体资格证明或者自然人的身份证件复印件；发起人为企业的，提交营业执照副本复印件；发起人为事业法人的，提交事业法人登记证书复印件；发起人股东为社团法人的，提交社团法人登记证复印件；发起人为民办非企业单位的，提交民办非企业单位证书复印件；发起人为自然人的，提交身份证件复印件；其他发起人提交有关法律法规规定的资格证明。

⑥ 依法设立的验资机构出具的验资证明。

⑦ 发起人首次出资是非货币财产的，提交已办理财产权转移手续的证明文件。

⑧ 以股权出资的，提交《股权认缴出资承诺书》。

⑨ 董事、监事和经理的任职文件及身份证件复印件；依据《公司法》和公司章程的规定和程序，提交由发起人签署或由会议主持人和出席会议的董事签署的股东大会决议

（募集设立的提交创立大会的会议记录）、董事会决议或其他相关材料。股东大会决议（创立大会会议记录）可以与第3项合并提交；董事会决议由董事签字。

⑩ 法定代表人任职文件及身份证件复印件；依据《公司法》和公司章程的规定和程序，任职文件提交董事会决议，董事会决议由董事签字。

⑪ 住所使用证明；自有房产提交房屋产权证复印件；租赁房屋提交租赁协议复印件以及出租方的房屋产权证复印件。有关房屋未取得房屋产权证的，属城镇房屋的，提交房地产管理部门的证明或者竣工验收证明、购房合同及房屋销售许可证复印件；属非城镇房屋的，提交当地政府规定的相关证明。出租方为宾馆、饭店的，提交宾馆、饭店的营业执照复印件。使用军队房产作为住所的，提交《军队房地产租赁许可证》复印件。将住宅改变为经营性用房的，属城镇房屋的，还应提交《登记附表——住所（经营场所）登记表》及所在地居民委员会（或业主委员会）出具的有利害关系的业主同意将住宅改变为经营性用房的证明文件；属非城镇房屋的，提交当地政府规定的相关证明。

⑫ 企业名称预先核准申请书》。

⑬ 募集设立的股份有限公司公开发行股票的还应提交国务院证券监督管理机构的核准文件。

⑭ 公司申请登记的经营范围中有法律、行政法规和国务院决定规定必须在登记前报经批准的项目，提交有关的批准文件或者许可证书复印件或许可证明。

⑮ 法律、行政法规和国务院决定规定设立股份有限公司必须报经批准的，提交有关的批准文件或者许可证书复印件。

（8）工商登记机关核准。

公司登记机关对申请登记的事项及文件进行审核，对符合法定条件的予以登记，发给公司营业执照。公司营业执照签发日期为股份有限责任公司的成立日期。

**【任务实施】**

## 一、技能训练

将全班同学以6～8人为单位成立项目小组，每个项目小组模拟成立一家有限责任公司，并制定公司章程。

## 二、案例分析

三个企业准备投资组建一新的有限责任公司。经协商，他们共同制定了公司章程，章程中有如下条款：

（1）公司由甲、乙、丙三方组建。

（2）公司以生产经营某一科技项目为主，注册资本为30万元人民币。

（3）甲方以专利权和专有技术折价出资 10 万元；乙方以现金出资 5 万元；丙方以土地使用权与房屋折价出资 15 万元。

（4）公司设立董事会为最高权力机构。

（5）公司经理由董事会聘任，作为法定代表人，负责日常经营管理工作。

（6）公司存续期间，出资各方均可自由抽回投资。

【案例分析题】

上述章程中的条款，哪些符合规定？哪些不符合规定？为什么？

# 任务五　设计企业组织结构

【任务引入】

企业组织结构是企业组织内部各个有机构成要素相互作用的联系方式或形式，以求有效、合理地把组织成员组织起来，为实现共同目标而协同努力。组织结构是企业资源和权力分配的载体，它在人的能动行为下，通过信息传递，承载着企业的业务流动，推动或者阻碍企业使命的进程。由于组织结构在企业中的基础地位和关键作用，企业所有战略意义上的变革都必须首先从组织结构上开始。

【信息获取】

## 企业组织结构的类型

### 一、直线制组织结构

直线制组织结构是一种最早也是最简单的组织形式。它的特点是企业各级行政单位从上到下实行垂直领导，下属部门只接受一个上级的指令，各级主管负责人对所属单位的一切问题负责。厂部不另设职能机构（可设职能人员协助主管人工作），一切管理职能基本上都由行政主管自己执行。

直线制组织结构的优点：结构比较简单，责任分明，命令统一。

直线制组织结构的缺点：它要求行政负责人通晓多种知识和技能，亲自处理各种业务。这在业务比较复杂、企业规模比较大的情况下，把所有管理职能都集中到最高主管一人身上，显然是难以胜任的。因此，直线制只适用于规模较小、生产技术比较简单的企业，对生产技术和经营管理比较复杂的企业并不适用。

直线制组织结构如图 1.2 所示。

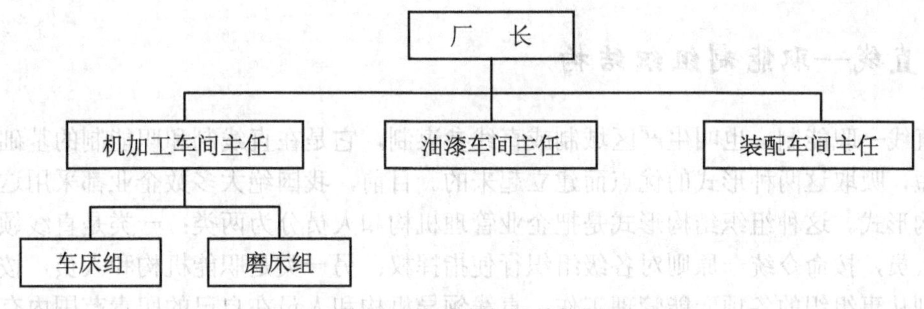


图 1.2　直线制组织结构图

## 二、职能制组织结构

职能制组织结构是各级行政单位除主管负责人外，还相应地设立一些职能机构。例如在厂长下面设立职能机构和人员，协助厂长从事职能管理工作。这种结构要求行政主管把相应的管理职责和权力交给相关的职能机构，各职能机构就有权在自己业务范围内向下级行政单位发号施令。因此，下级行政负责人除了接受上级行政主管人指挥外，还必须接受上级各职能机构的领导。

职能制的优点：能适应现代化工业企业生产技术比较复杂、管理工作比较精细的特点；能充分发挥职能机构的专业管理作用，减轻直线领导人员的工作负担。

职能制的缺点：它妨碍了必要的集中领导和统一指挥，形成了多头领导；不利于建立和健全各级行政负责人和职能科室的责任制，在中间管理层往往会出现有功大家抢、有过大家推的现象；另外，在上级行政领导和职能机构的指导和命令发生矛盾时，下级就无所适从，影响工作的正常进行，容易造成纪律松弛、生产管理秩序混乱。由于这种组织结构形式的明显缺陷，现代企业一般都不采用职能制。

职能制组织结构图如图 1.3 所示。

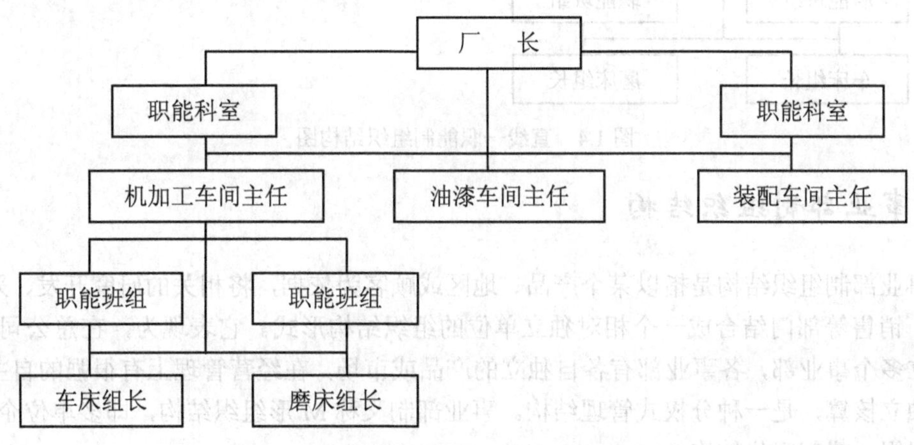


图 1.3　职能制组织结构图

## 三、直线—职能制组织结构

直线—职能制，也叫生产区域制或直线参谋制，它是在直线制和职能制的基础上取长补短，吸取这两种形式的优点而建立起来的。目前，我国绝大多数企业都采用这种组织结构形式。这种组织结构形式是把企业管理机构和人员分为两类：一类是直线领导机构和人员，按命令统一原则对各级组织行使指挥权；另一类是职能机构和人员，按专业化原则从事组织的各项职能管理工作。直线领导机构和人员在自己的职责范围内有一定的决定权和对所属下级的指挥权，并对自己部门的工作负全部责任；而职能机构和人员则是直线指挥人员的参谋，不能对直接部门发号施令，只能进行业务指导。

直线—职能制组织结构的优点：既保证了企业管理体系的集中统一，又可以在各级行政负责人的领导下充分发挥各专业管理机构的作用。

直线—职能制组织结构的缺点：职能部门之间的协作和配合性较差，职能部门的许多工作要直接向上层领导报告请示才能处理，这一方面加重了上层领导的工作负担；另一方面也造成办事效率低。为了克服这些缺点，可以设立各种综合委员会或建立各种会议制度，以协调各方面的工作，起到沟通作用，帮助高层领导出谋划策。

直线—职能制组织结构如图 1.4 所示。

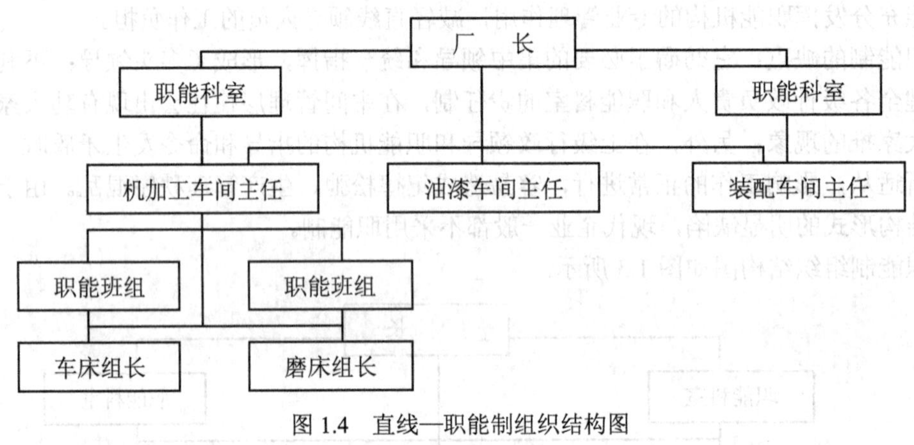


图 1.4　直线—职能制组织结构图

## 四、事业部制组织结构

事业部制组织结构是指以某个产品、地区或顾客为依据，将相关的研究开发、采购、生产、销售等部门结合成一个相对独立单位的组织结构形式。它表现为，在总公司领导下设立多个事业部，各事业部有各自独立的产品或市场，在经营管理上有很强的自主性，实行独立核算，是一种分权式管理结构。事业部制又称 M 形组织结构，即多单位企业、分权组织，或部门化结构。

**1．事业部制组织结构的优点**

（1）每个事业部都有自己的产品和市场，能够规划其未来发展，也能灵活自主地适应市场出现的新情况并迅速做出反应，所以，这种组织结构既有高度的稳定性又有良好的适应性。

（2）权力下放，有利于最高领导层摆脱日常行政事务和直接管理具体经营工作的繁杂事务，而成为坚强有力的决策机构，同时又能使各事业部发挥经营管理的积极性和创造性，从而提高企业的整体效益。

（3）事业部经理虽然只是负责领导一个比所属企业小得多的单位，但是由于事业部自成系统，独立经营，相当于一个完整的企业，所以，他能经受企业高层管理者面临的各种考验。显然，这有利于培养全面管理人才，为企业的未来发展储备干部。

（4）事业部作为利润中心，既便于建立衡量事业部及其经理工作效率的标准，进行严格的考核，又易于评价每种产品对公司总利润的贡献大小，用以指导企业发展的战略决策。

（5）按产品划分事业部，便于组织专业化生产，形成经济规模，采用专用设备，并能使个人的技术和专业知识在生产和销售领域得到最大限度的发挥，因而有利于提高劳动生产率和企业经济效益。

（6）各事业部门之间可以有比较、有竞争，由此而增强企业活力，促进企业的全面发展。

（7）各事业部自主经营，责任明确，使得目标管理和自我控制能有效地进行，在这样的条件下，高层领导的管理幅度便可以适当扩大。

**2．事业部制组织结构的缺点**

（1）由于各事业部利益的独立性，容易滋长本位主义。

（2）一定程度上增加了费用开支。

（3）对公司总部的管理工作要求较高，否则容易发生失控。

事业部制组织结构如图 1.5 所示。

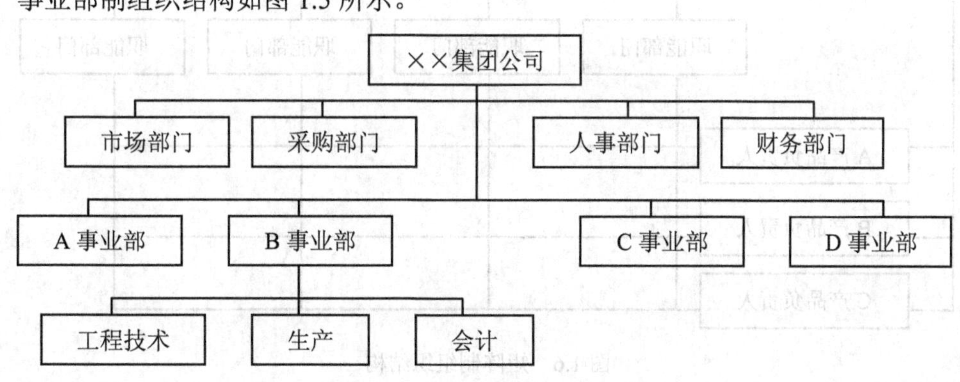


图 1.5　事业部制组织结构图

## 五、矩阵制组织结构

矩阵制组织结构是为了改进直线职能制横向联系差、缺乏弹性的缺点而形成的一种组织形式。在组织结构上，既有按职能划分的垂直领导系统，又有按产品（项目）划分的横向领导关系的结构。它的特点表现在围绕某项专门任务成立跨职能部门的专门机构上，例如组成一个专门的产品（项目）小组去从事新产品开发工作，在研究、设计、试验、制造各个不同阶段，由有关部门派人参加，力图做到条块结合，以协调有关部门的活动，保证任务的完成。这种组织结构形式是固定的，人员却是变动的，需要谁，谁就来，任务完成后就可以离开。项目小组和负责人也是临时组织和委任的。任务完成后就解散，有关人员回原单位工作。因此，这种组织结构非常适用于横向协作和攻关项目。

矩阵制组织结构的优点：机动、灵活，可随项目的开发与结束进行组织或解散；由于这种结构是根据项目组织的，任务清楚，目的明确，各方面有专长的人都是有备而来。因此在新的工作小组里，能沟通、融合，能把自己的工作同整体工作联系在一起，为攻克难关、解决问题而献计献策，由于从各方面抽调来的人员有信任感、荣誉感，使他们增加了责任感，激发了工作热情，促进了项目的实现；它还加强了不同部门之间的配合和信息交流，克服了直线职能结构中各部门互相脱节的现象。

矩阵制组织结构的缺点：项目负责人的责任大于权力，因为参加项目的人员都来自不同部门，隶属关系仍在原单位，只是为“会战”而来，所以项目负责人对他们管理困难，没有足够的激励手段与惩治手段，这种人员上的双重管理是矩阵结构的先天缺陷；由于项目组成人员来自各个职能部门，当任务完成以后仍要回原单位，因而容易产生临时观念，对工作有一定影响。

矩阵制组织结构如图 1.6 所示。

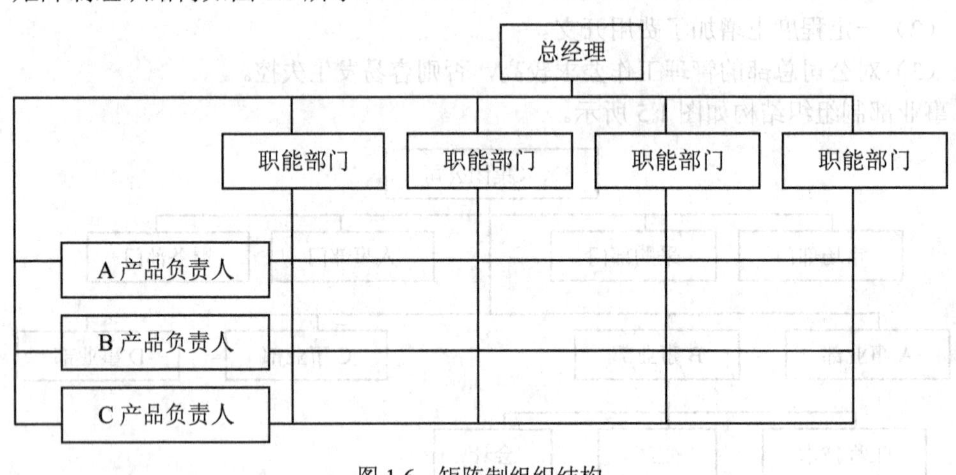


图 1.6　矩阵制组织结构

【任务实施】

## 一、技能训练

各项目小组为模拟公司设计组织结构并确定各成员的职责，为以后的项目实施做准备。

## 二、案例分析

### 乐百氏的组织结构调整

在乐百氏的历史上，经历了三种业态的架构模式：从1989年创业到2001年8月，乐百氏一直都采取的是直线职能制，按产、供、销分成几大部门，再由全国各分公司负责销售；从2001年8月到2002年3月，实施了产品事业部制，这在乐百氏历史上虽然实施的时间很短，但为目前实施区域事业部制奠定了基础，实现了组织结构变革中的平稳过渡。

架构调整无疑是一个公司的重大战略转变，也必然是外界甚至内部的各种环境变化促成的。值得关注的是，乐百氏在不到8个月的时间里就进行了两次架构调整，原因何在？

1. 直线职能制

乐百氏创立于1989年。在广东中山市小榄镇，何伯权等五个年轻人租用“乐百氏”商标开始创业。据乐百氏一位高层人员介绍，创业伊始，何伯权等与公司的每个员工都保持一种很深的交情，甚至同住同吃同玩，大家都感觉得到，乐百氏就是一个大家庭，“有福同享，有难同当”，公司的凝聚力很强。这时采用直线职能制这种架构模式，可使乐百氏在创业初期得到快速稳定的发展。

12年间，五位创始人不但使乐百氏从一个投资不足百万元的乡镇小企业发展成中国饮料工业龙头企业，而且把一个名不见经传的地方小品牌培育成中国驰名商标。然而，随着乐百氏的壮大，原来的组织结构显得有些力不从心。此时，再按前面那位高层人士的话说，何伯权不可能再与公司的每一个员工同吃同住，原来的领导方式发生了变化，起不到原有的作用。何伯权有些迷茫了。

特别是自2000年3月与法国最大的食品饮料集团达能签订合作协议，并由达能控股后，直线职能制的弊端更加暴露无遗。为了完成销售任务，分公司都喜欢把精力放在水和乳酸奶这些好卖的产品上，其他如茶饮料之类不太成熟的产品就没人下工夫，这对新产品成熟非常不利。更糟糕的是，由于生产部门只对质量和成本负责，销售部门只对销售额和费用负责，各部门都不承担利润责任，其结果就变成了整个集团只有何伯权一个人对利润负责。近几年来，乐百氏的销售额直线下降，因此，寻求变化势在必行，其中组织架构的改革就是为适应新形势的举措之一。

2. 产品事业部

2001年8月，一次在乐百氏历史上最为关键的组织结构变革在该月间完成：75%的员工换座位，原五人创业组合中的四大元老位置同时发生重要变化，都退出原先主管的实力部门，何伯权是唯一没有变动的，仍然任总裁。

改革后，乐百氏的事业部制架构变为：在总裁之下设5个事业部、8个职能部门和1个销售总部。其目的是利润中心细分，瓶装水、牛奶、乳酸奶、桶装水和茶饮料共5个事业部，每一个都将成为一个利润中心。同时减少了中间层，集团的权力结构由从前的5人，变为1个总裁和14个总经理，成为一个比较扁平化的组织架构。这是公司首次将战略管理和日常营运分开，形成多利润中心的运作模式。

促成这次改革的重要力量是达能这个欧洲第三大食品集团，它自1987年进入中国成立广州达能酸奶公司后，就开展了一系列"收购行动"，并且每次都鬼神莫测，"收购刀法极其温柔"。尤其是在水市场上对行业内领袖企业浙江娃哈哈、深圳益力、广州乐百氏的控股或参股分别达到41%、54.2%、50%的比率，足以让人相信达能已经完成了它在中国水市场的布局，已经成了当之无愧的老大。但这老大只是表面现象，许多问题都摆在达能管理者的面前，收购的这些企业能够盈利的很少，它需要整合资源，减少运行成本。乐百氏连年亏损的状况迫使何伯权痛下决心实施组织结构改革。

然而，新的架构还没实施几天，就在2001年11月底，乐百氏爆出大新闻：何伯权、杨杰强、王广、李宝磊、彭艳芬等五位乐百氏创始人向董事会辞去现有职务，并决定由达能中国区总裁秦鹏出任乐百氏总裁。

何伯权称，五位元老集体辞职的原因是与董事会的战略思路发生重大分歧，无法达成一致，并且还因为没有完成董事会下达的销售任务。还没有来得及检验自己的改革成果，何伯权就匆匆退出了乐百氏的历史舞台。乐百氏内又一场架构改革在秦鹏的控制下悄悄地酝酿。

3. 区域事业部

2002年3月11日，区域事业部正式出台，乐百氏按地域分为五大块：西南、中南、华东、北方和华北。

这次架构改革距上次仅仅七个多月的时间，据业内人士分析，速度之所以这样快，其中一个重要原因还是达能的全国战略思路在操纵着这次变革。随着达能旗下产品的不断增多，它也在寻求一种更能整合现有生产和销售资源的最佳方法，来改变许多品牌因为亏本，反而成为它的负担的局面。据可靠消息，达能为了加强对自己绝对控股的乐百氏的支持，要求乐百氏扮演更加重要的角色，甚至欲将其他如深圳益力、上海梅林正广和广州怡宝等在外地的工厂和销售渠道交由乐百氏托管。

除了上述一些已收购的品牌，达能的收购行动远未停止。前不久，达能将持有豪门啤酒和武汉东西湖啤酒分别62.2%和54.2%的股份转让给华润；华润则投桃报李，心甘情愿让达能收购其旗下的怡宝公司。

然而，正如达能一位高层人士所说，这还只是它欲将中国水市场进一步控制在自己手中的一个很小的行动计划。据一些媒体报道，达能已将触角伸到了许多地方品牌。乐百氏也因拥有良好、稳定的经销商网络被达能委以重任，它在中国市场上的战略地位将愈来愈重要。随着乐百氏托管的产品增多，每个市场的产品更加复杂、各种产品的销售情况各不相同。原来的产品事业部制可能对客户的变化需求反应不再迅速，很快不再适合新的发展，于是区域事业部制——这种以工厂为中心、更扁平的组织结构应运而生。因为它将更有助于了解消费者的需求，能更灵活地进行品牌定位。

（——摘自　韦乔凡．东百氏组织结构“悄然变脸”．21世纪人才报，2002-04-08）

**【案例分析题】**

1．乐百氏的早期组织结构为什么是有效的，而后来却不适应了？

2．结合本案例，谈谈乐百氏组织结构变化的历程。

3．结合本案例讨论各种组织结构的适用性及特点？是否存在一种完美无缺的组织结构？

**【项目验收与评估】**

1．验收对象：各小组制作的《大学生应如何创业》PPT。

2．验收步骤：

（1）各项目小组集中讨论并制作《大学生应如何创业》PPT。

（2）各项目小组推荐一名成员在课上作演讲。

（3）成立评委会，由评委会根据下表进行评价，决出胜负。

| 评价内容 | 分　值 | 评　分 |
|---|---|---|
| 资料全面、报告或案例完整 | 20 | |
| 研究深入、有说服力 | 20 | |
| 有创新观点和思路 | 20 | |
| 合作默契、体现团队精神 | 20 | |
| 发言人仪表端庄，语言表达清晰、准确 | 20 | |
| 总体评价 | 100 | |

（4）指导教师点评。项目小组之间交流心得体会。

# 学习情景二　企业的发展

项目二　企业战略管理

项目三　企业经营决策

项目四　企业文化

项目五　企业生产管理

项目六　企业营销管理

项目七　企业人力资源管理

项目八　企业物资管理

项目九　企业财务管理

项目十　企业技术管理

项目十一　企业质量管理

# 项目二　企业战略管理

**【知识目标】**

1. 熟知企业经营战略管理的流程。
2. 学会 SWOT 分析法制定企业经营战略的步骤。
3. 学会企业经营环境分析的内容和方法。

**【技能目标】**

1. 能对企业的经营环境进行分析。
2. 能够运用 SWOT 分析法制定企业经营战略。

**【项目背景】**

现在，你创办的公司投入运营后，进展顺利，公司业务蒸蒸日上。面对日趋激烈的市场竞争，为了让公司获取长期的生存和发展，你开始从战略的角度着手谋划公司的未来……

**【任务分解】**

企业战略是指企业在市场经济竞争激烈的环境中，在总结历史经验、调查现状、预测未来的基础上，为谋求生存和发展而作出的长远性、全局性的谋划和方案。企业战略管理是指管理者制定战略和实施战略的动态管理过程，包括战略环境的分析、战略的制定、战略的实施和战略的控制四个方面。企业战略管理是企业经营管理的重要组成部分。在当今瞬息万变的竞争环境里，决策者能否纵观全局，高瞻远瞩，富有战略眼光和创新意识，能否在环境分析的基础上制定出切合企业实际的经营战略并组织好实施和控制，关系到企业的生死存亡。通过本项目的学习，你应该能完成以下任务：

任务一　分析企业经营环境

任务二　制定企业经营战略

任务三　企业经营战略的实施和控制

# 任务一 分析企业经营环境

【任务引入】

现代企业是一个开放的经济系统，它的经营管理必然受到各种客观环境的控制和影响。“知己知彼，百战不殆。”企业制定经营战略，环境分析是关键。把握住环境的现状及发展趋势，利用有利于企业的发展机会，避开环境威胁的因素，这是企业谋求生存和发展的首要问题。企业经营环境是指与企业生产经营有关的所有因素的总和，可以分为外部环境和内部环境两大类。企业外部环境是影响企业生存和发展的各种外部因素的总和，包括宏观环境、行业环境和竞争环境；企业内部环境又称企业内部条件，是企业内部物质和文化因素的总和。

【信息获取】

## 宏观环境分析

宏观环境是指对企业发展具有战略性影响的环境因素。一般包括四类因素，即政治、经济、社会文化、技术，简称 PEST（Political，Economic，Social & Cultural，Technological）。另外还有自然环境，即一个企业所在地区或市场的地理、气候、资源分布、生态环境等因素。由于自然环境各因素的变化较小或较慢，企业较易应对，因而不作为重点研究对象。所以，企业宏观环境分析的主要内容是政治法律环境、经济环境、社会文化环境和科技环境，对企业的宏观环境进行分析的方法被称为 PEST 分析法。

### 一、政治法律环境因素分析

政治法律环境是指一个国家或地区的政局稳定状况、政府政策、政府管制、政治力量和立法等因素。这些因素对企业经营活动具有现实和潜在的制约和影响。在稳定的政治环境中，企业能够通过公平竞争获取正当权益，得以生存和发展。国家的政策法规对企业生产经营活动具有控制、调节作用，相同的政策法规给不同的企业可能会带来不同的机会或制约。

**1. 政治环境分析**

国家政治环境直接影响着企业的经营状况。对于企业来说，很难预测国家政治环境的变化趋势。政治环境一旦影响到企业，会使企业发生非常深刻的变化。企业领导者需要具备较高的政治素质，保持高度的政治敏感性，随时关注并认真理解、执行党和国家的各项方针、政策、法规，从而为企业的发展制定出正确的经营战略。

政治环境分析因素包括：

（1）企业所在地区和国家的政局稳定状况。

（2）执政党所要推行的基本政策以及这些政策的连续性和稳定性。政府往往通过各种法律、政策来保护消费者和环境，调整产业结构引导投资方向。

（3）政府对企业行为的影响。作为供应者，政府拥有无法比拟的自然资源、土地和国家储备等。它的决定与偏好极大地影响着一些企业的战略。作为购买者，政府很容易培育、维持、增强、消除许多市场机会，如政府采购。

**2. 法律环境分析**

法律是政府用来管理企业的一种手段。随着市场经济的发展，政府以往所采取的行政管理手段将变为主要通过法律形式来贯彻执行，政府将依法行政。这些法律法规的作用是双重的，一方面，它们对企业的行为有着种种的限制；另一方面，它们也保护着企业的合理竞争与正当权利。因此，这是企业战略必须考虑的一个重要因素。

法律环境分析因素包括：

（1）法律规范，特别是和企业经营密切相关的经济法律法规。

（2）国家司法执法机关。

（3）企业的法律意识。企业的法律意识是法律观和法律思想的总称，是企业对法律制度的认识和评价。企业的法律意识最终都会物化为一定性质的法律行为，并造成一定的行为后果，从而构成每个企业不得不面对的法律环境。

（4）国际法所规定的国际法律环境和目标国的国内法律环境。

## 二、经济环境因素分析

经济环境是指构成企业生存和发展的社会经济状况及国家的经济政策。企业的经济环境主要由经济体制、经济发展水平、社会经济结构、经济政策、社会购买力、消费者收入水平和支出模式、消费者储蓄和信贷等要素构成。

经济环境分析的因素有以下几种：

（1）经济体制。经济体制是指国家经济的组织形式。经济体制规定了国家与企业、企业与企业、企业与各经济部门之间的关系，并通过一定的管理手段和方法来调控或影响社会经济流动的范围、内容和方式等。

（2）经济发展水平。经济发展水平是指一个国家经济发展的规模、速度和所达到的水准。反映一个国家经济发展水平的常用指标有国民生产总值、国民收入、人均国民收入、经济发展速度、经济增长状况等。

（3）社会经济结构。社会经济结构是指国民经济中不同经济成分、不同产业部门以及社会再生产各个方面在组成国民经济整体时相互的适应性、量的比例和排列关联的状况。社会经济结构主要包括五方面内容，即产业结构、分配结构、交换结构、消费结构和技术结构，其中最重要的是产业结构。

（4）经济政策。经济政策是指国家、政党制定的一定时期内实现国家经济发展目标的战略和策略，它包括综合性的全国经济发展战略和产业政策、国民收入分配政策、价格政策、物资流通政策、金融货币政策、劳动工资政策、对外贸易政策等。

（5）社会购买力。社会购买力是指一定时期内社会各方面用于购买产品的货币支付能力。国民收入的使用主要由消费和储蓄两部分构成。其中，消费部分又分为个人消费和社会消费，前者形成居民购买力，后者形成社会集团购买力。市场规模归根结底取决于购买力的大小。调查社会购买力水平，要注意国家经济政策和分配政策带来的居民购买力变化，注意不同地区居民货币收入的变动情况。

（6）消费者收入水平和支出模式。消费者支出模式取决于消费者的收入水平。随着消费者人均收入的增长，消费者用于购买食品方面的支出比重会有所下降，而用于耐用消费品、服装、交通、教育、旅游、娱乐、卫生保健等方面的支出比重会上升。调查消费者支出模式，除了要考虑消费者收入水平外，还要考虑不同国家和地区的生活习惯、价值观念以及所处的家庭生命周期不同阶段等因素。

（7）消费者储蓄和信贷。消费者储蓄，可以减少当前消费，增加未来消费。在一定时期内，消费者储蓄水平直接影响到消费者的本期货币支出和潜在购买力水平。所以，消费者储蓄的增减变动会引起市场需求规模和结构的变动，从而对企业的营销活动产生影响。消费者储蓄情况受政策变动、利率变动、通货膨胀水平等因素的影响。

## 三、社会文化环境因素分析

社会文化环境是指一个国家或地区人们共同的价值观、生活方式、人口状况、文化传统、教育程度、风俗习惯、宗教信仰等各个方面，这些因素是人类在长期的生活和成长过程中逐渐形成的，人们总是自觉不自觉地接受这些准则作为行动的指南。社会文化因素对企业有着多方面的影响，其中有些是直接的，有些是间接的，最主要的是它能够极大地影响社会对产品的需求和消费。特别是外贸出口产品，如果对出口国家的社会文化环境了解得不深、不透，就会影响产品销路。

社会文化环境分析的因素主要有以下几种。

**1．价值观**

价值观是指社会公众评价各种行为的观念标准。不同的国家和地区，其价值观是不同的。

**2．文化传统**

文化传统是一个国家或地区在较长历史时期内所形成的一种社会习惯，它是影响活动的一个重要因素。

文化环境对企业的影响是间接、潜在和持久的。文化的基本要素包括哲学、宗教、语言与文字、文学艺术等，它们共同构成文化系统，对企业文化有重大的影响。哲学是文化的核心部分，在整个文化中起着主导作用；宗教作为文化的一个侧面，在长期发展过程中与传统文化有着密切联系；语言文字和文化艺术是文化的具体表现，是社会现实生活的反映，它对企业职工的心理、人生观、价值观、性格、道德及审美观点的影响和导向作用不容忽视。

**3．社会发展趋向**

近一二十年来，社会环境方面的变化日趋加快，这些变化打破了传统习惯，使人们开始重新审视自己的信仰、追求和生活方式，影响着人们的穿着款式、消费倾向、业余爱好，以及对产品与服务的需求，从而使企业面临更严峻的挑战。现代社会发展的主要倾向之一，就是人们对物质生活的要求越来越高。一方面，人们已从“重义轻利”转向注重功利和实惠，有些人甚至走到唯利是图的地步；产品的更新换代日益加速；日益增长的物质需求给企业发展创造了外部条件。另一方面，随着物质水平的提高，人们正在产生更加强烈的社交、自尊、信仰、求知、审美、成就等高层次需求，人们希望从事能够发挥自己才能的工作，使自己的潜力得到充分的发挥。

**4．消费者心理**

在当代物质极为丰富的条件下，人们购买商品不仅是要满足生理需求，更重要的是还要获得心理或精神上的享受，因此，企业在制定战略时，必须注意到消费者的心理因素，树立“创造市场、创造需求”的观念。

**5．社会各阶层对企业的期望**

在这里，社会各阶层包括股东、董事会成员、原材料供应者、产品销售人员及其他与企业有关的阶层。这些阶层对企业的期望是不同的。例如，股东集团评价战略的标准主要是看投资回报率、股东权益增长率等；企业工作人员评价战略的标准主要是看工资收益、福利待遇及其工作环境的舒适程度等；消费者则主要关心企业产品的价格、质量、服务态度等；至于政府机构，它们评价企业的立足点主要是看企业的经营活动是否符合国家的政策、法规和有关各项行政规章制度。

**6．人口因素**

人口因素对企业战略的制定有重大影响。例如，人口总数直接影响着社会生产总规模；人口的地理分布影响着企业的厂址选择；人口的性别比例和年龄结构在一定程度上决定了社会需求结构，进而影响社会供给结构和企业生产结构；人口的教育文化水平直接影响着企业的人力资源状况；家庭户数及其结构的变化与耐用消费品的需求和变化趋势密切相关，因而也就影响到耐用消费品的生产规模等。

## 四、科技环境因素分析

科技环境主要是指与本企业产品有关的科学技术的现有水平、发展趋势和发展速度。

现代企业的发展在很大程度上也受到科学技术的影响，包括新材料、新设备、新工艺等物质化的硬技术，以及体现新技术、新管理的思想、方式、方法等信息化的软技术。科学技术的发展和应用对于提高生产效率、降低成本、开发新产品和新技术有着十分重要的作用，它能为企业带来新的发展机会和生存空间。那些捷足先登的企业抓住机会，一跃而上，从此成为行业的领袖；而那些因循守旧者，那些跟不上现代科技发展速度的企业，将在新一轮的竞争中被淘汰。科学技术正在以前所未有的速度向前发展，企业要想发展而不被淘汰，就必须及时掌握科学技术发展的新动向，不失时机地使企业跟上时代前进的步伐。

## 【案例】

### 捷安特的宏观环境分析

一、政治环境分析

1984 年由经济部成立中心卫星工厂推动小组，辅导业者积极开拓高附加价值产品。但是其大部分零件都仰赖进口，于是在 1990 年为改善关键零组件受制于日本的现象，由经济部工业局与自行车业者共同出资成立“自行车工业研究发展中心”，致力于自行车研发，协助厂商提升品质；工研院亦投入材料与零组件的开发，其中变速器的研发成功以及碳纤维原料，使我国的自行车关键零组件逐渐摆脱日本的控制。政府近年基于交通、环保、健康及观光休憩考虑，大力辟建自行车专用道，行政院更于 2002 年起将“全国自行车道系统计划”纳入“挑战 2008：国家发展重点计划”，从“地方性路网”、“区域性路网”及“环岛性路网”逐步建构完整的全岛运动休闲自行车道系统，提供完整的休闲自行车道。

二、经济环境分析

中国台湾地区的经济已由高度降为中度成长，目前的经济结构亦从制造业转为服务业，其经济规模降低，对此原本以劳力密集的制造业已无法生存在高工资、高成本的台湾市场。因此大多数制造产业纷纷转投资于拥有廉价工资或是低成本的地区，例如中国大陆、越南、印度等。因此，设置在中国台湾地区的产业大多是以技术与研发为主的高科技产业。

许多产业的产品或是原料都是仰赖能源之王“石油”，但是在存量有限而使用庞大的情况下，经济因此常有所影响。在近几年的景气循环下，国际油价屡创新高，导致物价上升以及能源缺乏的危机更加暴露出来。因此在面对经济冲击下，替代产业的未来前景则是令人可期。

三、社会文化环境分析

1. 良好的形象和声誉

目前捷安特自行车在中国大陆的销售量已跃升为大陆自行车业的冠军，依照中国自行车协会调查指出，捷安特自行车在服务、款式造型、色彩和信誉等方面均名列第一，在1998年获选为《中国十大商品》和《100种消费者欢迎产品》。不只是在中国大陆地区，在美国捷安特自行车被《商业周刊》评选为最佳新产品，也获选为美国年度风云车种等。获得这些奖项都可以为捷安特增加良好的形象和声誉。

2. 石油能源的影响

近年，由于受到石油危机的影响油价不断攀升，再者，物价的严重波动使经济受到严重影响，而中国台湾政府正逢面临全球暖化而推动，以实际的优惠奖励来借此鼓励国民，以实际的行动体现节能减碳。现今自行车的功能不只是代步，也是休闲的象征。许多上班族也纷纷投入使用自行车的行列，也因他们具有独立的经济能力，对品牌有正面知觉，相信知名品牌所代表的高品质，也让顶尖的自行车市场有了更大的成长空间。

四、科技环境分析

自从20世纪70年代自行车从代步工具转型成休闲用品后，为了骑乘的舒适性，除了结构的设计外，"轻量化"成为自行车业重要的努力目标，因此材质的应用成为生产技术发展的重要课题。在新材质的应用上，先后发展出铬钼钢管、铝合金、碳纤维、钛合金、镁合金等，其中铬钼钢管已失去轻量化的优势、钛合金因成本太高而推广不易、镁合金生产技术尚未完全成熟。目前高级车的主流是使用铝合金及碳纤维等两种材质，这里值得注意的是，铝合金及碳纤维的应用技术都是由中国台湾自行车业与外部研发资源合作所发展起来的。

资料来源：百度文库．捷安特自行车的宏观环境分析

## 行业环境分析

任何企业都存在于一定的行业当中，行业环境对于企业的经营活动有着更为直接和明显的影响。行业环境分析是企业外部环境分析的核心，主要包括行业经济特性分析、行业生命周期分析和行业竞争结构分析等三个方面。通过行业环境分析为制定企业经营战略提供决策依据。

### 一、行业经济特性分析

一个行业的经济特性主要考虑的因素有市场区域范围及规模大小、规模经济特征、行业进入壁垒与退出壁垒及难易程度、对资源的要求程度及平均投资回收期、市场成熟程度、市场增长速度、行业中公司的数量及其规模、购买者的数量及规模、分销渠道的种类及特征、技术革新的方向及速度、行业总体盈利水平等。

（1）市场规模：小市场一般吸引不了大的或新的竞争者；大市场常能引起公司的兴趣，因为它们希望在有吸引力的市场中建立稳固的竞争地位。

（2）竞争角逐的范围：市场是当地性的、区域性的还是全国范围的？

（3）市场增长速度：快速增长的市场会鼓励其他公司进入；增长缓慢的市场使市场竞争加剧，并使弱小的竞争者出局。

（4）行业在成长周期中目前所处的阶段：是处于初始发展阶段、快速成长阶段、成熟阶段、停滞阶段还是衰退阶段？

（5）竞争厂家的数量及相对规模：行业是被众多的小公司所细分还是被几家大公司所垄断？

（6）购买者的数量及相对规模。

（7）在整个供应链中，向前整合或向后整合的程度如何？因为在完全整合、部分整合和非整合公司之间往往会产生竞争差异及成本差异。

（8）到达购买者的分销渠道种类。

（9）产品生产工艺革新和新产品技术变革的速度。

（10）竞争对手的产品服务是强差别化的、弱差别化的、同一的还是无差别化的？

（11）行业中的公司能否实现采购、制造、运输、营销或广告等方面的规模经济？

（12）行业中的某些活动是不是有学习和经验效应方面的特色，从而导致单位成本会随累计产量的增长而降低？

（13）生产能力利用率的高低是否在很大程度上决定公司能否获得成本生产效率？因为生产过剩往往降低价格和利润率，而紧缺时则会提高价格和利润率。

（14）必要的资源以及进入和退出市场的难度：壁垒高往往可以保护现有公司的地位和利润；壁垒低则使得该行业易于被新进入者入侵。

（15）行业的盈利水平处于平均水平之上还是处于平均水平之下？高利润行业吸引新进入者，行业环境萧条往往会加速竞争者退出。

## 【案例】

### 硫酸行业的主要经济特性概览

市场规模：年销售收入4～5亿美元，总销量为400万吨。

竞争角逐的范围：主要是区域性的竞争。厂商很少将其产品销往距离工厂250公里以外的地区，因为长距离运输成本很高。

市场增长率：年增长率为2%～3%。

所处生命周期阶段：成熟期。

行业中公司的数量：大约有30家公司，110个生产基地，共有450万吨的生产能力。各公司所占市场份额最低的为3%，最高的为21%。

客户：大约有2 000家买主，多为工业化学品公司。

整合程度：混合性整合，10家最大的公司中有5家向后整合到采矿，并且进行向前整合，总公司下属的工业化学品公司的内部采购占生产量的50%；所有其他公司都只单一经营硫酸。

技术革新：生产技术是标准的，变革缓慢。最大的变化是产品本身，最近每年推出1～2种专业化学品，而行业的增长几乎全部来自这些新产品。

产品特色：高度标准化。不同品牌的产品基本上是相同的，几乎没有什么差别。

规模经济：一般。各个公司的生产成本基本是一样的，但如果用多节卡车装运并向同一客户运输和大规模采购原材料，则可以获得规模经济。

学习和经验效益：在该行业中不是一个影响因素。

生产能力利用率：最高生产率是额定生产率的90%～100%，生产能力利用率一旦低于90%，单位生产成本就会急剧上升。

行业盈利水平：平均利润率或平均利润率以下。由于行业具有的特性，需求疲软时降价很厉害，而需求强劲时，价格则坚挺。

资料来源：http://wiki.mbalib.com

## 二、行业生命周期分析

### 1. 行业生命周期的概念

行业的生命周期指行业从出现到完全退出社会经济活动所经历的时间，主要包括四个发展阶段：幼稚期、成长期、成熟期、衰退期。其曲线如图2.1所示。

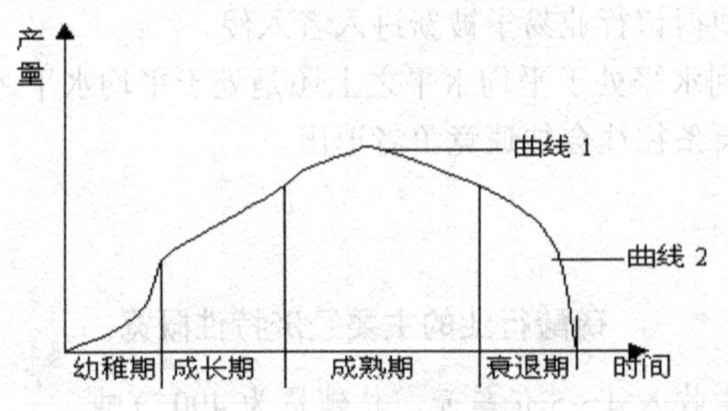


图2.1　行业生命周期曲线

### 2. 行业生命周期各阶段的特征

（1）幼稚期。这一时期的市场增长率较高，需求增长较快，技术变动较大，行业中的用户主要致力于开辟新用户、占领市场，但此时技术上有很大的不确定性，在产品、市场、服务等策略上有很大的余地，对行业特点、行业竞争状况、用户特点等方面的信息掌握不多，企业进入壁垒较低。

（2）成长期。这一时期的市场增长率很高，需求高速增长，技术渐趋定型，行业特点、行业竞争状况及用户特点已比较明朗，企业进入壁垒提高，产品品种及竞争者数量增多。

（3）成熟期。这一时期的市场增长率不高，需求增长率不高，技术上已经成熟，行业特点、行业竞争状况及用户特点非常清楚和稳定，买方市场形成，行业盈利能力下降，新产品和产品的新用途开发更为困难，行业进入壁垒很高。

（4）衰退期。这一时期的市场增长率下降，需求下降，产品品种及竞争者数目减少。

**3．相关指标**

识别行业生命周期所处阶段的主要指标有市场增长率、需求增长率、产品品种、竞争者数量、进入壁垒及退出壁垒、技术变革、用户购买行为等。

**【小思考】**

下列各行业分别处于生命周期的哪一阶段，其投资价值如何？

家电行业　手表行业　房地产行业　新能源行业　钢铁行业　物流行业　生物医药行业　互联网行业　汽车行业

## 三、行业竞争结构分析

在一个行业内，普遍存在着五种竞争力量，即行业内部现有企业、新进入者、替代品生产者、供应商和购买者，如图 2.2 所示。这五种竞争力量的状况以及综合强度可以引发行业内部经济结构的变化，从而决定着行业内部竞争的激烈程度，决定着行业中获得利润的最终潜力。

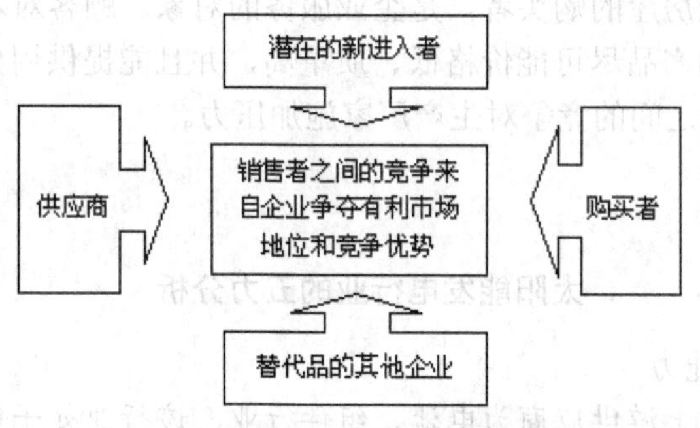


图 2.2　行业竞争结构图

**1．新进入者的威胁**

所谓新进入者也称潜在进入者，可以是新创办的企业，也可以是由于实现多元化经营而新进入本行业的企业。新加入者往往带来新的生产能力和充裕的资源，与现有企业争夺市场份额和利润，从而对现有企业的生存和发展形成巨大的威胁。我们把这种威胁称为进入威胁。进入威胁的大小取决于进入障碍和现有企业的反击强度。

**2．现有企业的竞争**

在同一个行业内部，存在着众多生产相同或相似产品的企业，被称为同业企业。同业企业之间始终存在着竞争。不过，其竞争的激烈程度往往因行业不同而不同，有的行业比较缓和，有的行业非常激烈。

**3．替代品的威胁**

替代品是指那些与本行业的产品具有相同或相似功能的其他产品。如晶体管可以替代电子管，E-mail 可以代替电报、信函等。替代品的出现会给行业内的所有企业带来冲击。替代品往往在某些方面具有超过原有产品的竞争优势，如价格低、质量高、功能新、性能好等，因此它有实力与原有产品争夺市场，分割利润，使原有企业处于极其不利的地位。企业应随时警惕替代品的出现，并预先制定出防范措施。不过，当某些替代产品的出现代表着时代潮流，具有很强的市场吸引力时，企业采取完全排斥的态度，不如采取引进、吸纳新技术的态度更为有利。当本行业中生产的产品存在替代品时，生产替代品的企业会给本行业的现有企业带来一定的竞争压力。替代品的竞争压力越大，对现有企业的威胁就越大。

**4．供应商讨价还价的能力**

供应商是指企业从事生产经营活动所需要的各种资源、配件等的供应单位。它们往往通过提高价格或降低质量及服务的手段，向行业的下游企业施加集中的压力，并以此来榨取行业利润。供应商的讨价还价能力越强，现有产业的盈利空间就越小；反之则盈利空间就越大。

**5．顾客讨价还价的能力**

顾客是企业产品或房屋的购买者，是企业服务的对象。顾客对本行业的竞争压力，表现为要求企业提供的产品尽可能价格低、质量高，并且能提供周到的服务。同时，顾客还可能利用现有企业之间的竞争对生产厂家施加压力。

**【案例】**

**太阳能发电行业的五力分析**

1．供应商的议价能力

太阳能发电行业的上游供应商为电池、组件行业，该行业处于供过于求的状态，目前基本上依赖出口。2009 年，世界经济逐渐回暖，电池组件厂商压力得以释放，但是随着国外贸易保护政策的抬头，前景十分严峻，不得不全力以赴开拓国内市场。因此，上游厂商并没有定价权。此外，由于电池组件的价格成本对太阳能发电行业的盈利能力影响巨大，太阳能发电企业有向上游整合资源的趋势，这给上游厂商带来了一定的压力。电池组件企业为提升竞争能力，一方面压缩利润空间，以低价取胜；另一方面发展技术，降低成本，提高转换率。

2．购买者的议价能力

太阳能并网发电行业和其他电源类型发电行业一样，下游客户包括三个产业的企业客户和城乡居民客户。由于目前太阳能发电成本较高，还不具备与其他能源发电竞争的能力，所以下游用电需求对太阳能发电的短期走势不构成主要影响。

3. 新进入者的威胁

潜在进入者主要包括各种有意于进入太阳能发电行业的国内电力行业外的投资主体，以及有意于进入中国市场的国外投资主体。对于占太阳能发电主导地位的大型并网电站，资源壁垒较高，外资或其他行业资本不容易进入。这里的资源壁垒主要是指阳光充足和电网设施健全地区的土地资源。太阳能发电的发电量很大程度上取决于日照资源，因此我国青海、甘肃、宁夏等地成为光伏电站的首选地。此外，另一个必要条件是电网设施健全，电网容量较大，因此西藏虽然阳光充足，但因为电网设施落后，并非大型电站的首选地。土地资源是受控于地方政府的稀缺资源，能够与政府合作，获得价格低廉的大面积土地使用权是一个先决条件。在与政府的合作关系方面，国有大型电力企业具有一定的优势，但是并不是处于垄断的局面。出于贸易平衡的关系，中国不可能屏蔽国外的太阳能发电厂商。国外厂商的逐步进入是在所难免。在上网电价公布之前，电力行业外的资本还处于观望的态势。一旦电价公布，行业外资本的进入同样不可阻挡。

4. 替代品的威胁

太阳能发电作为电力行业的子行业，火电、水电、核电以及风电等都可能对它产生替代作用。

火电装机容量已达到饱和，虽然占比很高，但增速下降。火电成本会随着煤炭价格上涨而升高，且引发严重的环境污染。从长远来看，是处于一个衰退周期。水电面临很大的挑战，降雨减少，水力资源受到过度开发，对生态也具有一定的破坏作用。核电对技术安全性要求很高，同时也面临核燃料短缺等问题，不及太阳能发电应用广泛和灵活，技术实现简单。风力发电成本要低于太阳能发电成本，但是风力发电机是集电气、机械、空气动力学等各学科于一体的综合产品，各部分紧密联系，息息相关。风力机维护的好坏直接影响到发电量的多少和经济效益的高低；风力机本身性能的好坏，也要通过维护检修来保持，维护工作及时有效可以发现故障隐患，减少故障的发生，提高风机效率。综上所述，太阳能发电具有得天独厚的优势，具备大规模发展的潜力。然而，从成本方面来看，目前太阳能发电还不具备市场竞争力。太阳能发电行业如果想要获得更多的市场份额，必须降低成本。

5. 同业竞争者的竞争程度

尽管太阳能发电行业刚刚起步，但是竞争已经相当激烈。目前，最具有竞争力的太阳能发电厂商为国有大型电力集团。他们的竞争目标一方面是与地方政府合作，争取更多的土地资源以及长期项目合作协议，可理解为“圈地运动”。另一方面是争取上游资源，表现为自建上游产业链或者与上游厂商结盟，以获得较低的成本。

资料来源：2009-2012 年中国大陆太阳能光伏发电产业调研及发展情况预测报告. 中商情报网. http://www.askci.com

# 竞争对手分析

竞争对手是企业经营行为最直接的影响者和被影响者，这种直接的互动关系决定了竞争对手分析在外部环境分析中的重要性。首先要弄清谁是自己的竞争对手；其次要对竞争对手的未来目标、现行战略、假设和能力等因素进行分析。关注公司的竞争对手，重视他们的战略，观察他们的行动，评价他们的优势和劣势，以推测其下一步的行动方向，这对本企业制定和调整战略决策至关重要。

## 一、识别竞争对手

从行业角度看，企业的竞争对手有提供同种或相互密切替代产品的企业；从市场角度看，企业的竞争对手有满足相同消费需求或服务于同一消费者群的企业。

**【想一想】**

农夫山泉矿泉水的竞争对手有哪些？

## 二、竞争对手分析的内容

**1. 竞争对手的未来目标**

分析并了解竞争对手的未来目标，有利于预测竞争对手对其自身的定位和检测其财务成果满意度，有助于推断竞争对手改变竞争战略的可能性及和其他企业战略行为的反应程度。对竞争对手未来目标的分析包括以下关键问题：

（1）竞争对手追求的市场地位总体目标是什么？

（2）竞争对手各管理部门对未来的目标是否取得一致性意见？

（3）竞争对手的当前财务目标及未来财务目标是什么？

（4）竞争对手核心领导的个人行为对整个企业未来目标影响如何？

**2. 竞争对手的假设**

假设经常是企业采取各种行为的最根本原因，因此了解竞争对手的假设，有助于正确判断竞争对手的真实意图。竞争对手的假设有两类：

（1）竞争对手对自己的假设。

（2）竞争对手对产业及产业中其他公司的假设。

**3. 竞争对手的现行战略**

竞争对手现行战略至少应该分析以下几个方面：

（1）其市场占有率如何？产品在市场上是如何分布的？采取什么销售方式？有何特殊销售渠道和促销策略？

（2）其研究开发能力如何？投入资源如何？

（3）其产品价格如何制定？在产品设计、要素成本、劳动生产率等因素中哪些因素对成本影响较大？

（4）其采取的一般竞争战略是属于成本优先战略，或者是特色经营战略，还是集中一点战略？

**4．竞争对手的能力**

对竞争对手的能力进行客观评价，是竞争对手分析过程中的一项重要内容，因为能力将决定其对战略行动做出反应的可能性、时间选择、性质和强度。对竞争对手的能力分析包括以下方面：

（1）核心能力。竞争对手在各个职能领域内的能力如何？其最强能力在哪个职能部门？最弱能力在哪个职能部门？这些能力将发生怎样的变化？

（2）增长能力。竞争对手在人员、技术、市场占有率等方面的增长能力如何？财务方面、对外筹资方面是否能支持增长能力？

（3）迅速反应的能力。竞争对手在财务、生产能力和新产品方面迅速对其他公司的行动做出反应（发动即时进攻或立即组织防御）的能力如何？

（4）适应变化的能力。竞争对手能否适应如成本竞争、服务竞争、产品创新、营销升级、技术变迁、通货膨胀、经济衰退等外部环境的变化？有没有严重的退出障碍？

（5）持久耐力。竞争对手维持长期竞争的能力如何？为维持长期竞争会在多大程度上影响收益？

# 企业内部条件分析

所谓企业的内部环境或条件是指企业能够加以控制的内部因素。企业内部环境或条件是企业经营的基础，是制定战略的出发点、依据和条件，是竞争取胜的根本。对企业的内部环境进行分析，其目的在于掌握企业目前的状况，明确企业所具有的长处和弱点，以便使确定的战略目标能够实现，并使选定的战略能发挥企业的优势，有效地利用企业的资源；同时对企业的弱点能够加以避免或采取积极改进的态度。

## 一、企业内部条件分析的内容

企业内部条件是由若干要素构成的，如果把企业看作一个投入产出系统，其内部条件可由三大要素组成：一是需要投入资源要素；二是需要将这些要素合理组织、使用的管理要素；三是资源要素与管理要素相互结合而产生的能力要素。这三大要素又由若干因素组成：资源要素包括人财物资源、技术资源、市场资源、环境资源等；管理要素包括计划、组织、控制、人事、激励和企业文化等；能力要素包括供应能力、生产能力、营销能力、科研开发能力等。一般来说，企业内部条件分析包括企业资源条件分析、企业管理条件分析和企业能力条件分析三个方面。

## 二、企业内部条件分析的方法

企业内部总体条件评价表是服务于战略制定的一个分析工具，利用它可以概括和评价企业在资源、管理和供应、生产、营销、开发方面的长处和短处，为企业战略的主攻方向以及了解企业的各经营领域在战略制定中的重要性提供了一个基础。

使用企业内部条件评价表可以分以下五个步骤进行：

（1）识别企业内部条件的主要因素。

（2）确定每一主要因素的权数。权数表明某一因素在企业管理中的重要程度。实际上，第一步的工作已经为主要因素的重要性提供了一些定性的依据，这一步骤是进一步将其定量化。如果某一因素对战略的影响十分重要，无论它是长处还是短处，都要给它较高的权数。所有因素权数之和等于 1.0。

（3）确定每一主要因素的分值。某一因素的分值是一定量的方法表明该因素的状态，分值从-3～+3。正数表示长处，负数表示短处，分值越高，说明该因素的状态越好。由于分值一般是采用相对比较法来确定的，便存在以什么为标准的问题。如果是企业内部各因素比较来确定分值，则是以内部某个因素为标准，即先给这个因素一个分值，再把其他各因素的状态与之相比较来确定每一因素的分值。如果是竞争对手之间的相互比较，则是以竞争对手的某个相关因素为标准。如果是与环境因素相对照，则是要看某一内部条件因素与环境因素的协调行为标准，但这时每一因素的得分是一加权值，因为他们同时受着多种外部因素不同程度的影响。

（4）将每一因素的权数乘以得分便得到每一因素的加权数。加权数反映了每一因素的状态对企业的影响程度，如果某一因素加权值的绝对值越大，那么这一因素对企业的影响就越大。

（5）将每一因素的加权数相加得到整个企业的总加权数。总加权数是反映企业总体状况的一个综合值。如果一个企业的总加权值接近-3，那么这个企业的综合条件实力很差；相反，如果这个企业的总加权值接近+3，表明这个企业的综合条件实力很好。

**【小资料】**

下面是企业内部总体条件评价表的一个实例：

从表 2.1 可以看出，质量、利润率、市场占有率、凝聚力、资金分配等是该企业的长处，而计划、组织、科研开发等是该企业的短处。该企业的总加权数为 1.39，表明它的总体条件较好。

表 2.1　某企业内部总体条件评价表

| 主要内部条件因素 | 权　数 | 得　分 | 加 权 数 |
|---|---|---|---|
| 资源条件因素： | | | |
| 流动资金充裕 | 0.06 | 3 | 0.18 |
| 人员素质一般 | 0.06 | 1 | 0.06 |
| 冗员沉重 | 0.05 | –1 | –0.05 |
| 设备技术水平先进 | 0.05 | 2 | 0.10 |
| 销售渠道宽而短 | 0.05 | 3 | 0.15 |
| 管理条件要素： | | | |
| 缺乏周密的计划 | 0.07 | –2 | –0.14 |
| 组织结构的协调性较差 | 0.06 | –2 | –0.12 |
| 管理人员的领导力很强 | 0.05 | 3 | 0.15 |
| 员工主动性较弱但能服从分配 | 0.05 | 1 | 0.05 |
| 有较强的凝聚力 | 0.08 | 3 | 0.24 |
| 能力条件因素： | | | |
| 资信程度较高 | 0.06 | 2 | 0.12 |
| 有较稳定的供应渠道 | 0.05 | 2 | 0.10 |
| 产品质量一流 | 0.08 | 3 | 0.24 |
| 销售量和市场占有率行业领先 | 0.08 | 2 | 0.16 |
| 资金利用率居行业中上水平 | 0.10 | 2 | 0.20 |
| 缺乏科研开发人员 | 0.05 | –3 | –0.15 |
| 合计 | 1.00 | | 1.39 |

【任务实施】

## 一、技能训练

各项目小组对模拟公司的经营环境进行分析，并撰写经营环境分析报告。

## 二、案例分析

### 中国家电行业“拼搏”在恶化的经营环境中

在上游产业价格大涨的背景下，家电上市公司继续挣扎于恶化的经营环境中。2005年年报显示，春兰股份与 TCL 集团上市以来首度亏损，澳柯玛陷入资金链危机，TCL 集团和科龙电器分别巨亏 3.20 亿元和 4.87 亿元，青岛海尔净利润同比下降 35.27%。

差不多同时披露的 2006 年首季季报再度报警，业绩同比滑坡的家电上市公司有四川长虹、春兰股份、科龙电器、澳柯玛、美菱电器、上广电、厦华电子等。

1. 成本上升成最大心病

几乎没有一家家电上市公司不为原材料价格上涨而抱怨。面对成本上升，企业进一步扩张产能的效果变弱。规模生产不见规模效益的原因之一，是市场增长幅度减缓，供大于求矛盾更趋突出。据美的电器分析，在全球空调制造业向发展中国家转移的推动下，从2002年开始，国内空调业进入爆发式的高速增长期，年均增长幅度接近50%，海外出口年均增长超过60%。2004年度空调行业增长率仍高达38%；到了2005年，全球超过70%的空调产自中国，中国已经成为全世界最大的空调生产基地。

然而，国内空调产业在2005年开始转入平稳增长期，行业全年增长率只有6%。在全球需求放缓的同时，国内空调生产商的扩能项目纷纷上马，产能持续扩大，全行业明显出现供大于求，需求放缓与产能持续扩大的矛盾不断放大。多家企业表示，国内房地产市场调控、夏季气温不够炎热、国内渠道商进一步挤压、海外经营壁垒不断增加等因素，均对2005年空调难以赚钱构成负面影响。

2. 海外拓展之路不平坦

拓展海外市场被家电企业视作走出困境的对策之一。一方面，全球家电生产大量向中国转移，中国生产的家电产品已被海外消费者接受，拓展海外市场具有了市场基础。另一方面，中国家电产品具有明显的价格优势，抢占海外市场份额屡见成效。国内家电企业为拓展海外市场做好了准备，例如，美菱电器去年（2005年）新增年产60万台的电冰箱出口基地顺利投产。

去年（2005年），人民币走上了升值道路，出口企业均或多或少遭遇汇兑损失，劳动密集型企业的低成本优势和国际竞争力有所削弱。更要紧的是，贸易壁垒不断增加。据美的电器称，欧盟两项指令于2005年加紧施行，有毒物质禁用为空调制造企业技术研发和原材料选购提出了更高要求，电子产品回收增加了空调自有品牌出口欧盟的销售成本。同时，针对国内空调制造企业的国际反倾销事件屡有发生，从LG天津反倾销涉讼事件到土耳其反倾销立案调查，都对国内空调出口造成了影响，海外市场拓展难度加大。

3. 澳柯玛危机敲响警钟

号称“中国冰柜大王”的澳柯玛陷入资金链危机，给国内家电业再次敲响了警钟。澳柯玛是一家集团型家电企业，其跌落既有家电企业最热衷的多元化经营的影子，又有源于证券市场最敏感的资金占用问题。

如今陷入资金链危机，青岛澳柯玛集团空调厂一度生产经营不正常，生产时断时续；上市公司澳柯玛去年亏损了7 345.57万元，今年（2006年）一季度又亏损了2 773.10万元。

澳柯玛的教训值得家电上市公司吸取，但“澳柯玛第二”很可能还会出现。在被渠道商大量占用资金的背景下，家电企业的资金周转普遍较困难，资金链危机不能不防。

资料来源：中网资讯. http://www.cnwnews.com

【案例分析题】

1. 指出导致家电行业经营环境恶化的原因，如何改善?

2. 通过查找资料，试分析当前家电行业的经营环境，并与上述资料中家电行业所处的经营环境相比较。

## 任务二 制定企业经营战略

【任务引入】

企业经营战略的制定是战略管理过程中的核心部分，也是一个复杂的系统分析过程。一个战略制定过程实际上就是战略的决策过程，具体包括对企业外部环境和内部条件进行分析，确定企业的战略目标，准备战略方案以及评价和确定战略方案等几个方面。企业经营战略有多种类型，在具体实践中常常采用 SWOT 分析法来选择和制定企业经营战略。

【信息获取】

### 企业经营战略的类型

企业经营战略主要有竞争战略和总体战略两大类。其中，企业竞争战略有成本领先战略、差异化战略和集中化战略三种，企业总体战略有发展战略、稳定战略和紧缩战略三种。处于不同行业、不同规模、不同发展阶段的企业往往会选择不同的企业经营战略。

### 一、企业竞争战略

**1. 成本领先战略**

成本领先战略也称为低成本战略，是指企业通过有效途径降低成本，使企业的全部成本低于竞争对手的成本，甚至是在同行业中最低的成本，从而获取竞争优势的一种战略。

【案例】

**美国沃尔玛（wal-mart）连锁店公司成本领先战略**

美国沃尔玛（wal-mart）连锁店公司是美国最大的也是世界上最大的连锁零售商。1962 年沃尔玛的创始人山姆·沃尔顿在美国阿肯色州的罗杰成立了第一家沃尔玛门店，1990 年沃尔玛成为全美第一大零售企业，2002 年沃尔玛全球营业收入高达 2 198 112 亿美元，荣登世界 500 强的冠军宝座。沃尔玛每十年上一个新台阶，最终在其第一家沃尔玛门店成立 40 年后，坐上了令世界无数企业仰慕的头把交椅。沃尔玛能够取得今日的成就，其中一个重要原因就是成功地实施了成本领先战略。沃尔玛把节约开支的经营理念作为实施成本领先战略的先决条件，将其物流循环链条作为实施成本领先战略的载体，利用发达的高科技信息处理系统作为成本领先战略实施的基本保障，即在采购、存货、销售和运输等各个商品流通环节想尽一切办法降低成本，使其流通成本降至行业最低，让商品价格保持在最低价格线上，然后利用成本优势打开市场，扩大市场份额，最终取得同等市场条件下的超平均利润，成为零售行业成本领先战略的经营典范。

**2. 差异化战略**

差异化战略是指通过提供与众不同的产品或服务，或采用与竞争对手不同的营销手段，满足顾客的特殊需求，从而形成竞争优势的一种战略。

### 【案例】

**贝因美的差异化战略**

贝因美率先在国产婴儿奶粉中添加“DHA+AA”营养成分，与普通配方奶粉相比，构成明显的品质差异化。“DHA+AA”的合理配比能更加促进宝宝智力和视力的发育，此营养配比是目标顾客购买奶粉的重要动机。同时，贝因美在奶粉包装形态上寻求新的突破，将有封口拉链的立袋作为袋装奶粉的包装，因为封口拉链包装卫生、安全，还能防潮；并且立袋正面面积大，有利于终端陈列面的抢占，陈列醒目，有利于顾客眼球的吸引；更重要的是在市场上，竞品奶粉无一采用立袋包装，能突显产品包装的与众不同。

**3. 集中化战略**

集中化战略又称专一化战略，是指企业把其经营活动集中于某一特定的顾客群、产品线的某一部分或某一地区市场上的战略。

### 【案例】

**格力的专一化战略**

面对空调市场混乱无序的竞争，一贯坚持专一化经营的格力，不仅产品已涵盖了家用空调和商用空调领域的10大类、50多个系列、500多种品种规格，成为国内目前规格最齐全、品种最多的空调生产厂家，形成了业内领先的主导优势，而且充分地显示了10多年来，该企业的专业化技术积累、雄厚的技术开发实力和经济效益再增值的潜在能力。

如果说格力在经营上取得了骄人的成绩，那么首先是格力在发展战略上取得了成绩。这种成绩突出的表现在他们对专一化战略认识上的深刻、贯彻中的坚定和实践中的准确把握。

## 二、企业总体战略

**1. 发展战略**

发展战略也称扩展战略，是一种在现有战略基础上向更高目标发展的总体战略，主要包括一体化战略和多元化战略两种。该战略以发展为导向，引导企业不断开发新产品、开拓新市场，采用新的生产方式和管理方式，扩充员工数量，进而扩大企业的产销规模，提高企业的市场占有率和竞争地位。

（1）一体化战略。一体化战略是指企业充分利用自己在产品、技术、市场上的优势，使其经营业务向纵向和横向发展的战略。一体化战略主要包括纵向一体化战略和横向一体化战略。

纵向一体化战略，也称垂直一体化战略，是指企业将其业务范围沿着价值链向前或向后延伸的战略。其中向供应商方向的延伸叫后向一体化，向销售商方向的延伸叫前向一体化。

横向一体化战略，也称水平一体化战略，是指企业与处于相同行业、生产同类产品或工艺相近的企业进行联合的战略。

【案例】

### 雅戈尔公司的纵向一体化战略

雅戈尔公司经过二十几年的发展，已经成为中国最具实力的服装企业。在全球“专注”、“专业”趋势越来越强、越来越被看好的情况下，雅戈尔却在积极向服装产业的上下游拓展：不但向商业、零售、连锁方向发展，组建庞大的分销网络；还向上游的纺织面料进军，建立自己的纺织面料城。它采用纵向一体化战略投巨资打造一条纺织、服装和分销零售网络的厚实商业链条。

（2）多元化战略，也称多样化战略、多角化战略，是指企业同时在两个或两个以上行业中进行经营。它分为相关多元化战略和不相关多元化战略。

相关多元化战略是指企业进入与现有产品或服务有一定关联的经营领域，进而实现企业规模扩张的战略。

不相关多元化战略是指企业进入与现有产品或服务没有任何关联的新行业或新领域的战略。

【案例】

### 巨人集团、广州太阳神的多元化战略

巨人集团总裁史玉柱反省其失败的四大失误之一，就是盲目追求多元化经营。巨人公司涉足的电脑业、房地产业、保健品业等行业跨度太大，新进入的领域并非自身优势所在，却急于铺摊子，有限资金被牢牢套死，导致财务危机，几乎拖垮了整个公司。

太阳神企业战略一直是“以纵向发展为主，以横向发展为辅”，即以保健品发展为主、多元化发展为辅。但从1993年开始，太阳神吹响了多元化的进军号角，多元化改变企业原有的一贯战略为“纵向发展与横向发展齐头并进”，一年内上马了包括石油、房地产、

化妆品、电脑、酒店等在内的20个项目，在新疆、云南、广东和山东相继组建成立了“经济发展总公司”，进行大规模的收购和投资。据了解，太阳神转移到这20个项目的资金达3.4亿元。然而这些项目竟没有一个成为新的“太阳神”，非常不幸的是这3.4亿元全部血本无归。到1997年，太阳神已经全年亏损1.59亿元。它在香港的股价由前一年的每股2.2元惨跌到9分港币。

资料来源：http://baike.baidu.com/view/2004274.htm

**2. 稳定战略**

稳定战略是指在内外环境的约束下，企业准备在战略规划期使企业的资源分配和经营状况基本保持在目前状态和水平上的战略。按照这种战略，企业目前的经营方向、业务领域、市场规模、竞争地位及生产规模都大致不变，保持持续地向同类顾客提供同样的产品和服务，维持市场份额。稳定战略主要包括以下战略：

（1）无增战略。无增战略似乎是一种没有增长的战略。采用它的企业可能基于以下两个原因：一是企业过去的经营相当成功，并且企业内外环境没有发生重大变化；二是企业并不存在重大的经营问题或隐患，因而战略管理者没有必要进行战略调整。

（2）维持利润战略。这是一种牺牲企业未来发展来维持目前利润的战略。维持利润战略注重短期效果而忽略长期利益，其根本意图是渡过暂时性的难关，因而往往在经济形势不景气时被采用，以维持过去的经济状况和效益，实现稳定发展。但如果使用不当的话，维持利润战略可能会使企业的元气受到伤害，影响企业长期发展。

（3）暂停战略。在一段较长时间的快速发展后，企业可能会遇到一些问题使得效率下降，这时就可以采用暂停战略，即在一定时期内降低企业的目标和发展速度。暂停战略可以充分达到让企业积聚能量，为今后的发展做准备。

（4）谨慎实施战略。如果企业外部环境中某一重要因素难以预测或变化趋势不明显，企业的某一战略决策就要有意识地降低实施进度，步步为营，这就是所谓的谨慎实施战略。

**3. 紧缩战略**

紧缩战略是指企业从目前的战略经营领域和基础水平收缩和撤退，且偏离起点战略较大的一种经营战略。紧缩战略主要包括以下战略：

（1）转向战略。转向战略是企业在现有的经营领域不能维持原有的产销规模和市场面，不得不采取缩小产销规模和市场占有率，或者企业在存在新的更好的发展机遇的情况下，对原有的业务领域进行压缩投资、控制成本，以改善现金流为其他业务领域提供资金的战略方案。

（2）剥离战略。剥离战略是指将企业的一个或几个主要部门转让、出卖或停止经营。这个部门可以是一个经营单位、一条生产线或者一个事业部。

（3）清算战略。清算战略是指卖掉其资产或停止整个企业的运行而终止一个企业的存在，显然，只有在其他战略都失败时才应该考虑使用清算战略。但在确实毫无希望的情况下，尽早地制定清算战略，企业可以有计划地尽可能多地收回企业资产，从而减少损失。

## 运用 SWOT 分析法制定企业战略

SWOT 分析法是把企业内外环境所形成的优势（Strengths）、劣势（Weaknesses）、机会（Opportunities）和威胁（Threats）四个方面的情况结合起来进行分析，以选择和制定适合本企业实际情况的经营战略和竞争策略的一种战略分析方法。一般按以下几个步骤进行。

### 一、分析环境因素

运用各种调查研究方法分析企业所处的各种环境因素，即外部环境因素和内部环境因素。外部环境因素包括机会因素和威胁因素，它们是外部环境对企业的发展有直接影响的有利和不利因素；内部环境因素包括优势因素和劣势因素，它们是企业在其发展中自身存在的积极和消极因素，如图 2.3 所示。

| | 优势（Strengths） | 劣势（Weaknesses） |
|---|---|---|
| 内部环境 | 产权技术 | 竞争劣势 |
| | 成本优势 | 成本劣势 |
| | 竞争优势 | 设备老化 |
| | 产品创新能力强 | 产品线范围太窄 |
| | 具有规模经济 | 技术开发滞后 |
| | 良好的财务资源 | 管理不善 |
| | 高素质的管理人员 | 营销水平低于同行业其他竞争者 |
| | 行业领先者的地位 | 资金拮据 |
| | 良好的企业形象 | 卑微的企业形象 |
| | 其他 | 其他 |
| | 机会（Opportunities） | 威胁（Threats） |
| 外部环境 | 纵向一体化 | 市场增长缓慢 |
| | 市场增长迅速 | 竞争压力增大 |
| | 新的互补产品的出现 | 不利的政府政策 |
| | 能争取到新的用户群 | 新的竞争者进入该行业 |
| | 可能进入新市场 | 新的替代品的出现 |
| | 在同行业中竞争业绩优良 | 用户讨价还价能力增强 |
| | 拓展产品线满足用户的需要 | 用户偏好逐步转变 |
| | 其他 | 其他 |

图 2.3　环境因素分析图

## 二、确定战略目标

在分析外部环境、评估自身能力的基础上，确定企业在战略期内预期要实现的战略目标。战略目标是通过执行战略、预期要达到的成果。企业的战略目标因企业的类型和企业的使命不同而各不相同。企业的战略目标一般包括以下内容：

（1）盈利能力。用利润、投资收益率、每股平均收益、销售利润等来表示。

（2）市场。用市场占有率、销售额或销售量来表示。

（3）生产率。用投入产出比率或单位产品成本来表示。

（4）产品。用产品线或产品的销售额和盈利能力、开发新产品的完成期来表示。

（5）资金。用资本构成、新增普通股、现金流量、流动资本、回收期来表示。

（6）生产。用工作面积、固定费用或生产量来表示。

（7）研究与开发。用花费的货币量或完成的项目来表示。

（8）组织。用将实行变革或将承担的项目来表示。

（9）人力资源。用缺勤率、迟到率、人员流动率、培训人数或将实施的培训计划数来表示。

（10）社会责任。用活动的类型、服务天数或财政资助来表示。一般可以按四大内容展开：市场目标、创新目标、盈利目标和社会目标。

## 三、构造 SWOT 矩阵

将调查得出的各种因素根据轻重缓急或影响程度等排序方式，构造 SWOT 矩阵。在此过程中，将那些对公司发展有直接的、重要的、大量的、迫切的、久远的影响因素优先排列出来，而将那些间接的、次要的、少许的、不急的、短暂的影响因素排列在后面，如图 2.4 所示。

| 内部环境 / 外部环境 | 优势（S）<br>S1.……<br>S2.……<br>S3.…… | 劣势（W）<br>W1.……<br>W2.……<br>W3.…… |
|---|---|---|
| 机会（O）<br>O1.……<br>O2.……<br>O3.…… | SO 战略<br>依靠内部优势<br>利用外部机会 | WO 战略<br>利用外部机会<br>克服内部劣势 |
| 威胁（T）<br>T1.……<br>T2.……<br>T3.…… | ST 战略<br>依靠内部优势<br>规避外部威胁 | WT 战略<br>减少内部劣势<br>规避外部威胁 |

图 2.4　SWOT 矩阵图

## 四、进行战略选择

在完成环境因素分析和 SWOT 矩阵的构造后，便可以将各种环境因素相互匹配起来加以组合分析，得出实现企业的战略目标可供选择的战略类型。可供选择的战略类型有四种：SO 战略、WO 战略、ST 战略和 WT 战略。

## 五、准备战略方案

战略类型确定后，企业管理者与企业战略专家及其他有关人员一起参与企业战略方案的规划，即实现战略目标的详细行动计划。由于思路以及实现途径不同，初步战略方案可能有好几套。

## 六、评价和确定战略方案

企业战略方案评价的目的是确定各个战略方案的有效性。决策者通过对制定的几种战略方案进行评价与比较后，从中选择一个比较满意的战略方案付诸实施。

## 【案例】

### 博科资讯公司的 SWOT 分析

上海博科资讯股份有限公司是中国最大的物流供应链管理软件和自主平台软件供应商，国内第一家自主型的个性化优化方案提供商。公司成立于 1992 年，总部位于上海市，在全国拥有以营销和服务为主的分支机构 23 家，代理商近 400 家，员工 1 100 名，其中研发人员 300 名。它是以研发与销售具有自主知识产权的管理软件、咨询服务、教育培训为主要业务的股份制高科技企业，业务涉及集团财务、全面预算、企业资源计划（ERP）、商业智能（BI）、审计及物流供应链管理（含仓储、运输管理）等一系列产品。

运用 SWOT 分析法制定博科资讯公司的企业战略如图 2.5 所示。

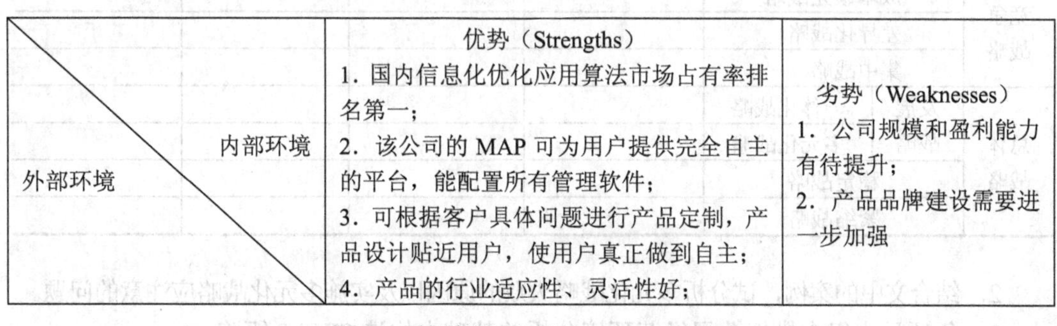

| 内部环境<br>外部环境 | 优势（Strengths）<br>1. 国内信息化优化应用算法市场占有率排名第一；<br>2. 该公司的 MAP 可为用户提供完全自主的平台，能配置所有管理软件；<br>3. 可根据客户具体问题进行产品定制，产品设计贴近用户，使用户真正做到自主；<br>4. 产品的行业适应性、灵活性好； | 劣势（Weaknesses）<br>1. 公司规模和盈利能力有待提升；<br>2. 产品品牌建设需要进一步加强 |
|---|---|---|

图 2.5　博科资讯公司的 SWOT 分析图

| 外部环境 \ 内部环境 | 5．价格相对较低，但是解决问题效率高；<br>6．有众多客户和成功案例积累，产品口碑好；<br>7．是最早进入市场的国内厂商，产品、技术解决方案的深厚积淀 | |
|---|---|---|
| 机会（Opportunities）<br>1．两化融合和国内企业信息化市场处于快速增长期；<br>2．国内中小企业信息化潜力巨大；<br>3．金融危机带来企业内部整合变革的机遇，为企业信息化优化算法应用提供了更大的市场机会 | SO 战略（利用）<br>1．提高加强开发技术，增大信息化优化算法应用覆盖广度和深度；<br>2．挖掘原有客户的新需求；<br>3．以成功营销模式巩固产品市场发展；<br>4．继续扩大同原有客户的合作，同时挖掘新客户 | WO 战略（改进）<br>1．增强区域市场的渠道渗透能力；<br>2．深入挖掘大中型企业客户需求，积极拓展小企业客户 |
| 威胁（Threats）<br>1．国外产品的技术优势威胁；<br>2．本土一些中小软件提供商的低价市场竞争；<br>3．国外厂商加大对中国信息化优化算法应用市场的投入 | ST 战略（关注）<br>1．加大研发投入，紧跟行业新技术趋势；<br>2．加强人才和团队引入 | WT 战略（消除）<br>1．通过上市筹资等资本运作手段，加速提升企业实力；<br>2．进行渠道认证，提高渠道对营收的贡献 |

图 2.5　博科资讯公司的 SWOT 分析图（续）

**【任务实施】**

## 一、技能训练

1．各项目小组展开讨论并填写下表。

| 战略类型 | | | 概　念 | 优　点 | 缺　点 | 适用条件 |
|---|---|---|---|---|---|---|
| 竞争战略 | 成本领先战略 | | | | | |
| | 差异化战略 | | | | | |
| | 集中战略 | | | | | |
| 总体战略 | 发展战略 | 一体化战略 | | | | |
| | | 多元化战略 | | | | |
| | 稳定战略 | | | | | |
| | 紧缩战略 | | | | | |

2．结合文中的案例，试分析多元化战略失败的原因以及实施多元化战略应注意的问题。

3．各项目小组在模拟公司经营环境分析的基础上构造 SWOT 矩阵。

## 二、案例分析

### 内蒙古伊利实业集团的战略分析

内蒙古伊利实业集团股份有限公司成立于1993年，经过十多年的快速发展，目前发展成为国内乳品行业的龙头企业。阅读下面关于该企业的资料后，找出该企业的优势、劣势、机会与威胁，绘制SWOT矩阵，并为该企业今后的发展提出可行的战略。

（1）奶源基地是乳业生产的第一车间，伊利地处中国最大的牛奶输出地——内蒙古，天然地拥有优质而丰富的奶源，这一优势很难被其他企业超越。伊利已经建立了呼包、京津唐、东北为主的三大奶源基地，同时开辟了内蒙古锡盟、赤峰和山东、山西、西安、沈阳等新的奶源基地，拥有优质牧场近200个，可控良种奶牛超过200万头。

（2）伊利采用以技术为依托的精确管理理念，要求把供应链中的每一个环节都视为关注的重点，将奶农、牧场、奶站、供应商、加工经销商、服务商等都纳入质量控制系统。伊利在国内率先提出SQS奶站标准管理体系的概念，力争通过奶站管理精确化、卫生清洁化、收奶器具整齐化、挤奶规范化、标识统一化——“五化”管理，以及用标准化的程序指导奶站进行正确的质量管理。在对经销商的选择上，伊利有一套严格的筛选和评估标准，保证经销商的基本素质。在业务合作中，每月度/季度/年度会对经销商的合作进行阶段评估，尤其对经销商的进、销、存管理上，全面实现了电子信息化进行及时跟进。伊利还采用了MES产品追踪系统，对从生产到消费者手上的任一产品都能快速准确地追溯到各个环节。先进的管理理念使得经销商由原来的“坐商”转变为“行商”，由原来的被动服务到主动地开发和维护市场。

（3）伊利集团的品牌价值从2006年的152.36 亿元飙升至2007年的167.29 亿元，蝉联中国乳业榜首：伊利的品牌是建立在扎实的基础工作之上，依靠真情的付出渗透到消费者心里，在伊利眼里品牌战不是空间战，而是持久战，强大的品牌根植于优秀的服务、先进的技术和可靠的品质中。成为北京奥运会乳品行业独家赞助商后，伊利签约奥运会冠军，搭建起“奥运＋冠军”的品牌体系；推出“健康中国”计划并付诸系列实践，奥运会给伊利带来的品牌价值将加速释放。

（4）与竞争对手相比，伊利的技术和研发实力均已处于一流水平。伊利的设备和生产线都达到了世界先进和国内领先的水平。在质量和环境管理体系认证方面，也一直走在行业的最前列，如ISO 14001环境控制体系和ISO 9002质量控制体系，都是行业内第一家通过的，GSM标准也是如此。为进一步增强技术和研发实力，和内蒙古自治区科技厅联合成立内蒙古乳业研究院，这是我国最大的一家乳业研究机构。

（5）液态奶质量有待提高。消费者对液态奶的产品质量感知具体化为气味、营养成分、包装、口味、方便性等五个方面，深入分析了消费者对液态奶行业以及十大主要品牌在产品质量方面的感知情况，从而从消费者的角度真实客观地反映了液态奶产品的质量现状、行业竞争态势、各品牌的优劣势。

(6) 人才紧缺。在积极培养人才的同时，伊利需要大量引进人才。在人才培养与引进的关系方面，伊利这些年来一直坚持一个原则：综合型的人才以自己培养为主，专业人才以引进为主，取得了相得益彰的效果。高层的力量决定着企业发展的未来，而现在的高层力量太弱，对企业未来发展非常不利，所以，需要提升员工，让那些在企业基层经过了多年考验的业务骨干进入到企业的核心管理层。

(7) 乳制品市场的成熟。国内乳制品市场已经逐渐进入成熟时期，行业呈现全国性品牌和区域性品牌共存的局面。同时，行业规范化程度和集中度也有明显提高，行业内大企业的市场份额逐年提高，骨干企业在行业中的龙头地位和导向作用越来越突出，发展速度还是远高于行业平均水平，规模经济效益更加明显。

(8) 2008 年北京奥运会。伊利是中国有史以来唯一一家为北京 2008 年奥运会提供乳制品的企业。近两年奥运和中国将成为全世界的主题，伊利作为奥运会的赞助商获得了非常好的发展环境与成长机会，伊利围绕奥运会这个平台，将集中物力和财力展开"奥运攻略"，最大限度地扩大市场效应，把奥运效应发挥到极致。因此，奥运是伊利走向全球的一个起点。

(9) 竞争对手的威胁。在国内，除了发展迅速的蒙牛以外，光明和三元等乳业也稳步发展，共同瓜分一块肥肉。同时国际乳品企业纷纷进入我国乳品市场，推动了国内乳品行业技术水平的大大提高；并且因外资、中外合资乳品企业所享受税收优惠政策等因素而形成的巨大税收减免大大降低了该类企业的纳税支出，使其能够具有更巨大的税收减免资金用于加大在促销、广告宣传等方面的投入，从而给伊利带来了巨大的压力。

(10) 国内乳品行业的多元化竞争，进一步加剧了市场竞争的激烈程度，这导致乳品企业的营业费用不断上涨，原料成本上升，乳制品主流产品利润率降低，行业平均利润日趋微薄。这对伊利主业的发展也构成了巨大的压力。

(11) 2006 年，伊利保持较稳定的发展速度，因此，资金投入也将进一步增加。公司将进一步加强投资决策的管理，建立风险预警机制，加强事前调研、事中监控、事后评估的管理，化解投资风险，保障广大股东的合法权益。

资料来源：王颖．伊利集团的 SWOT 分析论．商场现代化．2008 (7)

**【案例分析题】**

1. 指出伊利集团的优势、劣势、机会与威胁，并绘制 SWOT 分析图。
2. 为内蒙古伊利实业集团进行战略分析。

## 任务三 企业经营战略的实施和控制

**【任务引入】**

企业经营战略制定好之后，接下来就是付诸实施的过程。为了确保战略目标顺利实

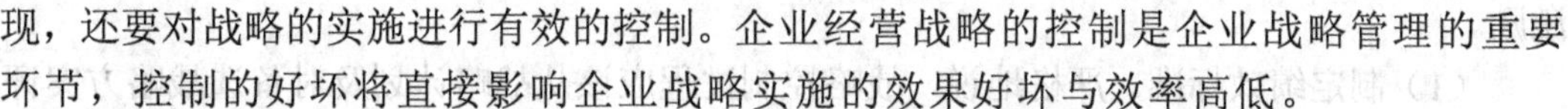

现，还要对战略的实施进行有效的控制。企业经营战略的控制是企业战略管理的重要环节，控制的好坏将直接影响企业战略实施的效果好坏与效率高低。

**【信息获取】**

# 企业经营战略的实施和控制

企业战略实施是战略管理的关键环节，是动员企业全体员工充分利用并协调企业内外一切可利用的资源，沿着企业战略的方向和途径自觉而努力地贯彻战略，以期待更好地达成企业战略目标的过程。经营战略在尚未实施之前只是纸面上的或人们头脑中的东西，而企业战略的实施是战略管理过程的行动阶段，因此它比战略的制定更加重要。战略控制是指企业战略管理者与战略实施者根据战略目标和行动方案对战略的实施状况进行全面评审，及时发现偏差并纠正偏差的活动。

## 一、战略实施的流程

（1）战略计划的制订。为了执行方便，需要将战略目标从空间和时间两个方面进行分解，即分解为几个战略实施阶段，每个战略实施阶段都要有分阶段的目标，相应地，有每个阶段的政策措施、部门政策以及相应的方针等。为了顺利地实现战略目标，还必须编制具体的行动计划，可以进一步规定任务的轻重缓急和重点，明确每一个战略阶段或每个战略项目的工作量、起止时间、资源分配和负责人。在战略目标分解的基础上，企业就可以按照编制的行动计划逐步实现企业战略。

（2）组织结构的调整或设计。战略通过组织来实施，要有效实施企业战略，就必须对原有的组织结构进行调整，或者重新设计组织结构。根据组织必须服从战略的原则，调整或重新设计后的组织结构必须能够适应企业战略的发展需要，并为战略实施提供一个完善的内部环境。

（3）战略资源的配置。企业战略资源是指企业用于战略行动及其计划推行的人力、财力、物力等资源的总和。企业战略资源是战略目标得以成功实现的前提条件和物资保证。企业在实施战略的过程中，必须对所属资源进行优化配置，才能充分保证战略的实现。

（4）战略计划的实施，即按照制订好的战略计划有条不紊地推行企业战略。

## 二、战略控制的流程

战略控制的目标是使企业战略的实际实施效果尽量符合战略的预期目标。为了达到这一点，战略控制过程可以分四个步骤，即制定绩效标准、衡量实际绩效、审查结果、采取纠正措施。战略控制的过程实际上是一个不断地肯定与否定的循环过程。在这一过程中，不仅要发现问题，找到原因，纠正偏差，而且也应该肯定成绩、总结经验，以资激励。

（1）制定绩效标准。严格地说，战略控制过程应该从战略计划及对备选战略方案评价开始。控制标准或测评标准是在战略计划指导下建立的，它是测评实际绩效和预期绩效的尺度。

（2）衡量实际绩效。将企业的实际绩效与控制标准进行比较，衡量或评价企业活动的实际绩效是否符合标准，以便采取有效的对策。

（3）审查结果。找出实际活动成效与评价标准的差距及其产生的原因。

（4）采取纠正措施。审查结果最终可能有三种情况：超过标准，出现正偏差；正好相等，没有偏差；实际成效低于标准，出现负偏差。在战略控制过程中，要针对不同的情况采取不同的纠正措施。

## 三、战略控制的方法

（1）预算控制。预算是以财务指标或数量指标表示的有关预期成果或要求的文件。预算控制是使用最广泛的控制方法或工具。一方面，它具有指导企业在各单位之间分配资源的作用；另一方面，它也是企业战略控制的一种方法。预算准备完成后，会计部门定期做出预算与实际支出之间差额的报表并送达负责人手中，分析偏差产生的原因，并采取必要的纠正措施。

（2）审计控制。审计是客观地获取企业有关经济活动的结果，评价结果与预期标准之间的符合程度，并将结果报知有关方面的过程。审计过程着重于对企业的财务结果进行审核，以及判断这些论断是否符合实际。在战略控制过程中，企业既可以依靠本身力量对各战略经营单位进行内部审计，也可以委托政府或民间审计机构进行审计。

（3）个人现场观察。个人现场观察是指企业的各层管理人员尤其是高层管理人员深入到各种生产经营现场，进行直接观察，从中发现问题，并采取相应的解决措施。

**【任务实施】**

## 一、技能训练

各项目小组为模拟公司编制战略管理流程。

## 二、案例分析

### 事前控制　事中控制　事后控制

魏文王问名医扁鹊说：“你们家兄弟三人都精于医术，到底哪一位医术最好呢？”扁鹊回答说：“大哥最好，二哥次之，我最差。”文王再问：“那么为什么你最出名呢？”扁鹊答说："我大哥治病，是治病于病情发作之前。由于一般人不知道他事先能铲除病因，所以他的名气无法传出去，只有我们家里的人才知道。我二哥治病，是治病于病情刚刚发作之时。一般人以为他只能治轻微的小病，所以他只在我们的村子里才小有名气。而我扁鹊治病，是治病于病情严重之时。一般人看见的都是我在经脉上穿针管来放血、在皮肤上敷药等大手术，所以他们以为我的医术最高明，因此名气响遍全国。"文王连连点头称道："你说得好极了。"事后控制不如事中控制，事中控制不如事前控制，可惜大多数人都很难做到这一点，等到事情发生了才寻求解决方法，等到损失造成了才寻求弥补。能快速妥善地应对出现的问题当然很好，但很多时候是亡羊补牢，为时已晚。

资料来源：季辉．现代企业经营与管理．大连：东北财经大学出版社，2010

【案例分析题】

1．结合案例说说事前控制的重要性。

2．试讨论如何做好企业经营战略的实施工作。

**【项目验收与评估】**

1．验收对象：各小组撰写的《企业经营环境分析报告》。

2．验收步骤：

（1）各项目小组上网查找《企业经营环境分析报告》的范例，明确企业经营环境分析报告的基本格式和主要内容。

（2）各项目小组以范例为模板为模拟公司撰写企业经营环境分析报告。

（3）各项目小组推荐一名成员对本小组经营环境分析报告的写作过程、报告内容以及心得体会在课上作演讲。

（4）评委会根据下表对各项目小组进行评价，决出胜负。

| 评价内容 | 分　值 | 评　分 |
| --- | --- | --- |
| 资料全面、报告或案例完整 | 20 | |
| 研究深入、有说服力 | 20 | |
| 有创新观点和思路 | 20 | |
| 合作默契、体现团队精神 | 20 | |
| 发言人仪表端庄，语言表达清晰、准确 | 20 | |
| 总体评价 | 100 | |

（5）指导教师点评。各项目小组根据指导教师的点评，对撰写的分析报告进行修改、完善后提交指导教师验收。

# 项目三　企业经营决策

**【知识目标】**

1．了解决策的含义及类型。

2．熟悉企业经营决策过程。

3．掌握定性及定量的决策方法。

**【技能目标】**

1．能够根据企业的经营目标或现状做出决策。

2．能够选择相应的决策方法为企业经营决策提供科学依据。

**【项目背景】**

最近公司打算开发新产品，但是可能会遭遇新产品开发失败的风险。公司的高层领导一起商讨如何做出科学决策将风险减小到最低。

**【任务分解】**

经营决策是指企业为了达到一定的经营目标，在市场调查和市场预测的基础上，运用科学的方法，根据一定的价值准则，从两个或两个以上备选方案中选择一个满意方案的过程。经营决策是企业管理全部工作的核心内容。在企业的全部经营管理工作中，决策的正确与否直接关系到企业的兴衰成败和生存发展。通过本项目的学习，你应该能完成以下任务：

任务一　经营决策的类型和程序

任务二　经营决策的方法

# 任务一 经营决策的类型和程序

【任务引入】

经营决策可以根据不同的标准划分为不同的类型。对企业经营决策进行分类，是为了把握各种决策的共性和个性，正确地制定和实施决策。企业的管理人员在进行决策时还需要遵循一定的决策程序。

【信息获取】

## 经营决策的分类和程序

### 一、经营决策的分类

**1．按决策层次划分**

（1）战略决策。战略决策指事关企业未来发展的全局性、长期性、决定性的重大决策。一般由企业最高管理层制定，故又称高层决策。例如经营目标、方针的确定，组织结构的调整，新产品的开发，市场开发，投资方向的确定等。

（2）战术决策。战术决策是指战略决策执行过程中的战术性决策，旨在提高企业的管理效能。一般由企业中间管理层做出，因此又称中层决策。例如生产计划的制订、销售计划的制订、设备的更新、新产品的定价、资金的筹措等。

（3）业务决策。业务决策是在日常生产管理中旨在提高生产效率和工作效率，合理组织生产过程的决策。一般由企业基层管理层做出，因此又称基层决策。例如工作任务的分配、生产进度的安排、岗位责任的制定、库存的控制、材料的采购等。

**2．按决策重复出现的程度划分**

（1）程序化决策。程序化决策是在日常管理中以相同或基本相同的形式重复出现的决策。这种决策具有常规性、例行性，所以决策者可根据以往的经验或惯例制定决策方案。例如生产方案决策、采购方案决策、库存决策、设备选择决策等。

（2）非程序化决策。非程序化决策是受大量随机因素的影响，很少重复发生，常常无先例可循的决策。由于决策没有固定的模式和规则，所以这类决策往往取决于决策者的洞察力、思维、知识及处理类似问题的经验。例如经营方向的确定、新产品的开发、新市场的开拓、组织结构的调整、重要的人事任免、重大政策的制定等。

**3．按决策问题所处的环境条件不同划分**

（1）确定型决策。决策事件的每个可行方案未来可能发生的各种自然状态较确定。

（2）风险型决策。决策事件的每个可行方案未来各种自然状态的发生是随机的，但可凭借历史统计资料或实验测试等估算出各种自然状态的概率。

（3）非确定型决策。决策事件的未来自然状态完全无法确定，只能凭借感觉、经验和估计做出决策。

（4）其他类型。按决策期限可划分为长期决策与短期决策；按决策方法类别可划分为定量决策与定性决策；按决策目标的多少可划分为单目标决策与多目标决策；按决策实施的层次可划分为单级决策与多级决策等。

## 二、经营决策的程序

**1．发现问题**

没有问题就无所谓决策，决策首先必须明确提出所要解决的问题。问题可以理解为在现有条件下，应该可以达到的理想状况和现实状态之间的差距。确定问题要注意以下几点：

（1）首先确定是否存在需要解决的问题；

（2）确定问题出在何处；

（3）明确真正的问题及其可能的原因。

**2．确定目标**

问题提出后必须明确问题能否解决，解决的程度，结果要达到什么要求，也就是决策的目标。这是以后判定和选择方案的依据和标准。

决策目标是指在一定的环境和条件下，根据预测所希望得到的结果。决策要求有明确而具体的决策目标。若决策的目标是模糊的，甚至是模棱两可的，则无法以目标为标准评价方案，更无从选择方案。

目标的确定要根据组织的总目标进行综合平衡。组织的价值准则也对目标的确定起着重要的影响作用。

**3．方案的拟定**

决策可以说是对解决问题的种种行动方案进行选择的过程，但如果不能将各种可行方案找到，选择的余地就很少了，也就难以保证决策的质量。

备选方案不可能是一个，但也不可能太多。因此，备选方案是带有概括性、典型性和代表性的几个可能的方案。概括性是指所拟定的备选方案包括了所有可能的方案，典型性和代表性是指各方案之间互相排斥。在拟定备选方案的过程中，一个很重要的问题就是尽量找出限制性因素，遵循限定因素原理，对一些抉择方案进行选择。

决策要求有两个以上的备选方案，以便比较选择。必须要有可供选择的方案，否则决策可能就是错误的。人们总结出两条规则：一是在没有不同意见前，不要做出决策；二是如果看来只有一种行事方法，那么这种方法可能就是错误的。

**4．方案的评价与选择**

每个实现目标的可行方案都会对目标的实现发挥某种积极作用和影响，也会产生消

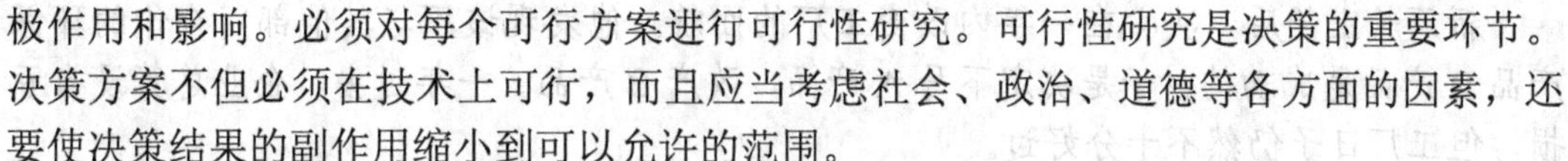

极作用和影响。必须对每个可行方案进行可行性研究。可行性研究是决策的重要环节。决策方案不但必须在技术上可行，而且应当考虑社会、政治、道德等各方面的因素，还要使决策结果的副作用缩小到可以允许的范围。

方案的评价首先需要建立一套有助于指导和检验判断正确性的决策准则。

决策准则一般包括目标达成度、成本代价、可行性等。

决策的选择应充分考虑各种可能的限制因素和条件，特别应重视各种方案可能带来的后果。

方案抉择时应当注意：

（1）任何方案均有风险。

（2）不要一味追求最佳方案。

（3）在最终选择时，允许不做任何选择。不选择也是一种方案。

应当注意的是，不能以最理想的方案作为目标，而只能以足够好地达到组织目标的方案作为准则，即在若干备选方案中选择一个合理的方案。合理方案只能在决策时能够提出来的若干可行方案中进行比较和优选。而决策的可行方案，是在人们现有的认识能力制约下提出来的。由于组织水平以及对决策人员能力训练方式的不同，加上人们对客观事物的认识是一个不断深化的过程，所以，对于任何目标都很难提出全部的可行方案，决策者只能得到一个适宜或满意的方案。

**5. 方案的执行与反馈**

决策在执行过程中首先应当制定一个实施的方案，包括宣布决策、解释决策、分配实施决策所涉及的资源和任务等。

在决策执行过程中必须进行有效的控制和监督，对决策执行过程中的结果必须进行及时的反馈，这样才能发现问题，及时纠正偏差。

**【任务实施】**

## 一、技能训练

某公司生产的一款老产品近几个月以来销量一直下滑，请为该产品是否继续投产设计决策程序。

## 二、案例分析

### 新任厂长的产品决策

某工具厂从 1990 年以来一直经营生产 A 产品，虽然产品品种单一，但是市场销路一直很好。后来由于经济政策的暂时调整及客观条件的变化，A 产品完全滞销，企业职工连续半年只能拿 50%的工资，更谈不上奖金，企业职工怨声载道，积极性受到极大的影响。

新厂长上任后，决心在一年内改变工厂的面貌。他发现该厂与其他部门合作的环保产品B产品是成功的，于是决定下马A产品，改产B产品。一年过去，企业总算没有亏损，但工厂日子仍然不十分好过。

后来市场形势发生了巨大的变化。原来的A产品市场脱销，用户纷纷来函来电希望该厂能尽快恢复A产品的生产。与此同时，B产品销路不好。在这种情况下，厂长又回过头来抓A产品，但一时又无法搞上去，无论数量和质量都不能恢复到原来的水平。为此，集团公司领导对该厂厂长很不满意，甚至认为改产是错误的决策，厂长感到很委屈，总是想不通。

资料来源：宗莉苹，田桂芹. 现代企业管理实务. 武汉：武汉理工大学出版，2011

**【案例分析题】**

1. 你认为该厂厂长的决策是否有错误？请你做详细分析。
2. 如果你是该厂厂长，你在决策过程中应如何去做？

# 任务二　经营决策的方法

**【任务引入】**

企业经营决策的科学性必须以科学的经营决策方法作为保证。科学的企业经营决策方法是人们对决策规律的理解和把握，是具体解决决策问题和决策技术性问题的手段和工具。科学经营决策方法一般分为定性决策方法和定量决策方法。

**【信息获取】**

## 经营决策的定性和定量方法

### 一、定性决策方法

**1. 头脑风暴法**

头脑风暴法也称为思维共振法、专家意见法，即通过有关专家之间的信息交流，引起思维共振，产生组合效应，从而产生创造性思维。

**2. 德尔菲法**

德尔菲法以匿名的方式，通过几轮函询来征求专家的意见，组织预测小组对每一轮的意见进行汇总整理后作为参考再发给各位专家，供他们分析判断，以提出新的论证。几轮反复后，专家意见趋于一致，最后供决策者进行决策。

**3. 淘汰法**

淘汰法即根据一定条件和标准，把全部备选方法筛选一遍，把达不到要求的方案淘汰掉，以达到缩小范围的目的。淘汰的方法有以下几种：

（1）规定最低满意度，达不到满意度的方案予以淘汰。例如，规定投资回收期为 3 年，超过 3 年的方案就予以先行淘汰。

（2）规定约束条件，凡备选方案中不符合约束条件的便予以剔除。

（3）根据目标主次筛选方案。在多目标决策情况下，并非所有目标都同等重要，决策者可根据目标的重要程度把那些与主要目标关系不大的方案淘汰掉。

【案例】

某书刊经销商采用德尔菲法对某一专著销售量进行预测。该经销商首先选择若干书店经理、书评家、读者、编审、销售代表和海外公司经理组成专家小组，将该专著和一些相应的背景材料发给各位专家，要求大家给出该专著最低销售量、最可能销售量和最高销售量三个数字，同时说明自己做出判断的主要理由。然后将专家们的意见收集起来，归纳整理后返回给各位专家，然后要求专家们参考他人的意见对自己的预测重新考虑。专家们完成第一次预测并得到第一次预测的汇总结果以后，除书店经理 B 外，其他专家在第二次预测中都做了不同程度的修正。重复进行，在第三次预测中，大多数专家又一次修改了自己的看法。第四次预测时，所有专家都不再修改自己的意见。因此，专家意见收集过程在第四次以后停止。最终预测结果为最低销售量 26 万册，最高销售量 60 万册，最可能销售量 46 万册。

## 二、定量决策方法

定量决策方法是建立在数学理论基础上的决策方法。它的核心是把决策的变量与变量、变量与目标之间的关系用数学模型表达出来，然后通过计算求解，选择满意的方案。

定量决策方法分为以下三种类型。

**1．确定型决策**

确定型决策是指决策者对决策的各种条件和因素完全掌握的决策。它必须具备四个条件：（1）具有决策者希望达到的目标；（2）客观条件相对稳定；（3）有两个以上可供选择的方案；（4）各方案执行的结果是明确的。

确定型决策一般用于程序化的管理性或业务性的决策。确定型决策的方法主要有以下几种。

（1）直观判断法。它是指决策的因素很简明，无需复杂的计算，可以直接选择出最优方案的决策方法。

**【例题 1】**

某企业生产所需的原材料可从 A、B、C 三地购得，如果 A、B、C 三地距该企业的距离相等，运费相同，A、B、C 三地的同种原材料价格如表 3.1 所示，问该企业应从何地购进原材料？

表 3.1　三地同种原材料的价格

| 产地 | A | B | C |
|---|---|---|---|
| 价格/元/吨 | 1 000 | 1 100 | 1 200 |

在其他条件相同的情况下选择价格最低的，即选择从 A 地购进原材料是最佳方案。

（2）线性规划法。线性规划是研究在线性约束条件下，使一个线性目标函数最优化的理论和方法。线性规划法在经营决策中常用于解决利润最大、成本最低、时间最省、资源调配最合理等问题。

【例题 2】

某企业生产 4 种产品，其型号、各生产车间设备每日生产能力、每件产品的利润以及生产各种产品所需要的设备台时数如表 3.2 所示，问如何组织生产才能使企业的利润最大？

表 3.2　设备台时数

| 车间 \ 台时 \ 产品 | A | B | C | D | 生产能力 |
|---|---|---|---|---|---|
| I | 8 | 18 | 14 | 20 | 3 600 |
| II | 2 | 2 | 6 | 80 | 2 400 |
| 利润/元 | 24 | 40 | 36 | 80 | |

用线性规划求解。

① 设置决策变量：

设 $X_1$、$X_2$、$X_3$、$X_4$ 分别为 4 种产品的计划产量，$Z$ 表示利润。

② 建立目标函数：

$$\max f(Z)=24X_1+40X_2+36X_3+80X_4$$

③ 列约束方程：

$$\begin{cases} 8X_1+18X_2+14X_3+20X_4 \leqslant 3\,600 \\ 2X_1+2X_2+6X_3+80X_4 \leqslant 2\,400 \\ X_j \geqslant 0 \quad (j=1,2,3,4) \end{cases}$$

④ 求解：

求解过程略，解得 $X_1=400$，$X_2=0$，$X_3=0$，$X_4=20$；

这时目标函数的最佳值为：

$$\max f(Z)=24\times 400+80\times 20=11\,200\text{（元）}$$

即，A 产品生产 400 件，B 产品、C 产品不生产，D 产品生产 20 件，可获得最佳利润：11 200 元。

（3）盈亏分析法。盈亏分析是依据与决策方案相关的产品产量（销售量）、成本（费用）和盈利的相互关系，分析决策方案对企业盈利和亏损发生的影响，据此来评价、选择决策的方法。

盈亏平衡分析的原理可用图 3.1 说明。在直角坐标内，横轴表示产量（销售量），纵轴表示成本和销售收入。

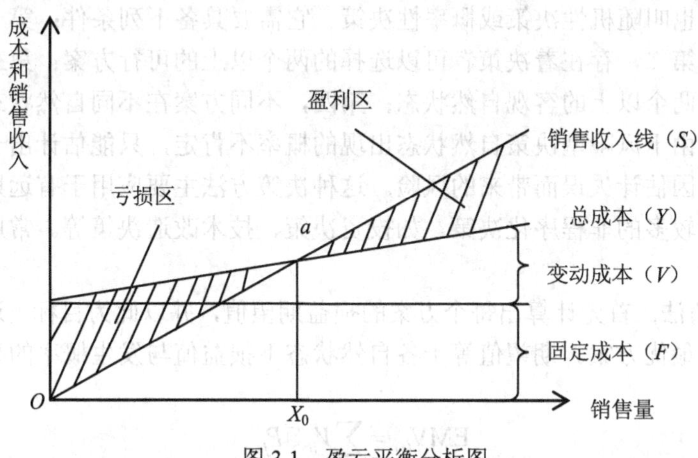


图 3.1　盈亏平衡分析图

图 3.1 中销售收入线 $S$ 和总成本线 $Y$ 的交点 $a$ 称为盈亏平衡点（又称保本点），此时销售收入恰好等于总成本，即企业处于不亏不盈的保本状态。$a$ 点把这两条线所夹的范围分成两个区域，$a$ 点右边的是盈利区，$a$ 点左边的是亏损区。

盈亏平衡分析的中心内容是盈亏平衡点的确定及分析。它的确定就是找出这一点所对应的产量或销售量。

盈亏平衡分析法采用的数学模型为：

$$P=S-Y=W\cdot X-(F+V)=W\cdot X-(F+C_V\cdot X)=(W-C_V)\cdot X-F$$

式中：$P$ 为利润；$S$ 为销售收入；$Y$ 为总成本；$W$ 为单件产品价格；$X$ 为产量（销售量）；$F$ 为固定成本；$V$ 为总变动成本；$C_V$ 为单件产品变动成本。

$$\text{盈亏平衡点（保本点）销售量 } X_0=\frac{F}{W-C_V}$$

现举例说明盈亏平衡分析法的应用。

**【例题 3】**

某企业生产某种产品，年固定费用为 50 万元，生产单位产品的单位变动成本为 60 元/台，销售价格为 100 元/台，年计划安排生产 17 500 台，企业能否盈利？盈利多少？

企业不亏损时至少应生产和销售的数量（即盈亏平衡点产量）：

$$X_0=\frac{F}{W-C_V}=\frac{500\,000}{100-60}=\frac{500\,000}{40}=12\,500\text{（台）}$$

即该企业至少应生产并销售 12 500 台，企业才不会亏损。现计划生产 17 500 台，大于盈亏平衡点产量，故企业肯定盈利，其盈利额为：

$$P=(W-C_V)\cdot X-F=(100-60)\times 17\,500-500\,000=200\,000\text{（元）}$$

所以该企业如能生产销售 17 500 台产品，可获利 200 000 元。

**2．风险型决策**

风险型决策也叫随机性决策或概率性决策。它需要具备下列条件：第一，有一个明确的决策目标；第二，存在着决策者可以选择的两个以上的可行方案；第三，存在着决策者无法控制的两个以上的客观自然状态；第四，不同方案在不同自然状态下的损益值可以计算出来。由于风险型决策自然状态出现的概率不肯定，只能估计出一个概率，所以决策人要承担因估计失误而带来的风险。这种决策方法主要应用于有远期目标的战略决策或随机因素较多的非程序化决策，如投资决策、技术改造决策等。常用的方法有以下几种。

（1）期望值法。首先计算出每个方案的损益期望值，并以此为目标，选择收益最大或最小的方案为最优方案。期望值等于各自然状态下损益值与发生概率的乘积之和，其计算公式为：

$$\text{EMV}_{(i)}=\sum V_{ij}\cdot P_j$$

式中：$\text{EMV}_{(i)}$ 为第 $i$ 个方案的损益期望值；$V_{ij}$ 为第 $i$ 个方案在第 $j$ 种自然状态下的损益值（$i$=1，2，…，$n$）；$P_j$ 为自然状态（$S_j$）的概率值（$j$=1，2，…，$m$）。

期望值法以决策矩阵表为工具。

**【例题 4】**

某冷食厂夏季生产冰淇淋，每箱成本 50 元，售出价格为 100 元，每箱销售后可获利 50 元，如果当天售不出去，剩余一箱就要损失冷藏保管费 30 元，根据 2012 年夏季日销售量资料（见表 3.3）分析。据预测，2013 年夏季市场需求量与去年同期无大变化，应怎样安排 2013 年的日生产计划才能使期望利润最大？

表 3.3　2012 年夏季日销售量资料

| 日 销 售 量 | 完成日销售量的天数 | 概　　率 |
| --- | --- | --- |
| 100 | 18 | 0.2 |
| 110 | 36 | 0.4 |
| 120 | 27 | 0.3 |
| 130 | 9 | 0.1 |
| 合计 | 90 | 1 |

**解**：用最大期望收益值作为决策的标准，决策分析步骤如下：

① 根据 2012 年夏季日销售量资料，确定不同日销售量的概率值；

② 根据有关数据编制决策矩阵表，如表 3.4 所示。

表 3.4 决策矩阵表

| 自然状态 $S_j$ / 概率 $P_j$ / 损益值 $V_{ij}$ / 方案 $A_i$ | 每日销售量/箱 | | | | 期望值（$\sum V_{ij} \cdot P_j$） |
|---|---|---|---|---|---|
| | 100 | 110 | 120 | 130 | |
| | 0.2 | 0.4 | 0.3 | 0.1 | |
| 生产 100 箱 | 5 000 | 5 000 | 5 000 | 5 000 | 5 000 |
| 110 | 4 700 | 5 500 | 5 500 | 5 500 | 5 340 |
| 120 | 4 400 | 5 200 | 6 000 | 6 000 | 5 360 |
| 130 | 4 100 | 4 900 | 5 700 | 6 500 | 5 140 |
| 最大期望值［$EMC_{(i)} = \max \sum V_{ij} \cdot P_j$］ | | | | | 5 360 |

表 3.4 中收益值（$V_{ij}$）的计算方法，以产量 120 箱为例：

日销售量为 100 箱的收益值：$V_{31}$=100×50－20×30=4 400（元）

日销售量为 110 箱的收益值：$V_{32}$=110×50－10×30=5 200（元）

日销售量为 120 箱的收益值：$V_{33}$=120×50=6 000（元）

日销售量为 130 箱的收益值：$V_{34}$=120×50=6 000（元）

其余各方案的收益值依此类推。

③ 计算每个备选方案的期望值。仍以日产量 120 箱方案为例，代入公式得：

EMV=4 400×0.2+5 200×0.4+6 000×0.3+6 000×0.1=5 360（元）

其余各方案的期望值均依此类推。

④ 比较不同方案的期望值并选择最大值为最优决策。从计算结果看，以日产 120 箱方案的期望值最大，故列为最终决策方案。

（2）决策树法。决策树法是以决策损益值为依据，通过计算比较各个方案的损益值，绘制树枝图形，再根据决策目标，利用修枝寻求最优方案的决策方法。该方法最大的优点是能够形象地显示出整个决策问题在不同时间和不同阶段的决策过程，逻辑思维清晰，层次分明，特别是对复杂的多级决策尤为适用。

决策树的结构要素包括：

① 决策结点：通常用□表示，决策结点是要选择的点，从它引出的分枝叫方案分枝，有几条分枝就有几个方案。

② 状态结点：通常用○表示，状态结点表示一个方案可能获得的损益值。从它引出的分枝叫概率分枝，每一条分枝代表一个自然状态。

③ 末梢：通常用△表示，末梢是状态结点的终点，在末梢处标明每一个方案在不同的自然状态下的损益值。

决策树的结构要素如图 3.2 所示。

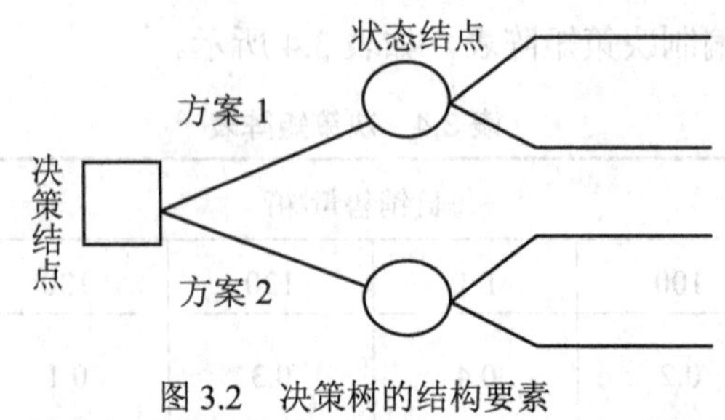


图 3.2　决策树的结构要素

运用决策树决策的步骤是：

第一，自左向右绘制决策树并标出数据。

第二，自右向左逐级计算出同一方案在不同自然状态下的损益值，进而计算出方案期望值，并标在结点上。

第三，逐个比较不同方案期望值的大小，然后修枝并剪去（在舍去的方案枝上画上“//”符号）期望值较小的方案枝，如果是期望损失值，剪去较大的方案枝。

下面举例说明决策树法的应用。

**【例题 5】**

某企业准备生产某种产品，预计该产品的销售有两种可能：销路好，其概率为 0.7；销路差，其概率为 0.3。可采用的方案有两个：一个是新建一条流水线，需投资 220 万元；另一个是对原有的设备进行技术改造，需投资 70 万元。两个方案的使用期均为 10 年，损益资料如表 3.5 所示，试对方案进行决策。

**表 3.5　损益资料**

| 方　　案 | 投资/万元 | 年收益/万元 | | 使　用　期 |
|---|---|---|---|---|
| | | 销路好（0.7） | 销路差（0.3） | |
| 新建流水线 | 220 | 90 | -30 | 10 年 |
| 技术改造 | 70 | 50 | 10 | 10 年 |

绘制决策树如图 3.3 所示。

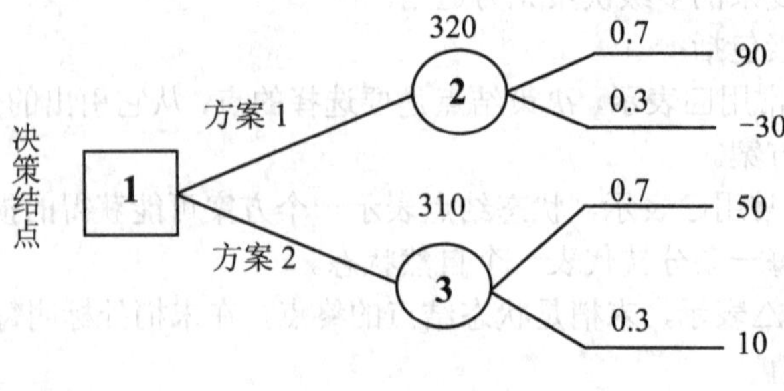


图 3.3　决策树

然后计算期望值。

结点②的期望值为：

$$[90\times0.7+(-30)\times0.3]\times10-220=320\text{（万元）}$$

结点③的期望值为：

$$[50\times0.7+10\times0.3]\times10-70=310\text{（万元）}$$

从期望收益值来看，方案一较高。因此，应采用此方案。

**3．非确定型决策**

非确定型决策的条件与风险型决策基本相同，只是无法测算各种状态出现的概率。这时的决策主要取决于决策者的经验、智能和思维判断。由于决策者面临哪一种自然状态是完全不确定的，因而决策的结果也是完全不确定的，所以称为非确定型决策。

**【例题 6】**

某决策问题的收益如表 3.6 所示，试用非确定型决策的方法进行决策。乐观系数 $a$=0.8。

**表 3.6　决策问题的收益**

| 自然状态 / 收益值 / 方案 | $S_1$ | $S_2$ | $S_3$ | $S_4$ |
|---|---|---|---|---|
| $A_1$ | 50 | 60 | 70 | 80 |
| $A_2$ | 40 | 60 | 90 | 100 |
| $A_3$ | 70 | 30 | 50 | 60 |
| $A_4$ | 20 | 60 | 80 | 90 |

非确定型决策的方法有乐观准则、悲观准则、乐观系数准则、机会均等准则、后悔值准则。

（1）乐观准则（大中取大）。这是决策者对客观情况抱乐观态度。它是先找出各种行动方案在各种自然状态下的最大收益值，并选取最大收益中的最大值所对应的行动方案作为决策方案。其决策如表 3.7 所示。

**表 3.7　乐观准则决策表**

| 自然状态 / 收益值 / 方案 | $S_1$ | $S_2$ | $S_3$ | $S_4$ | 最大收益值 |
|---|---|---|---|---|---|
| $A_1$ | 50 | 60 | 70 | 80 | 80 |
| $A_2$ | 40 | 60 | 90 | 100 | 100 |
| $A_3$ | 70 | 30 | 50 | 60 | 70 |
| $A_4$ | 20 | 60 | 80 | 90 | 90 |
| 最大收益值中的最大收益值 | | | | | 100 |
| 所选定的决策方案 | | | | | $A_2$ |

这种方法的特点是，决策者对决策事件未来前景的估计乐观并有成功的把握，因此愿意以承担风险的代价去获得最大收益。

（2）悲观准则（小中取大）。这种决策方法与乐观准则正相反，它要先算出各种方案在各种自然状态下可能有的收益值，再找出各种自然状态下的最小收益值，把最小收益值中的最大值对应的方案作为决策方案。其决策表如表 3.8 所示。

表 3.8　悲观准则决策表

| 自然状态 / 收益值 / 方案 | $S_1$ | $S_2$ | $S_3$ | $S_4$ | 最小收益值 |
|---|---|---|---|---|---|
| $A_1$ | 50 | 60 | 70 | 80 | 50 |
| $A_2$ | 40 | 60 | 90 | 100 | 40 |
| $A_3$ | 70 | 30 | 50 | 60 | 30 |
| $A_4$ | 20 | 60 | 80 | 90 | 20 |
| 最小收益值中的最大收益值 | | | | | 50 |
| 所选定的决策方案 | | | | | $A_1$ |

采用这种方法是非常保守的，决策者唯恐决策失误造成较大的经济损失，因此在进行决策分析时，比较小心谨慎，从最不利的客观条件出发来考虑问题，力求损失最小。

（3）乐观系数准则（折中准则）。这是介于上述两个准则之间的一个准则，把自然状态好和差的概率变成人为地估计一种可能性，对乐观和悲观出现的可能性估计就是乐观系数。决策人根据市场预测和经验判断确定一个乐观系数 $a$ 为主观概率，其值在 $0\leqslant a\leqslant 1$ 之间，每个方案的估计损益期望值=$a$×最大损益值+(1−$a$)×最小损益值。

如【例题 6】：$a$=0.8

$A_1$ 方案的损益期望值=0.8×80+0.2×50=74（万元）

$A_2$ 方案的损益期望值=0.8×100+0.2×40=88（万元）

$A_3$ 方案的损益期望值=0.8×70+0.2×30=62（万元）

$A_4$ 方案的损益期望值=0.8×90+0.2×20=76（万元）

然后根据各个方案估算损益期望值的大小，选择最大值为决策方案，故应选方案 $A_2$.

乐观系数准则比较接近实际，但乐观系数的决定很关键，常带有决策者的主观性。

（4）机会均等准则（等可能准则）。假定各个自然状态发生的概率相等，计算各个方案损益期望值，再以损益期望值为决策标准。

如【例题 6】：

$A_1$ 方案的损益期望值=1/4×(50+60+70+80)=65（万元）

$A_2$ 方案的损益期望值=1/4×(40+60+90+100)=72.5（万元）

$A_3$ 方案的损益期望值=1/4×(70+30+50+60)=52.5（万元）

$A_4$ 方案的损益期望值=1/4×(20+60+80+90)=62.5（万元）

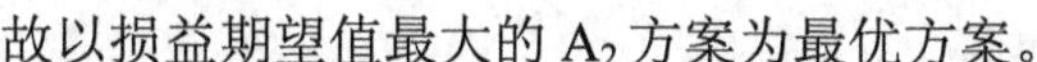
故以损益期望值最大的 $A_2$ 方案为最优方案。

（5）后悔值准则。这是因决策的失误造成机会损失而后悔。我们的目的是使折中后悔减少到最低程度，故以各个方案机会损失大小来判定方案的优劣。决策过程是在计算出各个方案在各种自然状态下的后悔值以后，从中选择每个方案的最大后悔值，然后从最大后悔值中选取最小者为决策方案。

决策后悔值=理想效益值−现实结果值

用表 3.9 说明，按后悔值准则决策，应采用方案 $A_1$。

表 3.9　后悔值准则决策

| | 收益值 | | | | 后悔值 | | | | 最大后悔值 |
|---|---|---|---|---|---|---|---|---|---|
| | $S_1$ | $S_2$ | $S_3$ | $S_4$ | $S_1$ | $S_2$ | $S_3$ | $S_4$ | |
| $A_1$ | 50 | 60 | 70 | 80 | 20 | 0 | 20 | 20 | 20 |
| $A_2$ | 40 | 60 | 90 | 100 | 30 | 0 | 0 | 0 | 30 |
| $A_3$ | 70 | 30 | 50 | 60 | 0 | 30 | 40 | 40 | 40 |
| $A_4$ | 20 | 60 | 80 | 90 | 50 | 0 | 10 | 10 | 50 |
| 最大后悔值中的最小值 | | | | | | | | 20 | |
| 应选择的决策方案 | | | | | | | | $A_1$ | |

以上五种方法作为非确定型决策优选方案的依据，都带有相当程度的随意性，从【例题 6】中可以看出，由于决策方法不同，决策的结果是不一样的。因此，在实际工作中，决策方法的选择主要取决于决策者的知识、经验、观念、综合分析判断能力和魄力。

**【任务实施】**

## 一、技能训练

1．某轻工机械厂拟订一个有关企业经营发展的规划。据本企业的实际生产能力、本地区生产能力的布局以及市场近期和长期的需求趋势初步拟订三个可行方案：第一方案是扩建现有工厂，需投资 100 万元；第二方案是新建一个工厂，需投资 200 万元；第三方案是与小厂联合经营合同转包，需投资 20 万元，企业经营年限为 10 年，据市场预测和分析，三种方案在实施过程中均可能遇到以下四种情况，现将有关资料估算如表 3.10 所示。

表 3.10　某轻工机械厂三种方案的相关资料

| 状态概率 / 损益值/万元 / 方案 | 销路好 | 销路一般 | 销路差 | 销路极差 |
|---|---|---|---|---|
| | 0.5 | 0.3 | 0.1 | 0.1 |
| 扩　建 | 50 | 25 | −25 | −45 |
| 新　建 | 70 | 30 | −40 | −80 |
| 合同转包 | 30 | 15 | −5 | −10 |

试做决策。

2．某工厂为推销甲产品，预计单位产品售价为 1 200 元，单位产品可变成本为 700 元，每年需固定费用为 1 800 万元。

（1）盈亏平衡时的产量是多少？

（2）当企业现有生产能力为 5 000 台时，每年可获利多少？

3．根据市场调查，某种新鲜农产品需要量的概率如表 3.11 所示。如果该产品当天卖出，则每吨可获利 30 元，如果当天卖不出去，则每吨亏损 10 元。现需要就该农产品每天投放的数量做出决策。

表 3.11 农产品需求量的概率表

| 每天需要量/吨 | 5 | 6 | 7 | 8 | 9 |
|---|---|---|---|---|---|
| 概率 | 0.1 | 0.2 | 0.4 | 0.15 | 0.15 |

4．某企业在市场状况不确定的情况下，准备对利用老厂、扩建老厂、建立新厂的三种方案进行决策。各种方案在不同的市场前景下可能得到的资料如表 3.12 所示，要求按机会均等法则、乐观法则、悲观法则进行决策。

表 3.12 某企业各方案相关资料

| 状态/利润/方案 | 市场状态 | | | |
|---|---|---|---|---|
| | $S_1$很好 | $S_2$较好 | $S_3$一般 | $S_4$很差 |
| $A_1$ | 10 | 5 | 4 | −2 |
| $A_2$ | 17 | 10 | 1 | −10 |
| $A_3$ | 24 | 15 | −3 | −20 |

## 二、案例分析

### 王安公司失败案例

1967 年王安公司股票首次上市，40 万股票几个小时就被抢购一空，股价暴涨，资产总值升到 8 000 万美元，令美国各大企业刮目相看。“财大气粗”后的王安公司如鱼得水，把巨资投在新产品开发上，不断推出许多“第一”的产品，如为机床研制出的“王安电子数码控制器”，为报纸排版设计的“半自动齐行排字机”，无线电打字印刷机，记录带辨认机等各种各样的新产品。

1975 年，为减轻办公室工作人员的劳动强度，王安公司开发了电脑文字处理系统，即世界第一台具有编辑、检索等功能的文字处理系统，简称“WPS”。这一办公工具受到办公人员的普遍欢迎，也给王安公司带来滚滚财源。1977 年，公司营业额首次突破亿元

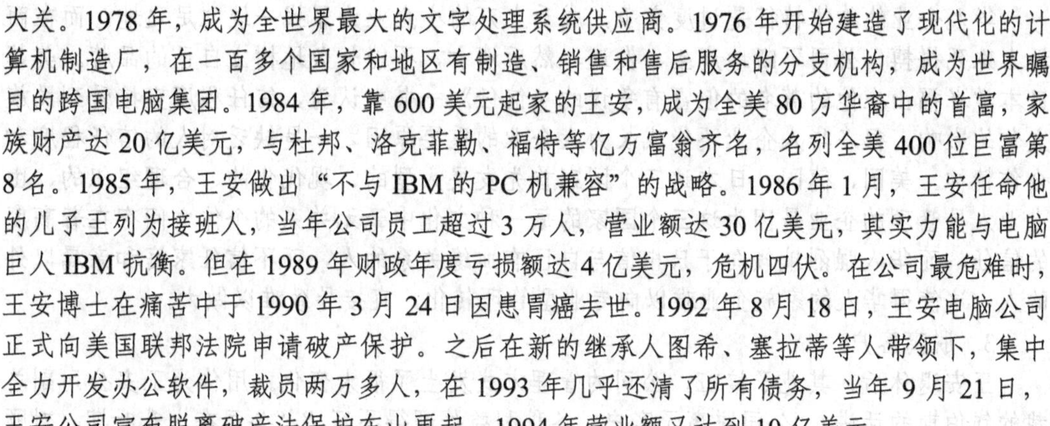

大关。1978年，成为全世界最大的文字处理系统供应商。1976年开始建造了现代化的计算机制造厂，在一百多个国家和地区有制造、销售和售后服务的分支机构，成为世界瞩目的跨国电脑集团。1984年，靠600美元起家的王安，成为全美80万华裔中的首富，家族财产达20亿美元，与杜邦、洛克菲勒、福特等亿万富翁齐名，名列全美400位巨富第8名。1985年，王安做出“不与IBM的PC机兼容”的战略。1986年1月，王安任命他的儿子王列为接班人，当年公司员工超过3万人，营业额达30亿美元，其实力能与电脑巨人IBM抗衡。但在1989年财政年度亏损额达4亿美元，危机四伏。在公司最危难时，王安博士在痛苦中于1990年3月24日因患胃癌去世。1992年8月18日，王安电脑公司正式向美国联邦法院申请破产保护。之后在新的继承人图希、塞拉蒂等人带领下，集中全力开发办公软件，裁员两万多人，在1993年几乎还清了所有债务，当年9月21日，王安公司宣布脱离破产法保护东山再起。1994年营业额又达到10亿美元。

王安公司破产失败主要有以下几个原因。

1. 决策失误

1985年，王安做出了致命的错误决定：公司生产的PC机不与IBM的PC机兼容，他认为IBM思想保守、发展缓慢，单独发展不与之相容的高价位的机器，是取而代之的最好策略。然而他没有看到，PC机和软件兼容性已是大势所趋，电脑网络时代的到来，而王安电脑却因不兼容被排斥于各种网络之外。

2. 王安公司失败的最重要原因是缺乏对家族以外经营管理人员的信任

王安在公司的时候，自始至终由他一人控制公司，他一再强调，“我愿为我自己的冒险承担风险，只要我在公司，我就对公司的失败负责。我不主张开放投资，因为我不愿受外来投资者的牵累。”“因为我是公司的创始人，我对公司拥有完全的控制权，使我的子女能有机会证明他们管理公司的能力。”当时公司里的约翰·卡宁汉出类拔萃，很受王安赏识，是唯一一位王安家族以外却能影响王安决策的人，当时很多人认为他是能够代替王安领导公司的最佳人选。但结果是王安的儿子王列接了王安的班，原因只有一个：卡宁汉不是王安家族成员。

王列毕业于圣保罗和布朗大学。在校期间的几个夏天都是在王安公司度过，被轮流安排到公司的各个部门工作以了解公司。1986年1月，36岁的王列被王安任命为公司董事长。董事会成员们担心王列缺乏领导公司的经验，曾多次劝说王安招聘一位经验丰富的职业经理人，但王安却说：“他是我的儿子，他能够胜任。”结果王列在一年之中让公司亏损了4.24亿美元，公司股票在三年中下跌了90%。与其说是王列的失败，不如说是王安“家族观念的失败”。1989年8月4日，在王安家中举行的公司负责人会议上，他痛苦地向董事们宣布撤换王列的董事长职务，改由亨利·周暂时接管公司业务，由三人组成委员会负责物色接班人。

1989年后的4年内王安公司共亏损16亿多美元，股价从鼎盛时的43美元跌落到75美分，最后破产。类似地，包玉刚的船运帝国鼎盛时曾经是亚洲最大的公司，而他过世后，公司被分裂为四个支系。

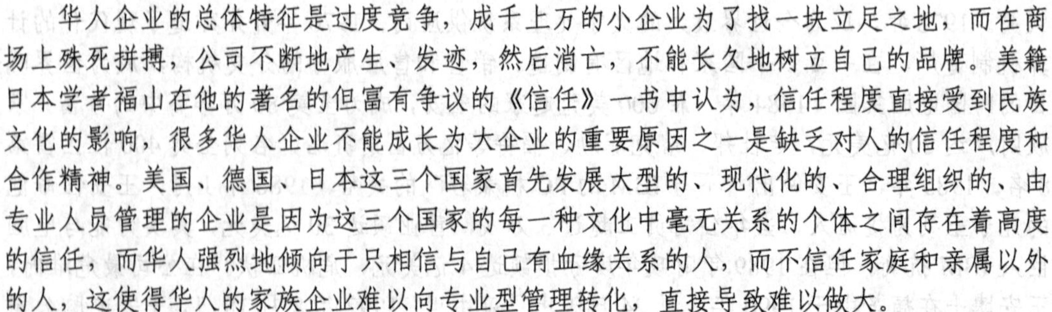

华人企业的总体特征是过度竞争，成千上万的小企业为了找一块立足之地，而在商场上殊死拼搏，公司不断地产生、发迹，然后消亡，不能长久地树立自己的品牌。美籍日本学者福山在他的著名的但富有争议的《信任》一书中认为，信任程度直接受到民族文化的影响，很多华人企业不能成长为大企业的重要原因之一是缺乏对人的信任程度和合作精神。美国、德国、日本这三个国家首先发展大型的、现代化的、合理组织的、由专业人员管理的企业是因为这三个国家的每一种文化中毫无关系的个体之间存在着高度的信任，而华人强烈地倾向于只相信与自己有血缘关系的人，而不信任家庭和亲属以外的人，这使得华人的家族企业难以向专业型管理转化，直接导致难以做大。

3．脱离客户

王安退休后，其儿子接班，公司的管理方式发生了很大变化。用作为王安公司副总裁的钱伯斯的话讲，“公司脱离了客户，各种利益处理得不好。”“公司在上升时期，对顾客都能很尽心，一旦取得了很大成绩他们就会忘了客户，忘了他们恰恰是用户捧上去的，也正是因为他们脱离了用户，销售额才会降下来，因此才有裁员问题。我是亲眼看着 IBM 和王安公司走下坡路的。”一天他被要求裁员 4 000 人，“这对我来说实在太痛苦了，这简直是要杀我，我感到公司没有希望了，所以最后离开了王安公司。”

资料来源：http://blog.sina.com.cn/s/blog_5a23c26f0100a6cu.html

【案例分析题】

结合案例谈谈企业科学决策的重要性。

**【项目验收与评估】**

1．验收对象：各项目小组撰写的《如何做到科学决策》。

2．验收步骤：

（1）各项目小组查阅关于企业经营决策成功和失败的案例，根据案例结合课本所学知识，谈谈对科学决策的认识，并写一篇《如何做到科学决策》的演讲文稿。

（2）各项目小组推荐一名成员在课上作演讲。

（3）评委会根据下表对各项目小组进行评价，决出胜负。

| 评 价 内 容 | 分　值 | 评　分 |
| --- | --- | --- |
| 资料全面、报告或案例完整 | 20 | |
| 研究深入、有说服力 | 20 | |
| 有创新观点和思路 | 20 | |
| 合作默契、体现团队精神 | 20 | |
| 发言人仪表端庄，语言表达清晰、准确 | 20 | |
| 总体评价 | 100 | |

（4）指导教师点评。各项目小组根据指导教师的点评，对撰写的文稿进行修改、完善后提交指导教师验收。

# 项目四　企业文化

【知识目标】

1．了解企业文化的含义和功能。

2．熟悉企业文化建设的步骤。

3．掌握企业文化的结构。

【技能目标】

1．深刻认识企业文化建设的重要意义。

2．会拟定企业文化建设方案。

【项目背景】

小红最近刚分配到公司人力资源部工作。这天人力资源部主管下达一项任务给小红，要求她针对公司的情况制订一份企业文化实施方案。小红该如何制订呢？

【任务分解】

20世纪70年代，美国学者在比较日本和美国企业管理艺术的差异以及总结日本企业经营经验取得巨大成功的秘密时发现，企业文化建设对于企业经营业绩具有重大作用。他们著书立说，掀起了一股企业文化热潮。20世纪80年代以后，随着改革开放的发展，企业文化作为一种管理文化也开始传入我国，大批企业尝试应用企业文化理论进行企业管理。事实证明，企业文化建设给企业带来了不可估量的经济效益，对整个社会的精神文明建设做出了重大贡献。通过本项目的学习，你应该能完成以下任务：

任务一　领悟企业文化的内涵

任务二　建设企业文化

# 任务一　领悟企业文化的内涵

【任务引入】

企业文化作为企业的上层建筑，是企业经营管理的灵魂，是一种无形的管理方式。它以观念的形式，以非计划、非理性的因素来调整企业成员的行为，使得企业成员能够以更有效的方式进行协调，以实现企业的经营目标。

【信息获取】

## 企业文化的含义、结构和功能

### 一、企业文化的含义

文化是一种历史现象，每个社会都有与其相适应的文化，并随着社会物质生产的发展而发展。由于不同的社会有不同的文化，不同的社会历史背景导致人们对于文化的理解也有所不同。因此，企业文化作为社会文化系统中的一个子文化，迄今为止，其含义还没有达成一致。在这里，我们将企业文化定义为：企业文化是在一定的社会历史背景下，企业及其成员在长期的生产经营活动中培育形成并共同遵守的最高目标、价值标准、基本信念和行为规范等的总和。

### 二、企业文化的结构

关于企业文化结构的划分有多种观点。一种是将其划分为两个层次，如有形文化和无形文化、硬文化和软文化；另一种是分为三个层次，即物质层文化、制度层文化和精神层文化。不同的结构划分对于企业文化的理解并无大碍。为更具体明确，我们将企业文化划分为四个层次，即物质层文化、行为层文化、制度层文化和精神层文化，也称为表层文化、浅层文化、中层文化和核心文化。

**1. 物质层文化**

物质层文化是企业文化的表层部分，它是企业创造的物质文化，是形成企业文化精神层和制度层的条件。从物质层中往往能折射出企业的经营思想、管理哲学、工作作风和审美意识。它主要包括以下几个方面：

（1）企业名称、标志、标准字、标准色。这是企业物质文化的外在体现。

（2）企业外貌、自然环境、建筑风格、办公室与车间的设计和布置方式、绿化美化情况等。这是人们对企业的第一印象，也是企业文化的反映。

（3）产品的特色、式样、外观和包装。

（4）技术工艺设备特性。

（5）企业的徽记、旗帜、歌曲、服装。

（6）企业的文化、体育、生活设施。

（7）企业造型、纪念性建筑，包括厂区雕塑、纪念碑、英雄塑像等。

（8）企业纪念品。

（9）企业文化传播网络。包括企业自办的报纸、刊物、有线广播、闭路电视、计算机网络、宣传册、广告牌、招贴画等。

**2．行为层文化**

行为层文化是企业文化中的浅层文化，它是指企业员工在生产经营、学习娱乐中产生的文化。它包括企业经营、教育宣传、人际关系活动、文娱体育活动中产生的文化现象。它是企业经营作风、精神面貌、人际关系的动态体现，也是企业精神、企业价值观的折射。企业行为中又包括企业家的行为、企业模范人物的行为、企业员工的行为等。

（1）企业家的行为。企业的经营决策方式和决策行为主要来自企业家。成功的企业家在经营决策时总会当机立断地选择自己企业的经营战略目标，并一如既往地贯彻这个目标直至成功。因此，企业家的决策行为与企业命运是休戚相关的。

（2）企业模范人物的行为。这些模范人物大多是从实践中涌现出来的、被职工推选出来的普通人。他们在各自的岗位上做出了突出的成绩和贡献，因此成为企业的模范。一个企业中所有的模范人物的集合体构成企业模范群体，卓越的模范群体必须是完整的企业精神的化身，是企业价值观的综合体现。企业模范群体的行为是企业模范个体典型模范行为的提升，具有全面性。因此，在各方面它都应当成为企业所有员工的行为规范。

（3）企业员工的行为。企业员工的群体行为决定企业整体的精神风貌和企业文明的程度，因此企业员工群体行为的塑造是企业文化建设的重要组成部分。每个员工必须认识到，企业文化是自己最宝贵的资产，它是个人和企业成长必不可少的精神财富，以积极处世的人生态度去从事企业工作，以勤劳、敬业、守时、惜时的行为规范指导自己的行为。只争朝夕、不怕疲惫正是激发每个企业员工完善自身行为的精神动力和内在力量。

**3．制度层文化**

制度层文化是企业文化中的中层文化，是指企业组织和企业员工的行为产生规范性、约束性影响的部分。制度层规定了企业成员在共同的生产经营活动中应当遵守的行为准则，它主要包括以下两个方面的内容：

（1）一般制度。它是指企业中存在的一些带有普遍意义的工作制度和管理制度，以及各种责任制度。这些成文的制度与约定成文的企业规范和习惯，对企业员工的行为起着约束作用，保证整个企业能够分工协作、井然有序、高效地运转，如计划制度、人事管理制度、生产管理制度、技术管理制度、设备管理制度、物资供应管理制度、财务管理制度、岗位责任制度等。

（2）特殊制度。它主要是指企业的非程序化制度，如员工评议制度、总结表彰制度、干部员工平等对话制度、干部五必访制度、企业成立周年制度等。与一般制度相比，特殊制度更能反映一个企业的管理特色和文化特色。具有良好企业文化的企业，也必然有多种多样的特殊制度；企业文化贫乏的企业，则往往忽视特殊制度的建设。

**4. 精神层文化**

企业精神层文化是一种更深层次的文化现象，在整个企业文化系统中，它处于核心地位。它是指企业生产经营过程中，受一定的社会文化背景、意识形态影响而长期形成的一种精神成果和文化观念，包括企业精神、企业最高目标、企业经营哲学、企业道德、企业价值观、企业风貌等内容，是企业意识形态的总和。精神层文化是企业文化的核心和灵魂。

（1）企业精神。企业精神是体现企业所有者的意志和利益，反映企业奋斗目标，具有自身特点和优势的一种群体意识。企业精神是企业生存和发展的精神支柱、内在动力，是企业的灵魂。有了这个灵魂，企业才有强大的生命力和凝聚力。因此，企业精神虽然在形式上使用几个字、几句话、座右铭等形式表现出来，但一旦形成自己的特色后，可用这种精神来统率和激励每个成员的意志、干劲，使之义无反顾地为企业目标的实现而不懈努力。

**【小资料】**

松下精神：产业报国、光明正大、团结一致、奋斗向上、礼貌谦让、顺应潮流、感恩报德。

海尔精神：敬业报国、追求卓越。

联想精神：积极、进取、求实、创新、顽强、拼搏。

（2）企业最高目标。它是企业全体员工的共同追求，有了明确的最高目标就可以充分发动企业的各级组织和干部员工，增强他们的积极性、主动性和创造性，使广大员工将自己的岗位工作与实现企业的奋斗目标联系起来，把企业的生产经营发展转化为每一位员工的具体责任。企业最高目标又反映了企业领导者和员工的追求层次和理想抱负，是企业文化建设的出发点和归宿。

（3）企业经营哲学。企业经营哲学是指企业在一定社会历史条件下，在创造物质财富和精神财富的实践过程中所表现出来的世界观和方法论，是企业开展各种活动、处理各种关系和进行信息选择的总体观念和综合方法。它包含几个基本观念，如系统观念、动态观念、效益观念、竞争观念、市场观念、人才观念等，这些观念形成了企业经营哲学的基本思想。只有以正确的企业经营哲学为先导，企业内的资金、人员、设备、信息等资源才能真正发挥效力。有了正确的经营哲学，企业领导者在处理企业生产经营管理中发生的一切问题时才会有正确的依据。

（4）企业道德。企业道德是企业内部调整人与人、单位与单位、个人与集体、个人与社会、企业与社会之间关系的行为准则和规范。它是从伦理关系的角度，以善与恶、公与私、荣与辱、诚实与虚伪等道德范畴为标准来评价和规范企业。企业道德与法律规范和制度规范不同，不具有那样的强制性和约束力，但具有积极的示范效应和强烈的感染力，当被人们认可和接受后具有自我约束的力量。因此，企业和个人对它具有更广泛的适应性，是约束企业和职工行为的重要手段。良好的企业道德要能引导干部和员工正确处理国家、企业和个人的关系，时刻以国家利益、企业利益为重，并尽可能把三者的利益统一起来。

（5）企业价值观。企业价值观是指企业职工对企业存在的意义、经营目的、经营宗旨的价值评价和为之追求的整体化、个异化的群体意识，是企业全体职工共同的价值准则。只有在共同的价值准则基础上才能产生企业正确的价值目标。有了正确的价值目标才会有奋力追求价值目标的行为，企业才有希望。因此，企业价值观决定着职工行为的取向，关系着企业的生死存亡。只顾企业自身经济效益的价值观，就会偏离社会主义方向，不仅会损害国家和人民的利益，还会影响企业形象；只顾眼前利益的价值观，就会急功近利，搞短期行为，使企业失去后劲，导致灭亡。

（6）企业风气。企业风气是指企业及其员工在长期的生产经营活动中形成的一种精神状态和精神风貌。人们通过一个员工的言行举止可以感受到这个企业的风气，通过企业风气又可以体会到企业全体员工共同遵守的价值观念，从而深刻感受到该企业的企业文化。企业风气一旦形成就会在企业中造成一定的氛围，并形成企业员工群体的心理定式，导致多数员工一致的态度和共同的行为方式，因而成为影响全体员工的无形的巨大力量。企业风气所形成的文化氛围对一切外来信息有筛选作用。同一种不良的社会思潮，如个人主义思潮，在企业文化贫乏、企业风气较差的企业可能会造成工作积极性下降、人际关系紧张、凝聚力减弱、人心涣散等灾难性后果；而在企业文化完善、企业风气健康的企业，则全体员工可能会与企业同呼吸、共命运、同舟共济、扶正压邪、战胜困难，保证企业健康发展。

## 三、企业文化的功能

（1）导向功能。企业文化反映了企业员工的共同价值观、共同追求和共同利益，规定着组织和个体所追求的目标，具有导向功能。良好的企业文化一方面直接引导员工的性格、心理和行为；另一方面用价值观来引导员工，通过一系列有益的活动，使员工潜移默化地接受本企业的价值观，把员工的思想、观念和行动引导到企业所确定的目标上来，同心协力，为实现企业目标而共同奋斗。

（2）约束功能。在企业文化的影响和作用下，员工自觉接受特定文化的规范和约束，依照价值观的指导进行自我管理和控制，在其思想认识、思维过程、心理情感、伦理道德等方面发生相应变化，从而约束和规范自己的行为和价值取向，弥补了单纯硬约束带来的不足和偏颇。

（3）凝聚功能。当企业文化得到认同后，就会形成一种黏合作用，从各个方面、各个层次把员工凝聚起来，以种种微妙的方式来沟通员工的思想感情，融合员工的理想、信念、作风、情操，培养和激发员工的群体意识，使员工通过自己的切身感受产生对工作的自豪感、使命感和责任心，增强对企业的集体感、认同感和归属感，从而使全体员工凝聚成一个协调有机的整体。

（4）激励功能。通过企业文化将会产生一种积极的激励机制，引导职工树立正确的价值取向、道德标准和整体信念，使职工充分认识到自己工作的意义，从而焕发出高度的主人翁责任感，激发出奋发向上的拼搏精神，为企业的生存和发展做出更大的贡献。

（5）辐射功能。企业文化通过其辐射作用，向社会提供企业的管理风格、经营状态、精神风貌、服务态度、产品竞争能力等信息，从而得到社会肯定，反过来又对社会产生影响。通过企业文化的辐射功能，实现企业和社会的“双赢”。

（6）协调功能。企业的员工队伍来自四面八方，由具有不同技能水平和不同知识水平的人构成。员工在从事不同种类的工作时，往往带有各种各样的动机和需求。企业文化能在员工中间起到协调作用。在融洽的企业文化氛围中通过各种正式、非正式的交往，管理人员和员工加强了联系，传递了信息，沟通了感情，不仅能改变人们头脑中的等级观念，而且能使人们协调地融合于集体之中。

**【任务实施】**

## 一、技能训练

教师联系本地的几家企业，带领学生去参观，感受企业文化，回来后以项目小组为单位写一份心得体会。

## 二、案例分析

### 娃哈哈的“家”文化

一、娃哈哈“家”文化的主要内容

1. 娃哈哈宗旨：娃哈哈　健康你我他　欢乐千万家
2. 娃哈哈精神：励精图治　艰苦奋斗　勇于开拓　自强不息
3. 娃哈哈经营哲学：凝聚小家　发展大家　报效国家
4. 娃哈哈座右铭：先将诚信施于人　才能取信于人
5. 娃哈哈工作要求：认真　严格　主动　高效
6. 娃哈哈行为准则：忠诚　创新　负责　亲情
7. 娃哈哈工作作风：拉得出　打得响　过得硬
8. 娃哈哈人才观：唯德唯才　有用即才　人皆为才
9. 娃哈哈团队意识：道相同　心相通　力相聚　情相融

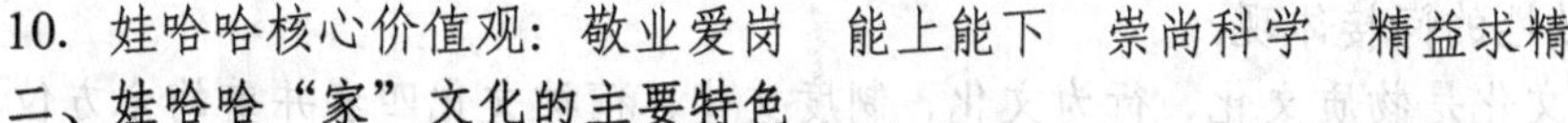

10. 娃哈哈核心价值观：敬业爱岗 能上能下 崇尚科学 精益求精

## 二、娃哈哈“家”文化的主要特色

个性是文化的生命。一个文化系统如果没有自己的特色，那它肯定不会有生命力。娃哈哈“家”文化最大的特色就是它全部来源于企业经营管理的实践，是对企业经营成功经验的高度概括和总结，得到了全体员工的认同，同时又在指导和推动着企业的生产经营工作。它产生于实践，指导着实践，有着厚实的实践基础，绝不是单单写在纸上，挂在墙上，更重要的是已经深入扎根在员工的心上。

娃哈哈的文化特色，主要表现在以下几个方面。

1. 娃哈哈文化是中国革命文化、中国传统文化和现代管理文化三者相结合的产物

娃哈哈公司经常举行企业职工运动会、各种文体比赛、劳动竞赛，倡导以艰苦奋斗、不怕困难为荣，凡此种种就是对革命文化的弘扬。

中国传统文化是一座积淀深厚、蕴藏丰富的文化宝库，有着取之不尽、用之不竭的文化资源，许多企业在建设、培育自己的企业文化时都会从中吸收优秀的文化因子。娃哈哈也一样，在构筑自己的“家”文化系统时也广泛吸收了传统文化中的精华。

2. 娃哈哈文化是“家”文化，正确理解和处理三“家”关系是娃哈哈文化的总括和逻辑起点

娃哈哈文化经过近二十年的积淀，内涵十分丰富，几乎涉及了企业管理、销售、科研，内部、外部等各个方面，覆盖面相当广泛。但我们如果用一个字来高度概括娃哈哈文化，那么就可以称之为“家”文化。

这里的“家”是指“小家”，即每一个员工个人；“大家”，即企业；“国家”，即国家和社会；三者的总称。“小家”、“大家”、“国家”等三“家”构成了娃哈哈文化中“家”的全部。

娃哈哈认为企业所要面对的矛盾和关系虽然错综复杂，千头万绪，但是仔细分析就会发现，其中“员工和企业”、“企业和社会”这“两对三方”的关系是企业中一切关系的逻辑起点和总括。

3. 娃哈哈“家”文化紧扣时代脉搏，适应发展要求，结合企业实际，体现了时代性、先进性和实效性

民营经济在我国的经济结构中是最活跃、最积极、最具竞争力、发展速度最快的经济成分。娃哈哈集团有限公司又是民营经济集团军中的佼佼者，创业至今持续保持高速增长，销售收入年均增长高达74%。经济的高速增长，文化是其重要支撑。

娃哈哈在进行文化建设中，高度重视文化对经济的推动作用，即实效性，绝不做只重形式、徒有虚名的表面文章。娃哈哈文化的实效性在文化理念中有丰富的体现，如在经营哲学中，强调了“发展大家”，以发展为第一要务；再如在工作要求中，强调了“主动高效”，以高效为衡量员工工作的标准；又如在人才观中，提出了“有用即才”，以对企业工作有没有真正的用处作为判断是否人才的标准，这些都十分直接、明确地体现了文化理念的实效性。其他如企业精神、工作作风、行为准则等实际上也与工作绩效相关

联，是文化有效性的间接体现。

4. 娃哈哈文化是物质文化、行为文化、制度文化、精神文化四者并重的全方位文化

娃哈哈“家”文化绝不单单是几句空洞的、无着落的口号，而是实实在在、有骨有肉、有血有气的一个完整的文化系统，其在企业的物质、行为、制度、精神四个层面上都有着丰富的展现。

（1）娃哈哈文化在物质层面主要体现在：

① 娃哈哈卡通人物，其可爱、健康、快乐的造型与娃哈哈宗旨相吻合。

② 全国 34 个生产基地，69 家分公司，建筑面积达 90 多万平方米的现代化一流厂房，展现了一个现代龙头企业的崭新风貌。

③ 分布在全国各地，总价值达 54 亿多美元的 91 多条高度现代化、自动化生产线，是娃哈哈崇尚科学、精益求精科学价值观的体现。

④ 娃哈哈儿童营养液、含乳饮料、饮用纯净水、娃哈哈童装等产品有益身体健康，给人带来欢乐是娃哈哈“健康、欢乐”宗旨的直接体现。

⑤ 娃哈哈非常可乐、娃哈哈“激活”唯维生素水、娃哈哈茶饮料等产品敢于直面国际品牌，不断创新，是“勇于开拓，自强不息”等价值理念的直接体现。

⑥ 大量生动、活泼的娃哈哈广告，全国几千家娃哈哈经销商，娃哈哈三次被评为“中国最受尊敬的企业”，这一些是“创新、诚信”等价值理念的体现。

⑦ 娃哈哈在革命老区、国家级贫困地区、三峡库区建起的十几家对口支援企业，直接解决上万人就业，是娃哈哈“对社会负责”理念的直接体现。

⑧ 娃哈哈公司总部有两个企业形象展示厅，它是娃哈哈总体形象的物质载体。

（2）娃哈哈文化在行为层面主要体现在：

① 娃哈哈连续 3 年独家赞助中央电视台春节联欢晚会；连续 4 年独家赞助杭州市西湖狂欢节；娃哈哈为杭州心脏病患儿赴韩国治疗出资；娃哈哈全体员工捐款救助广西患病小孩。这些活动体现了娃哈哈“健康”、“欢乐”的企业宗旨。

② 娃哈哈利用行业龙头地位，联合纯净水企业竭力维护产业发展；娃哈哈捐资、捐物支援1998 年抗洪斗争；娃哈哈为“抗非”斗争捐赠近九百万元产品；娃哈哈积极踊跃捐款参加“春风行动”为下岗职工送温暖；1992 年元旦，娃哈哈果奶推出，为兑现“凭报纸换产品”的承诺，兑奖期一再延长，共多送出果奶三十多万瓶等，这些活动和行为都体现了娃哈哈“诚信与对社会负责”，为国家做贡献的理念。

③ 娃哈哈早在 1991 年兼并国有老企业杭州罐头厂，突破了“姓资姓社”的争论，取得重大成功；娃哈哈在 1996 年与法国达能集团成功合资，利用外资壮大自身，体现了“引资用资”的高水平；娃哈哈在 1992—1999 年数次尝试进行产权制度改革，成立娃哈哈美食城股份有限公司，成立职工合作制企业，实现产权主体的多元化，这一切体现了娃哈哈勇于开拓、勇于创新的价值理念。

④ 娃哈哈不断开展的全体职工运动会、集体婚礼、知识竞赛、文艺演出、职工出国旅游、春节团拜会、庆功宴等活动，充分体现了“亲情”、“团队意识”、“拼搏精神”等

价值理念。

（3）娃哈哈文化在制度层面主要体现在：

① 娃哈哈的领导制度简而言之是民主与集中相结合的制度。决策之前，充分发扬民主，大家可以充分发表意见。公司在广泛听取各种意见的基础上进行决策，决策之后，要求各个环节必须认真执行。公司采取总经理负责制，总经理一支笔，党委在企业中参与决策，起到政治核心作用。这样的领导制度与娃哈哈文化中强调高效、执行的理念是相通的。

② 娃哈哈的组织结构是高度扁平化的，总经理直接控制各个部门和分公司，没有任何中间环节。总经理对各部、分公司采取分级授权管理，各部、分公司直接对总经理负责。这样的组织架构同样为强调高效、执行的文化理念服务。

③ 娃哈哈在长期的经营管理中制定了大量的各类制度。生产中有工艺要求，岗位有岗位职责，科研有开发程序，各项管理都有管理制度，亲情有员工关怀制度等，这些制度从不同的侧面体现了不同的文化内涵。

（4）娃哈哈“家”文化在精神层面上的体现，前文已有述及，此处不再赘述。

只是除了那此文化理念外，娃哈哈还有自己独具个性的企业标识、卡通形象、企业歌曲、企业旗帜等，这都是对精神文化理念的完善。

资料来源：http://www.sngyw.com/cormanage/detail/shownews.asp?newsid=459&p=6

**【案例分析题】**

娃哈哈的“家”文化对我国其他企业有何启示？

## 任务二 建设企业文化

**【任务引入】**

企业文化建设是企业的“铸魂”工程，它对内可以增强全体干部员工的凝聚力，对外可以增强企业的竞争力，从而推动企业可持续发展。企业文化建设是一个系统工程，要遵循由浅入深、循序渐进的过程。

**【信息获取】**

### 企业文化建设的步骤

### 一、提炼或强化以企业精神为灵魂的价值观念体系

**1. 提炼或强化企业精神文化**

企业精神是企业实现自己价值体系和社会责任而从事生产经营中所形成的人格化的

团队意识，是企业的精神支柱和动力，是企业灵魂所在。

在企业文化精神提炼中应当注意：

（1）行业市场发展的趋势；

（2）创新性；

（3）体现企业发展历史及对未来的追求；

（4）体现企业在发展中所形成的共同意识及区别于其他企业的个性。

**2．持续提炼和完善公司的共同核心价值观**

企业价值观是对企业生产经营行为、生产的产品、提供的服务、社会信誉和资信的评价标准，是企业追求的最大目标和据此判断事物的标准，是企业文化的核心。

公司在提炼共同价值时应当注意：

（1）简捷性；

（2）协调统一性；

（3）系统性；

（4）尊重人才；

（5）注重回报社会；

（6）不断求实论证以便得到更广泛的认同。

## 二、导入 CIS 系统，实施现代企业形象战略

CIS 是企业形象识别系统，它主要由 MI、BI 和 VI 系统组成，企业形象设计是一种形象文化战略，是企业对自身的理念识别、行为识别、视觉识别进行深化实践，使之更具有独特性、鲜明性，同时借助各种宣传手段和载体传送企业文化，以产生强大的品牌认知力和认同力。

**1．建立 MI 系统（理念识别系统）**

MI 是指在企业经营活动中所应遵循的理念，是整个识别系统运作的原动力，它主要指企业经营管理哲学、企业使命和宗旨等。针对公司目前面临的竞争和发展态势及自身资源现状等，公司务必建立起适合自身发展内在要求的经营理念、管理理念、市场竞争理念、市场营销理念、市场发展理念、服务理念、质量理念、人才理念、科技创新理念、产品研发理念、组织结构设计理念体系。

**2．建立 BI 系统（行为识别系统）**

BI 是 MI 的动态展示，它主要包含对内、对外两方面。对内的行为主要包括企业伦理和道德、领导行为规范、员工行为规范、工作作风、服务态度规范、礼仪规范、工作环境和职工福利等项目。对外的行为主要包括公共关系、市场调研、促销活动、流通对策、废弃物处理、公害对策服务对策、公益性文化活动等。企业行为识别系统设计的重点在于员工队伍形象的塑造，因此，公司应当依照以人为本的思想，按照不同层次、不

同岗位制定和设计个人形象。

**3. 建立VI系统（视觉识别系统）**

VI是企业文化具体化、形象化的视觉传达形式，它通过组织化、系统化的视觉方案传达企业经营特征。建立企业视觉识别系统的过程中，必须运用能够体现公司企业精神理念，具有鲜明视觉和独特的产品与服务环境形象及标识。

（1）产品形象。公司要从品牌、科技、质量、服务、外观设计、包装等方面着手，树立公司良好产品形象。

（2）环境形象。公司要以“绿化、美化、硬化、净化、亮化”为内容，以“现代化、花园式”为目标，建立“一把手”责任制，实行环境建设评先、评优考核，使用一票否决制，构建公司绿色格局，使公司通过环境形象系统促进企业发展。

## 【案例】

### 海尔的CIS系统

1. 海尔的理念识别系统

海尔精神：敬业报国，追求卓越

海尔作风：迅速反应，马上行动

经营理念：真诚到永远

市场信誉：用户是海尔的衣食父母

管理理念：管理是海尔腾飞之魂

管理模式：日清日高，日事日毕，全员自我管理

质量观念：质量是海尔生存之本

战略思想：三大一活统一的大集团战略，即大品牌、大科研、大市场、资本活、企业文化统一

品牌战略：海尔总目标下的名牌产品群战略，企业牌—产品牌—行销牌

资本营运：无形资产兼并盘活有形资产

技改理念：不在低水平上重复投资，先有市场，后有工厂

服务理念：用户永远是对的，国际星级服务

人才观念：人人是人才，赛马不相马

2. 海尔的行为识别系统

（1）海尔集团坚持全面实施国际化战略，已建立起一个具有国际竞争力的全球设计网络、制造网络、营销与服务网络。

（2）在国内市场，海尔冰箱、冷柜、空调、洗衣机四大主导产品的市场份额均达到30%左右；在海外市场，海尔产品已进入欧洲15家大连锁店的12家、美国10家大连锁店的9家。在美国、欧洲初步实现了设计、生产、销售“三位一体”的本土化目标。

（3）海尔的发展主题：创新、速度、SBU。

3. 海尔的视觉识别系统

（1）商标说明：海尔是海，追求的是海尔像海一样得到永恒的存在。

（2）海尔集团形象用语：真诚到永远。

（3）产品形象用语：

海尔冰箱 为您着想

海尔空调 永创新高

海尔冷柜 创造品位

海尔洗衣机 专为您设计

海尔电脑 为您创造

海尔彩电 风光无限

海尔热水器 安全为本

海尔国旅 诚信相聚

海尔商用空调 永领时代新潮

海尔手机 听世界打天下

海尔家居 一站到位

4. 海尔中英文标准字样

海尔标志由中英文（汉语拼音）组成，中文“海尔”，英文“Haier”，作为标识，与国际接轨，设计上简洁、稳重、大气，延续了海尔20年发展形成的品牌文化；同时，强调了时代感。

5. 海尔旗

公司旗帜以企业英文标准字、象征图案、企业色为基本要素设计。海尔方圆标志象征图案，意即“思方行圆”。“方块”放在阵中的排头是以它为基础向纵深发展的意思，它在这里代表着海尔的思想、理念、文化，它是一个中心。它指导着周边圆点的组合，体现了思方行圆的思想，即在工作中要将原则性和灵活性有机地结合起来，以达到预定的目标和效果。

6. 海尔吉祥物

海尔的吉祥物是两个小孩，一个是中国小孩，另一个是外国小孩。它的使用始于建厂初期，当时海尔与德国利勃海尔公司合作，此标志寓意中德双方的合作如同这两个小孩一样充满朝气和拥有无限美好的未来。

摘自：海尔企业文化手册

## 三、实施制度在建工程

企业文化与企业的体制机制相辅相成，只有通过充分体现先进企业文化的体制机制和各项管理制度及岗位行为规范，才能真正规范企业全体人员的意识和行为。

（1）规范培训制度和体系，丰富培训内容和层次。企业要把企业文化教育培训、岗位职业道德规范培训、岗位技能操作规范培训等内容纳入公司管理制度中。

（2）健全公司绩效考评管理制度，把企业文化建设成效纳入公司部门个人绩效考评体系。

（3）开展思维创新、管理创新、技术创新，建立健全公司激励和约束机制。

## 四、实施典型示范工程

先进的典型人物和典型事迹是企业精神、优秀理念生动、形象的体现和象征，具有很强的示范、辐射、传承作用，没有个性鲜明的典型就没有独特的企业文化。公司在实施企业文化建设中应当把先进企业文化典型化。

## 五、创新企业文化的形式和载体，积极营造企业文化建设的良好氛围

公司可以通过自身的网站、多媒体、广播、报纸、内刊、《公司企业文化手册》、板报和宣传栏等载体，广泛深入地开展企业文化建设，也可以通过摄影、绘画、书法、漫画、演讲、企业之歌设计等各种文艺和体育活动来实施企业文化建设。

## 【案例】

### 企业文化建设实施方案

进入知识经济时代，企业之间的竞争实际上是企业文化的竞争。企业文化是企业综合实力的体现，是一个企业文明程度的反映，也是知识形态生产力转化为物质形态生产力的源泉。公司创立二十多年来，积淀了较为深厚的文化底蕴，但面临新的形势、新的任务、新的机遇、新的挑战，要想在激烈的市场竞争中取胜，把企业做大做强，实现企业的跨越式发展，就必须树立“用文化管企业”、“以文化兴企业”的理念，要对原有文化进行整合和创新，营造、培育先进的企业文化，积极推进文化强企战略，努力用先进的企业文化推动企业的改革发展，提高企业的创新力、形象力和核心竞争力，营造“企业有生气、产品有名气、领导有正气、职工有士气”的发展环境。为把公司建成世界一流的现代化能源企业，实现跨越式发展战略目标提供不竭动力，根据国资委《关于推进中央企业廉洁文化建设的指导意见》和集团公司2005年工作会议精神，结合公司实际，现制定本实施方案。

一、总体思路

为提升企业管理水平和员工队伍素质，完成公司战略发展规划所设计的目标要求，探索出一条符合企业实际的中国式企业文化建设之路，同时考虑到现代企业制度的建设进程，我公司企业文化建设总体思路为：主攻精神文化，规范制度文化，推进行为文化，

提升物质文化。主攻精神文化，主要是通过全员性企业文化审计，挖掘和弘扬企业精神内涵，形成全体员工共同遵守的企业价值观和企业理念，塑造企业“灵魂”。规范制度文化，主要是建立规范完善的制度体系和科学有效的考评机制，加大制度文化建设力度，使之导入科学化管理轨道，从而有效规范企业管理行为，提高企业管理的科学化水平。推进行为文化，主要是大力推进“6S”行为管理标准，抓好员工的行为养成规范，建立并完善《员工行为规范》，并抓好推进落实，提炼和倡导“××作风”。提升物质文化，主要是制定公司《物质文化建设标准分册》（CI 手册），做好环境创新和视觉识别系统开发工作，运用物质形象建设手段，营造企业整体文化氛围，提升企业整体形象。

二、指导思想

坚持以邓小平理论和江泽民同志“三个代表”重要思想为指导，坚持“以人为本”的管理思想，积极探索新形势下企业文化建设的规律，构建符合时代需要、符合现代企业制度需要、符合企业个性化需要的文化体系，为增强企业核心竞争能力、提高企业经济和社会双重效益创造良好的文化氛围和强大的力量源泉。

三、建设原则

1. 以人为本的原则

以人为本就是把人视为管理的主要对象和企业最重要的资源。企业文化模式必须以人为中心，充分反映人的思想文化意识，通过企业全体人员的积极参与，发挥首创精神，企业才能有生命力，企业文化才能健康发展。一方面，企业文化作为一种管理文化，它需要强调对人的管理，并把强调“人”的重要性有机地融合到追求公司的目标中去。另一方面，企业员工不仅是企业的主体，而且还是企业的主人，企业要通过尊重人、理解人来凝聚人心，企业文化要通过激发人的热情、开发人的潜能，来极大地调动人的积极性和创造性，使企业的管理更加科学、更有凝聚力。在企业文化建设过程中，要正确处理好企业领导倡导与员工积极参与的关系。必须做到每一个环节都有员工参与，每一项政策出台必须得到广大员工认可，自始至终形成一个全员参与、相互交融的建设局面，从而实现员工价值升华与企业蓬勃发展的有机统一，实现国有资产保值增值和员工全面发展的有机统一。

2. 讲求实效的原则

进行企业文化建设，要切合企业实际，符合企业定位，一切从实际出发，不搞形式主义，必须制定切实可行的企业文化建设方案，借助必要的载体和抓手，建立规范的内部管控体系和相应的激励约束机制，逐步建立起完善的企业文化体系。要以科学的态度，实事求是地进行企业文化的塑造，在实施中起点要高，要力求同国际接轨、同市场接轨，要求精求好，搞精品工程，做到重点突出，稳步推进。要使物质、行为、制度、精神四大要素协调发展、务求实效，真正使企业文化建设能够为企业的科学管理和企业发展目标的实现服务。

3. 重在领导的原则

要树立“管理者首位”思想，领导干部要率先垂范。企业文化在很大程度上表现为企业家（群体）文化，从一定意义上说，企业文化是企业家理念的升华，企业家是企业文化的倡导者、缔造者、推行者，不仅个人的理念要领先于他人，更重要的是能把领先的理念转化为企业的理念、企业的体制、企业的规则。各级领导干部在企业文化建设中，要先学一步，学深一些，带头思考，带头实践，时时事事给员工做出榜样，要在企业文化建设中有创新、有建树。各级管理领导者都应明确自己的角色定位，承担起应负的责任，并善于集中群众的智慧，调动起全体员工的积极性、创造性，依靠全员的力量投身企业文化建设。

4. 系统运作的原则

企业文化建设作为一项战略性、长期性的工作，它是一项庞大的、复杂的系统工程，绝不能凭空想象、一蹴而就，要树立“打持久战”的理念。企业文化是企业的“铸基”和“铸魂”工程，需要坚持不懈的努力。它的建设是一个渐进过程，必须运用系统论的方法搞好整体设计，分步推进，分层次落实。必须明确总体目标和阶段性目标，管理层应该做什么、怎么做，实践层应该做什么、怎么做，只有上下同力同心、协调运作，才能把企业文化建设的任务落实到实际工作中去。

5. 突出特色的原则

企业文化是一门应用性、实践性很强的科学，是在一定社会文化背景下的管理文化。工作中必须运用创新的方法去思考、去实践。搞好企业文化建设关键在于突出企业的鲜明个性，追求与众不同的特色、优势和差别性，培育出适应知识经济时代要求的，能够促进企业整体素质提高、健康发展的，具有自身鲜明特色的企业文化。因此，在企业文化建设过程中，必须牢牢把握企业历史、现状、未来的实际情况，重视挖掘、提炼和整理出具有企业鲜明特色的文化内涵来，走出一条具有本企业特色的企业文化建设之路。

6. 追求卓越的原则

建设企业文化，要表现出21世纪一流的水平，使企业员工都欣赏这一模式，并在这种体现卓越的企业文化模式中与企业产生共鸣。在卓越的企业文化模式里，人人都追求卓越，个个都表现出卓越的绩效。但是，企业文化发展到一定程度，企业往往容易满足现状，失去新的追求，变得保守起来，使企业文化的“文化力”减弱，也使企业丧失对卓越的追求。因此，塑造企业文化，必须坚持卓越的原则，使企业和员工始终感到总有一股追求卓越的激情在激励着他们，激动人心的目标一个接一个地出现，即使是在其他企业都感到满足的时候，企业仍能保持创新上的不满足，崇尚革新，与时俱进，不懈地追求完美和第一，从而促进企业文化的健康发展。

四、目标要求

1. 规划目标

（1）远期目标：制定企业文化建设战略规划。按照有计划、有步骤、由浅入深、由表及里的建设程序，建立起一套基础化、程序化、科学化的企业文化建设系统。在“继承”、“学习”、“创新”思想的指导下，从物质文化、行为文化、制度文化、精神文化四个方面整体推进、系统运作，构建一个切合实际的、科学合理的、便于操作的企业文化建设规划体系，并把规划纳入企业发展战略，成为企业整体规划的一部分。

（2）中期目标：五年发展纲要。

① 公司企业文化建设五年发展目标。第一，具有公司特色的企业理念（企业哲学、企业精神、企业价值观、道德规范等）深入人心，公司员工对企业理念达到熟知、熟记等程度，并在具体行动中自觉实践。第二，系统地整合和完善核心理念指导下企业文化支撑体系，坚持以公司的核心理念为企业一切行动的出发点、着眼点和落脚点，形成以核心理念为主线的系统管理体系。第三，学习型组织的构建成体系，阶段性成果明显。公司形成规范的学习制度并自觉实践，结合自身实际借鉴和应用先进的管理思想、管理理论和管理模式，引进、消化和吸收国际和国内的先进科学技术，提高公司全体员工尤其是各级领导干部的综合素质。第四，公司的知名度、信誉度和美誉度进一步提升，企业标识和品牌形象在集团公司内部和行业内部认知程度达到100%；公司用户的认知程度达到100%。第五，员工对公司的企业形象标准、管理者形象标准、员工形象标准等，能够做到熟知、自觉行动，而且遵守行为规范自觉程度达到100%。第六，企业视觉识别系统、理念识别系统、行为识别系统达到规范化、程序化和个性化。第七，打造文化管理运行机制，形成强势企业文化，建成全国企业文化建设示范基地。

② 公司企业文化建设五年重点工作。第一，2005年重点工作：形成完整的《公司企业文化手册》、《公司企业文化视觉识别手册》，归纳提炼、形成企业精神文化内涵。第二，2006年重点工作：完成企业视觉识别系统的规范工作，企业员工行为的规范工作初见成效。第三，2007年重点工作：企业核心理念在企业内部的认知和认同程度达到90%以上，学习型组织成熟运作。第四，2008年重点工作：整合并完善企业文化支撑体系，形成比较成熟的文化管理体系。第五，2009年重点工作：进一步提升企业知名度和美誉度，塑造企业良好形象，建成全国企业文化建设示范基地。

（3）近期目标：三个主题活动年。

① 2005年，开展“企业文化推进年”活动，是公司加强企业文化建设的起步和推进之年。全面实施“13311”工程。突出“一个核心”，做到“三个统一”，抓住“三个重点”，形成“一个体系”，实现“一个目标”。“一个核心”就是突出企业核心价值观的塑造。“三个统一”就是要统一和规范以企业精神为核心的企业理念识别系统、以企业标识为核心的视觉识别系统、以员工形象为核心的行为识别系统，全面导入CIS。“三个重点”就是重点在精神文化、行为文化、物质文化三个方面实现新突破。“一个体系”就是年内构建时代特色浓、个性特色强、符合企业实际、适应现代企业制度要求的特色文化体系。“一个目标”就是形成强势企业文化，锻造企业竞争优势，塑造良好企业形象，促进企业持续发展。

② 2006年，开展“企业文化发展年”活动，是公司企业文化建设的提高年。全面实施“1234”工程。围绕“一个目标”，抓好“两个推进”，做到“三个延伸“，实现“四个提升”。“一个目标”就是打造文化管理企业运行机制。“两个推进”就是继续推进“三个统一”，推进“三个重点”。“三个延伸”就是从感性文化向理性文化延伸、从无形文化向有形资源延伸、从管理文化向文化管理延伸。实现“四个提升”就是不断提升企业的执行力、竞争力、凝聚力和形象力。

③ 2007年，开展“企业文化创新年”活动，是公司企业文化建设的发展和创新年。全面实施“3221”工程。完成“三个规范”，抓住“两个重点”，做到“两个争创”，实现“一个目标”。“三个规范”就是完成企业视觉识别系统、行为识别系统、理念识别系统的进一步规范工作，全面优化企业形象、产品形象和员工队伍形象。“两个重点”就是突出管理文化、安全文化。“两个争创”就是争创学习型企业，争创“热爱××、献身××”标兵。“一个目标”就是做大做强企业，全力打造企业竞争新优势，实现企业管理效能的不断增强和经济效益的不断提高。

2. 实现目标

按照培训、普及、形象、规范、深化五个步骤，最大程度地调动集体智慧的能量，产生“聚能效应”，形成特色鲜明的企业文化，使公司的企业文化氛围日益浓郁，企业形象不断提升，走上一条成功的跨越式发展之路。

（1）物质文化：是企业文化的显象文化，它是企业生产、经营和文化娱乐等方面的环境、条件、设施等物质要素的总和，较为直观地表现出一个企业的文化氛围、精神风貌和管理水平。物质文化的提升主要是指：制定公司《物质文化建设标准分册》（CI手册），完成CI视觉形象系统的导入，并按照CI整体设计的基本系统和应用系统标准，统一企业标志、旗帜、歌曲、徽章、色彩等多种企业标识；规范企业建筑风格、建筑色调，规范公司及各部门简称，规范公司车体外表，规范办公设备、办公器具，设计并规范员工着装款式及色调，统一企业宣传标牌、广告牌的装置规格和设置区位；崇尚工作环境、生产环境和生活环境的美化、净化和现代化，建立和推行《生产现场管理办法》和《公司环境建设标准》；在工业广场、生产车间、煤矿井下巷道、办公楼、会议室等处制作大量企业理念的牌匾、图板、灯箱，使企业理念深入人心，增强企业文化的感染力；做好企业和产品的广告宣传，打造企业品牌，扩大企业的知名度和美誉度；进一步抓好广场、公园、俱乐部、报纸、电视、图书活动室等文化载体和阵地建设，形成浓厚的企业文化建设氛围。

（2）行为文化：是企业文化的主体，是企业员工在生产经营和人际关系中产生的活动文化。它主要包括两大类：一类是关于企业生产经营方面的活动；另一类是关于企业内部人与人之间的行为活动。推进行为文化主要是指：规范礼仪、仪式、会议、公司活动规格和标准；抓好员工的行为养成规范，综合参照德国、美国、日本等国员工行为养成要素，结合行业和企业特点，确定并推广职工行为养成“6S”管理标准，即清理、清洁、准时、标准化、素养、安全。强化对员工的职业化训练，使其文明程度普遍提高；建立并完善《公司员工行为规范》，并抓好推进落实；提炼和倡导“作风”；选树和宣传优秀的集体和个人典型，通过典型反映公司的文化品位，树立公司和人的良好形象；深入开展“职业道德、社会公德、家庭美德”教育，形成员工“三德”标准和良好行为。

（3）制度文化：是与管理科学息息相关的，它体现了一个企业在管理过程中的规范化，并影响着企业行为，又处延到外显文化中去。规范制度文化主要是指：在研究制定企业发展方向和目标、加强企业管理过程中，主动导入企业文化概念，“以人为本”的管理思想得到充分体现和落实；牢固树立企业文化建设就是加强企业管理的意识，使企业文化与加强企业管理融会贯通，密不可分；进一步改革和完善企业的劳动制度、人事制度、分配制度、绩效考核等各项管理制度，使企业管理制度符合现代企业制度要求，并且日益与国际管理接轨；进行专业化、扁平化管理流程再造，使管理工作走上制度化、程序化、规范化运作轨道；干部、员工自我管理意识和能力进一步增强；按照贯标及认证标准，修改和完善公司的各种管理制度和工作程序，并认真抓好落实；建立有效的企业文化建设考评机制；结合公司改革实际，继续完善、推行《岗位规范》；形成在“以人为本”原则指导下，以法治企、特色鲜明的“管理文化”。

（4）精神文化：主要包括对企业精神、企业价值观、企业哲学、管理信念、企业用人之道以及企业内部的主导标语口号和企业对外宣传用语的确定和宣传贯彻落实，使之成为规范企业和员工行为的信念和准则。主攻精神文化主要是指：完成全员性企业文化审计，挖掘形成企业精神内涵，总结提炼企业价值观，总结提炼公司经营理念、管理理念、人才理念等，规范精神文化用语，完成《公司企业文化手册》的编辑出版；在一个较长时间内通过宣传教育，倡导企业精神和企业价值观，并为全体员工所认同，企业的向心力、凝聚力进一步增强，建设一支高素质的适应时代要求的“四有”职工队伍，为企业发展注入显著文化动力。

**五、推进方法**

（1）始终坚持总体上抓体系，推进中按步骤，实施中做到精炼、实用、有效，配合企业发展战略的实施，整体向前推进。

（2）抓好企业文化知识的培训。鉴于企业文化作为管理科学的新潮流，刚开始还不能为全公司员工所认识和接受，有的甚至存在模糊认识的现状，要组织编写有关“宣传提纲”、“知识讲座”类宣传材料，利用报纸、电视、黑板报以及举办培训班等方式进行宣传和培训。采取培训骨干和自学相结合的原则，使全公司干部、员工普遍掌握企业文化的基本知识和基本理论；70%以上的管理干部能结合实际，写出有一定理论深度的探讨企业文化建设方面的文章；全体干部、员工的基础知识考核合格率100%。

（3）建立健全企业文化建设领导体制。成立相应的企业文化建设领导机构，明确负责人、主管部门及工作人员。企业文化的领导体制要与现代企业制度和法人治理结构相结合，发挥好董事会在企业文化建设中的决策作用，党委要加强对企业文化建设的领导，形成企业文化主管部门负责实施、各职能部门分工落实的工作体系。加强推进企业文化建设的工作机构。第一，成立以公司董事长为主任、党委书记和总经理为常务副主任的公司企业文化建设推进委员会，成员包括公司各方面的主要领导，使文化和企业各方面的管理紧紧地融合在一起。第二，成立企业文化部，加强对企业文化建设的组织协调工作。该部设在宣传部，一套人马，两块牌子，负责全公司企业文化建设工作的管理。第三，设立企业文化办公室。强有力的组织机构可以为企业文化建设的系统性运作提供组织保障，也为企业文化建设扎实有效地稳步推进奠定基础。

（4）企业主要领导者同为企业文化建设第一责任人。共同负责企业文化建设的规划、设计和组织。要使党政工作在企业文化建设上形成合力，在加强企业管理上达成共识；党政工团各部门要按照两个文明建设中所担负的责任，遵循以人为本，实现管人、管物、管事一体文化建设的格局；加强对企业文化建设重要意义的宣传教育，形成全公司共识，变成全体员工的自觉行动。

（5）健全制度，完善机制，形成闭环管理。企业文化部（宣传部）、办公室、企业管理部、工会等部门要把企业文化建设内容与企业规划、年度计划合并编制，要重点列出制度文化建设的管理标准、工作标准、考核标准，并列入年度经营承包责任制，明确企业文化建设各项内容的责任部门和责任人，制订年度工作计划，使企业文化建设与企业管理工作一样也纳入日常管理工作之中，要建立企业文化建设的考核评价和激励机制，把企业文化建设纳入企业经营者业绩考核体系，定期对企业文化建设的成效进行考评和奖惩，考核结果与公司经济责任制挂钩。

（6）实施方案出台后，提交公司职代会讨论通过，用公司制度的形式予以确认。

六、实施步骤

（1）进行全员性企业文化审计活动。对公司的文化历史与现实进行全面回顾和提炼，进行企业无形资产的全面总结，广泛宣传，全面发动，从不同角度对文化进行定格分析，得出结论，以此进行企业文化的民主建设。注意做好两个方面的工作：一是充分发挥全体员工的智慧，启发企业文化建设的灵感，特别是在设计企业文化“三大识别系统”时，要采取自上而下与自下而上相结合的方法，通过发放问卷调查，开座谈会、报告会、研讨会和开辟网上论坛，征文等形式，引导员工集思广益，献计献策，为形成企业“三大识别系统”奠定坚实基础。二是通过总结，进行企业文化的进一步宣传、灌输、教育活动。在具体方法上，首先要让全体员工（含离退休员工）了解文化审计、无形资产定格的重大意义；其次利用征文、回忆文章、演讲比赛等形式收集“企业文化发展之我见”。①征文活动。“从我身边的人与事看文化特征”。②以老员工回忆录像进行宣传教育。老员工通过实例回忆谈企业作风、传统以及文化特征等，并选择若干位老员工的回忆录像在公司电视台进行宣传播放。③进行中青年员工演讲比赛，通过剖析、挖掘和生动描述身边的典型事件，形成“企业文化发展之我见”。④进行公司历史文化论证答辩活动，这项活动要发动全公司各单位广泛参与，每个单位和部门推荐2～3人参加，全公司组成若干个代表队进行答辩论证并评选优胜者。

（2）归纳并提炼形成企业精神文化内涵。根据国资委和集团公司有关企业文化建设的指示精神及公司实际，由企业文化部（宣传部）牵头，各有关部门配合，认真组织好《公司企业文化审计活动方案》的实施，对形成的精神文化的相关内容进行全面讨论，重点讨论企业哲学、核心价值观、企业精神、经营管理理念等。在讨论的基础上再推出修正方案，征求意见，继续归纳提炼，完善充实精神文化内涵，从框架结构到具体内容向全公司公布。

（3）企业文化的宣传。各单位要广泛进行动员，利用各种形式，针对不同层次对象进行宣传，由公司企业文化部（宣传部）牵头和各单位积极配合，通过举办培训班，召开企业文化研讨会、经验交流会等形式对公司广大员工特别是各级领导干部进行公司理念、行为规范及视觉识别的培训。通过策划大型活动、广告宣传、公关策略等方式，大力展示公司形象及公司文化。

（4）企业文化的维护。企业文化建设是公司一项重要的、长期的战略任务，各单位要坚持不懈、持之以恒地切实抓出成效来。各单位制订活动计划要切实可行，既不能好高骛远，也不能敷衍了事。制订的工作计划要严格落实，主责领导要及时监督检查，公司有关部门要对开展活动情况及时进行评估和指导，分阶段抓好总结评比工作。此外，企业文化的具体内容需要随着公司内外部环境的变化及时进行必要的调整，不断发展完善，做到与时俱进。

资料来源：http://www.govyi.com/Article/c51f/200601/35306.asp

**【任务实施】**

## 一、技能训练

1. 各项目小组以上面的范文为模板为模拟公司制订一份《企业文化建设实施方案》。
2. 讨论班级文化建设现状，指出存在的问题并着手改进。

## 二、案例分析

### 中小企业文化建设存在的问题

一、中小型企业管理者对企业文化建设缺乏正确的理解与认识

1. 企业文化等同于企业外在形象设计

很多中小型企业的领导者在这方面存在对企业文化理解上的误区。他们认为所谓的企业文化就是企业的外在表现形象，所以就把更多的精力放在了企业标语口号的斟酌、企业标识的设计上。例如，有些企业从办公楼到生产园区，从厂部到班组，到处都张贴或悬挂着如“开拓创新”、“拼搏进取”之类的标语口号；还有很多企业设计了精致的厂

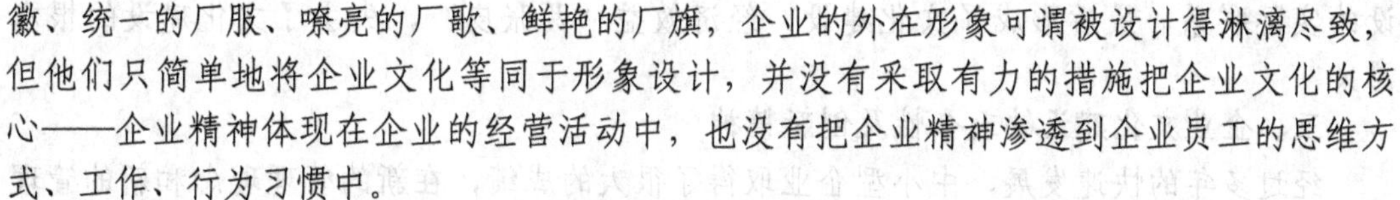

徽、统一的厂服、嘹亮的厂歌、鲜艳的厂旗，企业的外在形象可谓被设计得淋漓尽致，但他们只简单地将企业文化等同于形象设计，并没有采取有力的措施把企业文化的核心——企业精神体现在企业的经营活动中，也没有把企业精神渗透到企业员工的思维方式、工作、行为习惯中。

2. 将企业文化等同于企业文体活动

这种观点具有相当的普遍性，很多企业认为企业文化建设就是丰富多彩的文体活动，寄希望于通过举办几场球类比赛，搞几次文艺演出，放几场电影，组织几个职工俱乐部来达到塑造企业精神的目的。例如，在实习中走访过的第十二研究所。该单位的文体活动较多，但没有有效地利用文体活动对员工进行精神塑造。事实上，文体活动的开展只是企业文化建设的一个表层活动，在一定程度上可以增进员工之间的相互了解和员工对企业的归属感，但如果仅仅依靠这些表层活动，而不进行企业文化的渗透，不用企业精神塑造员工，企业文化建设是不会得到持续协调发展的，也就更不可能为企业的持续发展提供文化支持。

3. 将企业文化等同于政治思想工作

有些企业把企业文化建设和我国传统的政治思想工作混淆起来，认为企业文化建设就是一种思想灌输、说服教育，是宣传部门、工会的事情，这种观点在一些中小企业中尤其普遍。另外，由于中小型企业规模不大，机构设置较少，经常将思想政治工作和文化建设归属于同一部门管理，但是由于许多管理者对企业文化内涵理解不深刻，经常将二者混为一谈，这对企业文化建设非常不利。

4. 将企业文化等同于规章制度

有些中小企业的管理者认为企业文化就是企业规章制度，只要制定出企业的规章制度，组织员工学习、了解并严格实施，企业的文化建设就可大功告成，企业精神也就可以培育起来了，企业的文化氛围也会逐步地形成。尽管企业规章制度的制定是企业文化建设的一个重要方面，是企业文化建设的制度保障，但规章制度的制定并不是文化建设的全部，绝不能将二者等同。例如，陕西奉航橡胶公司是一家刚成立不久的公司，该公司的有些领导在建设文化时认为把规章制度落到实处，文化就会建好。

**二、企业文化建设与企业经营活动缺乏紧密联系**

企业的文化建设与企业的发展目标和经济利益是紧密联系在一起的，优秀企业文化的形成与企业的发展壮大和经济效益的提高是相互作用的。企业文化建设是通过企业文化的导向和渗透作用，以体现企业价值观的行为准则和规范，引导员工的行为朝着有利于实现企业目标的方向发展，为企业在市场竞争中的发展提供动力源，最终提高企业的经济效益，增强企业的实力；而企业的发展壮大又能促使员工产生自豪感和向心力，从而约束自己的言行，自觉遵守企业的各项规章制度，维护企业形象，积极参与企业文化的建设。然而，当前许多企业的领导者在文化建设上往往与企业经济效益之间的关系处理不当。有些企业为建设文化而建设文化，不注重经济效益，不注重经济效益与文化建设的实际联系，最后形成了文化建设、经济效益“两张皮”，失去了文化建设的根本意义。

## 三、企业文化建设缺乏个性及创新精神

经过多年的快速发展，中小型企业取得了很大的成绩，在新的管理理念和新的管理模式的影响下，很多企业也重视企业文化的建设，但其中一味模仿、全盘照搬的比较多，而不是通过选择淘汰、消化等方式把外来先进的文化吸收进来，做到有机融合，培育自己企业的文化特色。企业文化建设普遍缺乏个性甚至雷同，这是目前中小型企业文化建设的一个特点。

企业文化是社会整体文化环境的具体反映，也是企业自身发展的反映，社会文化、企业经营不是一成不变而是处在不断发展变化过程中的，所以企业文化也要随着社会、企业自身的变化而不断做出调整，不断进行文化的创新。很多中小型企业不注重创新，不根据社会、企业条件的变化而对企业文化建设做出相应的调整，使得文化建设与社会文化发展、企业自身发展严重脱节，在一定程度上这样的企业文化不仅不能推动企业的发展，甚至会阻碍企业的发展。

## 四、大多数中小型企业没有进行文化建设的战略思考和决策

由于许多企业只生产一种或少数几种产品，它们的规模普遍不大，组织机构相对简单，管理方式较为单一，员工素质相对不高，在激烈的市场竞争中处于劣势，在这种情况下，企业为忙于生计，不被残酷的市场所淘汰，只能更多地考虑企业当前所处的位置和现状，忙于追求自己的短期利益，而对长远利益的战略无暇顾及，而且他们一般认为文化战略是大企业、大集团的事，中小企业没有必要进行战略方面的考虑。这也使很多中小企业的领导者认识不到文化战略对企业生产经营的重要作用以及对企业可持续发展产生的巨大影响。

## 五、重视企业文化的形式而忽略了内涵

在文化建设过程中最突出的问题就是盲目追求企业文化的形式，而忽略了企业文化的内涵。企业文化活动和企业CI形象设计都是企业文化表层的表现方式。企业文化是将企业在创业和发展过程中的基本价值观灌输给全体员工，通过教育、整合而形成的一套独特的价值体系，是影响企业适应市场的策略和处理企业内部矛盾冲突的一系列准则和行为方式，这其中渗透着创业者个人在社会化过程中形成的对人性的基本假设、价值观和世界观，也凝结了在创业过程中创业者集体形成的经营理念。将这些理念和价值观通过各种活动和形式表现出来，才是比较完整的企业文化，如果只有表层的形式而未表现出内在价值与理念，这样的企业文化是没有意义的，难以持续的，所以不能形成文化推动力，对企业的发展产生不了深远的影响。

## 六、把企业文化等同于企业精神而脱离企业管理实践

有些企业家认为，企业文化就是要塑造企业精神或企业的圣经，而与企业管理没有多大关系。这种理解是很片面的。企业文化就是以文化为手段，以管理为目的，这种理

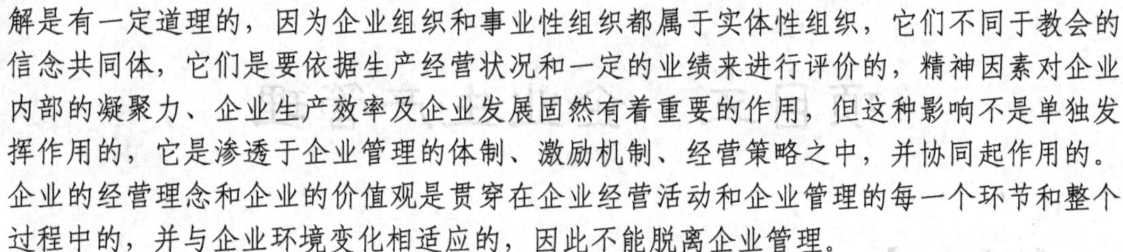

解是有一定道理的，因为企业组织和事业性组织都属于实体性组织，它们不同于教会的信念共同体，它们是要依据生产经营状况和一定的业绩来进行评价的，精神因素对企业内部的凝聚力、企业生产效率及企业发展固然有着重要的作用，但这种影响不是单独发挥作用的，它是渗透于企业管理的体制、激励机制、经营策略之中，并协同起作用的。企业的经营理念和企业的价值观是贯穿在企业经营活动和企业管理的每一个环节和整个过程中的，并与企业环境变化相适应的，因此不能脱离企业管理。

资料来源：郭亮．我国中小企业文化建设存在的问题及对策．科技创业月刊，2005（12）

**【案例分析题】**

上述资料中指出了我国中小型企业在文化建设中存在的问题，请你指出解决问题的对策。

**【项目验收与评估】**

1．验收对象：各小组撰写的《企业文化建设实施方案》。

2．验收步骤：

（1）各项目小组查阅关于企业文化建设方面的范文，以范文为模板为模拟公司撰写企业文化建设实施方案。

（2）各项目小组推荐一名成员对本小组方案的写作过程、内容以及心得体会在课上作演讲。

（3）评委会根据下表对各项目小组进行评价，决出胜负。

| 评价内容 | 分　值 | 评　分 |
| --- | --- | --- |
| 资料全面、报告或案例完整 | 20 | |
| 研究深入、有说服力 | 20 | |
| 有创新观点和思路 | 20 | |
| 合作默契、体现团队精神 | 20 | |
| 发言人仪表端庄，语言表达清晰、准确 | 20 | |
| 总体评价 | 100 | |

（4）指导教师点评。各项目小组根据指导教师的点评，对撰写的企业文化建设实施方案进行修改、完善后提交指导教师验收。

# 项目五　企业生产管理

【知识目标】

1．了解生产过程的概念；5S 活动的概念。

2．熟悉生产计划的准备工作；生产计划的指标内容；5S 活动的推进步骤。

3．掌握 5S 活动的内容。

【技能目标】

1．会合理组织生产过程。

2．熟知生产计划编制的内容。

3．会制定 5S 活动实施方案。

【项目背景】

某企业的生产部主任是从外地聘请来的，具有多年生产管理经验，在他的管理下，企业的各项生产任务按计划顺利进行。上任之初，他首先在全厂范围内推行了 5S 现场管理活动，如今已取得了明显的成效。

【任务分解】

现代企业生产管理是指为实现企业的经营目标，有效地利用生产资源，对生产过程进行组织、计划、控制，生产出满足社会需要、市场需求的产品或提供服务的管理活动的总称。通过本项目的学习，你应该能完成以下任务：

任务一　合理组织生产过程

任务二　做好生产计划工作

任务三　加强生产现场管理

# 任务一　合理组织生产过程

【任务引入】

生产过程是企业最基本的活动过程，生产过程组织是企业生产管理的重要内容，是研究企业怎样从空间和时间上合理地组织产品生产，使投入的人、财、物、信息等各种生产要素有机地结合起来，形成一个协调系统，使产品运行距离最短、花费时间最少、耗费成本最省，从而获得最好的经济效益。

【信息获取】

## 生产过程及其构成

### 一、生产过程的概念

生产过程的概念有广义和狭义之分。广义的生产过程是指从生产准备开始，直到把产品加工出来为止的全部过程；狭义的生产过程是指从原材料投入生产开始，直到产品全部加工出来为止的全部过程。

### 二、生产过程的构成

由于企业的专业化水平和技术条件以及生产性质和产品特点各不相同，生产过程的具体构成会存在较大的差异，根据生产过程各阶段对产品所起的作用，生产过程一般由以下四个部分构成。

**1．生产技术准备过程**

生产技术准备过程是企业正式生产前所进行的一系列生产技术上的准备工作的过程，包括产品设计、工艺设计、标准化工作、定额工作、设备布置等。

**2．基本生产过程**

基本生产过程是指对构成产品实体的劳动对象直接进行工艺加工的过程。例如，机械企业中的铸造、锻造、机械加工和装配等过程；纺织企业中的纺纱、织布和印染等过程。基本生产过程是企业的主要生产活动。

**3．辅助生产过程**

辅助生产过程是指为保证基本生产过程的正常进行而从事的各种辅助性生产活动的过程。例如，为基本生产提供动力、工具和维修工作等。

**4．生产服务过程**

生产服务过程是指为保证生产活动顺利进行而提供的各种服务性工作。例如，供应工作、运输工作、技术检验工作等。

以上是构成生产过程的四个子过程，它们之间有着密切的联系。基本生产过程是主体，其他生产过程都是围绕基本生产过程进行。基本生产过程又由若干工艺过程组成，而每个工艺过程又可细分为若干工序。工序是组成生产过程的基本单位。

## 三、合理组织生产过程的要求

合理组织生产过程是指把生产过程从空间上和时间上很好地结合起来，使产品以最短的路线、最快的速度通过生产过程的各个阶段，并且使企业的人力、物力和财力得到充分的利用，达到高产、优质、低耗。合理组织生产过程需要做到以下几点。

**1. 生产过程的连续性**

生产过程的连续性是指产品和零部件在生产过程各个环节上的运动自始至终处于连续状态，不发生或少发生不必要的中断、停顿和等待等现象。这就要求加工对象或处于加工之中，或处于检验和运输之中。保持生产过程的连续性，充分地利用机器设备和劳动力，缩短生产周期，加速资金周转。

**2. 生产过程的比例性**

生产过程的比例性是指生产过程的各个阶段、各道工序之间，在生产能力上要保持必要的比例关系。它要求各生产环节之间在劳动力、生产效率、设备等方面相互均衡发展，避免“瓶颈”现象。保证生产过程的比例性，既可以有效地提高劳动生产率和设备利用率，也进一步保证了生产过程的连续性。

**3. 生产过程的均衡性**

生产过程的均衡性也称为生产过程的节奏性，是指产品在生产过程的各个阶段，在相同的时间间隔内大致生产相同数量或递增数量，使各个工作地的负荷保持均衡，避免前松后紧的现象。实现生产过程的节奏性，有利于劳动资源的合理利用，减少不必要的浪费和损失；有利于设备的正常运转和维护保养，避免因超负荷使用而产生难以修复的损坏；有利于产量质量的提高和防止废品大量的产生；有利于减少在制品的大量积压；有利于安全生产，避免人身事故的发生。

**4. 生产过程的平行性**

生产过程的平行性是指生产过程的相关阶段、相关工序尽可能实行平行作业。生产过程的平行性可充分利用时间和空间，大大缩短产品的生产周期，提高生产效率。生产的平行性取决于生产的连续性和生产的组织方式。

**5. 生产过程的适应性**

生产过程的适应性是指生产过程对市场的适应性，就是生产过程能在短时间内，以最少的资源消耗从一种产品的生产转换为另一种产品的生产。这就要求生产加工的组织必须具有灵活性、可变性、多样性。这是变化的市场需求对企业生产过程柔性化的要求。

# 生产过程的空间组织

生产过程的空间组织是指企业内部各生产阶段和生产单位的组织和空间布局。为了使生产过程达到连续性、协调性和节奏性的要求，必须从空间上把生产过程的各个环节合理地组织起来，使它们密切配合，协调一致。在企业内部应当具体设置多少环节，每个生产环节又设置多少生产单位，这些生产单位应当具有怎样的规模，取决于企业的专业方向和工艺特点。

**1．工艺专业化形式，也叫工艺原则**

它是按照生产工艺性质不同来设置生产单位的，如图 5.1 所示。在工艺专业化的生产单位里，集中着同类型的工艺设备和相同工种的工人，对企业的各种产品进行相同的工艺加工。例如，机械加工车间的车工小组、钻工小组。由于同类型的设备和同工种的工人集中在一起，对不同的产品进行相同工艺的加工，因此对产品品种多变的适应性较强，便于比较充分地利用机器设备和劳动力，同时也便于对工艺进行专业化的管理。但由于工艺专业化的生产单位只能完成一种工艺，不能独立地完成产品（或零部件）的全部或大部分加工工序，每种产品的全部或大部分工序都要逐次通过许多生产单位才能完成，因此产品在生产过程中运输路线较长，消耗在运输、在制品上的辅助劳动较大，生产过程中的停放时间较长，生产周期也就较长，在制品资金占用也就较多，生产单位之间的生产管理和成本核算工作都比较复杂。

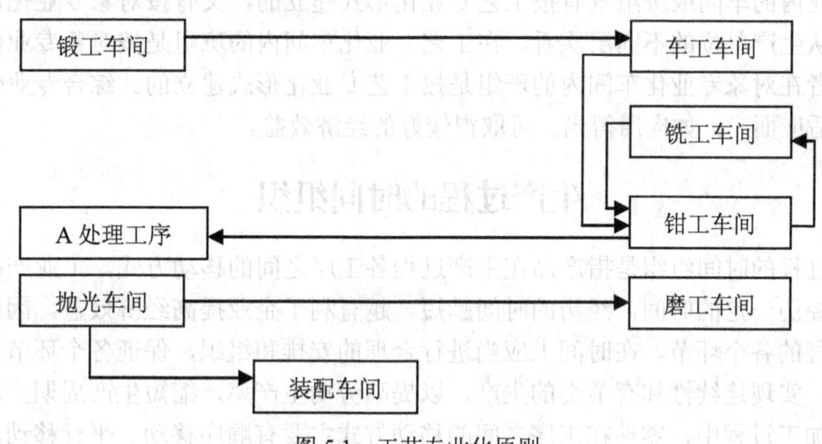


图 5.1 工艺专业化原则

**2．对象专业化形式，也叫对象原则**

它是按照产品的不同来设置生产单位的，如图 5.2 所示。在对象专业化的生产单位里，集中着加工同种类产品所需要的各种机器设备和各种不同工种的工人，对同类产品进行不同工艺的加工。这种形式把一种产品的全部或大部分工序都集中到一个生产单位来完成。所以这一类生产单位又称为封闭式生产单位。例如，发动机车间、齿轮车间、标准件车间。由于相同的劳动对象集中在一起，连续进行许多工序的加工，因此，可以大大缩短生产产品在生产过程中的运输路线，节省辅助劳动的耗费，缩短生产周期，减少在制品和占用的流动资金，可以简化生产管理工作和成本核算。但由于对象专业化的生产单位内部工艺复杂，在产品多变的情况下，适应性较差，难以充分利用机器设备，一旦生产情况改变，很难作出相应的调整。

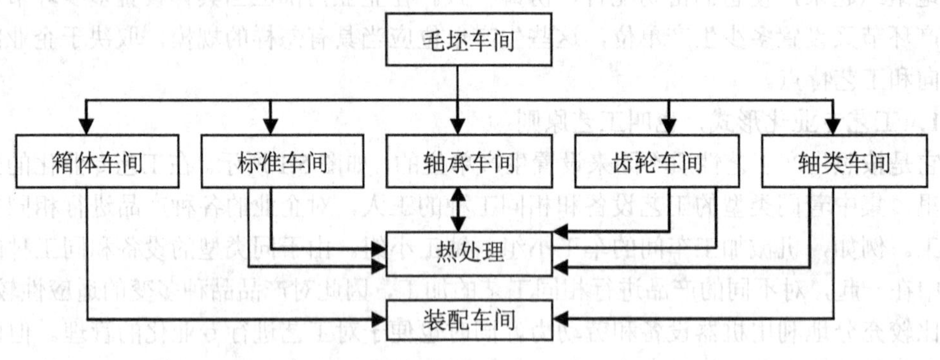


图 5.2　对象专业化原则

**3．综合专业化形式，也叫混合原则**

这是将上述两种专业化形式结合起来的一种形式。它综合了两种专业化形式的优点，在实际中应用比较普遍。综合专业化可以从两个方面去理解：一是从生产单位的同一层次看，企业内的车间或班组既有按工艺专业化形式建立的，又有按对象专业化形式建立的；二是从生产单位的不同层次看，在工艺专业化车间内的班组是按对象专业化形式建立的，或者在对象专业化车间内的班组是按工艺专业化形式建立的。综合专业化形式机动灵活，适应面广，如应用得当，可取得较好的经济效益。

## 生产过程的时间组织

生产过程的时间组织是指产品在生产过程各工序之间的移动方式。工业产品的生产过程必须经历一定的时间，经历的时间越短，越有利于企业提高经济效益。因此，对产品生产过程的各个环节，在时间上应当进行合理的安排和组织，保证各个环节在时间上协调一致，实现连续性和有节奏的生产，以提高劳动生产率，缩短生产周期，减少资金占用。在加工过程中，零件在工序之间的移动方式主要有顺序移动、平行移动和平行顺序移动三种。

### 一、顺序移动方式

顺序移动方式是指一批加工对象在一道工序全部加工完毕之后，整批进入下一道工序继续加工的移动方式，如图 5.3 所示。

顺序移动方式的加工周期为：

$$T_o = nt_1 + nt_2 + \cdots + nt_m = n\sum_{t=1}^{m} t_i$$

式中：$T_o$为顺序移动方式的加工周期；$n$ 为批量；$t_i$为零件在第 $i$ 道工序的单件工时（分）；$m$ 为工序数目。

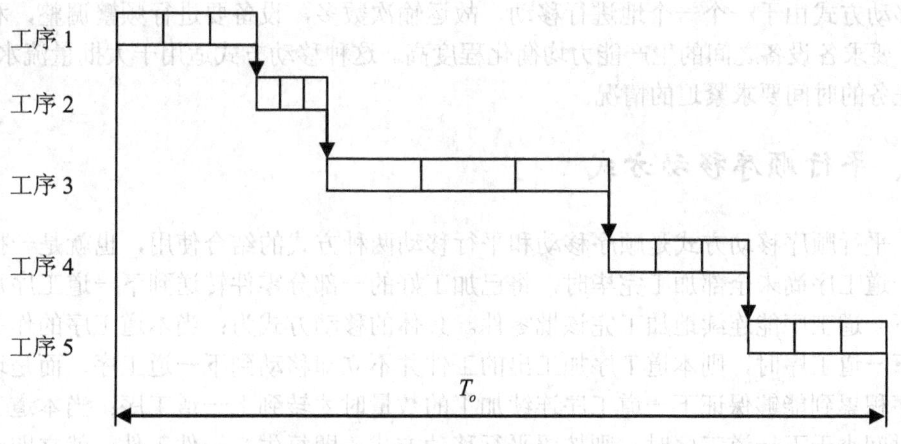


图 5.3　顺序移动方式

顺序移动方式的优点是：生产组织工作较简单；由于工件一批一批地进行移动，故减少了运输次数和设备的调整时间，提高了设备的利用率。但是，顺序移动方式在制品数量大、工件的等待时间长，生产周期一般比较长。这种移动方式适用于批量小、对时间要求不紧的情况。

## 二、平行移动方式

平行移动方式是指每个加工对象在上道工序完成之后，立即转到下道工序继续加工的方式，如图 5.4 所示。

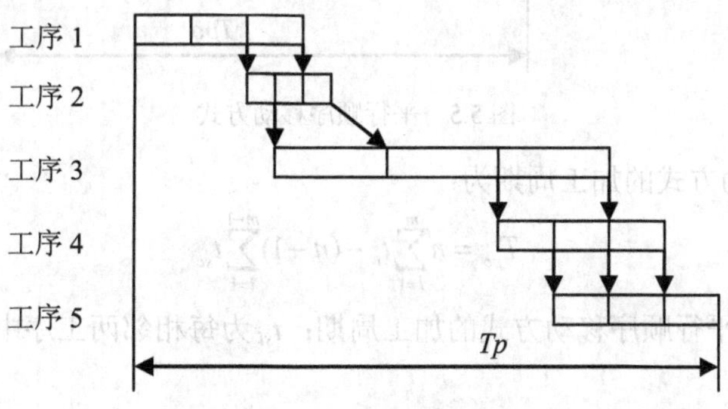


图 5.4　平行移动方式

平行移动方式的加工周期为：

$$T_P = \sum_{t=1}^{m} t_i + (n-1)t_L$$

式中：$T_p$为平行移动方式的加工周期；$t_L$为最长的单件工序时间（分）。

平行移动方式的优点：在制品数量少，工件的等待时间短，生产周期短。但是，平行移动方式由于一个一个地进行移动，故运输次数多，设备要进行频繁调整，利用率较低，要求各设备之间的生产能力均衡化程度高。这种移动方式适用于大批量流水线生产、对任务的时间要求紧迫的情况。

## 三、平行顺序移动方式

平行顺序移动方式是顺序移动和平行移动两种方式的结合使用，也就是一批零件在前一道工序尚未全部加工完毕时，将已加工好的一部分零件转送到下一道工序加工，并使下一道工序能连续地加工完该批零件。具体的移动方式为：当本道工序的作业时间大于下一道工序时，则本道工序加工出的工件并不立即移动到下一道工序，而是现在本道工序积累到能够保证下一道工序连续加工的数量时才转到下一道工序；当本道工序的作业时间小于下一道工序时，则按照平行移动方式，即每生产一件工件，就立即转移到下一道工序，如图 5.5 所示。

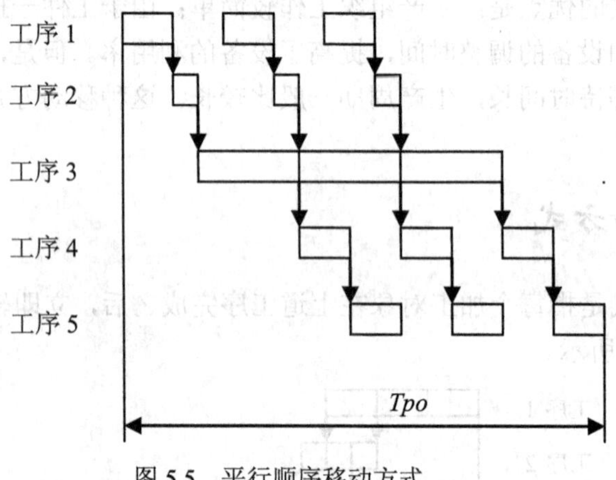


图 5.5　平行顺序移动方式

平行顺序移动方式的加工周期为：

$$T_{po} = n\sum_{t=1}^{m} t_i - (n-1)\sum_{i=1}^{m-1} t_{si}$$

式中：$T_{po}$为平行顺序移动方式的加工周期；$t_{si}$为每相邻两工序中较短的单件工序时间（分）。

生产过程平行性的程度可用平行系数 $p$ 来表示：

$$p = 1 - \frac{一批零件的加工周期}{n\sum_{i=1}^{m} t_1}$$

零件三种移动方式的比较如表 5.1 所示。

表 5.1　零件三种移动方式的比较

| | 比较因素 | 顺序移动 | 平行移动 | 平行顺序移动 |
|---|---|---|---|---|
| 特点 | 生产周期 | 长 | 短 | 中 |
| | 运输次数 | 少 | 多 | 中 |
| | 设备利用 | 好 | 差 | 好 |
| | 组织管理 | 简单 | 中 | 复杂 |
| 适用条件 | 零件价值 | 小 | 大 | 大 |
| | 零件尺寸与重量 | 小 | 大 | 大 |
| | 加工时间 | 短 | 长，成整数倍 | 长 |
| | 批量大小 | 小 | 大 | 大 |
| | 专业化形式 | 工艺 | 对象 | 对象 |

# 生产过程的布局

为了从空间上和时间上合理地组织生产过程，满足生产连续性、均衡性、节奏性、协调性和经济性的要求，企业应根据生产规模、专业化程度、在制品移动方式等特点，合理地选择不同的组织形式。一般的组织形式有生产线、流水线和自动线。

## 一、生产线

生产线是按对象原则组织起来的、完成产品工艺过程的一种生产组织形式。它的特点是：

（1）以零件组为劳动对象，工作地专业化程度并不高。

（2）拥有按零件组中主要零件或多数零件的加工顺序排列的较多通用设备。

（3）由于零件组中各种零件的工序时间不同，不能保证生产过程的高度连续性，但它具有较大的灵活性，能适应多品种的需要。

## 二、流水线

流水线是按照产品加工工艺的先后顺序排列工作地，使劳动对象依照一定速度，顺次通过各工作地进行加工和出产的一种生产组织形式。它把高度对象专业化的空间组织与平行移动方式的时间组织结合起来，使生产过程像流水般地进行移动，有较高的连续性、节奏性和协调性，有效地缩短生产周期。它具有工作地高度专业化、工作排列系统化、运输路线单向化和工序时间同步化四大特征。组织流水生产，要求产品的结构和工艺比较稳定先进，品种少，产量大，零部件具有互换性，各工序的劳动量比较接近或成倍数，便于组合。总之，这些条件归根到底在于保证流水线相对稳定和流水线设备充分负荷，以发挥流水生产的优越性。

## 三、自动线

自动线是由自动化机器体系实现产品工艺过程的生产线。它由若干台自动化加工设备所组成，并能对工作物自动地进行装夹、供料、定位、装卸、检验。全部生产活动由机器自动完成，而人只是通过一定的控制系统来操纵，并从事调整、监督和管理。自动生产线是生产过程最先进、最完善的组织形式，可以提高工作效率，缩短生产周期，产品质量稳定，大大改善劳动条件，但投资费用较大，变换品种规格较难。

【任务实施】

## 一、技能训练

1．设某种零件批量 $n$=3 件，加工工序数 $m$=3，每道工序的单件加工时间 $t_1$=3 小时，$t_2$=1 小时，$t_3$=4 小时，请求出该批零件在各种移动方式下的加工周期。

2．组织学生到企业生产车间参观，指出生产过程的组织方式。

## 二、案例分析

### 陈先生的难题

“如果 Toyota 能够在 24 小时内装配一部汽车，DELL 能够在 4 小时内装配一部电脑，为什么你要用 40 小时去装配一张床？难道你认为一张床会比一部汽车复杂吗？”唐博士的一道简单的问题，让陈先生陷入疑惑与兴奋的挣扎。

陈先生在珠三角地区有一家一百多人的工厂，生产一种可调节的床，他对该产品一直非常有信心。产品的国内市场售价很高，但订单应接不暇，市场前景一片喜人。然而，几个月前该厂不得不停止接新单。究其原因，发现：其一，国内客户付款期拖长导致资金周转失灵，没钱购买原材料；其二，厂房有限和熟练工人大批流失致使产能难以及时跟上。分析了工厂的处境后，陈先生自己认为，寻求海外投资者可解燃眉之急。不过，实际的融资操作并非一帆风顺，海外投资者挑剔的眼光让融资需求难以短期内得以满足。这让陈先生一时也无计可施。

长期担任世界知名公司管理顾问的香港优质管理顾问公司的唐伟国博士则认为，解决此等问题更为现实的方案应该从大幅提升生产力空间下手。唐博士为陈先生的工厂初步断症后，开出药方：突破传统思维，引入精益生产的先进管理模式，改善整个生产流程的设计，培养决策层及管理层的公司全局发展观念。

唐博士分析，一张床从进料—生产—出厂—售出的全过程耗掉全厂一百多名员工 40 个小时，效率极其低下，如果通过初步改善生产流程的某些环节，完全能将时间缩短一倍；如果全面实施精益生产，控制到 10 小时甚至更短时间的可能性是非常大的。缩短一倍生产流程，意味着现金流压力将随之大力缓解；再进一步提升 4 倍生产能力，可减省本来用于扩建厂房的大笔资金，同时劳工短缺等棘手问题亦可得以解决。假设一旦成立，陈先生完全可以不用这么迫切寻求外资入主。

但精益生产不是随便挂在嘴边而已，具体怎样令企业拥有一整套近乎完美的生产流程，训练上下员工培养“从一开始就把事情做对”的观念呢？陈先生仍心存疑虑：“我已经在这行摸爬滚打好几年，可称得上这个领域的专家，无比熟悉生产流程，工厂的生产能力哪还有上升的空间呢？更别说一下子提高 2～4 倍了。单凭一个外行人短短几句能起多大作用？”

唐博士用行动回应了种种质疑，他实地考察了整个车间，对车间的生产管理模式进行了点评。听了唐博士一番点评，陈先生陷入了不断的沉思中，他已经开始意识到落实精益生产的模式会给工厂的生产能力带来很大改观。原来一直坚持融资是企业现阶段发展的必由之路，现在仔细想来，与其仓促寻求不知底细的外资伙伴，不如更为实际地先将关注点放到提升现有生产能力、增强自身实力上来。

资料来源：http://www.sz-3a.com/E-Zine/Show.asp?Air_ID=1521

**【案例分析题】**

1. 陈先生的难题产生的原因是什么？如何解决？
2. 结合案例谈谈你对精益生产的认识。

## 任务二 做好生产计划工作

**【任务引入】**

生产计划是企业在计划期应达到的产品品种、质量、产量和产值等生产任务的计划和对产品生产进度的安排。企业的生产计划是企业经营计划的重要组成部分，是企业年度综合计划的核心，是编制其他企业计划的依据，也是企业在计划期内全体员工实现生产目标的行动纲领。它对于挖掘企业内部潜力、合理利用企业资源、科学组织生产活动、生产适销对路产品、提高企业经济效益有着十分重要的作用。

生产计划工作的内容主要包括：调查和预测社会对产品的需求；核定企业的生产能

力；确定企业经营目标，制定企业经营策略；选择制订计划的方法；正确制订生产计划、库存计划、生产进度计划和计划工作程序，以及计划的实施与控制工作。其中，需重点做好以下几个方面的工作：第一，编制生产计划的准备；第二，确定生产计划指标；第三，安排出场进度。

【信息获取】

## 生产计划的准备

生产计划的准备包括预测计划期的市场需求，核算企业自身生产能力，为确定生产计划提供外部需要和内部可能的依据。

### 一、市场需求预测

企业在编制生产计划时，要对市场需求进行调查和分析，根据市场对产品品种、质量、数量以及交货期的需要来制订计划、安排任务。市场需求预测方法可分为定量预测方法和定性预测方法两种。其中，常用的定性预测方法有购买者意向调查法、综合销售人员意见法、专家意见法；常用的定量分析方法有简单平均数法、移动平均法、指数平滑法、加权移动平均法、季节系数法和一元线性回归分析法。各种方法都有其利弊，在预测时要注意选择比较经济、准确的预测方法。

### 二、生产能力的核定

生产能力是指在计划期内，企业参与生产的全部固定资产，在既定的组织技术条件下所能生产的产品数量，或者能够处理的原材料数量。它是生产系统内部各种资源能力的综合反映，直接关系到能否满足市场需要，所以制订生产计划前，必须了解企业生产能力。

**1．影响生产能力的因素**

企业生产能力的大小主要取决于以下三个要素。

（1）固定资产的数量，指用于生产的全部机器设备的数量、厂房和其他生产性建筑的面积。设备的数量包括正在运转的和正在检修、安装和准备检修的设备，也包括暂时没有任务而停用的设备，但不包括已报废的、不配套的、封存待调的设备和企业备用的设备。

（2）固定资产的工作时间，指按照企业现行工作制度计算的机器设备的全部有效工作时间和生产面积的全部有效利用时间。

（3）固定资产的生产效率，指单位机器设备的产量定额或单位产品的台时定额，单位时间、单位面积的产量定额或单位产品生产面积占用额。

**2．生产能力核算**

企业生产能力的核算，是根据决定生产能力的三要素，在查清和采取措施的基础上，首先计算设备组的生产能力；平衡后确定小组、工段、车间的生产能力；然后各车间进行平衡确定企业的生产能力。在具体核算时，应根据企业或企业内部各生产环节的不同特点而采取不同方法。

### 三、企业生产能力与市场需求的平衡

在市场需求预测和生产能力核定的基础上，会发现生产能力和市场需求经常处于不平衡的状态。有时生产能力相对市场需求不足，有时生产能力相对市场需求过剩。企业应根据不同的情况作出不同的战略选择。

## 确定生产计划指标

生产计划是由生产指标表现的。为了有效、全面地指导工业企业计划期的生产活动，生产计划应建立包括产品品种、产品质量、产品产量及产值等四类指标为主要内容的生产体系。

确定生产计划指标是企业生产计划的重要内容之一。企业生产计划的主要指标有产品品种、产品质量、产品产量和产值。企业生产计划的主要指标从不同的侧面反映了企业生产产品的要求。

**1．产品品种指标**

产品品种指标是指企业在计划期内应当生产的产品品种和品种数。品种指标能够在一定程度上反映企业适应市场的能力。一般来说，品种越多越能满足不同的需求，但是过多的品种会分散企业生产能力，难以形成规模优势。因此，企业应综合考虑，合理确定产品品种，加快产品的更新换代，努力开发新产品。

**2．产品质量指标**

产品质量指标是指企业在计划期内生产的产品应该达到的质量标准。这包括内在质量与外在质量两个方面。内在质量是指产品的性能、使用寿命、工作精度、安全性、可靠性和可维修性等因素；外在质量是指产品的颜色、式样、包装等因素。在中国，产品的质量标准分为国家标准、部颁标准和企业标准三个层次。产品的质量标准是衡量一个企业的产品满足社会需要程度的重要标志，是企业赢得市场竞争的关键因素。

**3．产品产量指标**

产品产量指标是指企业在计划期内应当生产的合格的工业品实物数量或应当提供的合格的工业性劳务数量。产品的产量指标常用实物指标或假定实物指标表示。例如，钢

铁用“吨”、发电量用“千瓦时”等表示。产品产量指标是表明企业生产成果的一个重要指标，它直接来源于企业的销售量指标，也是企业制定其他物量指标和消耗量指标的重要依据。

**4. 产品产值指标**

产品产值指标是指用货币表示的企业生产产品的数量。它综合反映企业在计划期内生产成果的价值。企业的产品产值指标有商品指标、总产值和净产值三种表现形式。商品产值是指企业在计划期内生产的可供销售的产品或工业劳务的价值。其内容包括用自备原材料生产的可供销售的成品和半成品的价值，用订货者来料生产的产品的加工价值，对外完成的工业性劳务价值。总产值是指用货币表现的企业在计划期内应该完成的产品和劳务总量。它反映企业在计划期内生产的总规模和总水平，其内容包括商品产值、订货者来料的价值、在制品、半成品、自制工具的期末期初差额价值，它是计算企业生产发展速度和劳动生产率的依据。净产值是指在企业计划期内工业生产活动创造的价值，是从总产值中扣除生产过程已消耗的物化劳动的价值之后的余额，它反映企业的生产成果。

# 安排生产进度

企业编制生产计划，不仅要科学确定全年生产任务，而且要把全年的生产任务逐期分解，下放到各个季度和各个月份，这就是产品生产进度的安排工作。合理安排企业的生产进度，一方面有利于进一步落实企业的销售计划，满足市场需求，履行经济合同；另一方面有利于企业平衡生产力，有效利用设备和人力。

## 一、产出进度安排的方法与策略

产品产出进度的安排，因企业的特点不同而有所不同。

**1. 大量生产产品产出进度的安排**

大量生产产品的进度，一般采用均衡生产方式，把全年生产任务分配到各季、各月。但是，把全年生产任务均衡地分配到各月，并不意味着平均地分配到全年的 12 个月，而是考虑产品特点和企业状况，随着工人操作技能的逐渐熟练而逐渐增加产量。具体有以下四种类型。

（1）平均分配，即把全年的计划产量平均分配到各期中，一般使日产量大体相等。这种方法适用于产品生产能力基本饱和，生产技术和工艺过程比较成熟的情况。

（2）分期均匀递增。这种方法把全年产量分配到各期之中，每一期的平均日产量之间呈等差递增数列，而在每一阶段内，日产量大体相等，这种方法考虑了技术不断进步的情况。

（3）小幅度连续增长。这种方法类似于分期均匀递增法，只是把全年产量分配到各个期的时期间隔较短，短期内的日产量也是大体相等，相邻两期的日产量差额较分期均匀递增较小。

（4）抛物线递增。这种方法在投产的初期日产量较小，随着生产的进行，企业的日产量以递增的速度逐渐增加，达到一定日产量后趋于稳定，这种方法多使用于新产品的生产。

**2．季节性需求商品生产进度的安排**

有些商品的市场需求在全年内并不是均匀分布的，而是呈现明显的季节性变化。这类商品生产进度的安排涉及劳动力的招聘和辞退、原材料的组织、产品库存量的大小等众多因素，工作比较复杂。

（1）均衡安排方式。这种安排方式不管市场需求如何，都把全年的生产任务均匀地分配到各季度、各月份，使全年日产量大体相等。这种安排方式有利于人力、物力的合理利用和管理，但有时库存量很大，占用很多流动资金，有时又会出现供不应求、丧失市场机会的情况。

（2）变动安排方式。这种安排方式在合理调查市场的基础上按照市场调查得出的市场需求资料，随着市场需求量的变化安排生产。和均衡安排方式相反，这种方式抓住了市场机会，降低了商品库存，节约了流动资金，但劳动力和原材料的供应工作也要求季节性变动，这给企业和管理提出了更高的要求，也不利于稳定产品质量。

（3）折中方式。折中方式是企业的日产量大小相同，既减少了库存，满足了市场需求，又容易组织劳动力和原材料供应，便于管理。

## 二、品种搭配

单品种生产的企业，在确定了产品总产量和各期产品产量以后，就可以着手编制生产作业计划了。但是，对于多品种生产的企业，则需要决定在某一生产时期内，把哪些品种的产品安排在一起生产，即进行品种搭配。合理组织各种产品的搭配生产，有利于按期、按品种完成订货合同，有利于稳定企业的生产秩序，有利于提高企业生产的经济效益。品种搭配主要应考虑以下几个方面的问题。

（1）对经常生产和产量较大的产品，要考虑安排生产，在保证市场供应和满足顾客订货的前提下，尽量在全年各季度、各月份安排均衡生产，以保持企业生产过程的稳定性。

（2）对于企业生产的非主要品种，组织“集中轮番”生产，加大产品生产的批量，完成一种产品的全年生产任务以后，再安排其他品种的生产，以减少设备调整和生产技术准备的时间和费用。

（3）复杂产品与简单产品、大型产品与小型产品、尖端产品与一般产品，在生产中应合理搭配，以使各个工种、设备以及生产面积得到充分的利用。

（4）新老产品的交替要有一定的交叉时间，在交叉时间内，新产品产量逐渐增加，老产品产量逐渐减少，以避免齐上齐下给企业生产造成大的震动，这也有利于逐渐培养熟练工人，提高新产品生产的合格率。

## 编制生产计划

生产计划一般为年度计划，它是企业年度经营计划的重要组成部分，是编制物资采购计划、供应计划、库存计划、外协计划、人员计划、设备计划和资金计划的主要依据。生产计划编制通常按以下步骤进行：

（1）进行市场调查，收集市场信息。通过市场调查全面收集与企业经营有关的各种信息资料，为编制生产计划提供全面、准确、可靠的依据。

（2）拟定计划指标，制定备选方案。根据掌握的信息和数据，初步拟定各项生产计划指标，提出几个备选方案。

（3）综合平衡，优选计划方案。从企业的实际出发，按照生产经营活动中各种比例关系的要求，对企业的生产活动进行系统分析、统筹兼顾，合理考虑企业生产任务与销售计划、财务计划、设备计划、物资供应计划、人力资源及产品成本的综合平衡，从多个备选方案中优选出最佳的生产方案，确保生产计划任务与企业经营目标的实现。

（4）修改完备，制订正式的生产计划。通过综合平衡后优选出来的计划方案，必须征集有关部门、各生产车间等各方面的意见，进行反复协调、修改，使之完备而成为正式的生产计划，经企业最高决策机构批准再组织实施。

## 生产计划的执行与控制

生产计划的执行与控制是计划管理工作的主体，具体有以下几个方面的工作：一是通过生产作业计划将生产计划指标分解落实；二是通过建立考核制度、全面经济核算制度和计量工作制度，科学、客观、全面地对企业的生产计划执行情况进行监督和控制，及时发现问题，采取措施纠正偏差，确保企业生产计划的全面完成；三是计划期结束后，要对生产计划进行重新评价和整理，总结经验，修正错误，并使生产计划更加标准化、规范化，为下一期计划的制订与执行提供依据。

**【任务实施】**

## 一、技能训练

各项目小组为模拟公司编制一份年度生产计划。

## 二、案例分析

**电容器制造部的难题**

罗姆电子大连有限公司是大连开发区的一家日资企业，其电容器制造部主要生产

MCH系列陶瓷积层电容器，共一百多种规格。从包装形式上可分为纸袋和塑料袋两大类。自1996年初投产以来，由于编带作业采用了改进后的新工艺，公司操作人员不太熟悉设备操作性能等原因，虽经过两个多月的不懈努力，但仍未达到月产量一亿件的设计能力。日本总部对此非常不满，经常对电容器制造部的有关部门提出指责。对此，电容器制造部负责人尹先生十分苦恼。这一天，他又一次召集有关部门负责人开会，研究如何解决所面临的生产问题。

会上，大家列举了最近出现的各种问题，普遍反映加班实在太辛苦，有些操作人员已十分疲乏。会议进行到一半，负责对外联络业务的曲小姐过来汇报说，刚才又接到日本总部打来的电话，对大连电容器制造部未完成上个月的生产任务大为不满，严令这个月必须完成，否则将进一步追究各部门的责任等。

这个消息立即引起了与会人员的不满，设备科长李先生首先按捺不住，愤愤地说："这活没法干了……"。这些天一直陪着李先生加班的车间监督申先生则息事宁人地说："老李，你先坐下，别那么激动。"接着又转过头对尹先生说："老李说得有道理。现在，咱们部的工人加班加点成了家常便饭，可产量还是完不成。工人们已经尽了最大努力，产量完不成的责任看来不在我们，是不是跟总经理反映一下？"其他人也纷纷附和。会议的议题由分析车间内部问题转向一轮日本总部各部门的不配合上……

尹先生看着大家疲惫而又激动的神色，知道这些人说的都是实话，并且在工作中也都尽了最大努力，但如何达到设计生产能力，完成计划任务，又是不得不解决的难题。日本总部一些部门配合不力的确是个很大问题，但关键问题估计还是在车间内部管理上。那么，问题究竟处在哪里呢？于是，他不知不觉地叹了一口气，随手拿起了会议记录，仔细研究了起来。

资料来源：MBA智库文档．电容器制造部的难题．生产与管理案例分析

**【案例分析题】**

你认为问题最有可能出现在哪些地方？解决这一问题的关键是什么？

## 任务三　加强生产现场管理

**【任务引入】**

现场管理就是运用科学的管理思想、管理方法和管理手段，对现场的各种生产要素，如人（操作者、管理者）、机（设备）、料（原材料）、法（工艺、检测方法）、环（环境）、资（资金）、能（能源）、信（信息）等，进行合理配置和优化组合，通过计划、组织、控制、协调、激励等管理职能，保证现场按预定的目标，实现优质、高效、低耗、均衡、安全、文明的生产作业。

【信息获取】

# 5S现场管理

## 一、现场管理的任务

（1）全面完成生产计划规定的任务；
（2）消除生产现场的浪费现象；
（3）优化劳动组织，搞好班组建设和民主管理；
（4）加强定额管理，降低物料和能源消耗；
（5）优化专业管理；
（6）组织均衡生产，实行标准化管理；
（7）加强管理基础工作；
（8）治理现场环境。

## 二、5S活动的概念

5S活动是指对生产现场的各种生产要素所处的状态，不断地进行整理、整顿、清扫、清洁，从而提高素养的活动。

（1）整理：工作现场，区别要与不要的东西，只保留有用的东西，撤除不需要的东西；

（2）整顿：把要用的东西按规定位置摆放整齐，并做好标识进行管理；

（3）清扫：将不需要的东西清除掉，保持工作现场无垃圾、无污秽状态；

（4）清洁：维持以上整理、整顿、清扫后的局面，使工作人员觉得整洁、卫生；

（5）素养：通过进行上述4S的活动，让每个员工都自觉遵守各项规章制度，养成良好的工作习惯，做到“以厂为家、以厂为荣”的地步。

## 三、5S活动的推行步骤

**1．组织**

成立5S推行委员会。

**2．规划**

思路一：详细调查，内部拟订，召集讨论，修订出台，即由推行委员会成员深入各基层详细调查现场情况，拟订初稿，再召集基层干部讨论是否可执行，经修订后发布。

思路二：培训示例，分工拟订，收集讨论，修订出台，即首先对各基层干部培训5S相关知识，要求其结合本基层单位现场实际状况分工拟订本基层单位5S规范，再收集起来充分讨论，取长补短，经审核修订后发布。

**3．培训与宣传**

（1）5S 运动的目的；

（2）整理、整顿、清扫、清洁和素养的正确含义；

（3）推进 5S 运动的方法；

（4）把握效果的方法等。

**4．执行**

（1）树立样板单位的办法；

（2）分阶段或分片实施的办法；

（3）实施 5S 文明区域责任制的办法。

**5．监督**

## 四、5S 活动的内容

### （一）整理

**1．对象**

主要在于清理现场被占有而无效用的“空间”。

**2．目的**

清除零乱根源，腾出“空间”，防止材料的误用、误送，创造一个清晰的工作场所。

**3．整理主要区域**

工作场所。

**4．实施方法**

（1）对工作现场进行全面检查，划分需要与不需要的物品；

（2）决定需要物品的数量；

（3）处理不需要的物品。

**5．实施要领**

（1）对自己的工作场所（范围）全面检查，包括看得到的和看不到的；

（2）制定“需要”和“不需要”的判别基准；

（3）将不需要物品清除出工作场所；

（4）对需要的物品调查使用频度，决定日常用量及放置位置；

（5）制定废弃物处理方法；

（6）每天自我检查。

### （二）整顿

**1．对象**

主要在于减少工作场所内任意浪费时间的场所。

**2．目的**

定置存放，实现随时方便取用。

（1）工作场所一目了然；

（2）整整齐齐的工作环境；

（3）消除找寻物品的时间；

（4）消除过多的积压物品。

**3．实施要领**

（1）前一步骤整理的工作要落实；

（2）流程布置，确定放置场所；

（3）规定放置方法、明确数量；

（4）划线定位；

（5）场所、物品标识。

**4．整顿的“3 要素”：场所、方法、标识**

（1）放置场所。物品的放置场所原则上要 100%设定；物品的保管要定点、定容、定量；生产线附近只能放真正需要的物品。

（2）放置方法。易取；不超出所规定的范围；在放置方法上多下工夫。

（3）标识方法。放置场所和物品原则上一对一标识；物品的标识和放置场所的标识；某些标识方法全公司要统一；在标识方法上多下工夫。

**5．整顿的“3 定”原则：定点、定容、定量**

（1）定点：放在哪里合适；

（2）定容：用什么容器、颜色；

（3）定量：规定合适的数量。

### （三）清扫

**1．对象**

主要在消除工作现场各处所发生的“脏污”。

**2．目的**

（1）保持工作环境的整洁干净；

（2）保持整理、整顿成果；

（3）稳定设备、设施、环境质量，提高产品或服务质量；

（4）防止环境污染。

**3．实施要领**

（1）建立清扫责任区（室内外）；

（2）执行例行扫除，清理脏污；

（3）调查污染源，予以杜绝或隔离；

（4）清扫基准，作为规范。

### （四）清洁

**1．对象**

将上面的3S实施的做法制度化、规范化，并贯彻执行及维持结果。

**2．目的**

维持上面3S的成果。

**3．实施要领**

（1）前面的3S工作；

（2）考评方法；

（3）奖惩制度，加强执行；

（4）主管经常带头巡查，以表重视。

### （五）素养

**1．对象**

通过晨会等手段提高全员文明礼貌水准。培养每位成员养成良好的习惯，并遵守规则做事。开展5S容易，但长时间的维持必须靠素养的提升。

**2．目的**

（1）培养具有好习惯、遵守规则的员工；

（2）提高员工文明礼貌水准；

（3）营造团体精神。

**3．实施要领**

（1）服装、仪容、识别证标准；

（2）共同遵守的有关规则、规定；

（3）礼仪守则；

（4）训练（新进人员强化5S教育、实践）；

（5）各种精神提升活动（晨会、礼貌运动等）。

## 【案例】

### 5S活动实施方案

按照2011年公司的工作目标，保证5S活动的顺利有效实施，结合实际，特制定本方案。

**一、5S推行的目标**

强化基础管理，提升全员品质。

二、5S推行的准备阶段

1. 召开公司骨干动员大会，表达推行5S活动的决心，统一骨干思想。

2. 成立5S管理活动推行领导小组，负责5S管理活动的组织、策划、实施、检查、考评等。

3. 宣传造势，教育训练：

（1）通过张贴标语、宣传5S的基本知识，营造启动5S的良好氛围；

（2）组织全公司员工系统学习5S的标准，进一步领会推行5S活动的目的、意义和作用，营造全员参与的浓厚氛围；

（3）开展征文等形式的多样活动，进一步提升5S活动的影响力。

三、5S的实施评价阶段

1. 整理阶段（5月10日至5月20日为实施阶段）

（1）整理的要领：

① 对工作场所（范围）进行全面检查，包括看得到和看不到的地方；

② 制定“要”和“不要”的判别基准；

③ 按照基准清除不要的物品；

④ 制定非必需品的处理方法，并按此方法清理非必需品；

⑤ 每日自我检查，循环整理。

（2）整理的范围（按各单位的5S执行标准实施）：

① 办公桌椅、橱柜、文件夹柜、抽屉等的整理；

② 工具箱、仓库、货架、储物间等的整理；

③ 工作流程、工作行为的整理。

2. 整顿阶段（5月21日至5月31日为实施阶段）

（1）整顿的推行要领：

① 彻底地进行整理；

② 确定放置场所；

③ 规定摆放方法；

④ 进行标识；

⑤ 大量使用“目视管理”。

（2）整顿的要求一目了然，取用快捷。

3. 清扫阶段（6月1日至6月10日为实施改善阶段）

清扫的推行要领：

① 建立清扫责任区；

② 每个员工在工作岗位及责任区范围内（包括所有物品与机器设备）进行彻底的清扫；

③ 对清扫过程中发现的问题及时进行整修；

④ 查明污垢的发生源，予以杜绝或隔离；

⑤ 制定相关的清扫标准。

4. 清洁阶段（在以上三个方面经过不断的实施、检查、考核、总结、改善达到一定程度后，全面推行，达到标准化、制度化）

清洁的推行要领：

① 不断落实、改善前面的3S工作；

② 制定区域管理的标准；

③ 制定5S实施办法及检查考评标准；

④ 制定奖惩制度，加强执行；

⑤ 领导小组成员经常巡查，带动全员重视5S活动。

5. 素养阶段（长期不遗余力地推行）

素养的推行要领：

① 持续推行4S直到成为全员共有的习惯；

② 学习员工行为准则及礼仪守则，帮助员工达到修养最低限度的要求；

③ 举办各种教育训练，提升员工思想境界；

④ 员工严格遵守规章制度；

⑤ 推动各种精神提升活动；

⑥ 培养员工责任感，激发起热情，铸造团队精神。

资料来源：http://www.doc.88.com/p-303888894756.html

**【任务实施】**

## 一、技能训练

各项目小组以上面案例为参照为模拟公司制定5S活动实施方案。

## 二、案例分析

### A集团的5S现场管理

某著名家电集团（以下简称A集团）为了进一步夯实内部管理基础、提升人员素养、塑造卓越企业形象，希望借助专业顾问公司全面提升现场管理水平。集团领导审时度势，认识到要让企业走向卓越，必须先从简单的ABC开始，从5S这种基础管理抓起。

一、现场诊断

通过现场诊断发现，A集团经过多年的现场管理提升，管理基础扎实，某些项目（如质量方面）处于国内领先地位。现场问题主要体现为以下三点：

（1）工艺技术方面较为薄弱。现场是传统的流水线大批量生产，工序间存在严重的不平衡，现场堆积了大量半成品，生产效率与国际一流企业相比，存在较大差距。

（2）细节的忽略。在现场随处可以见到物料、工具、车辆搁置，手套、零件在地面随处可见，员工熟视无睹。

（3）团队精神和跨部门协作的缺失。部门之间的工作存在大量的互相推诿、扯皮现象，工作更缺乏主动性，而是被动地等、靠、要。

二、解决方案

“现场 5S 与管理提升方案书”提出了以下整改思路。

（1）将 5S 与现场效率改善结合，推行效率浪费消除活动和建立自动供料系统，彻底解决生产现场拥挤混乱和效率低的问题。

（2）推行全员的 5S 培训，结合现场指导和督察考核，从根本上杜绝随手、随心、随意的不良习惯。

（3）成立跨部门的专案小组，对现存的跨部门问题登录和专项解决；在解决的过程中梳理矛盾关系，确定新的流程，防止问题重复发生。

根据这三大思路，我们从人员意识着手，在全集团内大范围开展培训，结合各种宣传活动，营造了良好的 5S 氛围；然后从每一扇门、每一扇窗、每一个工具柜、每一个抽屉开始指导，逐步由里到外、由上到下、由难到易，经过一年多的全员努力，5S 终于在 A 集团每个员工心里生根、发芽，结出了丰硕的成果。

三、项目收益

（1）经过一年多的全员努力，现场的脏、乱、差现象得到了彻底的改观，营造了一个明朗温馨、整齐有序的生产环境，增强了全体员工的向心力和归属感。

（2）员工从不理解到理解，从要我做到我要做，逐步养成了事事讲究、事事做到最好的良好习惯。

（3）在一年多的推进工作中，从员工到管理人员都得到了严格的考验和锻炼，造就了一批能独立思考、能从全局着眼，具体着手的改善型人才，从而满足了企业进一步发展的需求。

（4）配合 A 集团的企业愿景，夯实了基础，提高了现场管理水平，塑造了公司良好社会形象，最终达到提升人员品质的目的。

资料来源：http://baike.baidu.com/view/160973.htm

**【案例分析题】**

结合案例谈谈推行 5S 活动的意义。

**【项目验收与评估】**

1．验收对象：各小组撰写的《5S 活动方案》。

2．验收步骤：

（1）各项目小组查阅关于 5S 活动方案的范文，以范文为模板为模拟公司撰写《5S 活动方案》。

（2）各项目小组推荐一名成员对本小组方案的写作过程、内容以及心得体会在课上作演讲。

（3）评委会根据下表对各项目小组进行评价，决出胜负。

| 评 价 内 容 | 分　值 | 评　分 |
|---|---|---|
| 资料全面、报告或案例完整 | 20 | |
| 研究深入、有说服力 | 20 | |
| 有创新观点和思路 | 20 | |
| 合作默契、体现团队精神 | 20 | |
| 发言人仪表端庄，语言表达清晰、准确 | 20 | |
| 总体评价 | 100 | |

（4）指导教师点评。各项目小组根据指导教师的点评，对撰写的企业文化建设实施方案进行修改、完善后提交指导教师验收。

# 项目六　企业营销管理

**【知识目标】**

1. 了解细分市场的概念和原则；市场定位的概念；营销组合策略的概念。
2. 熟悉市场细分的程序和步骤。
3. 掌握目标市场的选择策略营销组合策略。

**【能力目标】**

1. 会根据具体产品进行市场细分和选择目标市场。
2. 会对产品进行市场定位。
3. 会制定产品营销组合策略。

**【项目背景】**

公司刚刚开发了一项新产品。面对激烈的竞争寻求细分市场，拓展企业产品业务，公司特意聘请了一位工商管理专业的大学生李明，并要求李明根据湖北地区该产品的销售情况，制定符合本企业的市场细分，选择目标市场，制定相应的营销策略。现在你是李明的助理，你有义务协助李明完成公司安排的工作任务。

**【任务分解】**

市场细分是指企业根据消费者需求的差异性，把消费者整体市场划分成若干个子市场，每个子市场都是由需求类似的消费者群构成，从而确定目标市场的过程。市场细分对本企业制定和调整战略决策至关重要。企业在市场细分策划的基础上，选择一个或多个细分市场作为目标市场来制定有效的营销组合策略。产品策略是整个营销组合策略的基石；定价策略是企业市场营销组合策略中一个极其重要的组成部分；分销渠道是产品由生产地点向销售地点运动的过程；促销策略是实现营销目的的重要手段。营销调研活动的有效开展能够帮助企业经营管理者认识市场发展规律，掌握准确信息和情报，做出对企业及产品正确的战略决策。通过本项目的学习，你应该能完成以下任务：

任务一　细分市场及选择目标市场

任务二　明确市场定位

任务三　制定营销组合策略

# 任务一　细分市场及选择目标市场

【任务引入】

顾客是一个庞大而复杂的群体，其消费心理、购买习惯、收入水平、地理位置和文化环境等都存在很大的差别，不同消费者和用户对同一类产品的消费需求和消费行为也有很大的差异性。因此，细分市场和目标市场定位对于市场营销战略而言十分重要。企业需要将顾客对某一类产品的需求细分为若干个群体，然后结合特定的市场环境和资源选择特定群体作为企业的目标市场，为制定有效的市场营销组合策略奠定基础。

【信息获取】

## 细分市场

市场细分是以顾客需求的某些特征或变量为依据，区分具有不同需求的顾客群体的过程。经过市场细分，在同类产品市场上，就某一个细分市场而言，顾客需求具有较多的共同性，而不同细分市场之间的需求具有较多的差异性。

### 一、市场细分的原则

（1）可衡量性，即用来细分市场的标准和细分后的市场是可衡量的。这样才便于企业进行分析、比较和选择，否则对企业没有任何意义。

（2）可进入性，即企业有能力进入将要选定的目标市场。如果企业无能力进入所选定的目标市场，细分后的市场机会就不是企业营销的机会。

（3）可盈利性，即企业要进入的细分市场规模必须保证企业能够获得足够的经济效益。如果市场规模太小，细分出来的市场对企业营销来说没有丝毫意义。

### 二、市场细分的方法

（1）单一因素法。根据影响消费者需求的某一个因素进行市场细分的方法。例如，根据年龄、收入等对市场进行细分。

（2）综合因素法。根据两个或两个以上因素进行市场细分。

（3）系列因素法。根据影响消费者需求的各种因素，按照某种顺序由粗到细进行市场细分。

### 三、消费者市场细分的主要细分变量

对基本变量的选择、建立变量间联系的方法称为细分市场、评估市场的关键。

消费者市场的细分如表 6.1 所示。

表 6.1 消费者市场细分表

| 细分标准 | 细分变量因素 | 典型分类 |
|---|---|---|
| 地理环境 | 地区 | 华南、华北、东北、东南、西南、西北 |
| | 城市规模 | 大、中、小城市，镇、乡、村，郊区和农村 |
| | 密度 | 高密度、中密度、低密度 |
| | 气候 | 干旱、湿润、寒带、温带、亚热带、热带 |
| 人口状况 | 年龄 | 老年、中年、青年、少年、儿童、婴儿 |
| | 性别 | 男、女 |
| | 家庭规模 | 1～2 人、3～5 人、6～9 人、10 人以上 |
| | 家庭类型 | 大家庭、中等家庭、小家庭 |
| | 家庭月收入 | 高、中、低、贫困 |
| | 职业 | 经理、官员、职员、农民、学生、教师、失业者、退休者、职员 |
| | 教育 | 小学以下、中学、专科、本科、研究生、博士 |
| | 宗教 | 佛教、道教、伊斯兰教、天主教、耶稣教等 |
| | 国籍 | 中国、美国、日本、韩国、英国等 |
| | 家庭生命周期 | 单身、新婚、满巢、空巢、鳏寡 |
| 消费心理 | 社会阶层 | 下层、中层、上层 |
| | 生活方式 | 享受型、地位型、朴素型、自由型 |
| | 个性 | 随和、孤独、内向、外向 |
| 购买行为 | 追求利益 | 便宜、实用、安全、方便、服务 |
| | 使用者状况 | 未使用、已使用、潜在使用、首次使用、经常使用 |
| | 购买时机 | 平时、双休日、节假日 |
| | 使用率 | 不使用、少量使用、中量使用、大量使用 |
| | 购买状态 | 未知、已知、试用、经常购买 |
| | 对营销活动的态度 | 对产品、价格、渠道、促销、服务等关心 |
| | 偏好与态度 | 爱好、中等喜好、没有偏好；热心、积极、不关心、消极、敌意 |

## 四、市场细分的程序

**1．正确选择市场范围**

企业根据自身的经营条件和经营能力确定进入市场的范围，如进入什么行业，生产什么产品，提供什么服务。

**2．列出市场范围内所有潜在顾客的需求情况**

根据细分标准，比较全面地列出潜在顾客的基本需求，作为以后深入研究的基本资料和依据。

**3．分析潜在顾客的不同需求，初步划分市场**

企业将所列出的各种需求通过抽样调查进一步搜集有关市场信息与顾客背景资料，

然后初步划分出一些差异最大的细分市场，至少从中选出三个分市场。

**4．筛选**

根据有效市场细分的条件，对所有细分市场进行分析研究，剔除不合要求、无用的细分市场。

**5．为细分市场定名**

为便于操作，可结合各细分市场上顾客的特点，用形象化、直观化的方法为细分市场定名，如某旅游市场分为商人型、舒适型、好奇型、冒险型、享受型、经常外出型等。

**6．复核**

进一步对细分后选择的市场进行调查研究，充分认识各细分市场的特点，本企业所开发的细分市场的规模、潜在需求，还需要对哪些特点进一步分析研究等。

**7．决定细分市场规模，选定目标市场**

企业在各子市场中选择与本企业经营优势和特色相一致的子市场，作为目标市场。没有这一步，就没有达到细分市场的目的。

经过以上七个步骤，企业便完成了市场细分的工作，就可以根据自身的实际情况确定目标市场并采取相应的目标市场策略。

## 【案例】

### 巾帼家政市场细分

巾帼家政是本地一家家政服务企业，主要从事清洗保洁、钟点服务、住家保姆、老人陪护和月嫂等经营业务。为了有效地开展营销，需要进行市场细分。

（1）确定细分变量。巾帼家政结合产品服务实际，选择了关联性较大的变量作为市场细分依据，主要有年龄、性别、生活方式、家庭收入与地理位置。

（2）将具有类似需要的消费者归为一个细分市场，为确定哪些消费群体具有类似的需求，巾帼家政对消费者进行了调查。

巾帼家政“钟点服务”项目市场调查

请选择你认为符合的答案。

① 你的性别是（　　）。

A. 男性　　B. 女性

② 你的年龄是（　　）。

A. 20 岁以下　　B. 20～25 岁　　C. 25～30 岁　　D. 30 岁以上

③ 你的月收入是（　　）。

A. 1 500 元以下　　B. 2 000 元以上　　C. 3 000 元以上

④ 你居住在（　　）。

A. 大城市　　B. 中等城市　　C. 小城镇　　D. 农村

⑤ 你平时做家务吗？（　　）

A. 做　　　B. 不做　　　C. 偶尔

⑥ 你的个性是（　　）。

A. 追求时尚　　B. 传统

⑦ 你通常一周做几次卫生？（　　）

A. 一次　　B. 两次　　C. 不做　　D. 三次以上

⑧ 你对"家庭钟点卫生服务"有兴趣吗？（　　）

A. 有　　　B. 无　　　C. 不了解

⑨ 你愿意尝试"钟点服务"吗？（　　）

A. 愿意　　B. 不愿意

通过上述调查，再运用统计方法将不同特征的消费者的需求进行统计分析，从而将市场区分为几个相互区别的细分市场。同一细分市场的顾客群有着类似需求，但细分市场之间又存在不同的顾客需求。

（3）对每一群体或细分市场予以描述。识别出具有类似需求的消费者后，按照选择的细分变量，如人口统计因素、生活方式、购买频率等对细分市场进行具体描述。为制订有效的营销计划，还必须对潜在消费者进行深入分析和了解，清楚描述不同细分市场消费者的需求特征。

定义或描述一个或几个细分市场常用的方法是求交集。

以下是巾帼家政"钟点服务"项目细分市场的描述。

① 人口统计因素（基于年龄和月收入两个变量）：30 岁以上、收入 2 000 元以上，女性。

② 消费行为：聘请和尝试聘请"钟点服务工"。

③ 地理位置因素：居住在大、中等城市。

④ 个性因素：追求时尚。

⑤ 交集——细分市场定义：30 岁以上、收入 2 000 元以上，追求时尚，居住在大、中等城市，愿意聘请和尝试聘请"钟点服务工"的女性。

## 目标市场的选择

市场细分的最终目的是选择和确定目标市场。目标市场选择是指企业选择某一市场作为营销对象的决策，即在市场细分策划的基础上选择一个或多个细分市场作为目标市场的方案及其措施。目标市场选择是目标市场营销的第二个步骤。企业的一切市场营销活动都是围绕目标市场进行的。企业需要评价各种细分市场，根据企业的资源与能力来选择目标市场，并确定目标市场策略。目标市场选择主要包括：一是评价细分市场；二是选定目标市场。

## 一、评价细分市场

企业应从以下两个方面分析和评估细分市场。

**1．细分市场的吸引力**

企业必须考虑潜在的细分市场的规模、成长潜力、盈利率、规模经济、风险等。大企业往往重视销售量大的细分市场；而小企业往往也避免进入大的细分市场，转而重视销售量小的细分市场。细分市场可能具有适度规模和成长潜力，然而如果这个细分市场的盈利率很低，则细分市场未必具有长期吸引力。

**2．企业的目标和资源**

某些细分市场虽然有较大的吸引力，但不符合企业长远的目标，因此企业不得不放弃。即使某一细分市场符合企业的战略目标，企业还要考虑是否具备在细分市场获胜所必需的资源和能力。如果企业在细分市场缺乏必要的资源，并且无获得必要资源的能力，企业就要放弃这个细分市场。企业的资源和能力与竞争对手相比应该有一定的优势。如果企业无法向细分市场的消费者提供某些更有价值的产品或服务，它就不应贸然进入该细分市场。

## 二、选择目标市场

在企业市场营销活动中，企业必须选择和确定目标市场。选择和确定目标市场是企业制定市场营销战略的首要内容和基本出发点。企业应该根据其能力和资源条件选择具有较强吸引力的细分市场。可供企业选择的目标市场范围策略主要有以下五种，如图 6.1 所示。

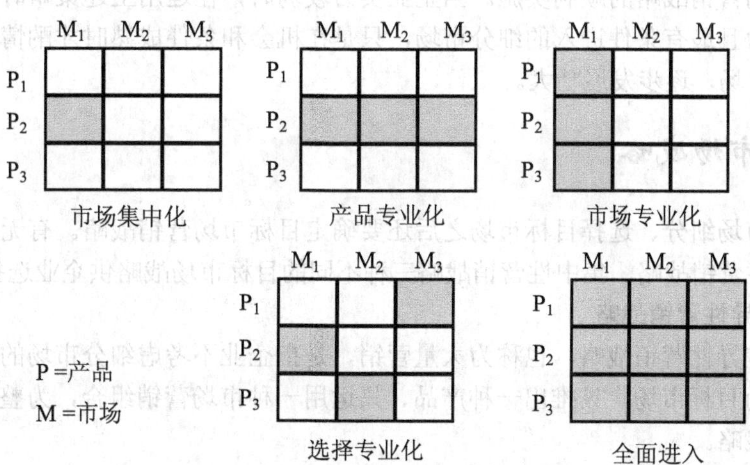


图 6.1　目标市场范围策略

**1．市场集中化策略**

市场集中化策略是指企业只经营一种类型的产品，满足某一类顾客特定的需要。较小的企业通常采用这种策略。

**2．产品专业化策略**

产品专业化策略是指企业生产一种类型的系列产品，并将其销售给各个顾客群，满足其对一种类型产品的各不相同的需要。

**3．市场专业化策略**

市场专业化策略是指企业决定生产多种不同类型的产品，只将其销售给某一个顾客群，满足其多种需要。

**4．选择专业化策略**

选择专业化策略是指企业决定有选择地同时进入若干个具有吸引力并且符合企业的目标和资源的细分市场作为目标市场，其中每个细分市场与其他细分市场之间的联系较小。企业要有针对性地向各个不同的顾客群提供不同类型的产品，以满足其特定的需要。这一般是生产经营能力较强的企业在几个细分市场均有较大吸引力时所采取的决策。其优点是可以有效地分散经营风险。

**5．全面进入策略**

全面进入策略是指企业生产各种类型的产品，全面地满足市场上所有顾客群的不同需求。

显然，目标市场的选择对企业生产、经营、效益等活动都有重要影响。如果采用市场集中化策略，企业可能对市场需求的适应能力弱，经营风险大；如果采用全面进入战略，企业可能会增加生产经营的复杂性，难以提高企业的利润率。企业应该根据外部环境变化、企业目标、资源、竞争对手的情况选择适当数量的细分市场。只有这样，才能保证目标市场营销战略的顺利实施。当企业实力较弱时，在运用上述策略时，一般先进入最有吸引力且最有条件进入的细分市场，只是在机会和条件成熟时才酌情有计划地进入其他细分市场，逐步发展壮大。

## 三、目标市场战略

企业在市场细分、选择目标市场之后还要确定目标市场营销战略。有无差异性营销战略、差异性营销战略、集中性营销战略三种不同的目标市场战略供企业选择。

**1．无差异性营销战略**

所谓无差异性营销战略，也称为大量营销，是指企业不考虑细分市场的差异性，把整体市场作为目标市场，只推出一种产品、只运用一种市场营销组合，为整个市场提供服务的营销战略。

一般来说，这种目标市场策略基于两种不同的指导思想：一种指导思想是市场上的

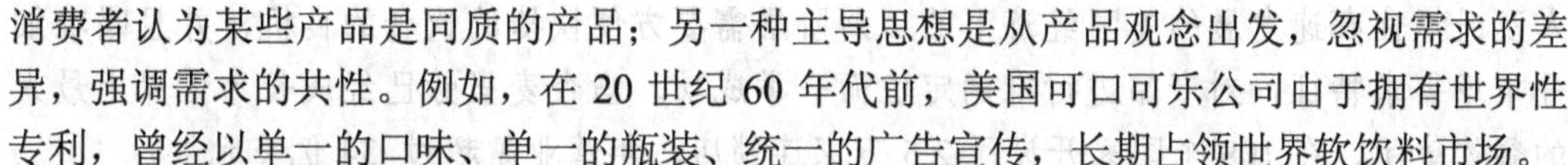

消费者认为某些产品是同质的产品；另一种主导思想是从产品观念出发，忽视需求的差异，强调需求的共性。例如，在 20 世纪 60 年代前，美国可口可乐公司由于拥有世界性专利，曾经以单一的口味、单一的瓶装、统一的广告宣传，长期占领世界软饮料市场。

**2．差异性营销战略**

差异性营销战略是在市场细分的基础上，选择两个或两个以上乃至全部细分市场作为目标市场，分别为之设计不同的市场营销组合，以满足各个细分市场的需要。这一策略认为消费者的需要是有差异的，不可能使用完全相同的、无差别的产品去满足各类消费者的需要。采用差异性营销战略的企业一般是大企业，较为雄厚的财力、较强的技术力量和素质较高的管理人员，是实行差异性市场营销战略的必要条件。由于采用差异性营销战略必然受到企业资源和条件的限制，小企业往往无力采用。

**3．集中性营销战略**

集中性营销战略是指企业不是面向整体市场，也不是把力量分散使用于若干细分市场，而是以一个细分市场为目标市场，集中力量，实行专业化生产和经营的目标市场战略。采用这种战略通常是为了在一个较少的细分市场上取得较高的市场占有率，而不是追求在整体市场上占有较少的份额。

集中性市场营销战略主要适用于资源有限的中小企业或是初次进入新市场的大企业。中小企业由于资源有限，无力在整体市场或多个细分市场上与大企业展开竞争，而在大企业未予注意或不愿顾及而自己又力所能及的某个细分市场上全力以赴，则往往容易取得成功。实行集中市场营销战略是中小企业变劣势为优势的最佳选择。

**【任务实施】**

## 一、技能训练

1．将班级学生按 5～7 名学生为一组，划分为若干小组，针对常用的商品，如牙膏、书本、洗发水等，每组选择一种商品设计调查表格，请全班同学填写，然后进行总结、分析、归类。找出细分的标准，小组之间开展对抗赛，由指导老师统一点评，得出优胜者。

2．在课堂上展示五种学生喜欢阅读的杂志，如《瑞丽》、《车友》、《青年文摘》、《女友》、《当代歌坛》等，请同学分析上述杂志的目标市场分别是什么？并说明理由。

3．各项目小组针对当地市场的营销环境，为模拟公司的产品进行市场细分并选择目标市场。

## 二、案例分析

**麦当劳瞄准细分市场需求**

麦当劳作为一家国际餐饮巨头，创始于 20 世纪 50 年代中期的美国。由于当时创始人及时抓住高速发展的美国经济下的工薪阶层需要方便快捷的饮食的良机，并且瞄准细分市场需求特征，对产品进行准确定位而一举成功。当今麦当劳已经成长为世界上最大的餐饮集团，在109个国家开设了2.5万家连锁店，年营业额超过34亿美元。

回顾麦当劳公司发展历程后发现，麦当劳一直非常重视市场细分的重要性，而正是这一点让它取得令世人惊羡的巨大成功。

市场细分是1956年由美国市场营销学家温德尔·斯密首先提出来的一个新概念。它是指根据消费者的不同需求，把整体市场划分为不同的消费者群的市场分割过程。每个消费者群便是一个细分市场，每个细分市场都是由需要与欲望相同的消费者群组成。市场细分主要是按照地理细分、人口细分和心理细分来划分目标市场，以达到企业的营销目标。

而麦当劳的成功正是在这三项划分要素上做足了工夫。它根据地理、人口和心理要素准确地进行了市场细分，并分别实施了相应的战略，从而达到了企业的营销目标。

1. 麦当劳根据地理要素细分市场

麦当劳有美国国内和国际市场，而不管是在国内还是国外，都有各自不同的饮食习惯和文化背景。麦当劳进行地理细分，主要是分析各区域的差异。例如，美国东西部的人喝的咖啡口味是不一样的。通过把市场细分为不同的地理单位进行经营活动，从而做到因地制宜。

每年，麦当劳都要花费大量的资金进行认真的严格的市场调研，研究各地的人群组合、文化习俗等，再书写详细的细分报告，以使每个国家甚至每个地区都有一种适合当地生活方式的市场策略。

例如，麦当劳刚进入中国市场时大量传播美国文化和生活理念，并以美国式产品牛肉汉堡来征服中国人。但中国人爱吃鸡，与其他洋快餐相比，鸡肉产品也更符合中国人的口味，更加容易被中国人所接受。针对这一情况，麦当劳改变了原来的策略，推出了鸡肉产品。在全世界从来只卖牛肉产品的麦当劳也开始卖鸡肉了。这一改变正是针对地理要素所做的，也加快了麦当劳在中国市场的发展步伐。

2. 麦当劳根据人口要素细分市场

通常人口细分市场主要根据年龄、性别、家庭人口、生命周期、收入、职业、教育、宗教、种族、国籍等相关变量，把市场分割成若干整体。而麦当劳对人口要素细分主要是从年龄及生命周期阶段对人口市场进行细分，其中，将不到开车年龄的划定为少年市场，将20～40岁之间的年轻人界定为青年市场，还划定了老年市场。

人口市场划定以后，要分析不同市场的特征与定位。例如，麦当劳以孩子为中心，把孩子作为主要消费者，十分注重培养他们的消费忠诚度。在餐厅用餐的小朋友，经常会意外获得印有麦当劳标志的气球、折纸等小礼物。在中国，还有麦当劳叔叔俱乐部，参加者为3～12岁的小朋友，定期开展活动，让小朋友更加喜爱麦当劳。这便是相当成功的人口细分，抓住了该市场的特征与定位。

3. 麦当劳根据心理要素细分市场

根据人们的生活方式划分，快餐业通常有两个潜在的细分市场：方便型和休闲型。在这两个方面，麦当劳都做得很好。

例如，针对方便型市场，麦当劳提出“59 秒快速服务”，即从顾客开始点餐到拿着食品离开柜台标准时间为 59 秒，不得超过一分钟。

针对休闲型市场，麦当劳对餐厅店堂布置非常讲究，尽量做到让顾客觉得舒适自由。麦当劳努力使顾客把麦当劳作为一个具有独特文化的休闲好去处，以吸引休闲型市场的消费者群。

资料来源：MBA 智库百科

【案例分析题】

结合案例谈谈麦当劳市场细分的启示。

# 任务二　明确市场定位

【任务引入】

企业选择和确定了目标市场后，就进入了产品的市场定位。市场定位是目标市场营销战略重要的组成部分，它关系到企业及其产品在激烈的市场竞争中，占领消费者心理，树立企业及产品形象，实现企业市场营销战略目标等一系列至关重要的问题。

【信息获取】

## 一、市场定位的概念

市场定位是指企业根据竞争者的产品在细分市场所处的地位和顾客对产品某些属性的重视程度，塑造出本企业产品与众不同的鲜明的特色或个性，并传递给目标顾客，使该产品在目标顾客心中占有一个独特的位置。市场定位是塑造一种产品在细分市场中的形象，这种形象塑造得是否成功取决于消费者的认可与接受程度。产品的特色和个性，有的可以从产品属性上表现出来，如形状、成分、构造、性能等；有的可以从消费心理上反映出来，如豪华、朴素、时髦、典型等。从理论上讲，凡是构成产品特色和个性的因素，都可以作为定位的因素。但是，企业在实际进行市场定位时，一般是依据目标市场对该产品的各种属性的重视程度，综合考虑竞争企业及其产品状况、自身的条件等一系列问题，选择定位的因素，从而完成产品的市场定位。

【案例】

**宝洁公司洗衣粉的定位**

汰渍：洗涤能力强，去污彻底。

奇尔：强劲的洗涤能力和护色能力。

波德：洗涤剂加织物柔软剂。

格尼：阳光一样清新的除味配方。

时代：污渍处理，能有效去除污渍。

达诗：价值品牌。

奥克多：含有漂白剂配方，能有效漂白。

梭罗：洗涤剂与织物柔软剂的液体配方。

卓夫特：婴儿衣物的杰出洗涤剂，保护柔嫩肌肤。

象牙雪：适合洗涤婴儿衣物和精细衣物。

碧浪：洗涤能力强，西班牙语人群。

## 二、市场定位的方式

在企业的目标市场中，通常竞争对手的产品已经在顾客心目中树立起了一定的形象，占有一定的位置。企业要想在目标市场上成功地树立起自己产品独特的形象，就需要针对这些企业的产品进行适当的定位。产品市场定位的基本方式主要有以下几种。

（1）从时间过程来看，定位方式可以分为最初定位和重新定位。

① 最初定位，即企业向市场推出一种新产品之前对其进行的第一次定位。

② 重新定位，也称为二次定位，是指企业改变产品特色或改变目标顾客对其原有的印象，使目标顾客重新认识其新形象的过程。当产品最初定位不合适，消费者或用户的需求与偏好发生了变化，竞争者推出的产品侵占了本企业品牌的部分市场时，企业往往调整定位。不过，有时重新定位也并不是因为产品陷入困境内，而是因为产品意外地扩大了销售范围引起的。例如，专为青年人设计的某种款式的服装在中老年消费者中也流行起来，该服装可能需要重新定位。

（2）从竞争的内容来看，即从企业定位时侧重于强调安排哪些定位对象因素的角度来考察，市场定位的方式可以划分为若干种。企业可以选择产品的某一种或几种因素，来为企业的产品定位。例如，富豪轿车宣传其安全性和耐用性，绅宝汽车则强调其技术和功能特色。企业应根据市场需求情况与本身条件，尽量突出其产品的特色。

（3）从竞争的关系来看，定位方式可以分为避强定位和迎头定位。

① 避强定位，是一种避开强有力的竞争对手的定位方式。企业通过分析市场中竞争对手的产品的定位状况，从中找出尚未被占领但又为许多消费者所重视的“空白点”，来

为本企业产品确定市场位置。采用这种定位方式一般能够比较迅速地进入目标市场、站稳脚跟，并能较快地在消费者或用户中树立起鲜明的形象。

② 迎头定位策略是指企业选择靠近于现有竞争者或与现有竞争者重合的市场位置，争夺同样的消费者，彼此在产品、价格、分销及促销等各个方面差别不大。迎头定位策略就是与市场上最强的市场竞争对手"对着干"的定位方式。采用这种定位方式时，必须对企业和竞争对手的实力做出客观的分析与评价。这种定位方式虽然有较大的风险性，然而一旦成功就会取得较大的市场优势。采用这种策略不一定要打垮对手，只要能够平分秋色就是很大的成功。例如，百事可乐与可口可乐之间的长期争斗；日本丰田汽车进入美国、西欧市场，都是采用竞争性市场定位的成功范例。

## 三、市场定位的方法

企业推出的每种产品都需要选定其特色和形象。现有产品在其原有定位已经不再具有生命力时，亦需要重新做出定位决定，对产品的市场定位可以应用多种方法，归纳起来讲有以下五种。

**1．根据产品的特色定位**

这种定位可以强调与其他同类产品的某一特征。

例如白加黑，感冒药数以百计，但多数产品含有抵制中枢神经系统作用的药物成分，服用会令人后精神萎靡不振、嗜睡，直接影响工作与学习，而白加黑则突出它不会使人嗜睡的特点。

例如中国闽东电机公司，以别墅用户为目标市场，设计推出 ST 系列三相发电机。这种发电机电力负荷较大，符合当地用户习惯与汽车发动机配套的特殊要求，表面光洁度高，外表漆上玫瑰红、翡翠绿、孔雀蓝等鲜艳颜色，深受别墅用户喜欢，公司以产品的这些特色广为宣传，在目标顾客中形成突出的形象，结果在香港市场获得极高的占有率。

**2．根据为顾客带来的利益、解决问题的方式定位**

产品本身的属性及由此获得的利益、解决问题的方法及需求满足的程度，能使顾客感受到它的定位。

例如，在汽车市场，德国的"大众"享有"货币的坐标"之美誉，日本的"丰田"侧重于"经济可靠"，瑞典的"沃尔沃"讲究"耐用"。

在有些情况下，新产品更应强调某一种属性。如果这种属性是竞争者无暇顾及的，这种策略就越容易见效。

**3．根据产品的专门用途定位**

这是产品定位的好方法。为老产品找到一种新用途，也是为该产品创造新的市场定位的好方法。

例如石膏，建筑业作装饰材料，日用化工企业作化妆品原料，食品行业作添加剂，医疗单位作治疗骨折的夹板。再如泛酸盖（即维生素 $B_5$）——永乐几十年的老药，近年发现其有广泛的药理作用，可用于白内障、类风湿关节炎及某些皮肤病等许多中老年常见病的防治，所以临床应用日渐增多。

**4．按用户种类定位**

按用户种类定位就是由产品使用者对产品的看法确定产品形象。例如维生素 C 和含维生素 C 的产品已进入大众的日常生活，人们已经不再将其看作药品，而是作为营养品、添加剂，甚至作为保持好身材的助手，西方许多企业在奶制品、水果、蔬菜、粮食、化妆品、牙膏、点心和动物饲料中添加。

法国有一个制药厂生产一种具有松弛肌肉和解热镇痛效能的药品。药厂针对不同用户作不同内容的宣传。法国人饮酒过量者较多，便宣传这种药品可以帮助酒后恢复体力；英国人、美洲人最怕感冒，便说明此药可以治疗头疼感冒；芬兰滑雪运动盛行，便强调该药品有助于消除疲劳；在意大利胃病较多，便又再三解释药品的止疼功能。因此，这种本来并不复杂的药品在不同市场上获得最适宜的形象，广销许多国家。

**5．与竞争同类产品对比定位**

这是与竞争对手产品相比较后而进行的市场定位，有两种方式：一是迎头定位，即与竞争对手对着干。例如百事可乐的市场定位是对着可口可乐而言。二是避强定位，即避开竞争锋芒，另辟蹊径，占领被竞争者忽略的某一市场空隙，突出宣传本产品在某一方面的特色。

**【任务实施】**

## 一、技能训练

1．各项目小组为模拟公司的产品进行市场定位。

2．某企业生产儿童玩具，拟进入本地市场。请根据本地市场的营销环境对该产品进行市场定位。

## 二、案例分析

### 星巴克的市场定位案例

星巴克是在 20 世纪 90 年代中后期登陆中国大陆市场，进入时定位在曾经“稀少”的中高端人群，起初“曲高和寡”，后来还是在中国市场，星巴克获得了前所未有的“高歌猛进”。它的成功之处，就在于它是“面对”着消费者，而不是“背对”着消费者。

一百多年前，星巴克是美国一本家喻户晓的小说里主人公的名字。1971 年，三个美国人开始把它变成一家咖啡店的招牌。

1987 年，霍华德·舒尔茨和他的律师，也就是比尔·盖茨的父亲以 380 万美元买下星巴克公司，开始了真正意义上的“星巴克之旅”。

如今，星巴克咖啡已经成为世界连锁咖啡的第一品牌。星巴克咖啡已经在全球 38 个国家开设了 13 000 家店。虽然传统意义上“根红苗正”的咖啡并非起源于美国，但星巴克咖啡目前已经俨然是这些品类最“正宗”的代名词。1999 年 1 月 11 日，北京国贸中心一层开设了一家星巴克咖啡店，这意味着星巴克开始了美妙的中国之旅。

那么，星巴克在中国是怎样进行市场定位的呢？

1. 在中国，星巴克、哈根达斯征服的不仅仅是消费者的胃

在网络社区、博客或是文学作品的随笔中，不少人记下了诸如“星巴克的下午”、“哈根达斯的女人”这样的生活片段，似乎在这些地方每天发生着可能影响着人们生活质量与幸福指数的难忘故事：“我奋斗了五年，今天终于和你一样坐在星巴克里喝咖啡了！”此时的星巴克还是咖啡吗？不！它承载了一个年轻人奋斗的梦想；“如果你是一位适龄女子，你所生活的城市有哈根达斯，而你从来没被异性带入哈根达斯，或者已经很久没机会去了，那你就不得不在内心承认，没有人疼你、宠你了。”此时的哈根达斯还是冰淇淋吗？不！它变成了一个女人心中爱的祈祷……

这种细腻的感情、美妙的感觉，不仅仅是偶然地在一个消费者心中激起涟漪，而是形成一种广泛的消费共鸣。我们不得不承认，星巴克、哈根达斯的成功与准确的品牌定位不无关系。

2. 星巴克的“第三空间”

关于人们的生存空间，星巴克似乎很有研究。霍华德·舒尔茨曾这样表达星巴克对应的空间：人们的滞留空间分为家庭、办公室和除此以外的其他场所。第一空间是家，第二空间是办公地点。星巴克位于这两者之间，是让大家感到放松、安全的地方，是让你有归属感的地方。20 世纪 90 年代兴起的网络浪潮也推动了星巴克“第三空间”的成长。于是星巴克在店内设置了无线上网的区域，为旅游者、商务移动办公人士提供服务。

其实我们不难看出，星巴克选择了一种“非家、非办公”的中间状态。舒尔茨指出，星巴克不是提供服务的咖啡公司，而是提供咖啡的服务公司。因此，作为“第三空间”的有机组成部分，音乐在星巴克已经上升到了仅次于咖啡的位置，因为星巴克的音乐已经不单单只是“咖啡伴侣”，它本身已经成了星巴克的一个很重要的商品。星巴克播放的大多数是自己开发的有自主知识产权的音乐。迷上星巴克咖啡的人很多也迷恋星巴克音乐。这些音乐正好迎合了那些时尚、新潮、追求前卫的白领阶层的需要。他们每天面临着强大的生存压力，十分需要精神安慰，星巴克的音乐正好起到了这种作用，确确实实让人感受到在消费一种文化，催醒人们内心某种也许已经快要消失的怀旧情感。

3. 产品中国化

虽然因为一些限制，星巴克在中国的店铺中并没有像其他全球星巴克连锁那样销售星巴克音乐碟片。但星巴克利用自己独特的消费环境与目标人群，为顾客提供精美的商品和礼品。商品种类从各种咖啡的冲泡器具，到多种式样的咖啡杯。虽然这些副产品的

销售在星巴克整体营业额中所占比例还比较小，但是近年来一直呈上升趋势。在中秋节等中国特色的节庆时，还推出“星巴克月饼”等。

所以，“我不在星巴克，就在去星巴克的路上”，传递的是一种令人羡慕的“小资生活”，而这样的生活也许有人无法天天拥有，但没有人不希望“曾经拥有”。这就是品牌定位的魅力！

资料来源：章金萍．市场营销实务．杭州：浙江大学出版社，2010

【案例讨论题】

星巴克是如何进行市场定位的？

# 任务三　制定营销组合策略

【任务引入】

20世纪60年代，美国学者麦卡锡教授提出了著名的4P营销组合策略，即产品（Product）、价格（Price）、渠道（Place）和促销（Promotion），认为一次成功和完整的市场营销活动，意味着以适当的产品、适当的价格、适当的渠道和适当的促销手段，将适当的产品和服务投放到特定市场的行为。企业营销管理者正确安排营销组合对企业营销的成败有重要作用。

【信息获取】

## 产品策略

所谓产品策略，是指企业制定经营战略时，首先要明确企业能提供什么样的产品和服务去满足消费者的要求，也就是要解决产品策略问题。它是市场营销组合策略的基础，从一定意义上讲，企业成功与发展的关键在于产品满足消费者的需求的程度以及产品策略正确与否。

### 一、产品整体概念的五个层次学说

产品的整体概念是指销售者向市场提供的能满足消费者某种欲望和需要的任何有形产品和无形服务。关于产品的概念有三层次学说、四层次学说和五层次学说。下面介绍五层次学说。

（1）核心产品，是指产品能够提供给消费者的基本效用或益处，是消费者真正想要购买的基本效用或益处。

（2）形式产品，是产品在市场上出现时的具体物质形态，主要表现在品质、特征、式样、商标、包装等方面，是核心利益的物质载体。

（3）期望产品，就是顾客在购买产品前对所购产品的质量、使用方便程度、特点等方面的期望值。

（4）附加产品，是指由产品的生产者或经营者提供的购买者有需求的产品，主要是帮助用户更好地使用核心利益和服务。

（5）潜在产品，是在延伸产品层次之外，由企业提供能满足顾客潜在需求的产品层次，它主要是产品的一种增值服务。

【案例】

**伊莱克斯冰箱的产品整体概念**

核心产品：冷藏、保鲜。以“鲜风”系列为例：适应不同蔬菜水果的保鲜需求，可以随时调整湿度控制器，控制果菜盒湿度，最大限度地保持水果及蔬菜水分。

形式产品：注重宣传品牌，电视广告时间最长、次数最多。“新静界”安静，噪声38分贝。“省电奇兵”节能，日耗电0.49度。

附加产品：“超值弃旧，以旧换新”；针对城市新婚家庭，推出“有情人蜜月有礼”；送牛奶和鸡蛋；十年保修；“私人家电保养”的理念。

## 二、产品组合策略

### （一）产品组合策略的概念

产品组合是指一个企业生产或经营的全部产品线、产品项目的组合方式，即企业的业务经营范围。它包括四个变数：产品组合的宽度、产品组合的长度、产品组合的深度和关联度。

产品组合策略是指企业根据市场状况、经营目标与自身资源实力，对产品组合的宽度、长度、深度与关联度进行不同组合的过程。

### （二）产品组合策略的类型

#### 1. 扩大产品组合策略

扩大产品组合策略是开拓产品组合的广度和加强产品组合的深度。开拓产品组合广度是指增添一条或几条产品线，扩展产品经营范围；加强产品组合深度是指在原有的产品线内增加新的产品项目。具体方式有：

（1）在维持原产品品质和价格的前提下，增加同一产品的规格、型号和款式。

（2）增加不同品质和不同价格的同一种产品。

（3）增加与原产品相类似的产品。

（4）增加与原产品毫不相关的产品。

扩大产品组合的优点是：

（1）满足不同偏好的消费者多方面的需求，提高产品的市场占有率。

（2）充分利用企业信誉和商标知名度，完善产品系列，扩大经营规模。

（3）充分利用企业资源和剩余生产能力，提高经济效益。

（4）减小市场需求变动性的影响，分散市场风险，降低损失程度。

**2．缩减产品组合策略**

缩减产品组合策略是削减产品线或产品项目，特别是要取消那些获利小的产品，以便集中力量经营获利大的产品线和产品项目。缩减产品组合的方式有：

（1）减少产品线数量，实现专业化生产经营。

（2）保留原产品线，削减产品项目，停止生产某类产品，外购同类产品继续销售。

缩减产品组合的优点有：

（1）集中资源和技术力量改进保留产品的品质，提高产品商标的知名度。

（2）生产经营专业化，提高生产效率，降低生产成本。

（3）有利于企业向市场的纵深发展，寻求合适的目标市场。

（4）减少资金占用，加速资金周转。

**3．高档产品策略**

高档产品策略就是在原有的产品线内增加高档次、高价格的产品项目。实行高档产品策略主要有这样一些益处：

（1）高档产品的生产经营容易为企业带来丰厚的利润。

（2）可以提高企业现有产品声望，提高企业产品的市场地位。

（3）有利于带动企业生产技术水平和管理水平的提高。

采用这一策略的企业也要承担一定风险。因为企业惯以生产廉价产品的形象在消费者心目中不可能立即转变，使得高档产品不容易很快打开销路，从而影响新产品项目研制费用的迅速收回。

**4．低档产品策略**

低档产品策略就是在原有的产品线中增加低档次、低价格的产品项目。实行低档产品策略的好处是：

（1）借高档名牌产品的声誉，吸引消费水平较低的顾客慕名购买该产品线中的低档廉价产品。

（2）充分利用企业现有生产能力，补充产品项目空白，形成产品系列。

（3）增加销售总额，扩大市场占有率。

与高档产品策略一样，低档产品策略的实行能够迅速为企业寻求新的市场机会，同时也会带来一定的风险。如果处理不当，可能会影响企业原有产品的市场声誉和名牌产品的市场形象。此外，这一策略的实施需要有一套相应的营销系统和促销手段与之配合，这些必然会加大企业营销费用的支出。

## 三、产品生命周期策略

### （一）产品生命周期的概念

产品生命周期是指产品进入到最后被淘汰退出市场的全过程，包括引入期、成长期、成熟期和衰退期四个阶段。

### （二）产品生命周期各个阶段的特点

**第一阶段：引入期**

新产品投入市场，便进入了引入期。此时顾客对产品还不了解，除了少数追求新奇的顾客外，几乎没有人实际购买该产品。在此阶段产品生产批量小，制造成本高，广告费用大，产品销售价格偏高，销售量极为有限，企业通常不能获利。

**第二阶段：成长期**

当产品进入引入期，销售取得成功之后，便进入了成长期。这是需求增长阶段，需求量和销售额迅速上升，生产成本大幅度下降，利润迅速增长。

**第三阶段：成熟期**

经过成长期之后，随着购买产品的人数增多，市场需求趋于饱和，产品便进入了成熟期阶段。此时，销售增长速度缓慢直至转而下降，由于竞争的加剧，导致广告费用再度提高，利润下降。

**第四阶段：衰退期**

随着科技的发展、新产品和替代品的出现以及消费习惯的改变等原因，产品的销售量和利润持续下降，产品从而进入了衰退期。产品的需求量和销售量迅速下降，同时市场上出现替代品和新产品，使顾客的消费习惯发生改变。此时成本较高的企业就会由于无利可图而陆续停止生产，该类产品的生命周期也就陆续结束，以至最后完全撤出市场。

【小思考】

请分析说明以下产品各处于生命周期的哪一阶段？

家用汽车　计算机　电视机　算盘　空气净化器

### （三）产品生命周期各阶段的营销策略

**1. 引入期的营销策略——瞄准市场，先声夺人**

引入期是产品成功的开始，但是，往往很多新产品在向市场投放以后，还没有进入成长期就被淘汰了。因此，企业要针对成长期的特点制定和选择不同的营销策略。可供企业选择的营销策略主要有以下几种类型：

（1）迅速夺取策略，指以高价格和高促销水平推出新产品的策略。采用此策略必须具备如下条件：产品鲜为人知；了解产品的人急于购买，并愿意以卖主的定价支付；企业面临潜在的竞争，必须尽快培养对本产品“品牌偏好”的忠实顾客。

（2）缓慢夺取策略，指以高价格和低促销水平推出新产品的策略。它适用于这样一些情况：市场规模有限；顾客已经了解该产品；顾客愿意支付高价；没有剧烈的潜在竞争。

（3）迅速渗透策略，指用低价格和高水平促销费用推出新产品的策略。采用此策略所必须具备的条件如下：市场规模大；顾客并不了解该新产品；市场对价格比较敏感；有强大的潜在竞争对手存在。

（4）缓慢渗透策略，指以低价和低促销水平推出新产品的策略。采用此策略所必须具备的条件如下：市场规模大；产品有较高的知名度；市场对价格敏感；存在潜在的竞争对手。

**2．成长期的营销策略——顺应增长，质量过硬**

企业在成长期的主要目的是尽可能维持高速的市场增长率，为此，可以采取以下市场推广策略：

（1）改进产品质量，增加花色品种，改进款式、包装，以适应市场的需要。

（2）进行新的市场细分，从而更好地适应增长趋势。

（3）开辟新的销售渠道，扩大商业网点。

（4）改变广告宣传目标，由以建立和提高知名度为中心转变为以说服消费者接受和购买产品为中心。

（5）适当地降低价格以提高竞争能力和吸引新的顾客。

**3．成熟期的营销策略——改革创新，巩固市场**

成熟产品是企业理想的产品，是企业利润的主要来源。因此，延长产品的成熟期是该阶段的主要任务。延长产品成熟期的策略可以从以下三个方面考虑：

（1）发展产品的新用途，使产品转入新的成长期。

（2）开辟新的市场，提高产品的销售量和利润率。

（3）改良产品的特性、质量和形态，以满足日新月异的消费需求。

**4．衰退期的营销策略——面对现实，见好就收**

处于衰退期的产品常采取立刻放弃策略、逐步放弃策略和自然淘汰策略，但有的企业也常常运用一些方法延长其衰退期。例如唐山自行车总厂，其生产的“燕山牌”加重自行车在各城市滞销后，该厂采取撤出城市、转战农村的策略，为该厂产品重新找到了出路。

## 四、品牌策略

**1．品牌使用策略**

（1）使用制造商/服务商品牌。产品可能使用制造商或者服务商的品牌，目前大部分企业都使用制造商品牌，因为生产企业使用制造商品牌可以为自己树立形象，建立长期的影响力，有利于企业的发展以及新产品的推广。在现实市场上，我们可以找到很多的

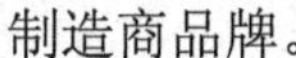

制造商品牌。

（2）使用中间商品牌。使用中间商品牌泛指流通业者运用与消费者接触所得到的信息，找国内外厂商合作，以制造商销售联盟的方式或者 OEM 定牌生产，生产仅仅在此通道上出售的商品。它是零售商企业走向大型连锁经营的产物。如果自有品牌以商店的名称命名，则称为商店品牌或零售商品牌。

（3）使用许可品牌。许可品牌指通过付费形式，使（租）用其他人（企业）许可使用的品牌作为自己产品的品牌。供特许使用的品牌常常见于由其他制造商创建的名称符号、知名人士的姓名、流行影片及书籍中的人物等。“迪士尼”就是一个著名的特许品牌。它通过特许经营发展起玩偶消费者市场。这些消费品囊括了服装、手表、书包、玩具、台灯、钥匙扣、蛋糕、冰淇淋等领域，每年营销额超过 10 亿美元，利润超过 1 亿美元。

**2．品牌数量策略**

（1）统一品牌策略。统一品牌策略是指企业为自己所有的产品建立一个统一的品牌名称，即多种不同门类的产品共用一个品牌。统一品牌又称家族品牌。日本索尼公司就是成功使用统一品牌决策的企业，索尼的各种产品都打上 SONY 的商标，对外传播都围绕 SONY 这个品牌进行。

（2）个别品牌策略。个别品牌是给每一种产品都冠以一个或多个独立的品牌名称的做法。联合利华模式是个别品牌名称决策的典型。联合利华的每项产品线都设有独立的品牌。例如，洗发水就有力士和夏士莲，各自有特定的品牌诉求，针对不同的细分市场；洗衣粉有奥妙；冰激凌使用和路雪的品牌名称；红茶使用的品牌是立顿。

（3）分类品牌策略。分类品牌名称决策是指对所有产品使用不同类别的家族品牌名称，给一个具有相同功能水平的产品群以一个单独的名称和承诺。也就是说，针对同一类消费者需求的产品使用同一个品牌，而不属于该类消费需求的产品则使用其他品牌名称。

（4）统一的个别品牌名称策略。统一的个别品牌名称策略（又叫公司名称加个别品牌名称）是指把公司的商号名称和单个产品名称组合起来。其做法是对企业的各种不同的产品分别使用不同的品牌，但在各产品的品牌前面加上企业名称。

**3．品牌扩展策略**

（1）产品线扩展策略。企业在同样的品牌名称下面，在相同的产品名称中引进增加的项目内容，如新的口味、形式、颜色、成分包装规格等。产品线扩展可以是创新、仿制或填补空缺等。企业要充分利用自己的制造能力扩大产品生产，或是满足新的消费需求，或是与竞争者进行竞争，因此，企业大部分的产品开发活动都是围绕产品线扩展进行的。

（2）品牌延伸策略。品牌延伸是企业对新投资的产品沿用过去的品牌。使用品牌延伸战略可以使新产品较快地打入市场，消费者容易接受；可以节约新产品的推广费用。使用品牌延伸战略的弊端也不少，倘若原有品牌名称不适合新产品，将会引起消费者的误解以及对品牌核心价值产生稀释作用。

（3）多品牌策略。多品牌指企业在相同的产品目录中引进多个品牌。使用多品牌战略不但可以为不同质量的产品确定不同的品牌，还可以为不同类型的顾客和细分市场确立不同的品牌，具有较强的营销针对性。

（4）复合品牌策略。复合品牌指对同种产品赋予两个或两个以上的品牌，也即一种产品同时使用两个或两个以上的品牌。

**4．品牌再定位策略**

品牌再定位策略又称品牌重新定位策略。消费者的需求是不断变化的，市场形势也变幻莫测。因此，每经过一段时间之后，企业就有必要重新检讨自己的品牌运作情况，是否符合目标市场的要求，是否需要对品牌进行重新定位。

竞争者推出了新品牌，且定位于本企业品牌的附近，影响了企业品牌的市场份额，致使本企业品牌的市场占有率下降；有新产品问世，消费者的品牌偏好发生变化，企业品牌的市场需求下降；经济环境变化，人们对产品要求发生变化，该定位的产品市场缩小，如此等等。

### 【案例】

宝洁公司的名称 P&G 宝洁没有成为任何一种产品和商标，而根据市场细分洗发、护肤、口腔等几大类，各以品牌为中心运作。在中国市场上，香皂用的是“舒肤佳”，牙膏用的是“佳洁士”，卫生巾用的是“护舒宝”，洗发精就有“飘柔”、“潘婷”、“海飞丝”三种品牌，洗衣粉有“汰渍”、“碧浪”、“洗好”、“欧喜朵”、“波特”、“世纪”等九种品牌。要问世界上哪个公司的牌子最多，恐怕非宝洁公司莫属。多品牌的频频出击，使宝洁公司在顾客心目中树立起实力雄厚的形象。

资料来源：http://baike.baidu.com/view/53293.htm

## 五、包装策略

**1．类似包装策略**

企业对其生产的产品采用相同的图案、近似的色彩、相同的包装材料和相同的造型进行包装，便于顾客识别出本企业产品。对于忠实于本企业的顾客，类似包装无疑具有促销的作用，企业还可因此而节省包装的设计、制作费用。但类似包装策略只能适宜于质量相同的产品，对于品种差异大、质量水平悬殊的产品则不宜采用。

**2．配套包装策略**

按各国消费者的消费习惯，将数种有关联的产品配套包装在一起成套供应，便于消费者购买、使用和携带，同时还可扩大产品的销售。在配套产品中如加进某种新产品，可使消费者不知不觉地习惯使用新产品，有利于新产品的上市和普及。

**3．再使用包装**

再使用包装是指包装内的产品使用完后，包装物还有其他的用途。例如各种形状的香水瓶可作装饰物，精美的食品盒也可被再利用等。这种包装策略可使消费者感到一物多用而引起其购买欲望，而且包装物的重复使用也起到了对产品的广告宣传作用。应谨慎使用该策略，避免因成本加大引起商品价格过高而影响产品的销售。

**4．附赠包装策略**

在商品包装物中附赠奖券或实物，或包装本身可以换取礼品，吸引顾客的惠顾效应，导致重复购买。如我国出口的"芭蕾珍珠膏"，每个包装盒附赠珍珠别针一枚，顾客购至50盒就可穿条美丽的珍珠项链，这使珍珠膏在国际市场十分畅销。

**5．改变包装策略**

改变包装策略是指改变和放弃原有的产品包装，改用新的包装。由于包装技术、包装材料的不断更新，消费者的偏好不断变化，采用新的包装以弥补原包装的不足，企业在改变包装的同时必须配合好宣传工作，以消除消费者以为产品质量下降或其他的误解。

**6．更新包装策略**

更新包装，一方面是通过改进包装使销售不佳的商品重新焕发生机，重新激起人们的购买欲；另一方面是通过改进，使商品顺应市场变化。有些产品要改进质量比较困难，但是如果几年一贯制，总是老面孔，消费者又会感到厌倦。经常变一变包装，给人带来一种新鲜感，销量就有可能提升。

**7．复用包装策略**

复用是指包装再利用的价值，它根据目的和用途基本上可以分为两大类：一类是从回收再利用的角度来讲，如产品运储周转箱、啤酒瓶、饮料瓶等，复用可以大幅降低包装成本，便于商品周转，有利于减少环境污染。另一类是从消费者角度来讲，商品使用后，其包装还可以作为其他用途，以达到变废为宝的目的，而且包装上的企业标识还可以起到继续宣传的效果。这就要求在包装设计时，考虑到再利用的特点，以保证再利用的可能性和方便性。例如瓷制的花瓶作为酒瓶来用，酒饮完后还可以作花瓶。再如用手枪、熊猫、小猴等造型的塑料容器来包装糖果，糖果吃完后，其包装还可以用作玩具。

**8．企业协作的包装策略**

企业在开拓新的市场时，由于宣传等原因其知名度可能并不高，所需的广告宣传投入费用又太大，而且很难立刻见效。这时可以联合当地具有良好信誉和知名度的企业共同推出新产品，在包装设计上重点突出联手企业的形象，这是一种非常实际有效的策略，在欧美、日本等发达国家是一种较为普遍的做法。例如日本电子产品在进入美国市场时滞销，后采用西尔斯的商标，以此占领了美国市场。

**9．绿色包装策略**

随着消费者环保意识的增强，绿色环保成为社会发展的主题，伴随着绿色产业、绿色消费而出现的绿色概念营销方式成为企业经营的主流。因此在包装设计时，选择可重复利用或可再生、易回收处理、对环境无污染的包装材料，容易赢得消费者的好感与认同，也有利于环境保护和与国际包装技术标准接轨，从而为企业的发展带来良好的前景。例如用纸质包装替代塑料袋装，羊毛材质衣物中夹放轻柔垫纸来取代硬质衬板，既美化了包装，又顺应了发展潮流，一举两得。

**10．系列式包装策略**

系列式包装策略即企业生产经营的产品都用相同或相似的包装，引入CI设计的企业往往采取这种包装策略，因为系列包装可以使产品甚至使企业形象更加明显。

**11．开窗式包装**

开窗式包装策略是指在包装物上留有“窗口”，让消费者通过“窗口”来直接认识和了解产品，其目的在于直接让消费者体会、认识产品的品质。

**12．联带式包装策略**

联带式包装策略即将具有消费联带性的产品包装在一起，其目的在于给消费者以便利感和整体感。

**13．分量式包装策略**

分量式包装策略即对一些称重产品，根据消费者在不同时间、地点购买和购买量不同采用重量、大小不同的包装，也有一些价格较贵的产品，实行小包装给消费者以便利感，还有一些新产品，为让消费者试用而采用小包装，其目的在于给消费者以便利感、便宜感、安全感。

**14．等级式包装策略**

由于消费者的经济收入、消费习惯、文化程度、审美眼光、年龄等存在差异，对包装的需求心理也有所不同。一般来说，高收入者，文化程度较高的消费层，比较注重包装设计的制作审美、品位和个性化；而低收入消费层则更偏好经济实惠、简洁便利的包装设计。因此，企业将同一商品针对不同层次的消费者的需求特点制定不同等级的包装策略，以此来争取不同层次的消费群体。

**15．情趣式包装策略**

情趣式包装追求包装造型、色彩、图案的艺术感，通过包装的造型、色彩等来赋予一定的象征意义，其目的在于激发消费者的情感，使消费者产生联想。

**16．年龄式包装策略**

年龄式包装策略即按年龄段设计相应的包装，亦即包装采用年龄的造型、图案、色彩等，其目的在于满足不同年龄消费者的需要。

**17．性别式包装策略**

性别式包装策略即按性别不同采用与性别相适应的包装。男性用品包装追求潇洒、质朴，女性用品包装崇尚温馨、秀丽、新颖、典雅，其目的在于满足不同性别消费者的需要。

**18．礼品式包装策略**

这种包装策略是指包装华丽，富有欢乐色彩，包装物上常冠以“福”、“禄”、“寿”、

"喜"、"如意"等字样及问候语，其目的在于增添节日气氛和欢乐，满足人们交往、礼仪的需要，借物寓情，以情达意。

# 价格策略

价格是市场营销组合中最重要的因素之一，是企业完成其市场营销目标的有效工具。企业能否正确地运用价格杠杆实施有效的价格策略，关系企业营销的成败及其经济效益的高低。

## 一、产品定价方法

定价方法主要包括成本导向、竞争导向和顾客导向等三种类型。

**1. 成本导向定价法**

以产品单位成本为基本依据，再加上预期利润来确定价格的成本导向定价法，是中外企业最常用、最基本的定价方法。成本导向定价法又衍生出了总成本加成定价法、目标收益定价法、边际成本定价法、盈亏平衡定价法等几种具体的定价方法。

（1）总成本加成定价法。在这种定价方法下，把所有为生产某种产品而发生的耗费均计入成本的范围，计算单位产品的变动成本，合理分摊相应的固定成本，再按一定的目标利润率来决定价格。

（2）目标收益定价法。目标收益定价法又称投资收益率定价法，是根据企业的投资总额、预期销量和投资回收期等因素来确定价格。

（3）边际成本定价法。边际成本是指每增加或减少单位产品所引起的总成本变化量。由于边际成本与变动成本比较接近，而变动成本的计算更容易一些，所以在定价实务中多用变动成本替代边际成本，而将边际成本定价法称为变动成本定价法。

（4）盈亏平衡定价法。在销量既定的条件下，企业产品的价格必须达到一定的水平才能做到盈亏平衡、收支相抵。既定的销量就称为盈亏平衡点，这种制定价格的方法就称为盈亏平衡定价法。科学地预测销量和已知固定成本、变动成本是盈亏平衡定价的前提。

**2. 竞争导向定价法**

在竞争十分激烈的市场上，企业通过研究竞争对手的生产条件、服务状况、价格水平等因素，依据自身的竞争实力，参考成本和供求状况来确定商品价格。这种定价方法就是通常所说的竞争导向定价法。竞争导向定价主要包括：

（1）随行就市定价法。在垄断竞争和完全竞争的市场结构条件下，任何一家企业都无法凭借自己的实力而在市场上取得绝对的优势，为了避免竞争特别是价格竞争带来的损失，大多数企业都采用随行就市定价法，即将本企业某产品价格保持在市场平均价格水平上，利用这样的价格来获得平均报酬。此外，采用随行就市定价法，企业就不必去全面了解消费者对不同价差的反应，也不会引起价格波动。

（2）产品差别定价法。产品差别定价法是指企业通过不同营销努力，使同种同质的产品在消费者心目中树立起不同的产品形象，进而根据自身特点，选取低于或高于竞争者的价格作为本企业产品价格。因此，产品差别定价法是一种进攻性的定价方法。

（3）密封投标定价法。在国内外，许多大宗商品、原材料、成套设备和建筑工程项目的买卖和承包，以及出售小型企业等，往往采用发包人招标、承包人投标的方式来选择承包者，确定最终承包价格。一般来说，招标方只有一个，处于相对垄断地位，而投标方有多个，处于相互竞争地位。标的物的价格由参与投标的各个企业在相互独立的条件下来确定。在买方招标的所有投标者中，报价最低的投标者通常中标，它的报价就是承包价格。这样一种竞争性的定价方法就称为密封投标定价法。

**3. 顾客导向定价法**

现代市场营销观念要求企业的一切生产经营必须以消费者需求为中心，并在产品、价格、分销和促销等方面予以充分体现。根据市场需求状况和消费者对产品的感觉差异来确定价格的方法叫做顾客导向定价法，又称"市场导向定价法"、"需求导向定价法"。需求导向定价法主要包括理解价值定价法、需求差异定价法和逆向定价法。

（1）理解价值定价法。所谓"理解价值"，是指消费者对某种商品价值的主观评判。理解价值定价法是指企业以消费者对商品价值的理解度为定价依据，运用各种营销策略和手段，影响消费者对商品价值的认知，形成对企业有利的价值观念，再根据商品在消费者心目中的价值来制定价格。

（2）需求差异定价法。所谓需求差异定价法，是指产品价格的确定以需求为依据，首先强调适应消费者需求的不同特性，而将成本补偿放在次要的地位。这种定价方法，对同一商品在同一市场上制定两个或两个以上的价格，或使不同商品价格之间的差额大于其成本之间的差额。其好处是可以使企业定价最大限度地符合市场需求，促进商品销售，有利于企业获取最佳的经济效益。

（3）逆向定价法。这种定价方法主要不是考虑产品成本，而重点考虑需求状况。依据消费者能够接受的最终销售价格，逆向推算出中间商的批发价和生产企业的出厂价格。逆向定价法的特点是：价格能反映市场需求情况，有利于加强与中间商的良好关系，保证中间商的正常利润，使产品迅速向市场渗透，并可根据市场供求情况及时调整，定价比较灵活。

## 二、产品定价策略

**1. 新产品定价策略**

一般来说，新产品定价有以下两种策略可供选择。

（1）撇脂定价法。新产品上市之初，将新产品价格定得较高，在短期内获取厚利，尽快收回投资，就像从牛奶中撇取奶油一样，取其精华。撇脂定价法是一种追求短期利润最大化的定价策略，若处置不当，则会影响企业的长期发展。

（2）渗透定价法。在新产品上市之初把产品价格定得低于预期价格，吸引大量购买

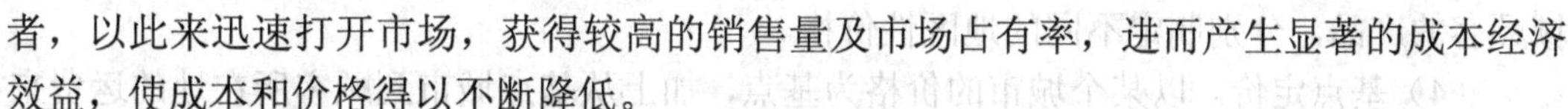

者，以此来迅速打开市场，获得较高的销售量及市场占有率，进而产生显著的成本经济效益，使成本和价格得以不断降低。

## 【案例】

1997年5月，“农夫山泉”上市，凭借一句“农夫山泉有点甜”的经典广告词在众多瓶装饮用水品牌中脱颖而出。在价格上，为了显示自己的身价，农夫山泉从进入市场以来，一直定位于高质高价，没有被卷入由水业霸主们挑起的价格战之中。即使在水市价格大战打得不可开交的1999年，它依然不为所动：运动型包装2.5元/瓶，普通瓶装1.8元/瓶。这个价格几乎是同量的其他品牌饮用水价格的2倍，从而在消费者心目中树立起了农夫山泉作为高档次、高品质、高品位的“健康水”的品牌形象。如此高价把自己与娃哈哈、乐百氏纯净水区分开来，一方面可以防止低价低利给企业带来的损失，另一方面又能避免由于价格竞争带来的风险，使企业在相对稳定的环境中获得满意的利润。

资料来源：王天春．市场营销案例评析．大连：东北财经大学出版社，2009

**2．组合定价策略**

组合定价策略是指当企业的某种产品成为一个产品组合时，对这组产品中的各产品的基本定价进行适当修订的定价策略。

（1）系列产品定价。根据产品的品种、档次、规格、样式的差异定价。

（2）互补产品定价。需要与主要产品一起配套使用的产品的定价。

（3）互替产品定价。能够相互代替的产品的定价。

**3．心理定价策略**

心理定价策略是针对顾客心理而采用的一类定价策略，主要应用于零售商业。

（1）尾数定价。也称零头定价或缺额定价，即给产品定一个零头数结尾的非整数价格。

（2）整数定价。企业有意将产品价格定为整数，以显示产品具有一定质量。

（3）声望定价。针对消费者“便宜无好货、价高质必优”的心理，对在消费者心目中享有一定声望，具有较高信誉的产品制定高价。

（4）习惯定价。有些产品在长期的市场交换过程中已经形成了为消费者所适应的价格，称为习惯价格。

（5）招徕定价。这是适应消费者“求廉”的心理，将产品价格定得低于一般市价，个别的甚至低于成本，以吸引顾客、扩大销售的一种定价策略。

**4．地区定价策略**

地区定价策略是指企业决定对于卖给不同地区顾客的某种产品，分别制定不同的产品价格。

（1）FOB原产地价。企业按产品在产地某种运输工具上交货定价。

（2）统一定价。企业就某种产品在不同的地区执行统一价格的方法。

（3）分区定价。企业把全国（或某些地区）分成若干价格区，对于卖给不同价格区域顾客的产品，分别制定不同的地区性价格。

（4）基点定价。以某个城市的价格为基点，加上从基点城市到顾客所在地的运费来确定其他地区的价格的定价方法。

（5）运费免收定价。企业负担全部运费的定价方法。

**5. 折扣或折让定价策略**

折扣或折让定价策略是企业为鼓励顾客及早付清货款、大量购买、淡季购买及配合促销给予一定的价格折扣与让价的方法。

（1）现金折扣。企业对约定日期付款或提前付款的顾客一定的价格折扣与让价的策略。

（2）数量折扣。按购买数量多少给予不同的折扣，购买数量越多，折扣越大，鼓励顾客购买更多的产品。

（3）功能折扣。又称贸易折扣，是制造商给某些批发商或零售商的一种额外折扣。

（4）季节折扣。对于销售淡季来购买商品的买主，给予折扣优待。

（5）价格折扣。企业开展现场促销活动或产品质量、规格不符合要求时，给予顾客一定折扣，包括以旧换新和促销折让。

# 分销策略

分销渠道也称销售渠道、分配渠道、流通渠道，它的起点是产品的生产者，终点是产品的最终消费者（或用户），是产品在其所有权转移过程中从生产领域进入消费领域的途径。

分销渠道策略是指企业为了使其产品进入目标市场所进行的路径选择活动，它关系到企业在什么地点、什么时间、由什么组织向消费者提供商品和劳务。企业应选择经济、合理的分销渠道把商品送到目标市场。

## 一、分销渠道的类型

**1. 分销渠道的长度**

按渠道长度的不同，可将分销渠道分为以下四种基本类型。

（1）零级渠道，即制造商——消费者。

（2）一级渠道（MRC），即制造商——零售商——消费者。

（3）二级渠道，即制造商——批发商——零售商——消费者，多见于消费品分销；或者是制造商——代理商——零售商——消费者，多见于消费品分销。

（4）三级渠道。即制造商——代理商——批发商——零售商——消费者。

可见，零级渠道最短，三级渠道最长。

**2. 分销渠道的宽度**

根据企业在同一层次上并列使用的中间商的多少，企业的销售渠道分为宽渠道和窄渠道。宽渠道是指企业使用的同类中间商很多，分销面广；反之，则是窄渠道。

渠道宽度的选择通常有以下三种：

（1）密集分销。密集分销指生产企业同时选择较多的经销代理商销售产品。一般来说，日用品多采用这种分销形式。工业品中的一般原材料、小工具、标准件等也可用此分销形式。

（2）选择分销。选择分销指在同一目标市场上，选择一个以上的中间商销售企业产品，而不是选择所有愿意经销本企业产品的所有中间商。这有利于提高企业经营效益。一般来说，消费品中的选购品和特殊品、工业品中的零配件宜采用此分销形式。

（3）独家分销。独家分销指企业在某一目标市场，在一定时间内，只选择一个中间商销售本企业的产品，双方签订合同，规定中间商不得经营竞争者的产品，制造商则只对选定的经销商供货。一般来说，此分销形式适用于消费品中的家用电器、工业品中专用机械设备，这种形式有利于双方协作，以便更好地控制市场。

## 二、分销渠道设计

（1）确定渠道模式，即决定渠道的长度。在进行渠道设计时首先要结合产品的特性和企业实力，确定采取什么类型的流通渠道，是派推销人员上门推销或以其他形式自销，还是通过中间环节分销。如果决定适用中间商分销，还要进一步确定选用何种类型和何种规模的中间商。

（2）确定中间商的数目，即决定渠道的宽度。这主要取决于产品本身的特点、市场容量的大小和需求面的宽窄，通常有密集型分销、独家分销和选择性分销三种形式可供选择。

（3）规定渠道成员彼此的权利和责任。包括：对不同地区、不同类型和不同购买量的中间商采用不同的价格折扣；提供质量保证和价格变动保证，以促使中间商积极进货、制定交货和结算条件；明确中间商的地区权力；规定为中间商提供哪些服务，如提供零配件，代培技术人员，促销支持等；反过来，中间商也应向生产商提供市场信息和各种业务统计资料等。

## 三、分销渠道成员的选择

企业在选择分销渠道成员时一般应综合考虑目标市场状况、企业的财务状况和产品组合情况等影响因素。合适的中间商一般应具备的条件有：

（1）服务对象应与生产厂商的目标顾客一致。

（2）地理位置合适。零售商的位置应能方便本企业产品用户购买，批发商的位置应能有利于分销、储存、运输和降低销售成本。

（3）其经营业务中应不包括竞争者的产品，或者其所经营的竞争产品对本企业产品不构成威胁。

（4）管理水平高，经营能力强。

（5）能为顾客提供必要的服务。

（6）财产状况良好，有偿付能力，甚至能预付货款和分担部分促销费用。

【案例】

耐克（Nike）在六种不同类型的商店中销售其生产的运动鞋和运动衣：

（1）体育用品专卖店，如高尔夫职业选手用品商店；

（2）大众体育用品商店，供应许多不同样式的耐克产品；

（3）百货商店，集中销售最新样式的耐克产品；

（4）大型综合商场，仅售折扣款式；

（5）耐克产品零售商店，设在大城市中的耐克城，供应耐克的全部产品，重点是销售最新款式；

（6）工厂的门市零售店，销售的大部分是二手货和存货。

## 促销策略

促销策略是指企业如何通过人员推销、广告、公共关系和营业推广等各种促销方式，向消费者或用户传递产品信息，引起他们的注意和兴趣，激发他们的购买欲望和购买行为，以达到扩大销售的目的。一个好的促销策略往往能起到多方面作用，如提供信息情况，及时引导采购；激发购买欲望，扩大产品需求；突出产品特点，建立产品形象；维持市场份额，巩固市场地位等。

### 一、促销策略

**1. 推式策略**

推式策略即以直接方式，运用人员推销手段，把产品推向销售渠道。其作用过程为，企业的推销员把产品或劳务推荐给批发商，再由批发商推荐给零售商，最后由零售商推荐给最终消费者。该策略适用于以下几种情况：

（1）企业经营规模小，或无足够资金用以执行完善的广告计划；

（2）市场较集中，分销渠道短，销售队伍大；

（3）产品具有很高的单位价值，如特殊品、选购品等；

（4）产品的使用、维修、保养方法需要进行示范。

**2. 拉式策略**

采取间接方式，通过广告和公共宣传等措施吸引最终消费者，使消费者对企业的产品或劳务产生兴趣，从而引起需求，主动去购买商品。其作用路线为，企业将消费者引

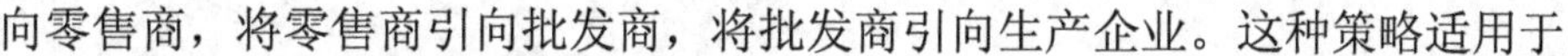

向零售商，将零售商引向批发商，将批发商引向生产企业。这种策略适用于：

（1）市场广大，产品多属便利品；

（2）商品信息必须以最快速度告知广大消费者；

（3）对产品的初始需求已呈现出有利的趋势，市场需求日渐上升；

（4）产品具有独特性能，与其他产品的区别显而易见；

（5）能引起消费者某种特殊情感的产品；

（6）有充分资金用于广告。

## 二、促销组合方式

促销组合，就是企业根据产品的特点和营销目标，在综合分析各种影响因素的基础上，对各种促销方式的选择、编配和运用。主要由营业推广、公共关系、广告和人员推销四种促销方式组成。

### （一）销售促进

销售促进又称营业推广，是指企业运用各种短期诱因鼓励消费者和中间商购买、经销或代理企业产品或服务的促销活动。

**1．针对消费者的销售促进方式**

（1）赠送样品。向消费者免费赠送样品或试用品，鼓励消费者了解产品的性能和特点，建立顾客信心，并可以获取消费者对产品的意见反馈。赠送样品是销售新产品的一种最有效的方式，缺点是费用高。

（2）折价赠券。这是可以抵充购买款项的鼓励赠券。持有者可以在购买本企业产品时免付一部分价款。折价券可以通过广告或直接邮寄的方式发送，在节假日的商场促销活动中适用。

（3）包装兑现，即采用商品包装来兑现现金。例如收集到若干种饮料的瓶盖，可兑换一定数量的现金或实物，以鼓励消费者的购买，这种方式可以体现企业的绿色营销观念，有利于树立良好的企业形象。

（4）包装促销。在产品质量不变的前提下，使用简单廉价的包装，而售价则有一定削减，这很受长期使用本产品的消费者欢迎。

（5）奖励促销。顾客在购买产品或享受服务后，按一定金额领取一定数量的兑奖券，参加企业抽奖活动，若中奖则可领取奖金或实物。这种方式是通过给予奖励的刺激来吸引消费者的注意与参与，最终达到购买产品的目的。

（6）现场示范。企业派人将自己的产品在销售现场当场使用示范表演，凸显商品的优点，显示和证实产品的性能，加上促销员热情劝说试用、鼓励免费品尝，刺激消费者的购买欲望。这属于动态展示，效果往往优于静态展示。现场示范适合推出新产品和使用起来比较复杂的产品。

【案例】

在备受瞩目的2006年世界杯即将到来的时候，美的微波炉面向广大消费者推出了名为“买微波炉看世界杯”的促销活动，并在全国各大电器销售卖场展开。

活动规定：从2006年4月20日起，凡在各大卖场购买美的“蒸汽紫微光”微波炉的消费者，均可得到一张“刮刮卡”，刮开奖区，即可凭借该卡当场兑奖。特等奖奖品为极具诱惑力的“世界杯门票”及往返德国机票，数目为100名。如果获奖者不方便前往德国，也可以直接兑换现金5 000元。除此之外，其他奖品也是丰富异常。一等奖获得者可以得到“世界蒸霸”大礼包一份，以及当地足球彩票抽奖名额一份；二等奖为抽取足球彩票名额一份，有机会赢得巨额奖金；三等奖可以赢得各类实用的微波炉使用品礼物。

资料来源：http://finance.sina.com.cn

**2. 针对中间商的销售促进方式**

（1）销售津贴。销售津贴也称销售回扣，这是最具代表性的销售促进方式。为促进中间商增加购买本企业产品，鼓励其对购进产品开展促销活动，给予中间商一定的津贴，主要包括新产品的津贴、广告津贴、展销津贴等。

（2）购买折扣。为刺激、鼓励中间商购买并大批量地购买本企业的产品，对第一次购买和购买次数较多的中间商给予一定的折扣优待，购买数量越大，折扣越多。

（3）销售竞赛。根据各个中间商的销售业绩，分别给予优胜者不同的奖励，如现金奖、实务奖、免费旅游奖、度假奖等，以起到激励作用。

（4）服务促销。企业可以为中间商提供各种服务来调动中间商的积极性，包括业务会议、发行企业刊物、培训销售人员、采购支持、退货保证等措施。

**3. 针对推销人员的销售促进方式**

为奖励推销人员，对业绩优秀的推销员给予奖金鼓励；为提高经销商及其销售人员的工作业绩，为其提供各种培训的机会。

### （二）公共关系

公共关系是指企业在从事市场营销活动中正确处理企业与社会公众的关系，以便树立企业的良好形象，从而促进产品销售的一种活动。公共关系的形式有：

（1）借助新闻媒体。公共关系部门可以编写有关企业、产品和员工的新闻，或举行活动，创造机会吸引新闻界和公众，扩大影响，提高知名度。例如，企业为希望工程举行赞助义演活动；参加全国性的大型活动。

（2）参与和赞助各种社会公益事业活动。赞助活动是企业最常用的方式，是指企业向人们所关心的社会事业提供资金、物资、技术或劳动力等帮助的一种公关活动。企业赞助活动主要包括体育活动、文化娱乐活动、教育事业、社会慈善和福利事业，赞助有特殊意义的电视片、纪录电影等。

（3）展销会。这是一种典型的综合运用多媒体传播手段，展销会主要通过实物、文字、图表来展现企业的成效、风貌和特征，图文并茂，给观众以极强的心理刺激，从而加深公众印象，达到与公众的双向沟通。

（4）纪念活动及其他活动。每一个企业都有一些值得特殊纪念的活动，如开业典礼、周年纪念日、产品获奖、新产品试制成功等，通过这些活动可以扩大企业的影响，加强同外界公众的联系，树立良好的企业形象。利用特殊纪念日制造新闻是影响公众的极好机会。

### （三）广告

广告是广告主以促进销售为目的，付出一定的费用，通过特定的媒体传播商品或劳务等有关经济信息的大众传播活动。常用的广告媒介有以下形式：

（1）电子媒介。例如电视、电影、电子显示大屏幕、电话广告、电动广告牌、投影广告、灯箱等，还有新兴的网络媒介，包括 E-mail 直邮广告、QQ 聊天室、BBS 广告等。

（2）印刷媒介。例如报纸、商品目录、杂志、宣传册、邮寄广告、画册、票证、挂历广告等。

（3）展示广告。例如陈列、橱窗、POP 广告、展销会等。

（4）户外广告。例如广告牌、气球、海报、旗帜广告等。

（5）其他媒介。只要能实现信息传播作用的其他媒介形式，都可以尝试使用。例如，在购物袋上印上企业的名称、产品商标、广告语，能够随着人口的流动而实现宣传目的。

### （四）人员推销

人员推销是指企业运用推销人员直接向顾客推销商品和劳务的一种促销活动。

**1．人员推销的三种形式**

（1）上门推销。上门推销是最常见的人员推销形式。它是由推销人员携带产品样品、说明书和订单等走访顾客，推销产品。这种推销形式可以针对顾客的需要提供有效的服务，方便顾客，是最常见的也是被企业和社会所广泛认可和接受的一种推销方式。

（2）柜台推销。柜台推销又叫做门市推销，是指企业在适当的地点设置固定门市，由营业员接待进入门市的顾客，推销产品。由于门市里的产品种类齐全，能满足顾客多方面的购买要求，为顾客提供购买的方便，并且可以保证产品完好无损，故顾客比较乐于接受这种方式。

（3）会议推销。会议推销是指利用各种会议向与会人员宣传和介绍产品，开展推销活动。例如，在订货会、交易会、展览会等会议上推销产品。这种推销形式接触面广，适合于企业用户的商品销售。

**2．人员推销的三种策略**

（1）试探性策略。又称“刺激—反应”策略，是指推销人员利用刺激性较强的方法引起顾客购买行为的一种推销策略。

（2）针对性策略。又称“配合—成交”策略。这种策略的特点是事先基本了解顾客某些方面的需要，然后有针对性地对顾客进行宣传、介绍，以引起顾客的兴趣和好感，从而达到成交的目的。

（3）诱导性策略。又称“诱发—满足”策略，是指推销人员运用能激起顾客某种需求的说服方法，诱发并引导顾客产生购买行为。这是一种创造性推销，这种策略要求推销人员有较高的推销技术，在“不知不觉”中成交。采用这种策略，推销人员要有较高的推销艺术，能设身处地为顾客着想，并能做到恰如其分地介绍产品，真正起到诱导作用。

【任务实施】

## 一、技能训练

各项目小组为模拟公司的产品制定营销组合策略方案。

## 二、案例分析

### 麦香早点的营销策略

一、产品策略

1. 产品组合

主推产品——奶黄包、豆沙包（红豆包：北方）、刀切馒头、蛋奶馒头、葱油花卷（其中广州等重点区域市场则以奶黄包、豆沙包、刀切馒头、蛋奶馒头为主）。

辅助产品——玉米馒头、老面馒头等。

2. 产品命名

一个简单易记、易传播同时又能准确反映产品特点的名字将会巧妙地在产品和消费者头脑架起一座沟通的桥梁，无疑将会大大降低传播成本。“麦香早点”这个名字能比较准确反映产品特点，同时突出产品作为早餐面点的定位，更加难能可贵的名字是读起来朗朗上口，非常适合传播。

3. 产品规格

调研结果：在调研中发现初次购买者和经常购买者在购买数量上存在明显的差别，前者更喜欢300克左右的小包装，而后者则喜欢600克左右的大包装。

规格设计：300克小包装和600克大包装两种规格。

二、价格策略

出厂价：在和生产部门充分沟通的基础上，产品出厂价定为每100克0.8～1元。

零售价：考虑到是新品，在前期电视媒体广告没有大规模展开的情况下，为了提高经销商的积极性，把零售价定位在中高档，为经销商留出足够的利润空间。

三、渠道策略

（1）产品主要的购买群体是大城市的家庭妇女，这一部分人群主要的购物地点就是卖场、超市，所以渠道选择上以大卖场、大中型超市以及主要居民居住区周边的超市、便利店为主，其他终端为辅。

（2）在硬件设备上，我们统一制作上隔板、冰柜立卡、冰岛中缝广告、POP海报、吊旗等物料，帮助销售终端进行生动化设计，使终端具有极佳的视觉效果。

（3）为一些人流量比较大的店配备了专门的促销人员，在现场进行免费品尝活动。定期对所有促销人员进行相关培训，并用各种奖励措施充分调动他们的积极性。

（4）由于速冻面点的目标群体主要集中在一些经济较为发达的大城市、省会城市，前期推广的区域主要以上海、北京、广州、武汉、郑州等18个城市为主推区域，其他区域为自然销售区域。此外，考虑到公司的资金和人力资源等状况，又确定以郑州、广州、上海、沈阳等几个城市为重点，形成尖刀进行突破，再以点带面层层铺开。

四、促销策略

1. 推广主题

调研显示：消费者心目中最理想的面点标准依次是专业面点、新鲜、营养、有助于牛奶吸收。

推广主题：麦香早点，有助于牛奶吸收。

2. 传播策略

条件分析：产品主打一线城市，又是新产品，没有电视媒体广告的支持显然很难从众多的竞争对手中进行突围。此外，公司目前的资源有限，目标消费群体主要是家庭主妇，而这一群体接触最多的是公交车站的广告牌和报纸等媒介。

方式选择：采用成本较低的户外媒体作为传播主体，迅速地覆盖城市主要的公交站点和人流量较大的路口。同时考虑到是新品，以及和牛奶一起食用有助牛奶吸收的卖点，利用软文对消费者进行前期教育能发挥“润物细无声”的作用。于是一大批题为《为什么面点是牛奶的最好伴侣》、《牛奶＋面点＝早餐黄金拍档》的软文出现在《大河报》等主流媒体上宣传。

3. 促销活动

促销活动一：“现场免费品尝”＋“买二赠一”

（1）为了尽快让消费者接受“麦香早点”，选择一些人流比较集中的卖场，现场设点进行免费品尝的活动。

（2）针对目标消费群是家庭主妇的特点设计了买两袋“麦香早点”送一袋汤圆或水饺等促销活动，同时也根据家庭主妇的需要设计了一些围裙，对购买数量比较大的客户进行免费赠送。

促销活动二：“买麦香早点送牛奶”

（1）前期的促销活动很好地起到了扩大知名度和增加品尝率的作用，那么后期的促销活动必须在扩大销量的同时更好地展示产品的核心卖点。

（2）和上海一家牛奶企业进行合作，在郑州、广州等地陆续推行联合促销，市场反

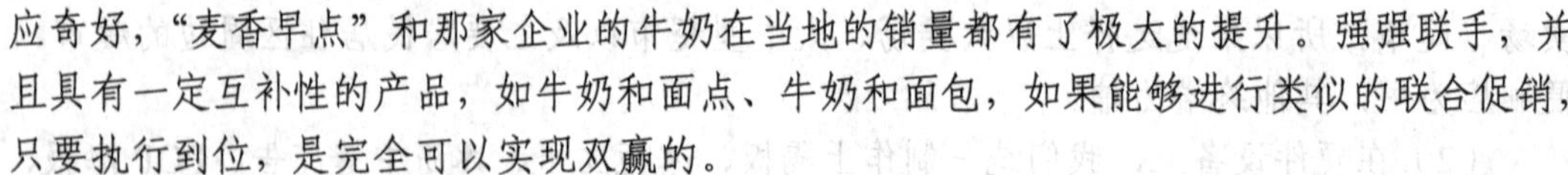

应奇好，“麦香早点”和那家企业的牛奶在当地的销量都有了极大的提升。强强联手，并且具有一定互补性的产品，如牛奶和面点、牛奶和面包，如果能够进行类似的联合促销，只要执行到位，是完全可以实现双赢的。

资料来源：王天春. 市场营销案例评析. 大连：东北财经大学出版社，2009

**【案例分析题】**

1. “麦香早点”的营销策略能够赢得消费者认可的关键原因是什么？
2. 请你为“麦香早点”设计具有可操作性的广告策略。

**【项目验收与评估】**

1．验收对象：各小组撰写的《××产品营销组合策略方案》。

2．验收步骤：

（1）各项目小组查阅关于产品营销组合策略方案的范文，以范文为模板为模拟公司撰写《××产品营销组合策略方案》。

（2）各项目小组推荐一名成员对本小组方案的写作过程、内容以及心得体会在课上作演讲。

（3）评委会根据下表进行评价，决出胜负。

| 评 价 内 容 | 分　值 | 评　　分 |
| --- | --- | --- |
| 资料全面、报告或案例完整 | 20 | |
| 研究深入、有说服力 | 20 | |
| 有创新观点和思路 | 20 | |
| 合作默契、体现团队精神 | 20 | |
| 发言人仪表端庄，语言表达清晰、准确 | 20 | |
| 总体评价 | 100 | |

（4）指导教师点评。各项目小组根据指导教师的点评，对撰写的方案进行修改、完善后提交指导教师验收。

# 项目七　企业人力资源管理

【知识目标】

1. 了解人力资源规划、人员招聘、人员培训、绩效管理的含义；人员培训的标准。

2. 熟悉人力资源规划的步骤；人力资源招聘的程序、选拔方法；绩效考评的内容、程序、步骤。

3. 掌握人力资源供需预测的方法；人力资源规划方案编写的内容；培训实施具体步骤；绩效管理系统设计及方法；薪酬管理的步骤。

【技能目标】

1. 能够进行人力资源需求预测和供给预测，制定人力资源平衡措施。

2. 能够制订人员招聘计划并组织实施和评估。

3. 能够进行人员培训需求调查分析，制订培训计划，实施培训及效果评估。

4. 能够设计绩效管理系统，制定绩效考核的方案并实施。

5. 能够设计企业的薪酬管理体系。

【项目背景】

小芳是一名工商管理专业的大学毕业生，现在她被应聘到某公司从事人力资源管理工作。在学校里，小芳学习了人力资源管理的相关知识，并且通过培训顺利地获得了人力资源管理师的从业资格证。尽管这样，小芳的心里还是很忐忑，因为毕竟在学校里学到的主要是理论知识，实践技能方面她感到比较缺乏。但是她相信通过自己的努力一定会胜任这一工作岗位。请问，要做好人力资源管理工作，小芳应具备哪些方面的知识和技能呢？

【任务分解】

人力资源管理是指根据企业发展战略的要求，有计划地对人力资源进行合理配置，通过对企业中员工的招聘、培训、使用、考核、激励、调整等一系列过程，调动员工的积极性，发挥员工的潜能，为企业创造价值，确保企业战略目标的实现。通过本项目的学习，你应该能完成以下任务：

任务一　人力资源规划

任务二　人力资源的招聘与录用

任务三　人力资源的培训与开发

任务四　人力资源的绩效考评

任务五　人力资源的薪酬管理

# 任务一　人力资源规划

【任务引入】

人力资源规划是根据组织的战略目标，科学地预测、分析组织在变化的环境中的人力资源需求和供给状况，制定必要的政策和措施，从而使企业人力资源供给和需求达到平衡的过程。其目标是：确保企业在适当的时间和岗位获得适当的人员，实现人力资源的最佳配置，最大限度地开发并利用人力资源潜力，使企业和员工的需要得到充分满足。

【信息获取】

## 信 息 收 集

人力资源规划的首要任务是相关信息的收集，它是人力资源的需求和供给预测的基础。在核查组织现有的人力资源时要弄清现有人力资源的数量、质量、结构以及人员分布现状，估计出目前人力资源的技术、能力和潜力，并分析目前这些人力资源的利用情况。人力资源规划的信息包括组织外部信息和企业内部信息。

做好企业人力资源规划就必须充分占有相关的信息，并对这些信息进行了解和分析。信息收集主要包括以下三个方面的内容。

**1．企业的内部环境信息**

企业的内部环境信息有两大类：一是组织环境的信息，如企业的经营战略目标、战术计划、行动方案、本企业各部门的计划等；二是管理环境的信息，如企业的管理风格、企业文化、组织结构、人力资源政策等。

**2．企业的外部环境信息**

企业的外部环境信息主要包括宏观经济形势、行业经济形势、技术的发展情况、行业的竞争性、劳动力市场、人口和社会发展趋势、政府的有关政策等方面。

**3．企业现有人力资源信息**

主要是对企业现有人力资源的数量、质量、结构和潜力等方面进行“盘点”，并对各个部门、各个职位、不同层级的人员状况进行分析，找出企业人力资源的优势和劣势，确定现有人力资源与组织实现战略目标所需人力资源之间的差距，为人力资源规划下一步工作做好准备。

## 人力资源需求预测

人力资源需求预测是指根据企业的发展规划和企业的内外条件，选择适当的预测技术，对人力资源需求的数量、质量和结构进行预测。

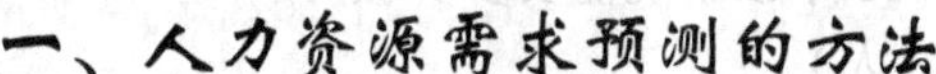


**1．人力资源需求预测定性方法**

（1）现状规划法。现状规划法是一种最简单的预测方法，较易操作。它是假定企业保持原有的生产和生产技术不变，则企业的人力资源也应处于相对稳定状态，即企业目前各种人员的配备比例和人员的总数将完全能适应预测规划期内人力资源的需要。在此预测方法中，人力资源规划人员所要做的工作是测算出在规划期内有哪些岗位上的人员将得到晋升、降职、退休或调出本组织，再准备调动人员去弥补就行了。

（2）经验预测法。经验预测法就是利用现有的情报和资料，根据有关人员的经验，结合本公司的特点，对公司的人员需求加以预测。经验预测法可以采用“自下而上”和“自上而下”两种方式。“自下而上”就是由直线部门经理向自己的上级主管提出用人要求和建议，征得上级主管的同意；“自上而下”就是由公司经理先拟定出公司总体的用人目标和建议，然后由各级部门自行确定用人计划。最好是将“自下而上”与“自上而下”两种方式结合起来运用：先由公司提出员工需求的指导性建议；再由各部门按公司指导性建议的要求，会同人事部门、工艺技术部门、员工培训部门确定具体用人需求；最后，由人事部门汇总确定全公司的用人需求，形成员工需求预测，交由公司经理审批。

（3）描述法。描述是指人力资源计划人员可以通过对本企业组织在未来某一时期的有关因素的变化进行描述或假设，预测人力资源需求量。由于这是假定性的描述，因此人力资源需求就有几种备择方案，目的是适应和应付环境与因素的变化。这种方法不适合长期预测。

（4）德尔菲法。德尔菲法又叫专家评估法，是20世纪40年代末在美国兰德公司的“思想库”中发展出来的一种主观预测方法。德尔菲法分几轮进行，第一轮要求专家以书面形式提出各自对企业人力资源需求的预测结果。在预测过程中，专家之间不能互相讨论或交换意见。第二轮，将专家的预测结果进行综合，再将综合的结果通知各位专家，以进行下一轮的预测。反复几次直至得出大家都认可的结果。通过这种方法得出的是专家们对某一问题的看法达成一致的结果。

**2．人力资源需求预测定量方法**

（1）转化比率法。这种方法是根据过去的经验，把企业未来的业务活动水平转化为人力需求的预测方法。具体做法是：首先根据企业的生产任务（或业务量）估计企业所需要的一线生产人员的数量，然后根据这一数量来估计其他辅助人员的数量。

转化比率法假定组织的劳动生产率是不变的，则有：

员工数量=目前的业务量/目前人均业务量

**【例题1】**

某学院2010年有在校生1 500人，在2011年计划招生增加150人，目前平均每个教师承担 15 名学生的工作量，生产率不变，那么 2011 年该学院需要多少教师？

$$X=1\ 650/15=110\text{（人）}$$

如果考虑到劳动生产率的变化对员工的需求的影响，可以使用下面的员工总量需求预测方法。其计算公式为：

计划期末需要的员工数量=(目前的业务量+计划期业务的增长量)÷[目前人均业务量×(1+生产率的增长率)]

**【例题 2】**

某洗衣机生产公司在 2009 年的年产量为 10 000 台，基层生产员工为 200 人，在 2010 年计划增产 5 000 台，估计生产率的增长为 0.2。假设该公司的福利良好，基层人员不流失，那么，在 2010 年该公司至少应招聘多少名基层生产人员？

2010 年该公司需要的基层生产人员数=(10 000+5 000)/[10 000/200×(1+0.2)=250（人）

2010 年该公司需要招聘的基层生产人员数=250−200=50（人）

需要指出的是，这种预测方法存在两个缺陷：一是进行估计时需要对计划期的业务增长量、目前的人均增长量和生产率的增长率进行精确的估计；二是这种方法只考虑了员工需求的总量，没有说明其中不同类别员工的需求差异。

（2）人员比率法。采用人员比率法，首先应计算企业历史上关键业务指标（如技术人员与管理人员）的比例，然后根据可预见的变量计算出所需的各类人员数量。这种方法假设，过去的人员数量与配置是完全合理的，而且生产率不变，其应用范围有较大的局限性。

**【例题 3】**

某企业明年计划扩大生产规模，已知条件如下：

① 该企业在过去 10 年中机床操作人员、机床维修人员、基层管理人员的人数比例一直是 60:10:7；

② 该企业明年计划补充新机床操作人员 600 人；

③ 该企业生产效率不变；

④ 该企业组织结构不变；

⑤ 明年该企业将有 30 名机床维修人员离职；

⑥ 明年该企业将有 8 名基层管理人员离职，10 名基层管理人员获得晋升；

⑦ 明年该企业所需的机床维修人员和基层管理人员均由外部补充。

请问，该企业明年至少应招收多少名机床维修人员和基层管理人员？

**解：**

① 生产效率不变、组织结构不变，说明该企业的机床操作人员、机床维修人员和基层管理人员的人数构成不变，还是 60:10:7；

② 由扩大生产规模引起的需要补充的机床维修人员数=600×(10/60)=100（人），明年

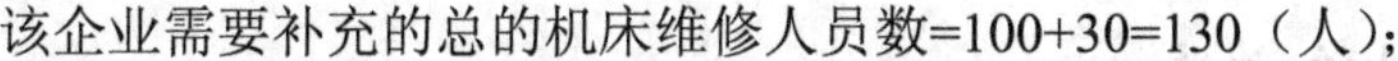

该企业需要补充的总的机床维修人员数=100+30=130（人）；

③ 由扩大生产规模引起的需要补充的基层管理人员数=600×(7/60)=70（人），明年该企业需要补充的总的基层管理人员数=70+10+8=88（人）。

答：该企业明年至少应招收 130 名机床维修人员和 88 名基层管理人员。

（3）劳动定额法。劳动定额是对劳动者在单位时间内应完成的工作量的规定。在已知企业的计划任务总量以及科学合理的劳动定额的基础上，运用劳动定额法能够比较准确地预测企业人力资源需求量。

该方法可以运用公式：$N=W/q(1+R)$进行计算。

式中，$N$ 为企业人力资源需求量；$W$ 为计划期任务总量；$q$ 为企业制定的劳动定额；$R$ 为部门计划期内生产率变动系数。

$R=R_1+R_2+R_3$，其中，$R_1$ 为企业技术进步引起的劳动生产率提高系数；$R_2$ 为由经验积累导致的劳动生产率提高系数；$R_3$ 为由于员工年龄增大以及某些社会因素导致的劳动生产率下降系数。

## 二、人力资源需求预测的步骤

人力资源需求预测分为现实人力资源需求、未来人力资源需求预测和未来流失人力资源需求预测三部分。具体步骤如下：

（1）根据职务分析的结果，来确定职务编制和人员配置；

（2）进行人力资源盘点，统计出人员的缺编、超编及是否符合职务资格要求；

（3）将上述统计结论与部门管理者进行讨论，修正统计结论；

（4）该统计结论为现实人力资源需求；

（5）根据企业发展规划，确定各部门的工作量；

（6）根据工作量的增长情况，确定各部门还需增加的职务及人数，并进行汇总统计；

（7）该统计结论为未来人力资源需求；

（8）对预测期内退休的人员进行统计；

（9）根据历史数据，对未来可能发生的离职情况进行预测；

（10）将（8）、（9）统计和预测结果进行汇总，得出未来流失人力资源需求；

（11）将现实人力资源需求、未来人力资源需求和未来流失人力资源需求汇总，即得企业整体人力资源需求预测。

# 人力资源供给预测

人力资源供给预测是预测在某一未来时期，企业内部所能供应的（或经有培训可能补充的）及外部劳动力市场所提供的一定数量、质量和结构的人员，以满足企业为达成目标而产生的人员需求。从供给来源看，人力资源供给分为外部供给和内部供给两个方面。

## 一、人力资源供给预测的方法

**1．企业内部供给预测的方法**

（1）人员核查法。人员核查法是对组织现有人力资源数量、质量、结构和在各职位上的分布状况进行核查的一种方法，用于掌握组织拥有的人力资源状况。通过核查可以了解员工在工作经验、技能、绩效、发展潜力等方面的情况，从而帮助人力资源规划人员估计现有员工是否具有调换工作岗位的可能性，决定哪些人可以补充企业当前的职位空缺。为此，在日常的人力资源管理中，要做好员工的工作能力记录工作。它的典型步骤如下：

第一步，对组织的工作职位进行分类，划分其级别。

第二步，确定每一职位每一级别的人数。

例如，某企业把企业员工划分为A管理类、B技术类、C服务类和D操作类4类职系，每类职系4个级别，此企业的管理类员工的一级员工为2个，二级员工为9个，三级员工为26个，四级员工为61个，其他技术类、服务类和操作类员工与此完全一样。

人员核查法只是一种静态的人力资源供给预测方法，不能反映组织中人力资源动态的、未来的变化，所以只适用于中小型组织短期内人力资源的供给预测，存在很大的局限性。

（2）人员替代法。人员替代法是通过一张人员替代图来预测企业内部的人力资源供给情况。人员替代法将每个工作职位均视为潜在的工作空缺，而该职位下的每个员工均是潜在的供给者。人员替代法以员工的绩效为预测的依据，当某位员工的绩效过低时，组织将采取辞退或调离的方法；而当员工的绩效很高时，他将被提升替代他上级的工作。这两种情况均会产生职位空缺，其工作则由下属替代。通过人员替代图可以清楚地了解到组织内人力资源的供给和需求情况，为人力资源规划提供了依据，如图7.1所示。

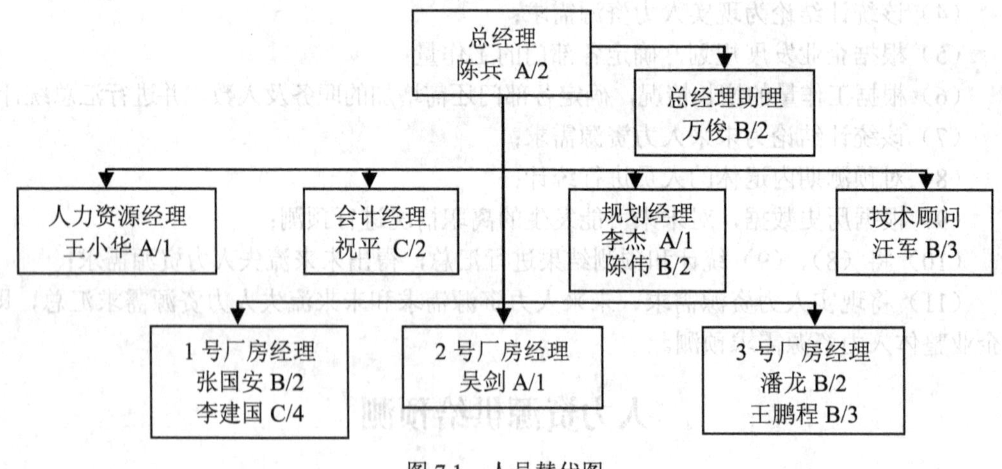


图7.1 人员替代图

注：框内名字代表可能接替职位的人员，字母和数字含义如下：A表示可以晋升，B表示需要培训，C表示不适合该职位；1表示优秀，2表示良好，3表示普通，4表示欠佳。

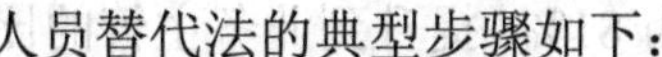

人员替代法的典型步骤如下：

第一步，确定人力资源规划所涉及的工作职能范围。

第二步，确定每个关键职位上的接替人选。

第三步，评价接替人选的工作情况和是否达到提升的要求。

第四步，了解接替人选的职业发展需要，并引导其将个人的职业目标与组织目标结合起来。

（3）马尔科夫分析法。马尔科夫分析法是一种运用统计学原理预测组织内部人力资源供给的方法，其基本思路是通过具体历史数据的收集，找出组织过去人事变动的规律，由此推测未来的人事变动趋势。

马尔科夫预测法的典型步骤如下：

第一步，根据组织的历史资料，计算出每一类的每一名员工流向另一类或另一级别的平均概率。

第二步，根据每一类员工的每一级别流向其他类或级别的概率，建立一个人员变动矩阵表。

第三步，根据组织年底的种类人数和步骤二中人员变动矩阵表预测第二年组织可供给的人数。

下面以某企业的人事变动为例具体说明。该企业分为区域经理、分公司经理、经营部经理、业务主管、业务员五个级别，经过对公司历史资料的分析，发现以下级别的人员的流动具有一定的规律性，如表 7.1 所示。

表 7.1 某企业的人事变动情况

| 职位名称 | | 目的时间（2008 年 1 月—2011 年 1 月） | | | | | |
|---|---|---|---|---|---|---|---|
| | | 区域经理 | 分公司经理 | 经营部经理 | 业务主管 | 业务员 | 流出 |
| 起始时间 | 区域经理 | 0.75 | | | | | 0.250 |
| | 分公司经理 | 0.050 | 0.750 | 0.050 | | | 0.150 |
| | 经营部经理 | | 0.042 | 0.900 | | | 0.058 |
| | 业务主管 | | | 0.027 | 0.730 | | 0.243 |
| | 业务员 | | | | 0.028 | 0.810 | 0.162 |

在表 7.1 的人员变动矩阵中，矩阵的列代表分析的起点，行代表分析的目的时间。其时间间隔取决于人力资源规划者进行供给预测时的选择，可以是月度，也可以是年度，甚至可以是商业周期，一般用年度的比较多。人员变动矩阵中单元格中的数字，表示在期初承担相应行所表示的职位的员工在期末承担相应行所表示的职位的概率或比率，对角线的数字代表在期末仍然承担原来职位的员工的比例。“流出”列中的数字描述的是各职位的员工在分析期间离开组织的比率。

从表 7.1 中可以看出，业务员保留在原岗位的比率为 81%，提升到业务主管的比率为 2.8%，流出企业的比率为 16.2%。

运用人员变动矩阵图，对企业历史的员工流动情况一目了然，而且对熟悉高等数学知识的人员来说，运用矩阵来进行计算也特别方便。

在了解组织的人员变动矩阵后，可以根据企业起始时间的人力资源状况，预测目的时间人力资源供给，如表 7.2 所示。

表 7.2 某企业的人力资源供给预测

| 职位名称 | 2009 年期初人数 | 目的时间（2011 年 1 月） | | | | | |
|---|---|---|---|---|---|---|---|
| | | 区域经理 | 分公司经理 | 经营部经理 | 业务主管 | 业务员 | 流出 |
| 区域经理 | 4 | 3 | | | | | 1 |
| 分公司经理 | 20 | 1 | 15 | 1 | | | 3 |
| 经营部经理 | 96 | | 4 | 86 | | | 6 |
| 业务主管 | 264 | | | 7 | 193 | | 64 |
| 业务员 | 1 258 | | | | 35 | 1 019 | 204 |
| 预计人员内部供给 | | 4 | 19 | 94 | 228 | 1 019 | |
| 外部供给 | | 0 | 1 | 2 | 36 | 239 | |

用这些历史数据来代表每一种人员变动率，就可以推测出未来的人员变动（供给量）情况。将计划初期每一种人员数量与每一种人员变动率相乘，然后纵向相加，就可以得到公司内未来人员的净供给量，从而确定公司的人员内外部补充需要量计划。

**2．企业外部供给预测的方法**

（1）查阅资料。企业可以通过互联网以及国家和地区的统计部门、劳动和人事部门发布的一些统计数据及时了解人才市场信息，另外，也应及时关注国家和地区的政策法规变化。

（2）直接调查相关信息。企业可以就自己所关注的人力资源状况进行调查。除了与猎头公司、人才中介所等专门机构保持长期、紧密的联系外，企业还可以与高等院校保持长期的合作关系，以便密切跟踪目标生源的情况，及时了解可能为企业提供的目标人才状况。

（3）对雇用人员和应聘人员进行分析。企业通过对应聘人员和已经雇用的人员进行分析，也会得出未来人力资源供给状况的估计。

## 二、人力资源供给预测的步骤

第一步，对企业内部人力资源供给情况进行预测。对企业现有的人力资源进行盘点，了解企业员工状况；分析企业的职位调整政策和历史员工调整的数据，统计出员工调整的比例；向各部门的人事决策者了解可能出现的人事调整情况；将以上情况汇总得出内部供给预测。

第二步，对企业外部人力资源供给情况进行预测。分析影响外部人力资源的地域性因素，例如，企业所在地对人才的吸引程度、企业所在地的人力资源整体状况等；分析影响外部人力资源的全国性因素，例如，全国相关专业的大学生的毕业人数及分配情况、国家就业政策、全国范围内从业人员的薪酬范围和差异等。

第三步，将组织内部人力资源供给预测数据和组织外部人力资源供给预测数据汇总，得出组织人力资源供给总体数据。

## 人力资源的综合平衡

在企业人力资源供需预测的基础上，接下来的工作就是要进行人力资源的综合平衡。首先将本组织人力资源需求的预测数与在同期内组织本身可供给的人力资源预测数进行对比分析，测算出各类人员的净需求数。接着根据净需求数采取相应措施进行综合平衡。企业人力资源供给与需求的不平衡有两种情况，即人力资源不足和人力资源过剩。当出现人力资源供需不平衡的情况时，企业应从实际出发，制定出相应的人力资源规划，使企业各个部门人力资源在数量、质量、层次、结构等方面达到协调平衡。人力资源供需有以下几种的平衡方法。

### 一、需求大于供给的情况（人力资源不足）

（1）提高员工效率，例如训练、团队合作、合理分工等，以改变企业人力资源利用率；

（2）结合企业的长期目标，考虑向社会招聘正式员工或临时工；

（3）在法律许可范围内，适当安排员工加班；

（4）制订有效的激励计划，提高员工士气和劳动积极性；

（5）减少工作任务或将部分工作任务转包给其他企业。

### 二、供给大于需求的情况（企业人力资源过剩）

（1）限制雇用员工，当企业内部出现职位空缺，一般采用内部调配的方式解决，只有一些重要的岗位出现空缺，企业内部又无合适的人选，才对外招聘；

（2）解雇员工，这是一个直接的方法，尤其是对一些工作技能低或工作态度较差的员工，应该实行永久性的辞退；

（3）制定一些优惠政策鼓励一些员工提前退休；

（4）加强培训和进行适当的工作轮换，可提高员工的技能，为企业后来的发展做好准备；

（5）企业争取开拓新市场、新产品或新业务，以新的增长点来调整企业人力资源供求关系。

# 编制人力资源规划方案

根据组织战略目标及本组织员工的净需求量，编制人力资源规划方案，包括总体规划和各项业务计划。同时要注意总体规划和各项业务计划及各项业务计划之间的衔接和平衡，提出调整供给和需求的具体政策和措施。

## 一、人力资源规划方案编写的内容

（1）总计划。人力资源总计划陈述人力资源计划的总原则、总方针、总目标。

（2）职务编制计划。职务编制计划陈述企业的组织结构、职务设置、职务描述和职务资格要求等内容。

（3）人员配置计划。人员配置计划陈述企业每个职务的人员数量、人员的职务变动、职务人员空缺数量等。

（4）人员需求计划。通过总计划、职务编制计划、人员配置计划可以得出人员需求计划。需求计划中应陈述需要的职务名称、人员数量、希望到岗时间等。

（5）人员供给计划。人员供给计划是人员需求计划的对策性计划。主要陈述人员供给的方式、人员内部流动政策、人员外部流动政策、人员获取途径和获取实施计划等。

（6）教育培训计划。教育培训计划包括教育培训需求、培训内容、培训形式、培训考核等内容。

（7）人力资源管理政策调整计划。计划中明确计划期内的人力资源政策的调整原因、调整步骤和调整范围等。

（8）投资预算。上述各项计划的费用预算。

## 二、人力资源规划方案编写的基本要求

一个典型的人力资源规划应包括规划时间段、规划达到的目标、情景分析、具体内容、规划制定者、规划制定时间。

（1）规划时间段。确定规划时间的长短，要具体列出从何时开始，到何时结束。若是长期的人力资源规划，可以长达 5 年以上；若是短期的人力资源规划，如年度人力资源规划，则为 1 年。

（2）规划达到的目标。确定达到的目标要与组织的目标紧密联系起来，最好有具体的数据，同时要简明扼要。

（3）情景分析。目前情景分析：主要是在收集信息的基础上，分析组织目前人力资源的供需状况，进一步指出制订该计划的依据。未来情景分析：在收集信息的基础上，在计划的时间段内，预测组织未来的人力资源供需状况，进一步指出制订该计划的依据。

（4）具体内容。这是人力资源规划的核心部分，主要包括以下几个方面。

① 项目内容；

② 执行时间；

③ 负责人；

④ 检查人；

⑤ 检查日期；

⑥ 预算。

（5）规划制定者。规划制定者可以是一个人，也可以是一个部门。

（6）规划制定时间。主要指该规划正式确定的日期。

## 人力资源规划的实施与控制

人力资源规划的实施是人力资源规划的实际操作过程。为保证人力资源规划目标得以实现，在实施过程中，还要加强监督、检查和控制。

### 一、人力资源规划实施应注意的事项

（1）必须要有专人负责既定方案的实施，要赋予负责人拥有保证人力资源规划方案实现的权利和资源；

（2）要确保不折不扣地按规划执行；

（3）在实施前要做好准备；

（4）实施时要全力以赴；

（5）要有关于实施进展状况的定期报告，以确保规划能够与环境、组织的目标保持一致。

### 二、人力资源规划控制的步骤

**1．人力资源规划的评估**

在实施人力资源规划的同时，要进行定期与不定期的评估，具体可以从如下三个方面进行。

（1）是否忠实执行了本规划。

（2）人力资源规划本身是否合理。

（3）将实施的结果与人力资源规划进行比较，通过发现规划与现实之间的差距来指

导以后的人力资源规划活动。

**2．人力资源规划的反馈与修正**

对人力资源规划实施后的反馈与修正是人力资源规划过程中不可缺少的步骤。评估结果出来后，应进行及时的反馈，进而对原规划的内容进行适时的修正，使其更符合实际，更好地促进组织目标的实现。

**【任务实施】**

## 一、技能训练

1．某高校 2011 年有在校生 15 000 人，师生比率为 1:20，2012 年计划增加招生 1 800 名，由于工作条件的改善，预计工作效率会提高 5%。根据需求预测的转化比率法，计算该校 2012 年需要的教师人数。

2．某公司近三年员工调动的情况如表 7.3 所示，请运用马尔科夫分析法预测该公司未来的人力资源供给量。

**表 7.3　某公司近三年的员工调动情况**

| 人员类别 | 员工调动的概率 | | | | |
|---|---|---|---|---|---|
| | P | M | S | J | 离　职 |
| 合伙人 | 0.80 | | | | 0.20 |
| 经理 | 0.10 | 0.70 | | | 0.20 |
| 高级会计师 | | 0.05 | 0.80 | 0.05 | 0.10 |
| 会计员 | | | 0.15 | 0.65 | 0.20 |

## 二、案例分析

**五金制品公司的人力资源规划**

冯如生几天前才调到五金制品公司的人力资源部当助理，就接受了一项紧迫的任务，要求他在 10 天内提交一份本公司 5 年的人力资源规划。虽然冯如生从事人力资源管理工作已经多年，但面对桌上那一大堆文件、报表，不免一筹莫展。经过几天的整理和苦思，他觉得要编制好这个规划，必须考虑下列各项关键因素。

首先是本公司现状。它共有生产与维修工人 825 人，行政和文秘性白领职员 143 人，基层与中层管理干部 79 人，工作技术人员 38 人，销售员 23 人。其次，据统计，近五年来职工的平均离职率为 4%，没理由预计会有什么改变。不过，不同类别的职工的离职率并不一样，生产工人离职率高达 8%，而技术人员和管理干部则只有 3%。再者，按照既定的扩产计划，白领职员和销售员要新增 10%～15%，工程技术人员要新增 5%～6%，中、基层干部不增也不减，而生产与维修的蓝领工人要增加5%。有一点特殊情况要考虑：最近本地政府颁布了一项政策，要求当地企业招收新职工时，要优先照顾妇女和下岗职工。本公司一直未曾有意排斥妇女或下岗职工，只要他们来申请，就会按同一种标准进行选拔，并无歧视，但也未予特殊照顾。如今的事实却是，销售员除一人是女的外全是男的；中、基层管理干部除两人是妇女外，其余也都是男的；工程师里只有三个是妇女；蓝领工人中约有11%为妇女或下岗职工，而且都集中在最低层的劳动岗位上。

冯如生还有 5 天就得交出计划，其中包括各类干部和职工的人数、从外界招收的各类人员的人数以及如何贯彻市政府关于照顾妇女与下岗人员政策的计划。此外，五金制品公司刚开发出几种有吸引力的新产品，所以预计公司销售额五年内会翻一番，冯如生还得提出一项应变计划以备应付这类快速增长。

资料来源：张佩云. 人力资源管理. 北京：清华大学出版社，2007

**【案例分析题】**

1. 冯如生在编制人力资源规划时要考虑哪些情况和因素？

2. 在上述因素的基础上为明年提出合理可行的人员补充规划，其中要列出现有的、可能离职的以及必需增补的各类人员的数目。

# 任务二　人力资源的招聘与录用

**【任务引入】**

员工招聘是指企业为了发展的需要，根据人力资源规划的数量与质量要求，从企业内部选拔、外部招聘人力资源的过程，是人力资源管理中极为重要的环节。招聘工作直接关系到企业人力资源的形成，有效的招聘工作不仅可以提高员工素质、改善人员结构，也可以为组织注入新的管理思想，为组织增添新的活力，甚至可能给企业带来技术、管理上的重大革新。招聘是企业整个人力资源管理活动的基础，有效的招聘工作能为以后的培训、考评、工资福利、劳动关系等管理活动打好基础。因此，员工招聘是人力资源管理的基础性工作。不同企业的招聘过程不可能完全相同，但通过长期的研究发现，在招聘过程中普遍遵循着一个一般流程，招聘工作的基本流程可以分为四个阶段：招募、选拔、录用、评估。

**【信息获取】**

## 制订招聘计划

员工招聘是一个有目的、有计划的企业行为。实施招聘首先要根据企业内部岗位需求的具体情况和人力资源规划来制订详细的招聘计划，包括招聘目标、信息发布的时间与渠道、招聘员工的类型及数量、甄选方案及时间安排等方面。招聘计划制订完毕后还需提交公司董事会或总经理进行审批，批准后才能进行招聘信息的发布，招聘活动才能继续进行。

## 一、招聘计划的内容

（1）招聘目标即人员需求清单，包括招聘的职务名称、人数、任职资格要求等内容。

（2）招聘信息发布的时间和渠道。

（3）招聘小组人选，包括小组人员姓名、职务、各自的职责。

（4）应聘者的考核方案，包括考核的场所、大体时间、题目设计者姓名等。

（5）招聘的截止日期。

（6）新员工的上岗时间。

（7）费用招聘预算，包括资料费、广告费、人才交流会费用等。

（8）招聘工作时间表，尽可能详细，以便于他人配合。

（9）招聘广告样稿。

## 二、招聘渠道的选择

**1．内部招聘的途径**

（1）晋升。晋升是指企业中有些比较重要的职位出现空缺时，从企业内部挑选较为适宜的人员补充职位空缺，挑选的人员一般是从一个较低职位晋升到一个较高职位。

（2）职位转换。职位转换是指当企业中有些比较重要的职位出现空缺时，从与该职位同级但相对较次要职位的人员中挑选适宜人员填补空缺职位的方法。

（3）返聘。返聘是指将解雇、提前退休、已退休职工或下岗待业员工再招回企业来工作。

**2．外部招聘的途径**

（1）媒体广告招聘。媒体广告招聘是企业最常见的招聘方式，其具体做法是：在大众媒体上刊登企业职位空缺的信息，以吸引对这些职位感兴趣的人来应聘。媒体广告包括报纸广告、电视广告、电台广告、杂志广告、互联网广告、传单广告等。

（2）人才招聘会。人才招聘会是比较传统的，也是被广泛使用的招聘方式。招聘会可分为两大类：一类是专场招聘会，即只有一家企业专门组织、举行的招聘会；另一类是大型综合性人才招聘会，即由某些中介机构组织的，有多家单位参加的招聘会。

（3）校园招聘。校园招聘是指企业招聘人员直接走进校园，从在校的即将毕业的学生中选拔人才。

（4）中介机构招聘。通过中介机构指企业与相应的职业介绍服务中介机构接触，并提出企业招聘员工的标准、条件等信息，由中介机构据此负责找寻和筛选求职者，最终向用人企业提供优秀的候选人，由企业最终考察并决定是否录用。

（5）猎头公司招聘。猎头公司是一种与职业介绍服务机构类似的中介机构，专门为企业物色高级管理人员或高级技术人员。

（6）互联网招聘。互联网招聘是一种新兴的招聘方式，是指用人单位通过互联网发布招聘信息。

（7）申请人自荐。对于一些信誉较好的企业来说，经常会有一些求职者主动上门来申请工作。他们中不乏优秀者，对于毛遂自荐者，企业切忌将人拒之门外，一定要以礼相待，妥善处理。

（8）员工推荐。通过企业员工推荐人选，也是企业招聘的一种形式。

# 选　　拔

为了确保最合适的候选人补充到空缺职位，通常需要一个科学的甄选过程，包括审查求职表、录用测试、招聘面试及决定录用等一系列的活动过程。首先应让求职者填写求职申请表，然后企业对求职申请表进行审查，看求职者与招聘职位是否相符。

## 一、求职申请表的设计

为了对应聘者的家庭、社会背景、工作态度、健康状况以及工作经历等情况进行了解，人力资源部门应设计一份求职申请表交由应聘者填写，或要求应聘者递交详细的个人简历。精心设计、恰当使用的申请表可以为选择过程节省很多时间，可以将众多的求职者减少到若干真正符合条件的候选人。

**1．求职申请表的设计要求**

（1）应了解哪些是需要了解的信息，然后将这些内容全部包括进去。

（2）在形式上则应以填空和选择为主，这样既能提高申请表的标准化程度，也给计算机登录资料带来方便。

（3）应设计好申请表的结构，使表格紧凑，内容醒目，不易漏填。

（4）应注意把“关键性淘汰”问题放在最前面，这样可马上淘汰掉一部分明显不合格的应聘者。

（5）应使提问方式合乎逻辑、简洁易懂。

**2．求职申请表应涵盖的信息**

（1）应聘者的姓名、年龄、性别、民族、学历、婚姻状况和政治面貌。

（2）应聘者现在的工作单位、岗位、职务、工作类别和通信地址。

（3）应聘者的身体健康情况、兴趣爱好、特长和家庭经济状况。

（4）应聘者的工作经历、工作成就和个人简历。

（5）应聘者的一些重要要求，如住房要求、月薪底价等。

## 二、求职申请表的审查

（1）浏览求职表和简历，看其是否简洁易懂。

（2）寻找遗漏，记下漏掉的信息类型，面试时直接询问求职者。

（3）审核求职者的就业历史，确认是否有时间空白。

（4）审核是否有重叠的时间，如果有就需要核实。

（5）记下其他不一致的地方，如所学专业与从事的工作不一致。

（6）考虑工作变化的频率，待面试时核实原因。

（7）评价一个人的薪水要求要客观。

（8）谨慎评价求职者的离职理由，寻找规律。

（9）如果一个人的职责在求职表中没有描述清除，要让他解释清楚。

（10）审核求职表或简历中的重点模糊地方，如“离职原因“一栏写上“私人原因”，这要引起警觉，作为企业招聘人员有责任让求职者表述得更具体一些。

人力资源部门对应聘人员资料进行初步的整理分类后，交给各部门主管，由主管筛选出初步具有资格的人员，由人力资源部通知面试人员。

**【范例一】**

编号：

**求职申请表**

相片

职　　位：

身　　高：

用人单位：

| 个人资料 | | | | | | | |
|---|---|---|---|---|---|---|---|
| 姓名 | | 性别 | | 出生日期 | | 手机 | |
| 婚姻状况 | | 民族 | | 户籍 | | 座机 | |
| 身份证号码 | | | | E-mail | | | |
| 毕业学校、专业 | | | | | | 学历、职称 | |
| 联系地址 | | | | | | | |
| 家庭住址 | | | | | | | |
| 特长 | | | | | | | |
| 紧急联系人姓名 | | | | 紧急联系人电话 | | | |

续表

| 家庭状况 | | | |
|---|---|---|---|
| 姓名 | 关系 | 工作单位及职务 | 联系电话 |
| | | | |
| | | | |
| | | | |
| | | | |

| 教育及培训背景 | | | |
|---|---|---|---|
| 起止时间 | 学校或培训机构名称 | 专业或课程 | 证书或学位 |
| | | | |
| | | | |
| | | | |
| | | | |
| | | | |

| 工作经历（从最近工作经历填起） | | | | |
|---|---|---|---|---|
| 起止时间 | 工作单位 | 职位 | 工资 | 离职原因 |
| | | | | |
| | | | | |
| | | | | |
| | | | | |
| | | | | |
| | | | | |

| 语言及电脑技能 | |
|---|---|
| 普通话 | 听力 □好 □一般 □差　会话 □好 □一般 □差 |
| 英语 | 听力 □好 □一般 □差　会话 □好 □一般 □差 |
| 第二语言 | 会话 □好 □一般 □差　阅读 □好 □一般 □差　书写 □好 □一般 □差 |
| 电脑 | □**E-mail**　□**Word**　□**Excel**　□**PowerPoint**　□**Photoshop**　□中文输入 |

| 其他 |
|---|
| 因工作需要，是否可以接受倒班及夜班工作：　□是　□否　□可以考虑 |
| 招聘方式：□公开招聘　□推荐（推荐人姓名：________________职务：________________） |
| 是否有亲友在用人单位或本公司：□否　□有（亲友姓名：____________职务：________________） |

期望薪水：________________（月薪）　　　　　可到职日期：

兹声明本人在此“求职申请表”上所填报的全部内容属实，愿接受公司查询，如有虚报，公司可随时解除劳动合同，并不给予任何经济补偿。

申请人签名：　　　　　　　　　　　　　　　　日期：

【范例二】

<table>
<tr><td colspan="6">个 人 求 职 简 历</td></tr>
<tr><td>姓名</td><td></td><td>性别</td><td></td><td colspan="2" rowspan="7">照<br>片</td></tr>
<tr><td>年龄</td><td></td><td>出生日期</td><td></td></tr>
<tr><td>所在城市</td><td></td><td>从事行业</td><td></td></tr>
<tr><td>学历</td><td></td><td>民族</td><td></td></tr>
<tr><td>婚姻状况</td><td></td><td>身份证号码</td><td></td></tr>
<tr><td>籍贯</td><td></td><td>户口所在地</td><td></td></tr>
<tr><td>毕业学校</td><td></td><td>计算机能力</td><td></td></tr>
<tr><td rowspan="3">家庭成员</td><td>姓名</td><td>成员关系</td><td>职务</td><td colspan="2">工作单位</td></tr>
<tr><td></td><td></td><td></td><td colspan="2"></td></tr>
<tr><td></td><td></td><td></td><td colspan="2"></td></tr>
<tr><td rowspan="5">工作经历</td><td>工作时间</td><td>公司名称</td><td>职位名称</td><td colspan="2">所属部门</td></tr>
<tr><td></td><td></td><td></td><td colspan="2"></td></tr>
<tr><td></td><td></td><td></td><td colspan="2"></td></tr>
<tr><td></td><td></td><td></td><td colspan="2"></td></tr>
<tr><td></td><td></td><td></td><td colspan="2"></td></tr>
<tr><td rowspan="2">教育情况</td><td>时间</td><td>学校</td><td colspan="3">学历</td></tr>
<tr><td></td><td></td><td colspan="3"></td></tr>
<tr><td rowspan="2">培训经历</td><td>培训时间</td><td>培训机构</td><td colspan="3">培训内容</td></tr>
<tr><td></td><td></td><td colspan="3"></td></tr>
<tr><td>备注</td><td colspan="5"></td></tr>
<tr><td>项目经验</td><td>项目</td><td colspan="4">1.<br>2.</td></tr>
<tr><td rowspan="2">项目经验</td><td>开发</td><td colspan="4">3.<br>4.<br>5.<br>6.<br>7.<br>注：</td></tr>
<tr><td>其他项目</td><td colspan="4">8.<br>9.<br>10.</td></tr>
<tr><td rowspan="2">职业技能</td><td colspan="2"></td><td colspan="3"></td></tr>
<tr><td colspan="2"></td><td colspan="3"></td></tr>
<tr><td>语言能力</td><td colspan="2">语言</td><td colspan="3">水平</td></tr>
</table>

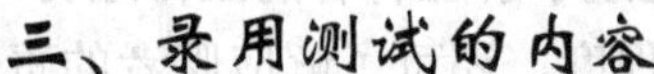

## 三、录用测试的内容

人力资源部门对应聘人员资料进行初步的整理分类后，交给各部门主管，由主管筛选出初步具有资格的人员，由人力资源部通知应聘者参加录用测试。录用测试的内容主要有以下几个方面。

（1）能力测试。能力测试是衡量一个人学习及完成一项工作的能力，这种测试尤其适合于测试没有实践经验的候选人。与工作相关的能力可分为语言能力、计算能力、感知速度、空间能力及推理能力等。

（2）业务知识测试及经验测试。业务知识测试及经验测试是衡量候选人对所申请的职位所具备的知识。这种测试可采取笔试或面试的形式。

（3）工作样本测试。工作样本测试要求求职者将代表某项工作的一项或者若干项任务完成。这样做的依据是，它们具有较高的预测有效性，能减少不利影响，并更易被求职者接受。

（4）职业兴趣测试。职业兴趣测试可以表明一个人最感兴趣并最可能从中得到满足的工作是什么，它是将个人兴趣与那些在某项工作中较成功的员工的兴趣进行比较。

（5）个性测试。个性测试主要是为了考察人的个性特点与工作行为的关系。作为选择工具，个性测试不如其他类型测试的作用大。

（6）智商测试。理论研究和实践均已证明，智能水平与工作效率、管理效率、事业的成功程度有着密切的关系。通过智商测试可以提供被测者的准确信息，使其在深入了解自己的智力水平以及数字、空间、逻辑、词汇、创造、记忆等方面能力的基础上，根据自身特点了解如何发挥自己的优势，提高自己的能力。

（7）情商测试。美国心理学家研究发现，人的情商对成功起到了关键性的作用。在现实生活中，人们发现许多智商很高的人不一定取得成就，而智商不高的却有很多取得了成就。情商测试主要是衡量一个人对自己情绪的认知和调控能力，主要包括自我意识、控制情绪、自我激励、认知他人情绪和社会适应性等五个方面。

## 四、招聘面试的内容

（1）仪表风度，即应聘者的外貌仪容、穿着打扮、行为举止、精神状态等。

（2）求职动机与工作期望，即求职者为何希望来本单位工作、对哪种职位最感兴趣、在工作中追求什么等，对这些问题的了解，有助于判断本单位所能提供的职位或工作条件是否满足其工作要求和期望。

（3）专业知识与特长，即应聘者掌握专业知识的深度和广度，了解其专业知识与特长是否符合所要录用职位的专业要求，以作为对专业知识笔试的补充。

（4）工作经验。这是面试过程中所要考察的重点内容。通过了解应聘者的工作经历，来查询其过去工作的有关情况，以考察其所具有的实践经验程度，还可了解应聘者的责任感、主动精神、思维能力以及遇到紧急情况的理智状况。

（5）工作态度。有两层含义：一是了解应聘者过去对工作、学习的态度；二是对要应聘职位的态度以及对企业的态度等。

（6）事业进取心。事业心和进取心强烈的人，一般都确立有事业上的奋斗目标，并为之而积极努力，表现在工作兢兢业业、刻意追求、不安于现状，有创新的欲望。进取心不强或没有什么进取心的人，必然是无所事事、安于现状，不求有功，但求能敷衍了事，因此对什么事都不热心。这样的人是难以做好本职工作的。

（7）口头表达能力。面试中应试者是否能够将自己的思想、观点、意见或建议顺畅地用语言表达出来。考察的具体内容包括表达的逻辑性、准确性、感染力、准确性、音质、音色、音量、音调等。

（8）综合分析能力。面试中，应试者是否能对主考官提出的问题通过分析抓住本质，并且说理透彻、分析全面、条理清晰。

（9）反应能力与应变能力。主要看应试者对主考官所提的问题理解是否准确贴切，回答的迅速性、准确性等；对于突发问题的反应是否机智敏捷、回答恰当；对于意外事情的处理是否得当、妥当等。

（10）自我控制能力与情绪稳定性。自我控制能力对于国家公务员及许多其他类型的工作人员（如企业的管理人员）显得尤为重要。一方面，在遇到上级批评指责、工作有压力或是个人利益受到冲击时，能够克制、容忍、理智地对待，不致因情绪波动而影响工作；另一方面，工作要有耐心和韧劲等。

# 录　用

在对求职资料合格者进行笔试、面试、专门考察的基础上，决定求职者是否被录用。对决定录用的人员，根据有关规定办理有关手续。对未被录用人员，应以妥善的方式通知其未被企业录用。被录用的人员成为企业的正式员工前还应进行岗前培训和签订劳动合同（办理转正手续）。

## 一、录用过程中应注意的事项

（1）确定录用名单时应坚持原则，它关系到整个招聘工作的成败，录用必须以对应聘者全面考核的结论为依据，依靠集体力量，由招聘小组成员或高层管理人员集体讨论核定，避免主观偏见的影响，而且要防止不正之风的干扰。

（2）录用名单确定之后，人力资源部门要及时通过应聘者是否被录用。通知的方式通常有张榜通知、电话通知与书面通知等。对于未录用的应聘者，招聘单位应辞谢。这样做有利于维护企业的良好形象和声誉，也可以体现对未录用者应有的尊重。

（3）下发录用通知时应告知被录用者到企业报到的时间。被录用者报到时应妥善办理各项报到手续。报到手续办理完毕，他（她）们就成为企业的新员工，并进入试用期。为了明确试用期双方的权利义务，有的企业还与新员工签订试用期协议。

## 二、岗前培训的内容

上岗引导培训主要是向聘用的新员工介绍企业的规章制度、企业文化、业务和现有员工。岗前培训的内容有如下四种：

（1）管理能力培训，如领导能力、绩效管理、项目管理等。培训对象主要是企业聘用人员中的中高层管理人员或极具发展潜力的员工。

（2）专业技能培训，如销售、财务管理、市场营销等。主要针对的是聘用者中的业务和职能部门人员，满足他们专业技能发展的需要。

（3）基本技能培训，如沟通、团队协作、解决问题、演讲等。培训对象可以是公司聘用的所有人员。

（4）基础性培训，如公司文化和价值观教育、安全生产等。基础性培训则是面向所有新进入企业的人员。

公司应制订详细的岗前培训计划，选择有经验的培训师对普通员工进行培训，可以采用师徒训练法、岗位练兵法等培训方法；对于管理者的岗前培训，则可以采用案例分析、实验性培训和行为分析等形式，使新录用人员能尽快适应新环境，融入企业中去。

## 三、新员工转正

应聘者成为正式员工通常以正式劳动合同的签订为标志。劳动合同规定了双方的劳动关系，明确了双方的责任、权利和义务，对双方同时进行法律的约束和保护。通常企业与员工间的劳动合同以 1 年为期，也有签 2～3 年的，但最长一般不超过 5 年。正式的劳动合同签订后，双方都应履行相应的责任和义务，尽快办理相关手续。

# 评　　估

招聘评估是在完成招聘流程中各阶段工作的基础上，对整个招聘活动的过程及结果进行评价及总结，检查是否达到预期的招聘目标的过程，包括录用人员评估、招聘渠道评估、甄选工具评估、招聘流程评估、招聘成本评估和招聘活动总结等六个方面。

## 一、录用人员评估

人力资源部门通过录用比、招聘完成比和应聘比三个指标对录用人员的整体情况进行评估：

录用比=录用人数/应聘人数

招聘完成比=录用人数/计划招聘人数

应聘比=应聘人数/计划招聘人数

## 二、招聘渠道评估

人力资源部门要对招聘渠道进行评估，可以通过以下三个指标从数量上评价招聘工作成功与否：一是在一定的时间内前来交谈询问的求职者人数；二是主动填写、递交求职申请表的人数；三是通过审查求职材料初步合格的求职者人数。对招募工作质量的评估是不同甄选阶段被选出人数与最终录取人数的比较，因为企业即使招募到许多求职者，但如果在甄选过程中被证明大多数不合格的话，招募工作也是失败的。除此之外，对招募工作的评估还应该考察不同招募方法的效果，针对不同类型的求职者提出最有效的招募方式和途径。

## 三、甄选工具评估

人力资源部门要对甄选工具进行评价。人员甄选工具的正确率评估主要是看测试方法的效度和信度，在每次甄选结束之后对所选用的测试方法进行评估，目的是对信度、效度不高的方法在以后的甄选工作中加以改进或淘汰。

评估可以分内部招聘工具评估与外部招聘工具评估两类，指标有以下四个。

（1）内部招聘录用人数/内部招聘报名人数。

（2）内部招聘转正人数/内部招聘报名人数。

（3）外部招聘录用人数/外部招聘报名人数。

（4）外部招聘转正人数/外部招聘报名人数。

## 四、招聘流程评估

人力资源部门回收招聘工作反馈调查表，根据调查表的统计数据来进行招聘流程评估。招聘流程评估是从总体上对一个招聘流程进行评估，评估的内容包括以下几点。

（1）考察招聘工作是否具有效率，即招聘过程的每一部是否在预定时间内完成，如果超出了预定时间，就要考虑由此造成的后果，包括时间成本和资金成本两个方面。

（2）考察年度招聘计划是否科学、合理和全面，如果一个招聘年度内出现的临时补充招聘计划超出了合理的范围，则说明年度招聘计划还有待改进的地方；除此要考察是否有人才浪费和不足的现象，如果事后被证明可以由临时工或兼职来完成的工作而实际上招了正式职员则加重了企业的人工成本，但另一方面制订招聘计划也要考虑组织未来发展的需要。

（3）考察招聘程序是否严格按照招聘规程和规范来执行。

（4）考察招聘策略的选择、招聘方案的制定以及招聘程序的执行等方面是否与组织的使命、经营目标以及价值观匹配。

## 五、招聘成本评估

人力资源部对招聘成本进行评估指的是对招聘中的费用进行调查、核实，并对照预算进行评价，如果成本低而录用人员质量高，就意味着招聘效率高，反之则意味着招聘效率低。其中有关成本费用的数据由财务部来提供。具体对招聘成本进行分析时，可以通过招聘成本、录用成本、人均成本等四个指标来进行。

（1）招聘成本指的是外部招聘时在笔试或素质测评之前产生的成本，以及内部招聘时人力资源部筛选内部招聘名单之前产生的成本。主要包括：招募人员直接劳务费、直接业务费（差旅费、广告费、宣传材料费、办公费、水电费）、间接费用（行政管理费、临时场地以及设备使用费等）。

（2）选拔成本指的是外部招聘时笔试或素质测评到确定录用名单之间发生的成本费用，以及内部招聘时筛选内部招聘名单确定录用名单之间发生的成本费用。

（3）录用成本就是在录用过程中产生的所有成本费用。

（4）人均成本=招聘总成本/录用总人数。

## 六、招聘活动总结

招聘活动结束后，应及时进行总结。要通过撰写总结报告来对招聘工作的全过程进行记录和经验总结，并对招聘活动的结果、经费支出等进行评定，主要包括招聘计划、招聘进程、招聘结果、招聘经费。

**【任务实施】**

## 一、技能训练

1．各项目小组以范例为模板为模拟公司编写《××公司招聘计划》，由指导教师审核、修改完善后，确定一份招聘计划。

2. 组织全班学生开展一次现场模拟招聘活动。

## 【案例】

**××企业招聘计划**

| 招聘目标（人员需求） | | |
|---|---|---|
| 职务名称 | 人员数量 | 其他要求 |
| 电气工程师 | 5 | 本科以上学历，35 岁以上 |
| 销售代表 | 3 | 本科以上学历，相关工作经历 3 年以上 |
| 行政文员 | 1 | 专科以上学历，女性，30 岁以下 |

信息发布时间和渠道

1. ××日报　　12 月 18 日
2. ××招聘网页　　12 月 18 日

招聘小组成员名单

组长：王　刚（人力资源部经理）对招聘活动全面负责

成员：张勇年（人力资源部薪酬专员）具体负责应聘人员接待、应聘资料整理

李晓英（人力资源部招聘专员）具体负责招聘信息发布，面试、笔试安排

选拔方案及时间安排

1. 电气工程师

| | | |
|---|---|---|
| 资料筛选 | 开发部经理 | 截止 12 月 25 日 |
| 初试（面试） | 开发部经理 | 12 月 27 日 |
| 复试（笔试） | 开发部命题小组 | 12 月 29 日 |

2. 销售代表

| | | |
|---|---|---|
| 资料筛选 | 销售部经理 | 截止 12 月 25 日 |
| 初试（面试） | 销售部经理 | 12 月 27 日 |
| 复试（笔试） | 销售部副总经理 | 12 月 29 日 |

3. 行政文员

| | | |
|---|---|---|
| 资料筛选 | 行政部经理 | 截止 12 月 25 日 |
| 面试 | 行政部经理 | 12 月 27 日 |

新员工的上岗时间

预计在 2 月 1 日左右

招聘费用预算

1. ××日报广告刊登费　　4 000 元
2. ××招聘网站信息刊登费　　800 元

合计：　　4 800 元

招聘工作时间表

12 月 11 日：起草招聘广告

12 月 12 日—13 日：进行招聘广告版面设计

续表

| |
|---|
| 12月14日：与报社、网站进行联系<br>12月18日：报社、网站刊登广告<br>12月19日—25日：接待应聘者、整理应聘资料、对资料进行筛选<br>12月26日：通知应聘者面试<br>12月27日：进行面试<br>12月29日：进行电气工程师笔试（复试）、销售代表面试（复试）<br>12月30日：向通过复试的人员通知录用<br>2月1日：新员工上班 |

## 二、案例分析

### 标新立异的日本电产公司

日本电产公司招聘人才的方式令人耳目一新。该公司招聘人才主要从三方面入手：自信心测试、时间观念测试和工作责任心测试。自信心测试法是让应试者轮流朗读或演讲、打电话。根据其声音大小、谈话风度、语言运用能力来录取。他们认为，具有工作能力和领导能力的人必然会说话声音洪亮、表达自如、信心百倍。

时间观念测试也十分有趣，面试的考官看谁比规定的应试时间来得早就录取谁。另外，还要进行"用餐速度考试"。他们通知面试后选出的60名应试者在某日进行正式考试，并说公司将于12点请各位吃午饭。考试前一天，主考官先用最快的速度试吃了生米饭和硬巴巴的菜，大约用5分钟吃完，经过商定，他们决定以10分钟内吃完的人为及格。应试者到齐后，12点整主考官向大家宣布："正式考试下午一点钟在隔壁房间进行，请大家慢慢吃，不必着急。"但应试者中最快的不到5分钟就吃完了。截止到预定的10分钟，已有33人吃完饭。于是，这33人全部被录取，在以后的工作中，他们果真都成为公司的优秀人才。

工作责任心测试是要求新招的员工在就职前先扫一年厕所，而且打扫时不用抹布刷子，全部用手。不愿干或敷衍塞责的人就此被淘汰掉，只有那些表里如一、诚实的人留下来。从质量管理角度看，这些留下来的人可以做到不只追求商品的外观和装潢，而且注意人们看不到的内部结构和细微部分，从而在提高产品质量上下工夫，养成不出废品的好习惯。只有这样的员工才能成为优秀的质量管理者。

用上述奇特的面试方法，日本电产公司获得了大量高素质的人才，使公司生产的精密马达打入了国际市场，资本和销售额增长了几十倍，一跃成为全球顶级企业。

资料来源：宿春礼．全球顶级企业通用的10种人力资源管理方法．北京：中国海关出版社，2003

【案例分析题】

1．对于日本电产公司的标新立异的招聘方法你认可吗？说说你的理由。

2. 假设你是模拟公司招聘主管，请为你的公司设计标新立异的招聘方法。

# 任务三 人力资源的培训与开发

【任务引入】

培训与开发是现代企业人力资源管理的重要部分，目的都是增强员工的知识和能力，但培训着眼于使培训对象获得目前的知识和能力，而开发则着眼于使开发对象掌握未来工作所需的知识和能力。在实际中，两者没有截然分开。通过人力资源的培训与开发，提高劳动生产率，防止员工技能退化，不断提高人员的素质，增强企业的应变能力。人力资源培训与开发包括制订培训计划、实施培训以及培训效果的评估三个步骤。

【信息获取】

## 制订培训计划

培训计划的制订是整个培训过程的最主要环节，决定着整个培训活动能否成功。因此，培训计划的每个步骤都要经过科学合理的规划、安排。首先进行培训需求分析，即在规划与设计每项培训活动之前，由培训部门采取各种办法和技术，对组织及成员的目标、知识、技能等方面进行系统的鉴别与分析，从而确定培训必要性以及培训的内容；然后在培训需求分析的基础上确定培训对象、培训目标、培训时间、培训内容、培训方法等；最后制订适宜的培训计划。

## 一、培训需求分析的过程

为确保培训的及时性和有效性，要注重培训需求分析的先后顺序，依次为组织分析、任务分析和人员分析。

**1. 组织分析**

组织分析主要是通过对组织的目的、资源、环境、文化等因素的分析，找出组织存在的问题，即现有状况与应有状况之间的差距，并确定培训是否解决这类问题的最有效的办法。包括：（1）组织目标分析，要确立组织发展目标，并据此确立相应的人力资源战略；（2）组织人力资源需求分析，包括组织为实现发展目标，在今后几年中所需要的人力资源数量和质量；（3）组织效率分析，分析的指标有劳动成本、产量、产品数量、废品率；（4）组织文化分析，包括组织哲学、经营理念、组织精神风气等。

**2. 任务分析**

任务分析用以确定从事新工作的雇员的培训需求。对低层次工作而言，通常是雇用没有经验的人员并对他们进行培训。在这种情况下，目的是保证良好的工作绩效而进行必要的技能和知识开发，因此通常根据任务分析——详细研究某项工作以确定需要什么专门技能，如针对装配工的焊接技术、主管人员的面谈技巧等来开展培训。任务分析的目的是决定培训内容应该是什么，对任务进行分析的最终结果是有关工作职责以及职位任职资格的详细描述，即员工所需执行的任务和完成任务所需知识、技能、观念与素养的描述。

**3．人员分析**

人员分析可以帮助确定哪些员工需要培训。通过分析比较员工目前实际的工作绩效与预期的工作绩效，或者员工现有的知识技能水平与组织对员工的知识技能水平的要求，来判定是否有进行培训的必要。

## 二、培训计划的内容

一份完整的培训计划应明确培训目标、培训对象、培训内容、培训讲师、培训方法以及培训进度、培训经费预算和培训控制措施等。

**1．确定培训目标**

培训目标是根据培训需求分析结果，指出员工培训的必要性及期望达到的效果。好的培训目标可以为培训工作明确方向，为确定培训对象、内容、时间、教师、方法等具体操作内容提供依据，并可以在培训之后，对照此目标进行效果评估。从某一培训活动的总体目标到每一堂课的具体目标，培训目标可分为若干层次。目标的设置也要注意与企业的宗旨相兼容，保证切实可行、陈述准确。

**2．选择培训对象**

准确地选择培训对象，不仅能降低培训费用，而且能够大幅度提高培训效果。在选择培训对象时，应重点考虑以下这些员工：

（1）新进员工。对新进员工进行培训，可以使他们顺利地进入工作状态，有一个良好的工作开端，更好地为企业的发展做出贡献。

（2）有能力且符合企业发展的人。他们可能是企业的技术骨干，为更新知识或发展成为复合型人才而需要进行培训；或是由于转岗的需要，培训可以使他们担当或胜任新岗位的工作。

（3）有潜在能力的人。有潜在能力的人，具有一定的创新能力和创造力潜质。对他们进行培训，目的是进一步挖掘和激发其潜力的才能。企业往往期望他们通过培训掌握不同的管理知识和岗位技能，让其进入更复杂、更重要或更高层次的工作岗位。

（4）有特殊需要的人。一种是能为企业各种突发情况提供应急技能；另一种指对自己有特殊需求，有很强的培训参与欲望的人。

**3．选择培训内容**

培训内容选择的合理与否，一方面会影响培训进度；另一方面则会影响到培训质量。好的培训内容和培训课程应符合以下要求：

（1）与培训目标一致。要有一种既定的、连续性的政策和计划目标，以此来避免内容设计的分散，保证培训课程的整体性。

（2）照顾多数受训员工的需求。课程内容设计应尽最大可能地提供能使多数学员感兴趣的课程。

（3）可操作性强。培训要在计划好的时间内达到目标要求，就必须增强课程设计的可操作性，否则只会空对空，使一份好的培训计划落空。

（4）契合企业与员工的实际情况。培训也要计算成本收益账，那种为追时髦而设立的，对企业、员工并无实质帮助的课程应坚决剔除。

（5）设计固定与机动两种课程。培训都应当以员工和企业的需要为基础而开设一些固定的课程为核心课，而且为了满足其新的需求和兴趣，还应开设一些可能是临时加设的机动课程，使培训课程不致沉闷。

**4．选择培训讲师**

培训讲师的选择是培训项目取得成功的关键。培训管理者应根据每个培训项目的具体需求选择好德才兼备的培训讲师。培训讲师既可以在企业内部选择，又可以从企业外部进行选聘。内聘和外聘的比例应依据培训的实际需求，尽可能做到内外搭配合理，相互学习、相互促进，形成一个和谐高效的精英团队。

**5．设计培训方式与方法**

要视需要及许可的条件选择一系列培训方法，如讲授法、研讨法、案例研究法、管理游戏法、行为示范法、工作轮换法、辅导法、网络法等，可采取以其中一两种为重点，多种方法变换组合的方式，使培训效果达到最理想状态。培训方法的设计也要注意受训者的知识层次和岗位类型，如案例研究对管理者培训较适合，但对操作人员来说，现场辅导和授课方法的效果可能会更好。

**6．安排培训课程及进度表**

这一过程其实是培训目标的具体化和操作化，即根据培训对象、培训目标及要求，确定培训项目的形式、学制、课程设置方案、拟定培训大纲、培训内容、培训时间、选择教科书与参考教材等。为受训人员提供具体日程安排和详细的时间安排，将培训的时间跨度、阶段划分等用简明扼要的文字或图表表示出来。

**7．培训经费预算**

一般来说，派员工参加组织外部的培训，其费用都按培训单位的收费标准来支付。内部培训的经费预算则应包括多种项目，常见的是组织内部自行培训、聘请培训师来组织培训和聘请培训公司来组织培训等几种形式，其开支预算是不一样的，主要包括培训师及内部员工的工资、场地费、设备材料的损耗费、教材及资料费用等。培训计划应对

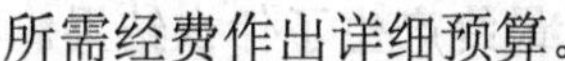
所需经费作出详细预算。

**8．制定培训控制措施**

为保证培训工作有序进行，应制定一定的措施及时跟踪培训效果、约束员工行为、保障培训秩序、监督培训工作的开展。常见的控制手段有签到登记、例会汇报、流动检查等。这也是培训计划中所需安排的一项重要内容。

## 培训项目的实施和评估

培训计划制订完成之后，接下来就是培训计划的具体实施了。实施一般按照下达培训计划、准备培训资源、组织实施的过程进行。另外，为了检查预期的培训目标是否实现以及总结经验教训，还应做好培训效果的评估工作。

### 一、培训效果评估的标准

美国威斯康星大学教授柯克帕特里克于1989年提出的培训效果评估的四层次模型是最有影响力的，它是被全球职业经理人广泛采用的模型。该模型认为评估培训效果必须从四个层次分别进行评估。

（1）受训者的反应。评估受训者对培训的满意程度，即课程刚结束时，了解受训者对培训项目的主观感觉，例如对培训材料、培训师、设备、方法等方面的评价。通过课堂反馈（如课堂气氛、受训者回答问题的活跃程度等）、抽查受训者的课堂笔记和同受训者的交谈等途径，可以了解到受训者对培训活动的反应，以确定受训者对培训内容是否感兴趣，培训方式是否合适和培训中传授的知识与技能在工作中是否有用等，这样便于培训人员在某些方面及时作出改进。此外，还可用问卷形式收集受训者对培训活动的反应。应该注意的是，受训者积极的反应仍不能说明培训已经取得了成功。

（2）学习评估。评估受训者在知识、技能、态度、行为方面的收获，即受训者在知识、技能、态度、行为等方面学到了什么。学习层面主要的评估方法有考试、演示、讲演、讨论、角色扮演等多种方式，以考卷形式或实地操作来测试。这时就需要把测试结果与培训前对受训者的摸底情况进行对比分析。在一个培训项目开始之前应对受训者进行知识和技能考核，并且这些知识技能还应在培训后按同样的标准再次测试，通过比较培训前后受训者的考核成绩，就可确定其进步程度。

（3）行为评估。评估测量受训者在培训项目中所学到的知识技能的转化程度，受训者的工作行为有没有得到改善，即受训者的工作行为方式有多大程度的改变。对行为迁移进行考察的方法主要有：① 关键事件分析法，即对工作中的关键事件进行分析，以便了解其中出现了多少“新的行为模式”；② 实地观察法，即实地观察受训者的行为，了解他们在多大程度上将培训中学到的知识和技能应用到了实践中。

（4）结果评估。在组织层面上绩效是否改善的评估，即通过如质量、数量、安全、销售额、成本、利润、投资回报率等可以量度的指标来考查，看最终产生了什么结果。把企业或受训者的上司最关注的并且可量度的指标，如质量、数量、安全、销售额、成本、利润、投资回报率等与培训前进行对照。

## 二、培训效果评估的步骤

（1）对培训项目的具体要求和目标进行评估。从项目的制定开始，就要重视对项目的具体要求进行评估。为此，要大量收集受训者有关的技术水平、管理能力和行为表现等具体情况，并深入听取他们的要求和有关人员的要求，制定出符合本企业的培训目标和要求。

（2）在培训过程中通过各种形式的考核听取培训师意见及受训者的意见，检查培训进程，以分析问题，按既定目标和要求改进培训工作。

（3）在培训结束时，根据培训计划的要求和内容，利用口试、笔试、实际问题的解决方式综合地考核受训者是否达到培训的要求。

（4）对培训的财务进行考核，检查培训是否按勤俭办培训的原则进行。

**【任务实施】**

## 一、技能训练

各项目小组为模拟公司制订一份培训计划。

## 二、案例分析

### 别具一格的杜邦培训

作为化工界老大的杜邦公司在很多方面都独具特色。其中，公司为每一位员工提供独特的培训尤为突出。因而杜邦的“人员流动率”一直保持在很低的水平，在杜邦总部连续工作30年以上的员工随处可见，这在“人才流动成灾”的美国是十分难得的。

杜邦公司拥有一套系统的培训体系。虽然公司的培训协调员只有几个人，但他们却把培训工作开展得有声有色。每年，他们会根据杜邦公司员工的素质、各部门的业务发展需求等拟出一份培训大纲，上面清楚地列出该年度培训课程的题目、培训内容、培训教员、授课时间及地点等，并在年底前将大纲分发给杜邦各业务主管。根据员工的工作范围，结合员工的需求，参照培训大纲为每个员工制订一份培训计划，员工会按此计划参加培训。

杜邦公司还给员工提供平等的、多元化的培训机会。每位员工都有机会接受像公司概况、商务英语写作、有效的办公室工作等内容的基本培训。公司还一直很重视对员工的潜能开发，会根据员工不同的教育背景、工作经验、职位需求提供不同的培训。培训范围从前台接待员的“电话英语”到高级管理人员的“危机处理”。此外，如果员工认为社会上的某些课程会对自己的工作有所帮助，就可以向主管提出，公司就会合理地安排人员进行培训。

为了保证员工的整体素质，提高员工参加培训的积极性，杜邦公司实行了特殊教员制。公司的培训教员一部分是公司从社会上聘请的专业培训公司的教师或大学的教授、技术专家等，而更多的则是杜邦公司内部的资深员工。在杜邦公司，任何一位有业务或技术专长的员工，小到普通职员，大到资深经理，都可作为知识教师给员工们讲授相关的业务知识。

资料来源：宿春礼．全球顶级企业通用的10种人力资源管理方法．北京：中国海关出版社，2003

**【案例分析题】**

1. 杜邦公司的培训体系有什么特点？
2. 谈谈完善的培训体系给公司和员工会带来哪些影响。

# 任务四　人力资源的绩效考评

员工的绩效考评是指根据绩效标准，采用一定的考评方法，评定员工的工作任务完成情况、员工的工作职责履行程度和员工的发展情况，并将上述评定结果反馈给员工的过程。有效的绩效考评不仅能确定每位员工对组织的贡献或不足，更可在整体上对人力资源的管理提供决定性的评估资料，从而改善组织的反馈机能，提高员工的工作绩效，更可激励士气，也可作为公平合理地酬赏员工的依据。

## 制订绩效考评计划

为了保证绩效考评工作顺利进行，必须事先制订考评计划。计划的内容包括绩效考评的目的、对象、内容、方法和时间。

### 一、绩效考评的目的

一般说来，绩效考评的目的有以下几个方面：

（1）考核员工工作绩效；

（2）建立公司有效的绩效考评制度、程序和方法；

（3）达成公司全体员工，特别是管理人员对绩效考评的认同、理解和操作的熟知；

（4）绩效考评制度的促进；

（5）公司整体工作绩效的改善和提升。

## 二、绩效考评的对象

绩效考评的对象可以涉及企业的全部员工。按职级层次划分有高层管理人员、中层管理人员、基层管理人员和普通员工。按岗位划分主要有管理人员、专业技术人员、生产部门员工和销售部门员工等。绩效考评目的不同，绩效考评的对象也会有所不同。

## 三、绩效考评的内容

企业员工绩效考评的内容体现了企业对员工的基本要求。考评内容是否科学、合理，直接影响到员工绩效考评的质量。因此，实行员工绩效考评的企业对有关考评内容都十分重视。一般而言，完整的绩效考评内容应该包括业绩考评、能力考评、态度考评、潜力测评和适应性考评等五项内容。在实际操作过程中，由于各企业考评目的和对象不同，会使考评的内容及侧重点有所区别。

**1．业绩考评**

业绩考评通常称为“考绩”，是对企业人员担当工作的结果或履行职务工作结果的考察与评价。它是对组织成员贡献程度的衡量，是所有工作关系中最本质的考评。它直接体现出员工在企业中价值的大小，与被考评者担当工作的重要性、复杂性和困难程度呈正相关关系。通过反馈系统的反馈，业绩考评比其他考评更能体现组织的效率。

**2．能力考评**

能力考评是考评员工在职务工作中发挥出来的能力。例如，在工作中判断是否正确、工作效率如何、工作中协调能力怎样等。根据被考评者在工作中表现出来的能力，参照标准和要求，对被考评者所担当的职务与其能力是否匹配作出评定。这里的能力主要体现在四个方面：常识、专业知识和其他相关知识；技能、技术和技巧；工作经验；体力。需要指出的是，企业人事考评中的能力考评和能力测试不同，前者是同被考评者所从事的工作相关，而后者是对员工的能力从人的本身属性进行评价，分出优劣，强调人的共性，不一定要和员工的现任工作相联系。

**3．态度考评**

态度考评是考评员工为某项工作而付出的努力程度，如是否有干劲、有热情，是否忠于职守，是否服从命令等。态度是工作能力向业绩转换的中介，在很大程度上决定了能力向业绩的转化。当然，同时还应考虑到工作完成的内部条件和外部条件。态度反映“功劳”和“苦劳”之间的关系，最大限度地使只有“苦劳”的人成为有“功劳”的人，是企业的责任，也是企业有效使用人力资源的诀窍。

**4．潜力测评**

潜力相对于“在职务工作中发挥出来的能力”而言，是“在工作中没有发挥出来的能力”。至少有以下四方面原因，使一个人的能力不能在自己所担当的职务工作中发挥出

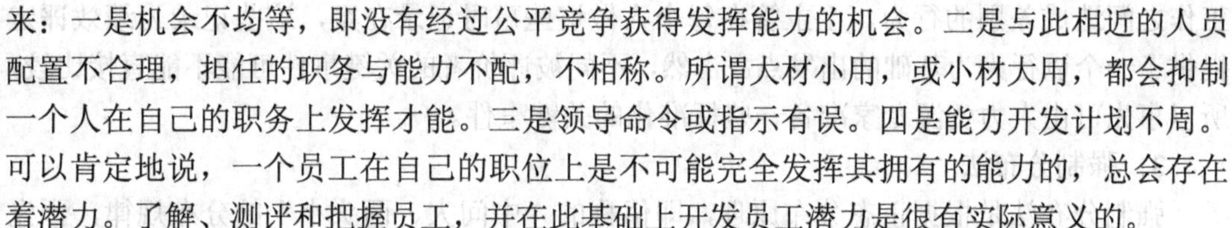

来：一是机会不均等，即没有经过公平竞争获得发挥能力的机会。二是与此相近的人员配置不合理，担任的职务与能力不配，不相称。所谓大材小用，或小材大用，都会抑制一个人在自己的职务上发挥才能。三是领导命令或指示有误。四是能力开发计划不周。可以肯定地说，一个员工在自己的职位上是不可能完全发挥其拥有的能力的，总会存在着潜力。了解、测评和把握员工，并在此基础上开发员工潜力是很有实际意义的。

5. 适应性考评

适应性考评是考评员工对当前职位或职务工作的适应情况。工作职位或职务不适合，是企业员工能力得不到发挥的原因之一。导致员工不适应当前职位或职务的原因可能有两个方面：一是人与工作，即人的能力与工作要求不对称。从人的发展来看，每个人有自己的成就感和价值倾向，希望随着年龄增长，在自己的职业生涯中富有成就感，减少职务工种选择与安排上的机会损失。二是人与人性格的差异，影响到人际关系和合作关系，这往往是一个人一事无成的原因。把适应与不适应的问题反映到“纸”上来，在若干个考评过程结束后，从整体把握所有员工适应性状态的倾向，一旦企业内部有调整的机会，就可以不失时机，适宜地作出调整，使人尽其才、才尽其用。

## 四、绩效考评的时间

考评的目的、对象和内容不同，考评的时间也应当有所区别。例如，思想觉悟及工作能力是不会迅速改变的，因此考评间隔期可长一些，一般是一年一次；工作态度及绩效则变化比较快，间隔可短一些，一边随时调整管理措施，但也要视考评对象的不同而具体对待。生产、销售人员的勤、绩可每月考评；而专业技术人员、管理人员的工作短期不易见效，考评过于频繁，不但无实际意义，反而容易助长短期行为，因此以一年一次，最多半年一次为好。

## 五、绩效考评的方法

1. 等级评估法

等级评估法又称等级鉴定法，是一种历史最悠久的也是应用最广泛的员工业绩考核技术。在应用这种评价方法时，评价者首先确定业绩考核的标准，然后对于每个评价项目列出几种行为程度供评价者选择。根据工作分析，将被考评岗位的工作内容划分为相互独立的几个模组，在每个模组中用明确的语言描述完成该模组工作需要达到的工作标准。同时，将标准分为几个等级选项，如“优、良、合格、不合格”等，考评人根据被考评人的实际工作表现，对每个模组的完成情况进行评估，总成绩便为该员工的考评成绩。

2. 关键事件法

关键事件法就是通过被评价者在工作中极为成功或极为失败的事件的分析和评价，来考察被评价者工作绩效的一种方法。显然，某一工作的关键事件是在有效工作和无效工作之间造成差别的行为。由主管在每个人做这些事时记录在案，这些记录为绩效评定提供了一个以行为为基础的出发点。当然，不同被评价者的关键事件可能不能直接比较，所以事先可由人力资源专家准备一些标准化的关键事件。

3. 强制分布法

强制分布法是根据正态分布原理，即俗称的"中间大、两头小"的分布规律，预先确定评价等级，如优、良、中、较差，以及各等级在总数中所占的百分比，然后按照被考评者绩效的优劣程度将其列入其中某一等级，如表 7.4 所示。

表 7.4 强制分布表

| 员工人数 | 优（10%） | 良（20%） | 中（40%） | 较差（20%） | 差（10%） |
|---|---|---|---|---|---|
| 50 人 | 5 人 | 10 人 | 20 人 | 10 人 | 5 人 |

实施这种评价的步骤是：

第一步，确定 A、B、C、D 和 E 各个评定等级的奖金分配的点数，各个等级之间点数的差别应该具有充分的激励效果。

第二步，由每个部门的每个员工根据业绩考核的标准，对自己以外的所有其他员工进行百分制的评分。

第三步，对称地去掉若干个最高分和最低分，求出每个员工的平均分。

第四步，将部门中所有员工的平均分加总，再除以部门的员工人数，计算出部门所有员工的业绩考评平均分。

第五步，用每位员工的平均分除以部门的平均分，就可以得到一个标准化的考评得分。那些标准分为（或接近）1 的员工应得到中等的考评，而那些标准分明显大于 1 的员工应得到良甚至优的考评，而那些考评标准分明显低于 1 的员工应得到及格甚至不及格的考评。在某些企业中，为了强化管理人员的权威，可以将员工团体考评结果与管理人员的考评结果的加权平均值作为员工最终的考评结果。但是需要注意的是，管理人员的权重不应该过大。各个考评等级之间的数值界限可以由管理人员根据过去员工业绩考核结果的离散程度来确定。这种计算标准分的方法可以合理地确定被考核的员工的业绩考评结果的分布形式。

第六步，根据每位员工的考评等级所对应的奖金分配点数，计算部门的奖金总点数，然后结合可以分配的奖金总额，计算每个奖金点数对应的金额，并得出每位员工应该得到的奖金数额。其中，各个部门的奖金分配总额是根据各个部门的主要管理人员进行相互考评的结果来确定的。

为了鼓励每位员工力图客观准确地考评自己的同事，对同事的考评排列次序与最终结果的排列次序最接近的若干名员工应该得到提升考评等级等形式的奖励。另外，员工的考评结果不应在考评当期公开，同时，奖金发放也应秘密给付，以保证员工的情绪。但是各个部门的考评结果应该是公开的，以促进部门之间的良性竞争。

### 4. 成对比较法

成对比较法是评价者根据某一评价标准将每一名员工与其他员工进行逐一比较，并将每一次比较中的优胜者选出，最后，根据某一员工净胜次数的多少进行排序。这种方法的比较标准往往比较笼统，不是具体的工作行为或是工作成果，而是评价者对员工的整体印象。假设现在有赵一、钱二、孙三、李四、周五五位员工需要进行考核，如果使用成对比较法，可以按照如表 7.5 所示的方法进行考核。首先将所有需要考核的员工姓名分别按照行和列写好；然后将每个员工与部门内所有其他员工进行相互比较，将业绩水平比较高的员工姓名或者代号写在两者交叉的空格内；最后就可以按照每位员工“胜出”的次数来对他们进行排序，得到一个排名表，如表 7.6 所示。

表 7.5　成对比较法的应用表

| | 赵一 | 钱二 | 孙三 | 李四 | 周五 |
|---|---|---|---|---|---|
| 赵一 | — | 钱二 | 孙三 | 李四 | 周五 |
| 钱二 | | — | 孙三 | 钱二 | 周五 |
| 孙三 | | | — | 孙三 | 周五 |
| 李四 | | | | — | 周五 |
| 周五 | | | | | — |

表 7.6　成对比较法的排名表

| 员 工 姓 名 | 胜出的次数 | 排 名 次 序 |
|---|---|---|
| 周五 | 4 | 1 |
| 孙三 | 3 | 2 |
| 钱二 | 2 | 3 |
| 李四 | 1 | 4 |
| 赵一 | 0 | 5 |

### 5. 行为观察评价法

在应用这种评价方法时，需要首先确定衡量业绩水平的角度，如工作质量、人际沟通技能、工作的可靠性等。每个角度都可以细分为若干个具体的标准，并设计一个评价表。评价者将员工的工作行为同评价标准进行比较，每个衡量角度的所有具体科目的得分构成员工在这方面的得分，将员工在所有评价方面的得分相加，就可以得到员工的评价总分，如表 7.7 所示。

表 7.7　行为观察评价表

| 工作的可靠性（项目工程师） | | | | | | |
|---|---|---|---|---|---|---|
| 1. 有效地管理各种时间 | | | | | | |
| 几乎没有 | 1 | 2 | 3 | 4 | 5 | 几乎总是 |

续表

| 2．能够及时地符合项目的截止期限要求 | | | | | | |
|---|---|---|---|---|---|---|
| 几乎没有 | 1 | 2 | 3 | 4 | 5 | 几乎总是 |
| 3．必要时帮助其他员工工作以符合项目的期限要求 | | | | | | |
| 几乎没有 | 1 | 2 | 3 | 4 | 5 | 几乎总是 |
| 4．必要时情愿推迟下班和周末加班工作 | | | | | | |
| 几乎没有 | 1 | 2 | 3 | 4 | 5 | 几乎总是 |
| 5．预测并试图解决可能阻碍项目按期完成的问题 | | | | | | |
| 几乎没有 | 1 | 2 | 3 | 4 | 5 | 几乎总是 |
| 13 分及其以下 | 14～16 分 | | 17～19 分 | 20～22 分 | | 23～25 分 |
| 很差 | 差 | | 满意 | 好 | | 很好 |

### 6. 目标管理法

这种方法指主管人员和下属共同讨论和制定员工在一定时期内需要达到的绩效目标以及检验目标的标准，经过贯彻执行后，规定期末，主管人员和下属双方要共同对照既定目标，依据原定的检验目标的标准，测评下属的实际绩效，找出成绩和不足，然后本着合作互利、发扬优点、克服缺点的原则，制定下一阶段的绩效目标。实施这种评价方法的过程类似于主管人员和员工签订一个合同，双方规定在某一个具体时间达到某个特定的目标。员工的绩效水平就根据届时这一目标的实现程度来评定。如表 7.8 所示是某家电产品销售公司的销售人员在应用目标管理法时的业绩考核表。

表 7.8　销售人员绩效考核表

| 序　　号 | 目 标 项 目 | 本 月 目 标 | 实际完成情况 | 绩效差距/% |
|---|---|---|---|---|
| 1 | 微波炉销量/台 | 100 | 110 | +10 |
| 2 | 电冰箱销量/台 | 60 | 50 | −16.7 |
| 3 | 电视机销量/台 | 80 | 75 | −6.25 |
| 4 | 新发展的批发客户/个 | 5 | 4 | −20 |
| 5 | 顾客抱怨/次数 | 10 | 7 | −30 |
| 6 | 销售分析报告/篇数 | 4 | 4 | 0 |

### 7. 360 度绩效评估法

360 度绩效评估法又称全方位考核法，最早被英特尔公司提出并加以实施运用。该方法是指通过员工自己、上司、同事、下属、顾客等不同主体来了解其工作绩效，通过评论知晓各方面的意见，清楚自己的长处和短处，来达到提高自己的目的。实施该种评估方法的步骤有：

（1）界定目标。每个考评首先要先知道考评的目的是什么。例如，是为了了解整个公司大体训练发展需求，还是中高阶主管的领导力表现等。不同的目的会产生不同的问卷，所考评的内容及对象亦会不同。

（2）明确职能标准及主要行为。根据考评的目的来决定出考评的职能标准及主要行为是什么。例如，若考评的目的是了解领导人员的训练需求，就必须先制定出公司要求一位优秀的领导人所必须具备的职能是什么，有可能是分析能力、沟通能力、发展部属才能等，或是个人影响力、创新等。每家公司所要求的领导能力不同，因此这一步骤多是根据公司个别状况量身定做。一旦职能确定后，再根据每项职能制定出主要行为。例如，就分析能力此项职能来说，其主要行为可能是能辨别事件的因果关系、收集不同的资料来了解问题、归纳不同的资料、作出逻辑的结论等。

（3）根据职能标准制定调查问卷。一旦职能及主要行为确定后，即可着手制定调查问卷。问卷的题目可从职能的主要行为来挑选，由于其正是公司期望被评估者所应展现的行为，用此作为评量的标准深具意义。至于题目的多寡则需考量职能的数目及回答问卷所需的时间。例如，如果须考评 10 个职能，每个职能用 4 个题目来决定，问卷的题目就有 40 题，回答这样一份问卷的时间可能需要 20 分钟，而有些被评估人员可能必须回答许多份问卷，如此一来，所需花费的时间就很可观。

（4）选定被评估人及评估人。制定问卷的同时，可选定此次被评估的主角及给予每位主角评分的评估者。选择评估人的考量是必须与被评估人有充分的互动，有机会观察其行为，有些公司是由主管来决定评估人，有的公司则是由被评估人挑选，然后由主管同意，可参考公司的文化来调整。

（5）宣导及教育。这一步骤是整个流程的核心步骤，沟通及教育深深影响到评分的心态及正确性。沟通的主要原则是必须清楚告之评估的目的及对公司及个人的利益，让参与者知道这个评估法对他们的好处是什么；再则是让其了解运作的细节及作答的标准，让他们对评估的公平、公正、保密深具信心，建议在执行评估前，集合所有人员，做一说明会。

（6）测试。问卷完成后，可先请少许人员测试，测试的重点在防范问题是否语意不清，问题中所描述的行为是否无法观察等，根据测试人员的反应来作最后调整。

（7）执行考评。问卷的形式有很多种，有纸张问卷、磁盘档案、网络直接作答等方式，可考评公司的设备、预算及人力。此时，必须给评估人充足的时间来完成所有的问卷，并将问卷传送及回收的时间算进去。

（8）资料计算及报告发展。当所有的问卷都回收后即可进行资料输入及分析，此时的保密性非常重要，因为执行此步骤的人会看到问卷的内容，这也是为什么很多公司要借助第三者公司来执行的原因，除了专业的技术外，很大的考量是希望能做到完全保密。

（9）提供回馈，制订行动计划。企业管理部门针对反馈的问题制订行动计划，也可以由咨询公司协助实施，由他们独立进行数据处理和结果报告，其优越性在于报告的结果比较客观，并能提供通用的解决方案和发展计划指南。

## 制定绩效考评标准

绩效考评标准是考评者通过测量或通过与被考评者约定所得到的衡量各项考评指标得分的基准。制定绩效考评标准是企业实施绩效考评工作的基础，考评标准制定得好坏也将直接影响到绩效考评的最终实施效果。依据组织的战略，就可制定个人或群体的工作行为和工作成果标准，标准尽管可有多项，每一项也有很明细的要求，但衡量绩效的总的原则只有两条：是否使工作成果最大化，是否有助于提高组织效率。

在制定绩效考评标准时应注意以下几个方面。

**1．一般不作为单独的考评标准**

在非量化的指标中，数量和时间一般不作为单独的考评标准。所谓非量化指的是追求工作质量，而非数量。例如一个打字员，其工作标准为每分钟 60 个字、错误率在 1%，在这种情况下员工就很可能把打字速度提高到每分钟 120 个字，但是错误率到了 5%，像这样的打字只追求速度，就忽视了更重要的质量。很多人在做绩效考评时常用“某某项目在某月底完成”，其实这是错误的绩效考评表填写方法。这会导致员工只求完成工作的速度，而容易忽视完成工作的效果，如准确率、返工率等都是很好的衡量标准。

**2．考评的内容一定要是自己可控的**

很多质量检测、监控部门会在绩效考评表中写到保证质量合格率在多少以上，其实这也是错误写法，因为你所监管的部门的质量不是你所能控制的，你只能做到检验产品合格率的准确度达到误差在多少范围内。要记住，质量不是能控制出来的，而是生产出来的，检测只是为生产提供督导、参考。

**3．形容词不能作量化考评的标准**

员工填写绩效考评表时，常常会发现“完善制度”、“及时传达”这样的字眼。带有这些字眼的考评标准都是很难量化的。什么程度下才算是完善？什么情况下才算是及时？对于一个办公室主任的考评，应这样写：普通文档 8 小时内送到，加急文档 3 小时内送到。这样量化了后才能很好评判办公室主任的工作到底是不是及时。

**4．考评标准要遵循三个定量原则**

考评内容是定下来了，但标准应该怎样确定呢？考评标准要遵循三个定量原则：上级期望、历史数据、同行数据。上级期望是指，上级期望你百分之百完成，你就要百分之百完成。历史数据是指，一般情况下，本月所做的标准不能低于上月，至少要和上月持平。同行数据就是根据同行的标准，来制定自己的标准。

**5．考评标准要应用逆推法**

任何考评标准的制定都可以根据数量、质量、成本、时间期限、客户（上级）的评价五个部分组成。例如，你要制定一份绩效考评实施方案，从数量上来说，可以是一份，也可以规定多少字，也可以规定有多少分册等；从质量上来说，可以是某某办公会议通过，或是上级签字，或是上级修改几次；从成本上来说，可以说控制在多少钱以内；从时间期限上来说，可以说是在年前、月底前；从客户（上级）的评价来说，可以是员工对方案的认同率达到多高，上级对方案的满意度怎么样等。最后从中挑选一些重要的考评指标，像时间和成本这些相对较次要的指标也可以不写上去。

**6．上级一定要和员工达成一致**

我们强调，上级在与下级沟通填写绩效考评表时一定要与员工达成一致。首先要概述认为完成的目的和期望，然后鼓励员工参与并提出建议。上级要试着倾听员工的意见，鼓励他们说出自己的顾虑，对于员工的抱怨进行正面引导，从员工的角度思考问题，了解对方的感受。

对每项工作目标进行讨论并达成一致。上级要鼓励员工参与，以争取他的承诺，并对每一项目标设定考评的标准和期限，就行动计划和所需的支持和资源达成共识。上级要帮助员工克服主观上的障碍，讨论完成任务的计划，提供必要的支持和资源，总结这次讨论的结果和跟进日期。上级要确保员工充分理解要完成的任务，在完成任务中不断跟进和检查进度。

相关的绩效考评表如表 7.9～表 7.12 如示。

**表 7.9　员工绩效评价表**

姓名：　　　　　　部门：　　　　　　岗位：　　　　　　评价日期：

| 评价项目 | 对评价期间工作成绩的评价要点 | 评价尺度 | | | | |
|---|---|---|---|---|---|---|
| | | 优 | 良 | 中 | 可 | 差 |
| 1．勤奋态度 | A．严格遵守工作制度，有效利用工作时间 | 14 | 12 | 10 | 8 | 6 |
| | B．对工作持积极态度 | 14 | 12 | 10 | 8 | 6 |
| | C．忠于职守，坚守岗位 | 14 | 12 | 10 | 8 | 6 |
| | D．以团队精神工作，协助上级，配合同事 | 14 | 12 | 10 | 8 | 6 |
| 2．业务工作 | A．正确理解工作内容，制订适当的工作计划 | 14 | 12 | 10 | 8 | 6 |
| | B．不需要上级详细的指示和指导 | 14 | 12 | 10 | 8 | 6 |
| | C．及时与同事及合作者沟通，使工作顺利进行 | 14 | 12 | 10 | 8 | 6 |
| | D．迅速、适当地处理工作中的失败及临时追加任务 | 14 | 12 | 10 | 8 | 6 |
| 3．管理监督 | A．以主人公精神与同事同心协力努力工作 | 14 | 12 | 10 | 8 | 6 |
| | B．正确认识工作目的，正确处理业务 | 14 | 12 | 10 | 8 | 6 |
| | C．积极努力改善工作方法 | 14 | 12 | 10 | 8 | 6 |
| | D．不打乱工作秩序，不妨碍他人工作 | 14 | 12 | 10 | 8 | 6 |
| 4．指导协调 | A．工作速度快，不误工期 | 14 | 12 | 10 | 8 | 6 |
| | B．业务处理得当，经常保持良好成绩 | 14 | 12 | 10 | 8 | 6 |
| | C．工作方法合理，时间和经费的使用十分有效 | 14 | 12 | 10 | 8 | 6 |
| | D．工作中没有半途而废、不了了之和造成后遗症的现象 | 14 | 12 | 10 | 8 | 6 |

续表

| 评价项目 | 对评价期间工作成绩的评价要点 | 优 | 良 | 中 | 可 | 差 |
|---|---|---|---|---|---|---|
| 5. 工作效果 | A. 工作成果达到预期目的或计划要求 | 14 | 12 | 10 | 8 | 6 |
| | B. 及时整理工作成果，为以后的工作创造条件 | 14 | 12 | 10 | 8 | 6 |
| | C. 工作总结和汇报准确真实 | 14 | 12 | 10 | 8 | 6 |
| | D. 工作熟练程度和技能提高能力 | 14 | 12 | 10 | 8 | 6 |

1. 通过以上各项的评分，该员工的综合得分是：________________分

2. 你认为该员工应处于的等级是：(选择其一) [ ]A[ ]B[ ]C[ ]D

A. 240 分以上　B. 200～240 分　C. 160～200 分　D. 160 分以下

3. 评价者意见

____________________________________________

4. 评价者签字：____________日期：________年______月______日

人力资源部评定：

1. 评语：________________

2. 依据本次评价，特决定该员工：

[ ]转正：在________任__________职[ ]升职至__________任

[ ]续签劳动合同　自________年______月_____日至________年______月_____日

[ ]降职为

[ ]提薪/降薪为

[ ]辞退

**表 7.10　高级职员考核表**

(考核对象：主管/(副)部长/经理(含)以上级管理人员)

姓名：　　　　　　　　岗位名称：　　　　　　　　总得分：

| 项目及考核内容 | | 配分 | 自评 | 上级审核 |
|---|---|---|---|---|
| 领导能力 15% | 善于领导部属提高工作效率，积极达成工作计划和目标 | 15 | | |
| | 灵活运用部属顺利达成工作计划和目标 | 13～14 | | |
| | 尚能领导部属勉强达成工作计划和目标 | 11～12 | | |
| | 不得部属信赖，工作意愿低沉 | 7～10 | | |
| | 领导方式不佳，常使部属不服或反抗 | 7 以下 | | |
| 策划能力 15% | 策划有系统，能力求精进 | 15 | | |
| | 尚有策划能力，工作能力求改善 | 13～14 | | |
| | 称职，工作尚有表现 | 11～12 | | |
| | 只能做交办事项，不知策划改进 | 7～10 | | |
| | 缺乏策划能力，须依赖他人 | 7 以下 | | |

续表

| 项目及考核内容 | | 配分 | 自评 | 上级审核 |
|---|---|---|---|---|
| 工作任务及效率 15% | 能出色完成工作任务，工作效率高，具有卓越创意 | 15 | | |
| | 能胜任工作，效率较高 | 13～14 | | |
| | 工作不误期，表现符合标准 | 11～12 | | |
| | 勉强胜任工作，无甚表现 | 7～10 | | |
| | 工作效率低，时有差错 | 7 以下 | | |
| 责任感 15% | 有积极责任心，能彻底完成任务，可放心交代工作 | 15 | | |
| | 具有责任心，能完成任务，可交付工作 | 13～14 | | |
| | 尚有责任心，能如期完成任务 | 11～12 | | |
| | 责任心不强，需有人督导，亦不能如期完成任务 | 7～10 | | |
| | 无责任心，时时需督导，也不能完成任务 | 7 以下 | | |
| 沟通协调 10% | 善于上下沟通、平衡协调，能自发与人合作 | 10 | | |
| | 乐意与人沟通协调，顺利完成任务 | 8～9 | | |
| | 尚能与人合作，达成工作要求 | 7 | | |
| | 协调不善，致使工作较难开展 | 5～6 | | |
| | 无法与人协调，致使工作无法开展 | 5 以下 | | |
| 授权指导 10% | 善于分配权力，积极传授工作知识，引导部属完成任务 | 10 | | |
| | 灵活分配工作或权力，有效传授工作知识并完成任务 | 8～9 | | |
| | 尚能顺利分配工作与权力，指导部属完成任务 | 7 | | |
| | 欠缺分配工作权力及指导部属的方法，任务进行偶有困难 | 5～6 | | |
| | 不善分配权力及指导部属的方法，内部时有不服及怨言 | 5 以下 | | |
| 工作态度 10% | 品德廉洁，言行诚信，立场坚定，足为楷模 | 10 | | |
| | 品行诚实，言行规矩，平易近人 | 8～9 | | |
| | 言行尚属正常，无越轨行为 | 7 | | |
| | 固执己见，不易与人相处 | 5～6 | | |
| | 私务多，经常利用上班时间处理私事，或擅离岗位 | 5 以下 | | |
| 成本意识 10% | 成本意识强烈，能积极节省，避免浪费 | 10 | | |
| | 具备成本意识，并能节约 | 8～9 | | |
| | 尚有成本意识，尚能节约 | 7 | | |
| | 缺乏成本意识，稍有浪费 | 5～6 | | |
| | 无成本意识，经常浪费 | 5 以下 | | |

备注：

关于“工作任务”这个项目，必须另附上工作计划及工作总结供参考和审核

| 考核人签名 | | （副）总经理确认 | | 考核日期 | |
|---|---|---|---|---|---|

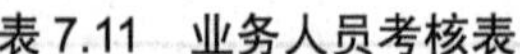

表 7.11　业务人员考核表

（考核对象：营业部、销售部、供应部等部门人员）

岗位名称：　　　　　　　　　姓名：　　　　　　　　　考核日期：

| 项目及考核内容 | | | 配　分 | 自　评 | 上级审核 |
|---|---|---|---|---|---|
| 工作业绩 30% | | 能时时跟进，追踪工作，提前完成工作任务 | 30 | | |
| | | 能跟踪，按期完成工作任务 | 25～29 | | |
| | | 在监督下能完成工作任务 | 15～25 | | |
| | | 在指导下亦不能完成工作任务 | 15 以下 | | |
| 成本意识 10% | | 成本意识强烈，能积极节省，避免浪费 | 10 | | |
| | | 具备成本意识，并能节约 | 9 | | |
| | | 尚有成本意识，尚能节约 | 8 | | |
| | | 缺乏成本意识，稍有浪费 | 3～7 | | |
| | | 无成本意识，经常浪费 | 3 以下 | | |
| 工作态度 30% | 职业道德 5% | 职业行为规范执行很出色 | 5 | | |
| | | 职业行为规范执行基本不出错 | 4 | | |
| | | 职业行为规范执行时有违反现象 | 2～3 | | |
| | | 职业行为规范执行不认真 | 2 以下 | | |
| | 信息管理 10% | 收集、整理客户/供方资源及市场信息很出色 | 10 | | |
| | | 收集、整理客户/供方资源及市场信息积极主动 | 8～9 | | |
| | | 收集、整理客户/供方资源及市场信息基本完成 | 5～7 | | |
| | | 收集、整理客户/供方资源及市场信息做得较少 | 5 以下 | | |
| | 合作精神 15% | 与他人或部门沟通协调很有成效 | 15 | | |
| | | 与他人或部门合作有效 | 12～14 | | |
| | | 与他人或部门时有合作 | 7～11 | | |
| | | 与他人或部门很少合作 | 7 以下 | | |
| 工作能力 20% | 市场了解与开发 10% | 对市场与竞争格局了解很透彻，把握机会与开拓市场非常出色 | 10 | | |
| | | 对市场与竞争格局了解较透彻，把握机会与开拓市场较有成效 | 8～9 | | |
| | | 对市场与竞争格局大致了解，把握机会与开拓市场略有成效 | 5～7 | | |
| | | 对市场与竞争格局基本不了解，很少具有开拓市场的能力 | 5 以下 | | |
| | 产品认识 10% | 对产品、材料及相关技术的掌握全面而深刻 | 10 | | |
| | | 对产品、材料及相关技术的掌握很全面 | 8～9 | | |
| | | 对产品、材料及相关技术的掌握比较全面 | 5～7 | | |
| | | 对产品、材料及相关技术的掌握能应付 | 5 以下 | | |

续表

| 项目及考核内容 | | 配　分 | 自　评 | 上级审核 |
|---|---|---|---|---|
| 纪律性<br>10% | 自觉遵守和维护公司各项规章制度 | 10 | | |
| | 能遵守公司规章制度，但需要有人督导 | 8~9 | | |
| | 偶有迟到，但上班后工作兢兢业业 | 7 | | |
| | 纪律观念不强，偶尔违反公司规章制度 | 5~6 | | |
| | 经常违反公司制度，被指正时态度傲慢 | 5 以下 | | |
| 备注：<br>关于“工作任务”这个项目，必须另附上工作计划及工作总结供参考和审核 | | | | |
| 考核人签名 | | （副）总经理确认 | | 考核日期 |

表 7.12　试用员工考核表

档案编号：

| 姓名 | | 工号 | | 部门 | |
|---|---|---|---|---|---|
| 岗位名称 | | 入职日期 | | 考核日期 | |

| 员工自评<br>（来公司后在遵守公司规章制度、工作适用程度、工作态度等方面的表现，今后的打算） | 员工（签字）　　　　　　　日期：　年　月　日 | | | |
|---|---|---|---|---|
| 主管领导<br>评　语 | 主管（签字）　　　　　　　日期：　年　月　日 | | | |
| 试用期<br>考核成绩<br><br>（附上试用期工作总结作为参考） | 考核项目 | 配分 | 得分 | 评语 |
| | 行为得分 | 35 | | |
| | 出勤得分 | 15 | | |
| | 业绩得分 | 50 | | |
| | 总　分 | 100 | | |
| 总经理意见 | | | | |
| 考核结果：☐合格，予以录用　　☐暂未达到要求，考虑延长试用期　　☐不合格，不予录用 | | | | |
| 备注：<br>试用期间，每个月由部门对该员工进行考核，将结果记录于相应的考核表中，所得的考核成绩作为本次考核的基准 | | | | |

## 实施绩效考评

在绩效考评的实施中，除了要保证按照考评计划中的操作程序按部就班地进行外，还要特别注意下面几个问题。

## 一、培训考评者

依据一定的维度和标准对别人进行评价和打分，需要一定的考评能力，而且不同的考评者在理解力、观察力、判断力以及个性倾向等方面都存在一定的差异。因此，对考评者进行全面有效的培训是至关重要的。培训的主要内容有以下几个方面：

（1）认真讲解考评内容和考评标准。

（2）列举出典型的考评错误。

（3）提高考评者的观察能力和判断力。

（4）加强考评者对考评的重视和投入。

## 二、有计划地集中实施考评

绩效考评是一项涉及面很广的工作。实施考评时，企业中的每一个人都有考评任务，都要填表、打分。要想保证全体员工都能认真对待考评，就必须实现充分做好计划和宣传，确定具体考评时间和地点，并由专人负责组织实施。

## 三、遵循绩效考评的原则

国内外许多企业的实践都证明，绩效考评是人力资源管理领域最棘手的问题。它往往需要投入较大的精力、物力、财力，但不一定能达到预期的效果。根据国内外管理实践，实施绩效考评应遵循以下一些原则：

（1）客观性原则。这是最基本的考评原则，一方面在考评方式的设定和标准的选取方面要保证客观性，也就是说，考评方法的选择和使用要尽量与被考评目标的实际情况相符；另一方面，在考评结果的讨论和分析上也要做到与实际考评结果的结论相一致，既不能任意夸大或贬低考评结果的实际意义，也不能肆意歪曲考评结果。进行客观考评才能做到绩效考评的全面、准确，员工才对结果认可，从而最大限度地调动员工的积极性和主动性，取得良好的考评效果。

（2）公平、公开的原则。绩效考评的过程和结果要对被考评对象进行公开，应该最大限度地减少考评者和被考评者双方对考评工作的神秘感，绩效标准和水平的制定是通过协商来进行的，考评结果公开，使考评工作制度化。同时考评的公开也保证了考评的公平性，既保证考评过程中群众的监督，也有助于不断提高考评的质量。

（3）经常化原则。对于企业而言，绩效考评不是一次就可以一劳永逸的事情，员工的工作质量改进和工作效率提高是一个永不停止的过程。这就要求企业对员工的绩效考评要合理化选择考评周期，通过经常性的定期考评，发现一些潜在问题，同时挖掘个人和企业的潜在优势，提高企业的竞争力。

（4）全面性原则。全面性原则是指绩效考评过程中对被考评对象的分析要从多方面收集信息，全面看待一名被考评对象，进行综合考评。考评渠道要多元化，考评方式要多样化，考评结果要全面化，形成全方位、多渠道、多层次的立体考评体系。

（5）及时反馈原则。绩效考评的结果如果不及时加以反馈，将失去考评的现实意义。在考评之后，进行面谈讨论，把结果及时反馈给被考评者，同时听取被考评者的意见及自我评价情况，在此基础上形成改进的方案，达到考评的最终目的。

## 绩效考评结果的反馈

绩效考评结果的反馈是考评能否取得预期效果的一个关键环节。进行有效的反馈可以提高员工重视并参与绩效考评的主动性，可以帮助员工改进工作绩效。反馈主要是采取面谈方式来进行。这种面谈一般由对被考评者承担考评责任的上级管理者主动约见被考评者。

绩效面谈的内容和注意事项主要包括以下几点。

**1．陈述面谈目的**

对被考评者准确说明面谈的目的、公司的政策，在陈述时态度要严肃。例如，“小李，根据公司绩效考评制度和绩效考评的安排（依据），在充分了解和掌握你的工作成果的基础上，对你在考评期的工作绩效予以评估，通过本次面谈达成两个目标：一是与你沟通评估结果；二是寻求下一步绩效改进的计划和步骤，下面让我们开始……”。

**2．让下属自我评估**

让下属自我评估的目的是：

（1）让下属以他自己的语言和理解，总结和评价考评期间的工作表现，可以呈现下属的立场和观点；

（2）给予下属一个正式的说明、解释，甚至辩解绩效表现的正式场合和机会；

（3）可以了解下属对绩效的自我评估与中层经理的评估之间的相同点和不同点，以及分歧和差距在哪里。

**3．告知下属评估结果**

告知下属评估结果时应注意的事项主要包括：

（1）简明、扼要、准确、直接、清晰，不模棱两可；

（2）不要顾忌下属与你的不一致或可能的冲突之处，反正你是要面对的，不如直接面对；

（3）定性和定量并重；

（4）不要过多地解释和说明；

（5）利用事先设定的目标和绩效标准评价。

**4．商讨绩效改进计划**

（1）先认可与赞美。中层经理对绩效不佳的下属要认可和赞美就显得不十分情愿或言不由衷，中层经理要克服这种心理和看法，真诚地认可与赞美下属。再糟糕的下属也有值得认可之处，也有值得赞美的方面。注意：不要整体上赞美这个人，更不要无原则地赞美，而应赞美具体的工作或具体的行为。

（2）指出不足之处。

（3）表达期望和信任。

在绩效反馈中，许多内容是混合进行的，而且不一定能面面俱到，这需要管理者灵活掌握，随机应变。

# 制订绩效改进计划

绩效改进计划是管理者与员工充分讨论后，由员工自己制订的，包括改进项目、原因、目前水平和期望水平、改进方式、期限。在制订绩效改进计划时要注意切合实际、时间约束和具体明确。

## 一、绩效改进计划的内容

（1）有待发展的项目。通常是指在工作的能力、方法、习惯等方面有待提高的方面。这些有待发展的项目可能是现在水平不足的项目，也可能是现在水平尚可但工作有更高要求的项目。一个人需要改善和提高的项目可能很多，但不可能在短短的半年或一年时间内全面得到改善和提高，所以在员工绩效改进计划中应选择那些最为迫切需要改进且易改进的项目。

（2）发展这些项目的原因。选择某些有待发展的项目列入到员工绩效改进计划中一定是有原因的。这种原因通常是由于员工在这方面的水平比较低，而工作任务的完成或员工未来的发展又需要其在这方面表现出较高的水平。

（3）目前的水平和期望达到的水平。绩效的改进计划应该有明确清晰的目标，因此在制订员工绩效改进计划时要指出需要提高项目的目前表现水平是怎样的，期望达到的水平又是怎样的。

（4）发展这些项目的方式。将某种有待发展的项目从目前水平提高到期望水平可能有多种方式，如自我学习、理论培训、研讨会、他人帮助改进等。对一个项目进行发展可以采用一种方式，也可以采用多种方式同时实施。

（5）设定达到目标的期限。任何目标的确定都必须有时限的要求，否则这一目标就没有实际意义。同样在员工绩效改进计划中，要确定经过多长时间才能将有待发展项目的绩效从目前水平提升到期望水平。

## 二、制订员工绩效改进计划的步骤

（1）员工与主管人员进行绩效考评结果沟通。在主管人员的帮助下，使员工认识到自己在工作中哪些方面做得好，哪些方面做得不够好，目前的差距有哪些。

（2）员工与主管人员双方就员工绩效方面存在的差距分析原因，找出员工工作能力、方法或工作习惯等有待改进的地方。

（3）员工与主管人员根据未来的工作目标的要求，在工作能力、方法或工作习惯方面有待改进的方面中，选取员工目前最为迫切需要改进且易改进的方面作为个人未来一定时期内将要发展的项目。

（4）双方共同制定改进这些工作能力、方法或工作习惯的具体行动方案，确定个人发展项目的期望水平、实现期限以及改进的方式。

（5）列出员工有待发展的项目达到期望水平所需要的资源，并指出哪些资源需要主管人员提供帮助和支持。

## 【案例】

### ××公司员工绩效考评方案

一、目的

（1）为了更好地引导员工的行为，加强员工的自我管理，提高工作绩效，发掘员工潜能，同时实现员工与上级更好的沟通，创建一个具有发展潜力和创造力的优秀团队，推动公司总体战略目标的实现。

（2）为了更确切地了解员工队伍的工作态度、个性、能力状况、工作绩效等基本状况，为公司的人员选拔、岗位调动、奖惩、培训及职业规划等提供信息依据。

二、适用范围

绩效考评主要是对全体正式员工进行的定期考评，适合公司所有已转正的正式员工。新进实习员工，竞争上岗的见习员工，转岗、晋升、降职等特殊阶段员工的考评另行制定，不适合此考评，但可以引用绩效考评结果的客观数据信息，作为决策的依据。

三、考评分类及考评内容

根据考评岗位不同，分为一线员工、机关职员、管理人员，分别进行绩效考评，三者的考评范围和侧重点不同。

（具体内容略）

四、绩效考评具体执行步骤

（1）每个月企管部提供员工百分考评情况，人力资源部对每个人的百分考评进行分类、统计记录。

（2）人力资源部同时对员工病事假情况进行统计，定期进行换算成百分制。

（3）在日常工作中，每个部门主管负责对本部门员工工作行为表现、典型事件进行记录，并按规定进行加减分，部门主管和员工对工作计划实施和目标达成情况进行评定。企管部负责收集资料信息上交人力资源部。

（4）每半年人力资源部进行收集汇总百分考评、出勤情况、各部门三个月的记录和评定表，每年七月初组织半年度的综合考评，作为日常考评记录成绩的补充，占绩效考评总成绩的一小部分比例。

（5）每年7月份人力资源部将各项成绩按比例划分，采取科学的折合方法，把员工的各项成绩换算成可比较的百分制成绩，并按一定的比例划分出优秀、良好、中、差。

（6）每年7月底，人力资源部把员工半年度的绩效考评成绩汇总上报，同时把每个人的成绩反馈到部门和员工，要求各部门对员工进行绩效改进的面谈并提出改进计划上报人力资源部（作为下半年考评的依据）。

（7）每年8月初，人力资源部针对半年度的绩效考评综合成绩，提出奖惩、薪级调整、岗位调动、人才储备、培训发展教育等各项结果处理建议方案报总经理审批，批准后具体实施。

（8）每年年底进行一次管理人员的二票制考评，同时进行全面的综合的民主评议，作为管理人员日常考评记录的补充，占管理人员绩效考评总成绩的一小部分比例。

（9）每年年底员工考评如半年度考评，再加上上半年绩效考评成绩，综合后为员工全年的员工绩效考评成绩。

（10）下一年的第一个月中旬完成年度考评，下旬完成成绩汇总和信息反馈，第二个月提出奖惩、薪级调整、岗位调动、培训发展教育、人力储备等各项结果处理措施建议方案，批准后执行。

五、绩效管理工作中各部门或管理人员的责任划分

（1）人力资源部是绩效管理实施监督和结果运用的部门，对考评制度、考评技术的科学性、实用性负责，为提高管理队伍的绩效管理能力负责。在绩效管理的整个过程中，人力资源部具体担负如下职责。（具体职责略）

（2）绩效管理的直接责任人是一线经理，即各部门的主管或经理。因为对每一个普通员工的绩效管理和考评是由部门主管或经理直接执行的。在绩效管理的整个过程中，各部门的主管或经理主要担负如下职责。（具体职责略）

（3）企管部按期向人力资源部提供百分考评、员工出勤情况记录、各部门工作计划或总结上交情况、各部工作计划完成情况、公司大例会对各部门工作计划完成情况的评定数据表等资料信息。

六、绩效考评申诉制度

员工如果对绩效管理和绩效考评工作有重大异议，可以在拿到绩效反馈信息表的15天之内，向企管部或人力资源部提出申诉。企管部或人力资源部接到投诉后，双方合作共同对申诉事件进行处理。

七、绩效管理和绩效考评应该达到的效果

（1）辨认出杰出的品行和杰出的绩效，辨认出较差的品行和较差的绩效，对员工进行甄别与区分，使优秀人才脱颖而出。

（2）了解组织中每个人的品行和绩效水平并提供建设性的反馈，让员工清楚公司对他工作的评价，知道上司对他的期望和要求，知道公司优秀员工的标准和要求是什么。

（3）帮助管理者们强化下属人员已有的正确行为，促进上级和下属员工的有效持续的沟通，提高管理绩效。

（4）了解员工培训和教育的需要，为公司的培训发展计划、薪酬决策、员工晋升降职、岗位调动、奖金等提供确切有用的依据。

（5）加强各部门和各员工的工作计划和目标明确性，从粗放管理向可监控考评的方向转变，有利于促进公司整体绩效的提高，有利于推动公司总体目标的实现。

八、绩效考评结果处理

（1）考评成绩汇总后对一线员工、机关职员、管理人员分别进行正态分布和排序：前5%优秀，20%良好，30%尚可，20%差，最后5%较差。

（2）前5%优秀的员工作为加薪或晋升的对象，前10%的员工将给予一次性的荣誉和物质奖励，最后的5%作为降级的对象。

（3）前10%进入人才储备库，人力资源部将配合部门主管为此部分员工作职业发展规划和指导，同时作为公司重要岗位提拔首要考虑对象。

（4）后25%作为重点培训教育和改进的对象，人力资源部将配合部门主管为此部分员工提供教育、培训、工作绩效改进等相关的指导。

（5）对于不按规定和要求配合工作、违反规定提供虚假资料信息及其他不良行为的，将按照百分考评制度的相关规定惩处。

（6）其他处理政策和措施有待进一步补充和完善。

资料来源：http://www.eku.cc/sc/xzy/gw/214.htm

【任务实施】

## 一、技能训练

在全班范围内就学生们近段时间以来的学习情况组织一次学习绩效考评工作。

要求：

（1）制定绩效考评方案。以小组为单位制定绩效考评方案，由指导教师审核、修改完善后确定一份方案作为最终的绩效考评方案。

（2）制定绩效考评标准。将全班同学分成项目负责人和项目成员两类，分别制定绩效考评标准。

（3）组织开展绩效考评工作。由指导教师对项目负责人进行考评，项目负责人对自己的项目成员进行考评。

（4）每名成员针对考评情况制订绩效改进计划。

## 二、案例分析

### 亚太公司绩效考核方案实施

亚太公司到了年终绩效评估的时候了，由于去年采取比较公开的方式，结果因为打分高低的问题出现了不少矛盾，因此，今年为了避免重演去年的悲剧，决定采用“背靠背”的打分方式，即主管人员为员工打一个分数并不让员工知道，而员工也需要为主管人员打分作为民意调查的结果。这几天业务三部的办公室气氛跟往常有点不一样。一向比较矜持冷峻的王经理这几天早早就来到了办公室，每个人心中都各自打着小算盘。

老张心想，“我在这里资格最老，这么多年，没有功劳也有苦劳，没有苦劳也有疲劳。现在的年轻人，书本上的理论知识一套一套的，可真正做起业务来，还不得靠我们这样的老业务员吗？王经理要是有头脑的话，一定不会亏待我的。”

小蔡暗自想，“我可是名牌大学毕业的，我觉得我在这里的能力最强，去年把我评了个先进，那帮老家伙老大的不乐意，今年王经理会不会害怕别人的闲言碎语不敢把我评得太高呢？”

老吴心里琢磨，“那天王经理说了句，现在的年轻人外语、计算机水平都比我们强，真是青出于蓝而胜于蓝啊！看来我们这些老同志是一天不如一天值钱了，不知年终奖金能分到多少？”

小郭心里想，“经理看我的眼神有点不对劲，肯定是那天开会我给他提了一条意见他还耿耿于怀呢，看来今年我倒了霉了。”

看来在评估的结果出来之前，大家的心情每天都会这么紧张，每个人的小算盘还会打多久？

资料来源：中国就业培训技术指导中心．企业人力资源管理师（三级）．北京：中国劳动社会保障出版社，2007

**【案例分析题】**

亚太公司的绩效考评工作存在哪些问题？你认为应如何改进？

# 任务五　人力资源的薪酬管理

**【任务引入】**

企业的薪酬管理与许多因素相关，例如，企业的薪酬原则和策略、地区及行业的薪酬水平、企业的竞争力、支付能力等都将对薪酬制度的设计与管理产生重要的影响。因此，企业薪酬管理是依据一系列的科学化原则，按照一定的步骤，分成以下六个基本环节完成的。

**【信息获取】**

# 企业薪酬政策及目标

对企业的薪酬管理来说，首先要明确企业薪酬政策及目标，提出企业薪酬策略和薪资制度的基本原则，即应当明确企业是采用高薪资或低薪资政策，还是依照市场上人力资源的平均价位，将本企业员工的薪资控制在一般水平上。企业薪酬政策必须与企业的总体人力资源策略相匹配，保持一致性。

薪酬政策的制定就是要考虑外部公平性的问题。

从市场角度来看，一个公司选择薪酬水平可以采用领先、滞后、跟随及混合的方法，这要根据企业的发展薪酬制度设计及薪酬观念来决定。

**1. 领先政策**

一个公司比其他同行业竞争者支付更高的薪酬水平。工资能从外部劳动力市场吸引到更多的优秀人才，从资本增值的角度来看，高薪酬不一定是高成本，优秀员工的生产效率更高。从经济投入产出比来看，高工资不一定降低了公司的利润，人才不能简单地作为人工成本。但从另一角度来看，薪酬高可能使奖金或福利相应减少，对员工的激励性也会相应减少，造成员工的工作积极性降低，缺少活力。

**2. 滞后政策**

一个公司比其他同行业竞争者支付较低的薪酬。低工资必然会影响人才的招聘，同时员工更容易离职。如果公司能给员工更多的未来回报，那么也能提高员工的稳定性，如果能有效设计其他的分配形式，如奖金比重，给员工分配股权，有可能在公司内部更易形成一种激励机制。

**3. 跟随政策**

支付与同行业竞争者相当的薪酬水平。许多公司采取薪酬跟随政策，这在减少员工的不满意度和员工离职率方面会有一定的作用。但由于与竞争对手比没有优势，在大量招聘优秀人才时会有一定难度。

**4. 混合政策**

混合政策包含以下两个方面的内容：

（1）在公司内对不同的员工制定不同的薪酬政策。例如，对市场销售人员——公司的关键人员，为了吸引到优秀的销售人员，公司制定高于竞争对手的薪酬政策。对于生产人员，如果不是公司的核心技能人员，则可采取跟随或滞后市场薪酬水平的政策。

（2）公司可以采用不同的薪酬组合方式。例如，薪酬水平可以采取跟随政策，但薪酬总额采用领先政策。在薪酬体系设计中，不仅要考虑吸引优秀人才，同时也要考虑如何激励人才。

# 工作岗位分析与评价

工作岗位分析与评价是制定科学合理的薪酬制度的前提和依据。

工作岗位分析作为工作岗位研究的组成部分是一项重要的人力资源管理的基础技术。它是对企业各个岗位的设置目的、性质、职责、权力、隶属关系、工作条件、工作环境以及承担该职务所需的资格条件等进行系统分析和研究，并制定出岗位规范和工作说明书等文件的过程。

通过工作岗位分析，能够明确岗位的工作性质、所承担责任的大小、劳动强度的轻重、工作环境的优劣以及劳动者所应具备的工作经验、专业技能、学识、身体条件等方面的具体要求。员工所从事的岗位的工作内容、工作要求、工作权利职责等都是与员工薪酬紧密相连的主要因素，这些因素在企业中价值越大，该岗位的工作人员的薪酬也就越高；反之，薪酬也就越低。因此，作为基础的岗位分析工作，其科学的制定是企业薪酬公平性的基本保证。

工作岗位评价是在岗位分析的基础上，对工作岗位的难易程度、责任大小、能力要求、劳动强度和工作环境等相对价值进行衡量评比的过程。

根据工作岗位分析所采集的数据和资料，采用系统科学的方法，对企业内各个层次和职别的工作岗位的相对价值做出客观的评价，并依据岗位评价的结果，按照各个岗位价值的重要性由高至低进行排列，以此作为确定企业基本薪酬制度的依据。因此，根据价值评估结果制定企业薪酬的酬级是建立薪酬体系的必要环节，是实现薪酬体系内部公平的关键。

岗位评价表的一般形式如表 7.13 所示。

**表 7.13　岗位评价表**

| 要　素 | 子因素 | 序　号 | 评价分数 | | | | 权　重 | 评价分数 |
|---|---|---|---|---|---|---|---|---|
| 综合技能要求 | 任职资格系数 | 1 | 1 | 2 | 3 | 4 | | |
| | 综合能力素质 | 2 | | | | | | |
| 工作负荷 | 工作压力 | 3 | | | | | | |
| | 工作均衡性和饱满性 | 4 | | | | | | |
| 工作责任 | 指导责任 | 5 | | | | | | |
| | 沟通责任 | 6 | | | | | | |
| 岗位工作复杂程度 | 管理幅度 | 7 | | | | | | |
| | 工作创新性 | 8 | | | | | | |
| 工作环境要素 | 岗位工作条件 | 9 | 1 | 2 | 3 | 4 | | |
| | 危险系数 | 10 | | | | | | |
| 岗位人员稀缺度 | 岗位人员稀缺度 | 11 | | | | | | |
| | …… | 12 | | | | | | |
| 总分数 | | | | | | | | |

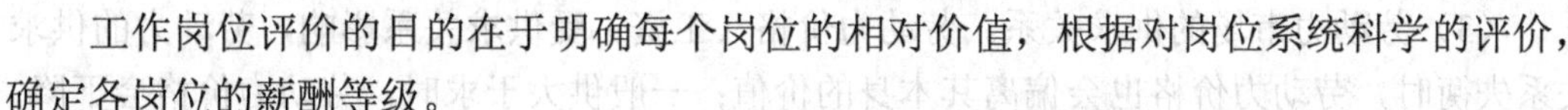

工作岗位评价的目的在于明确每个岗位的相对价值，根据对岗位系统科学的评价，确定各岗位的薪酬等级。

## 不同地区、行业和不同类型企业的薪酬调查

企业要使自己的薪酬体系具有激励性和吸引力，实现薪酬的外部公平，必须保证本企业的薪酬水平在同行业、本地区的劳动力市场上具有竞争力，这就需要薪酬设计人员对薪酬市场进行详细调查，弄清行情，做到知己、知彼、知大局，才能在人才竞争的战场上取胜。具体的市场调查则需要调研人员根据专业的调查方案来实施。实际上影响薪酬的因素很多，主要包括以下几个方面。

**1．影响薪酬的内部因素**

主要的内部因素有劳动差别因素、工资形式、企业的经济效益、报酬政策。

（1）企业负担能力。员工的薪酬与企业负担能力的大小存在着非常直接的关系，如果企业的负担能力强，则员工的薪酬水平高且稳定；如果薪酬负担超过了企业的承担能力，则企业就会造成严重亏损、停产甚至破产。

（2）企业经营状况。企业经营状况直接决定着员工的工资水平。经营得越好的企业，其薪酬水平相对比较稳定且有较大的增幅。

（3）企业远景。企业处在生命周期不同的阶段，企业的盈利水平和盈利能力及远景是不同的，这些差别会导致薪酬水平的不同。

（4）薪酬政策。薪酬政策是企业分配机制的直接表现，薪酬政策直接影响着企业利润积累和薪酬分配关系。注重高利润积累的企业与注重二者间平衡的企业在薪酬水平上是不同的。

（5）企业文化。企业文化是企业分配思想、价值观、目标追求、价值取向和制度的土壤，企业文化不同，必然会导致观念和制度的不同，这些不同决定了企业的薪酬模型、分配机制的不同，这些因素间接影响着企业的薪酬水平。

（6）人才价值观。人才价值观的不同会直接导致薪酬水平的不同，如对问题“是否只有高薪才能吸引最优秀的人才？”的回答不同，薪酬水平是完全不一样的。

**2．影响薪酬的外部因素**

影响薪酬的主要外部因素有相关的劳动法规、劳动力市场、物价、工会、社会保障水平和经济发展状况等。

（1）地区与行业的差异。一般经济发达地区的薪酬水平比经济落后的地区高，处于成长期和成熟期企业的薪酬水平比衰退期的时候高。

（2）地区生活指数。企业在确定员工的基本薪酬时应参照当地的生活指数，一般生活指数高的地区，其薪酬水平相对也高。

（3）劳动力市场的供求关系。劳动力价格（工资）受供求关系影响，劳动力的供求关系失衡时，劳动力价格也会偏离其本身的价值；一般供大于求时，劳动力价格会下降，反之亦然。

（4）社会经济环境。社会经济环境直接影响着薪酬水平，在社会经济较好时，通常员工的薪酬水平相对也较高。

（5）现行工资率。国家对部分企业，尤其是一些国有企业，规定了相应的工资率，这些工资率是决定员工薪酬水平的关键因素。

（6）相关的法律法规。与薪酬相关的法律法规包括最低工资制度、个人所得税征收制度以及强制性劳动保险种类及缴费水平，通常这些制度及因素都直接影响着员工的薪酬水平。

（7）劳动力价格水平。通常劳动力价格水平越高的地区，薪酬水平也越高，劳动力价格水平低的地区，薪酬水平也较低。

对于影响薪酬的外部因素，企业大多表现得无能为力，但是他们对企业薪酬策略实施效果的影响是很大的，尤其是劳动力市场、同行业的薪酬水平、地区物价生活指数等，因此定期对地区、行业、不同类型企业的薪酬调查是十分必要的。

**3．影响薪酬的个人因素**

（1）工作表现。员工的薪酬是由个人的工作表现决定的，因此在同等条件下，高薪也来自于个人工作的高绩效。

（2）工作技能。现在企业之争便是人才之争，掌握关键技能的人已成为企业竞争的利器。这类人才成为企业高薪聘请的对象。

（3）岗位及职务。岗位及职务的差别意味着责任与权力的不同，权力大者责任也相对较重，因此其薪酬水平也就要高。

（4）资历与工龄。通常资历高与工龄长的员工的薪酬水平要高。

## 企业薪酬制度结构的确定

薪酬结构主要是企业总体薪酬所包含的固定部分薪酬（主要指基本工资）和浮动部分薪酬（主要指奖金和绩效薪酬）所占的比例。

供企业选择的薪酬结构策略有以下几种。

**1．高弹性薪酬模式**

这是一种激励性很强的薪酬模型，绩效薪酬是薪酬结构的主要组成部分，基本薪酬等处于非常次要的地位，所占的比例非常低（甚至为零），即薪酬中固定部分比例比较低，而浮动部分比例比较高。这种薪酬模型，员工能获得多少薪酬完全依赖于工作绩效的好坏。当员工的绩效非常优秀时，薪酬则非常高；而当绩效非常差时，薪酬则非常低甚至为零。

**2．高稳定薪酬模式**

这是一种稳定性很强的薪酬模型，基本薪酬是薪酬结构的主要组成部分，绩效薪酬等处于非常次要的地位，所占的比例非常低（甚至为零），即薪酬中固定部分比例比较高，而浮动部分比较少。这种薪酬模型，员工的收入非常稳定，几乎不用努力就能获得全额的薪酬。

**3．调和型薪酬模式**

这是一种既有激励性又有稳定性的薪酬模型，绩效薪酬和基本薪酬各占一定的比例。当两者比例不断调和变化时，这种薪酬模型可以演变为以激励为主的模型，也可以演变为以稳定为主的薪酬模型。

# 设定薪酬等级与薪酬标准

将众多类型的岗位工资归并组合成若干等级，形成一个薪酬等级系列，确定企业内各岗位的具体薪酬范围。各薪酬等级的薪酬范围变化幅度不一定相同，属于不同薪酬等级的岗位的实付薪酬可能相同，属于同一薪酬等级的岗位的实付薪酬可能不同。

## 一、最高薪酬和最低薪酬的确定

在确定最高薪酬和最低薪酬时，主要考虑的问题是特定地区或行业劳动力市场对薪酬率的大体影响。

（1）当某些初级水平或某种特殊职位的劳动力需求大于供给时，为了吸引求职者，最低薪酬定得必须足够高。如果最低薪酬的设定太高的话，将迫使其他职位的薪酬提高，这可能会造成劳动成本支出过高，这反过来又将限制公司的竞争力和盈利能力。另外一方面，如果薪酬水平定得太低的话又不能够吸引符合条件的求职者，从而导致招不到人、留不住人。

（2）薪酬水平调查的一个主要原因就是帮助解决类似的薪酬结构设计问题。

事实上，一般情况下是政府、工会、劳动力市场决定了最低薪酬水平，而组织的经营状况和总裁的薪酬决定了最高薪酬的水平，即劳动力市场决定了最低薪酬水平，而产品市场决定了最高薪酬水平。

## 二、中位值及增幅的确定

最能影响中位值大小的因素可能就是某职位的现行市场薪酬率。中位值也可能来自于内部数据。这一数据是人们通常所认为的该职位标准薪酬率。一旦一个最低等级（或接近最低等级）的中位值设定了，那么其相邻等级的中位值就可能通过相乘（如上一级）

或除以（下一级）某一特定的数值来确定。

在一个薪酬结构中，决定薪酬差别的一个基本的设计指标是中位值与中位值的比率，即相邻两个薪酬等级中位值的增长百分比。

这一比率的范围低至3%，高至20%（通常情况下，中位值变化较小的情况存在于薪酬水平较低的职位薪酬结构中；而中位值变化较大的情况出现于高级经理一层的薪酬结构中）。在确定合适的中位数差额时，应该主要考虑下面的问题：

（1）中位数的差额越小，薪酬等级就越多。也就是说，3%的差额可能会有50个薪酬等级，而20%的差额可能只有5～6个薪酬等级。

（2）薪酬率的个数越多，就越有可能支付给有很小差异的职位不同的薪酬率。

（3）薪酬率之间的差距越大，就越容易使在职者感觉到不同职位之间的价值差。

（4）中位值之间的差额很小，可能会迫使一个组织建立不止一个薪酬结构。

在薪酬结构设计的这一阶段，中位值之间差额大小并不是唯一要考虑的问题，设计者也要考虑中位值差额的一致性问题。中位数的递增是按照同一比率还是随着薪酬等级的提高而采用不同的比率？到现在为止，薪酬主管必须注意，在建立薪酬结构时并没有一个一成不变的规则用来确定具体的数量上的指导线，只有可以接受的指标。

## 三、薪酬等级区间的设定

一个薪酬等级的最高薪酬水平所表示的是该等级中的职位所能为组织产出的最大价值，而薪酬等级的最低薪酬水平所表示的是该等级中的职位所能为组织产出的最小价值。两者之间的差距代表着该职位任职者所能产出的价值差距。

在通常情况下，薪酬等级中的中位值与最高值的差值（H-M）和中位值到最低值的差值（M-L）是一样的，主要原因是在薪酬结构设计中易于解释和证明公平性。

## 四、薪酬等级数的确定

一个薪酬结构中的薪酬等级数随环境的变化而变化，一般没有一个统一的数字，这要视组织的要求而定。什么对高层管理者来说是可接受的？员工觉得什么样的情况是公平的？什么在管理上是可行的？太多的薪酬等级需要对职位进行相当好的区分，而太少的薪酬等级可能会导致不能表现出职位之间在职能、难度和责任方面的差异。有些公司参考市场调查所得的数据来建立薪酬结构，其所建的薪酬结构中有70～80个薪酬等级或可能更多。有些行为科学家现在提出至少有4个薪酬等级。

## 五、薪酬等级内的梯级设计

当一个薪酬等级的最低值、中位值、最高值确定后，就要决定是否还需要在等级内建立梯级结构，许多薪酬等级体系在每一个薪酬等级里都有梯级。一个相对简单的薪酬结构是每个薪酬等级内有三个梯级，如表 7.14 所示。

表 7.14　薪酬结构

| 工资梯级 | 要　求 | |
|---|---|---|
| 第一梯级 | 符合基本要求 | 一般表现的员工 |
| 第二梯级 | 展示令人满意的工作能力 | 可以接受的员工 |
| 第三梯级 | 杰出的工作能力和高绩效产出 | 全能胜任的员工 |

第一梯级的薪酬支付给基本合格的任职者，从第一梯级晋升到第二梯级所需的时间一般为 1 年左右，在这期间任职者会表现出从事该工作的能力。当成功地度过初任期后，任职者就能得到第二梯级薪酬，当他完全胜任，并产出高绩效时，就可得到第三梯级薪酬。在任何梯级晋升中应该注意的一个主要问题是克服资历（任职时间长短）的影响。在实际情况中，以实际能力和业绩的提高为晋级的标准经常在注重资历的系统中难以实施，以资历来评价个人实际能力和业绩的大小是一个陷阱，必须尽可能避免这一陷阱。在一个薪酬等级内的梯级之间的薪酬增长可以是算术增长，也可以是几何增长或任意增长。在大多数情况下，几何增长方法更受人欢迎。

## 六、薪酬等级间的交叠

在一个薪酬结构中，其薪酬等级之间可能没有交叠，也可能有交叠，相邻两个薪酬等级的交叠部分表现在这两个薪酬等级中完全相同的薪酬机会。

相邻两个薪酬等级之间中位值的差距及薪酬等级区间的大小决定了两个等级交叠部分的大小。薪酬等级区间的交叠使得较低等级上的优秀员工，可以比较高等级业绩较差的员工获得更高的薪酬。当中位值之间的差值很小时，可能会有较大的重叠部分。

在比较种种的薪酬结构后，我们认为折中结构是一种既具有高弹性又具有高稳定性的薪酬结构。

## 工资制度的贯彻实施（控制与管理）

在企业薪酬制度确定以后，应当完成以下工作，才能保证其得以贯彻实施。

（1）建立工作标准与薪酬的计算方式。依据工作岗位分析和过去的原始记录制定工作标准，明确具体的工作流程和程序，以及作业的数量与质量要求，而这些标准和要求应当是公平合理的。同时，必须向员工解释说明薪酬的具体计算方法和结算方式。

（2）建立员工绩效管理体系，对全员进行工作业绩的动态考评。员工绩效管理制度是建立激励制度的前提和基础，也是贯彻执行企业薪酬制度的基本保证。

（3）通过有效的激励机制和薪酬福利计划，对表现突出的优秀员工进行必要表彰和物质鼓励，以鞭策员工对企业做出更多、更大的贡献。员工的福利计划、必要的服务、保障措施是为了最大限度地调动员工的生产积极性和创造性而设立的制度，这些福利性项目是企业薪酬制度的重要补充，有了这些项目，才能使薪酬制度的组合更加完美。

（4）在完成上述各项工作，贯彻落实企业既定的薪酬政策的同时，企业的人力资源部门还需要认真地统计记录各种相关数据资料，提出薪酬福利的预算方案，定期进行复核检查，并采用必要措施有效地控制人工成本，提高薪资效率。

（5）在执行工资制度的过程中，可能遇到许多问题，其中最主要的是薪酬的调整和薪酬总水平的控制问题。薪酬调整需要测算的内容主要包括：

① 原有的薪酬总额以及每个员工的薪酬福利水平。

② 原有薪酬总额占企业销售收入的比例，原有薪酬总额占企业总成本的比例。

③ 每个员工按照薪酬调整方案的规定计算出的薪酬水平。

④ 按照调整方案计算的薪酬总额占企业销售收入的比例，薪酬总额占企业总成本的比例等。

薪酬调整测算需要收集信息：

① 收集薪酬市场调查信息。

② 收集岗位分析、岗位评价、能力测评、绩效考评的结果以及员工定级的结果。

③ 收集企业销售收入、总成本、各部门费用管理等数据。

④ 收集往年的薪酬总额以及各构成项目所占比例。

⑤ 收集企业战略规划和各部门人力资源规划信息。

⑥ 收集各员工的基本薪酬、员工的能力、所处的岗位、绩效考评等信息。

目前，在我国许多企业中已经建立了年度薪酬调整的制度，但没有统一的制度和标准。

**【任务实施】**

## 一、技能训练

某公司的员工薪酬如下：会计经理（5 年经验），月薪 2 000 元；生产经理（5 年经验），月薪 1 400 元；会计员甲（3 年经验），月薪 1 000 元；会计员乙（3 年经验），月薪 700 元。市场一般薪酬为：经理月薪 1 800 元；会计员月薪 850 元。试就该公司的薪酬结构做一评价，并分析其犯了什么错误，应该怎样解决。

## 二、案例分析

### 健尔益食品公司的薪酬管理

2009 年元旦过后，北京气温骤降，大雪纷飞，听着呼啸的北风，健尔益食品公司总裁戴海清的心里也沉甸甸的。马上就要过春节了，正是销售旺季，在这个节骨眼上，上海分公司销售部的顶梁柱一个接一个地提出了辞职。华北分公司也报告说，新招进来的销售人员大多在试用期未满之前就会走人。

所谓不患寡而患不均，这是一个历史遗留问题。健尔益销售公司成立于2002年，是菲菲集团为了整合营销渠道而新设立的销售公司，80%的员工属于销售人员，他们来自菲菲集团原有的 4 个分公司，因此基本上还拿着原来公司的工资。由于当初北方两家分公司效益比南方两家好很多，于是北方的销售人员一直拿着比业内平均水平高得多的薪水。而南方的销售人员则相反，到手的薪水比起同地区、同行业的销售人员足足要少 30%左右。干着同样的活儿，别人拿的薪水却超出自己好大一截，谁会乐意？

其实，针对这些问题，公司也在想办法。2008 年 6 月，健尔益公司发布了新的薪酬体系方案，出台了“老人老办法，新人新办法”，公司指望通过逐步到位的薪酬调整，慢慢解决这个问题，实现薪酬调整的“软着陆”。

这次薪酬改革主要是针对销售部和市场部。首先，公司将销售部和市场部的总体薪酬水平调高了 10%左右。与此同时，销售人员的固定工资由原来的 80%下调到了 70%，市场部的固定工资也由原来的 90%下调到了 80%。对于这个变化，两个部门的人都很不服气。因为浮动工资的发放取决于销售指标的达成，而销售指标是年初就定下来的，定得相当高。到了年中，突然告诉他们固定工资比例下降、浮动工资比例上涨，当然没人乐意了。况且原来工资水平有落差的问题在这次方案中也没有得到解决，大家的怨气就更重了。

其次，公司在绩效考核体系设置了一些关键指标，并给各个指标设定了相应的权重。例如，对销售人员销售额中品类结构配比的考核权重由原来的 5%提高到了 10%。但是看起来，这个调整似乎还是提不起销售人员对于销售“新品”的兴趣，经过仔细核算公司的考核指标，他们自己设计了“抓大放小”的对策。这可苦了市场部推广新品的品牌经理，因为依据公司的考核体系，他们也需要对自己负责的新品销售额负责。于是乎，市场部人员对公司考核体系更是牢骚满腹。

除了销售部和市场部问题重重以外，这次薪酬调整没有涉及的职能部门也是怨声载道。由于健尔益公司是一个销售主导型的公司，原本这些职能部门的员工就觉得低人一等，现在倒好，薪酬调整又没自己的份，你说失落不失落。如今，财务部和人力资源部的很多员工都打起了“出走”的算盘。

资料来源：http://oxford.icxo.com/htm/news/2006/12/21/981689_0.htm

**【案例分析题】**

面对如此多的问题，健尔益公司的总裁戴海清有点无所适从。到底是这次薪酬体系的调整有问题，还是执行过程中有什么偏差？要不要继续把新的薪酬体系推行下去呢？

【项目验收与评估】

1. 验收对象：各小组撰写的《××公司人力资源规划方案》。

2. 验收步骤：

（1）各项目小组查阅关于产品营销组合策略方案的范文，以范文为模板为模拟公司撰写《××公司人力资源规划方案》。

（2）各项目小组推荐一名成员对本小组方案的写作过程、内容以及心得体会在课上作演讲。

（3）评委会根据下表进行评价，决出胜负。

| 评价内容 | 分值 | 评分 |
| --- | --- | --- |
| 资料全面、报告或案例完整 | 20 | |
| 研究深入、有说服力 | 20 | |
| 有创新观点和思路 | 20 | |
| 合作默契、体现团队精神 | 20 | |
| 发言人仪表端庄，语言表达清晰、准确 | 20 | |
| 总体评价 | 100 | |

（4）指导教师点评。各项目小组根据指导教师的点评，对撰写的方案进行修改、完善后提交指导教师验收。

# 项目八　企业物资管理

**【知识目标】**

1．了解物资消耗定额和物资储备定额的含义；物资消耗定额的制定；仓储管理应注意的问题。

2．熟悉物资消耗定额和物资储备定额的内容；物资采购计划的内容；物资运输的种类；配送管理的构成要素。

3．掌握物资采购的方式；库存物资管理的步骤；库存控制的方法；物资运输的合理化选择；设备管理的内容。

**【技能目标】**

1．会确定物资采购的方式。

2．会运用 ABC 分类法对库存物资进行控制。

3．会合理选择物资运输方式。

**【项目背景】**

最近，生产部对企业物资采购、存储等情况进行了一次调查，发现存在诸多不合理的使用和浪费现象。针对这一问题，你认为该如何改变这种现状呢？

**【任务分解】**

物资管理是指企业在生产过程中，对本企业所需物资的采购、使用、储备等行为进行计划、组织和控制的管理行为。它主要包括生产用物力资源管理及设备资源管理两大类，企业的物资管理的流程包括物资计划制订、物资采购、物资使用和物资储备等几个重要环节。企业通过对物资进行有效管理，达到降低企业生产成本、加速资金周转、提高企业盈利能力、提升企业的市场竞争能力。物资管理已经成为现代企业管理的重要组成部分。通过本项目的学习，你应该能完成以下任务：

任务一　物资定额管理

任务二　物资采购管理

任务三　物资存储管理

任务四　物资运输、配送管理

任务五　设备管理

# 任务一　物资定额管理

【任务引入】

定额管理是指利用定额来合理安排和使用人力、物力、财力的一种管理方法。物资定额管理包括物资消耗定额的制定和物资储备定额的制定两个方面。物资定额管理是编制物资供应计划和物资采购计划的依据，对于节约原材料、降低成本、提高经济效益都有重要作用。

【信息获取】

## 物资消耗定额

物资消耗定额是指在一定的时期内和在一定的生产技术组织条件下，为制造单位产品或完成单位工作量所必需消耗的物资数量的标准。它是企业的重要基础资料和标准数据之一，对加强企业物资管理、降低物资消耗、提高物资利用率有着重要的意义。

### 一、物资消耗定额的内容

（1）产品有效消耗，是指构成产品（或零件）净重的原材料消耗。这部分消耗主要取决于产品的设计、结构和所用的物资的质量水平。

（2）工艺性损耗，是指在生产工艺过程中所造成的使物资的原有形状和性能改变而产生的一些不可避免的物资损耗。例如，机械在加工过程中的下脚料、切屑等，这部分的消耗是不可避免的，其损耗由企业的生产工艺技术水平决定。

（3）非工艺性损耗，是指产品净重和工艺性消耗以外的物资消耗。企业在采购、运输、保管、生产、销售等环节中，由于生产技术水平低、管理不善和其他人为因素或意外事故造成的，超过合理物资消耗界限的那一部分物资损耗。非工艺性损耗属于不合理损耗。在目前的组织技术条件下，这部分消耗很难完全避免，造成物资的合法浪费，使之成为物资消耗定额的有机组成部分。

物资（主要原材料）消耗定额按其作用可分为材料工艺消耗定额和物资供应定额，其计算公式如下：

单位产品（零件）工艺消耗定额=单位产品（零件）净重+各种工艺性消耗量

物资供应定额=工艺消耗定额×(1+材料供应系数)

材料供应系数=非工艺消耗定额÷工艺消耗定额

【小思考】

一根棒材可以切成 4 个零件，每个零件毛重 2 千克，切口铁屑重 0.2 千克，残料头重

0.4 千克，剩下的料头（夹头）重 1.4 千克。试问单位产品材料消耗定额如何制定?

零件材料消耗：1. 残料头　2. 切口　3. 零件毛坯　4. 夹头

## 二、物资消耗定额的制定

物资消耗定额的制定，包括确定所需物资的品种、规格、质量要求和确定物资消耗的数量标准两个方面。物资消耗定额必须做到技术上可靠、经济上合理、供应上实施，使定额具有先进合理性、全面完整性、经济效益性、群众可行性和科学预见性。

物资消耗定额通常是按主要原材料、辅助材料、燃料、动力和工具等分类制定的。

**1. 主要原材料消耗定额的制定**

工业产品中的材料消耗有主要原材料消耗、辅助材料消耗、燃料以及工具的消耗等。其中，主要原材料是指构成产品主要实体的原材料，占材料消耗的极大比重，也是构成产品成本的主要部分。

工业企业对主要原材料消耗定额的制定，通常用技术分析法。一般的技术分析法有下列几种：

（1）按投料要求计算。按投料要求计算，主要是根据企业实际使用材料的具体要求，从物资供应部门的材料产品目录中选择一种最合理、最经济的材料规格（尺寸）。然后，在这种材料上，根据产品的毛坯零件和切割要求，精心排列，把材料消耗减少到最低限度。最后，把切割下来的边角余料和切口削头等损耗分摊到零件消耗的定额中去。其计算公式如下：

投料消耗定额=材料毛重+下料时的损耗/材料切成的零件数

投料消耗定额=零件毛重/下料车间材料利用率

投料消耗定额=零件毛重+下料切口重量/(1-残料率)

投料消耗定额=零件净重/材料综合利用率

这种按投料要求计算材料的消耗定额，通常适用于材料供应比较稳定的机械加工工业。

（2）按材料利用率计算。这一方法适用于品种规格比较简单、在不同产品或不同零件之间通用性较强的材料。也就是说，某种同一规格材料可以用于某种产品的几种零件上，或者可以用于不同产品的零件上。在这种情况下，材料的使用过程可以采取综合套裁的方法，使材料消耗定额的制定更加合理。

（3）按配料比计算。按配料比计算，是利用某种产品预定的各种材料之间的配料比例和其他经济技术指标（如成品率、损耗率）等来计算材料消耗定额的方法。这种方法一般适用于化工、冶金、炼油等企业和机械工业企业的铸工车间。

（4）按制成率计算。按制成率计算，是利用原材料重量与产成品之间的比例来计算材料消耗定额的一种方法。这种方法仅用于只用一种主要原材料就可以制造成为产品的加工工业，如纺织工业的纺纱、织布，轻工业中的食品工业等。

在实际工作中，由于原材料本身的质量和生产技术条件等因素，都会直接影响成品制成率的高低。因此，在确定原材料消耗定额时，成品制成率的计算要采用大量的统计资料，并考虑到计划期企业的生产技术条件和原材料质量的变化，以及经营管理水平的提高等因素。

**2. 辅助材料消耗定额的制定**

辅助材料品种繁多，而其费用占产品成本的比重较小，如果有条件采用技术分析法计算消耗定额的，也可择要而定。在一般工业企业中，辅助材料定额可以采用比较简易的统计方法或估计方法来制定。

辅助材料消耗定额的确定方法主要有下列几种：

（1）按原材料消耗的比例计算。辅助材料与主要原材料配合使用的，其消耗量同主要原材料的消耗之间有一定的比例关系，在这种情况下，辅助材料的消耗量可以按主要原材料的消耗量折合成为消耗定额。例如，在炼钢厂，生铁消耗与熔剂消耗有严格的比例关系，这就可以用主要原材料生铁作为熔剂消耗的计算标准。又如，织布用的浆料与投入的棉纱数量有一定的比例关系，因此，浆料的消耗定额就可以用主要原材料棉纱的消耗作计算标准。

（2）按产品数量计算。辅助材料与产品产量有一定比例关系的，就可以直接按单位产品为计算标准，确定辅助材料的消耗定额。产品的包装材料便是这种类型的辅助材料，如每一件产品用一只纸盒、一只塑料袋或一只木箱，这些包装材料的消耗定额就不必用其他复杂的方法了，只要以单位产品为计算标准，适当考虑损耗因素，就可以合理地确定这类辅助材料的消耗定额。

（3）按设备运转时间计算。与机器运转时间有关的辅助材料，如各种润滑油、清洁用具等，则可以按照机台的各同类型和设备的运转时间来确定辅助材料的消耗定额。例如，某种机床，运转一天需加油两次，每次半斤，每月运转 26 天，则每月的消耗定额为 26 斤。

（4）按辅助材料本身的使用期限计算。有些辅助材料并不直接与其他因素有依存关系，也可以按照它本身的使用期限来确定消耗定额。应按不同工种分别确定其使用期限，不能一律对待。这种使用期限，一般只能用经验估计法结合一定的统计资料来确定。对于难以用上述方法确定消耗定额的辅助材料或低值易耗品，如玻璃器皿、化学试剂以及数量零星的针、线用品等，则可以根据统计资料采用定期的（一般为一个月）货币定额的办法。货币定额有分别按辅助材料种类控制的，也有把各种零星的辅助材料加在一起确定一个定额的。

**3. 燃料消耗定额的制定**

工业企业使用的燃料有固体燃料、液体燃料和气体燃料，主要消耗于生产动力、工艺过程、交通运输和取暖等方面。燃料的消耗定额应以各种不同用途的计量标准来计算。

**4. 动力消耗定额的制定**

动力消耗定额的制定一般是按不同用途分别制定。如用于发动机的电力消耗定额一

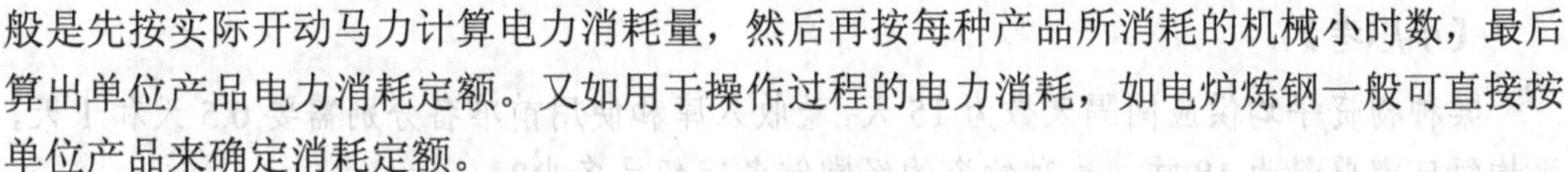

般是先按实际开动马力计算电力消耗量，然后再按每种产品所消耗的机械小时数，最后算出单位产品电力消耗定额。又如用于操作过程的电力消耗，如电炉炼钢一般可直接按单位产品来确定消耗定额。

**5. 工具消耗定额的制定**

工业企业的工具是多种多样的，有的使用期较短，如车刀、铣刀、锯条、钻头、锉刀、冲模等；有的使用期较长，而且价值较低，如锤子、钳子、凿子、剪子、扳手以及各种量具等。工具消耗定额可用工具的耐用期限和使用时间来制定。

计算公式如下；

单位产品某种工具消耗定额 ＝ 加工单位产品工具使用时间/工具使用期限

**【小思考】**

某企业灰铁铸件的合格品率为 80%，生产时需投入生铁配料比为 50%（即生铁:灰铁=1:2），问生产一吨合格的灰铁铸件所需生铁的消耗定额？

# 物资储备定额

物资储备定额是指在一定的管理条件下，企业为保证生产顺利进行所必需的、经济合理的物资储备数量标准。物资储备定额是企业物资管理工作的重要基础资料，它是企业编制物资采购计划，确定采购量、订购批量和进货时间的重要依据；同时也是企业掌握和调节库存量变化，使储备经常保持在合理水平的重要工具。正确查定物资储备定额，是企业提高经营管理水平的重要一环。

## 一、物资定额消耗的分类

物资储备定额是企业物资管理工作的重要基础资料，是企业编制物资采购和供应计划的主要依据，按定额作用的不同，可分为经常储备定额、保险储备定额和季节性储备定额。

**1. 经常储备定额**

经常储备定额是指企业在前后两批物资的供应间隔期内，为保证企业日常生产正常进行所需的储备数量。它主要由物资供应间隔天数决定，其计算公式如下：

经常储备定额=(物资供应间隔天数+物资准备天数)×平均每日需要量

物资供应间隔天数受物资供应条件，如距离、运输方式、订购批量、采购费用等因素的影响，企业必须在认真分析这些因素的基础上加以确定。物资准备天数是指某些物资投资前进行的化验、加工和技术处理所需的时间。平均每日需要量由生产量与消耗定额因素来决定。

【小思考】

某种物资平均供应间隔天数为 15 天，验收入库和使用前准备分别需要 0.5 天和 1 天，平均每日需要量为 18 吨，这种物资的经常储备定额是多少？

**2．保险储备定额**

保险储备定额是指企业在供应单位误期供给及其他意外情况发生时，为保证生产正常进行所必需的物资储备数量标准。保险储备定额一般是根据保险储备天数和平均一日需要量来确定的：

保险储备定额=平均一日需要量×保险储备天数

由于保险储备是在供应过程出现意外变故时使用的，而供应过程的意外变故是由企业内部、外部多方面的因素引起的，事先很难确切估计，所以，要准确地查定保险储备天数往往比较困难。目前，确定保险储备天数的一般方法有以下几种：

（1）按平均误期天数确定，是从企业外部影响因素考虑的，平均误期天数一般根据过去进货统计资料求得。

（2）按临时需要比例确定，是从企业内部影响因素考虑的，通过对内部供料记录的分析，求得各供应期平均临时需要量的比例，以此核算保险储备天数。按临时订购所需天数确定，临时订购所需天数相当于前述的“备运时间”，以此天数为依据来确定保险储备天数，可以保证企业供应的连续性。

（3）除了按保险储备天数来确定保险储备定额外，还可以通过概率方法，根据一定的保证供应率要求来确定保险储备量。

**3．季节性储备定额**

季节性储备定额是指供应中断的季节初所应当达到的最高数量。季节性储备是由季节性和用料季节性所形成的。确定季节性储备定额，主要在于正确确定季节性储备天数。季节性储备定额是某些企业由于物资供应（生产或运输）有季节性，为保证生产的正常进行而建立的物资储备数量标准。季节性储备定额的计算公式为：

季节性储备定额=季节性储备天数×平均每日需用量

季节性储备天数一般根据运输或供应中断天数决定。例如，某条河道每年 12 月进入枯水期，到来年 3 月后方能通行，则由这条河道运输的某些物资的季节性储备天数为 4 个月。又如，有的农产品（如蚕茧）一年收获两次，则季节储备天数就应为半年。

## 二、物资储备定额的管理方法

企业为掌握和调节库存量变化，使储备经常保持在合理水平，确定物资仓储条件，进行仓库规划和管理，常用的实施物资储备定额管理的方法包括以下两种。

**1．定量控制法**

定量控制法即根据仓库管理人员提供的物资库存情况组织采购。当库存量接近或等

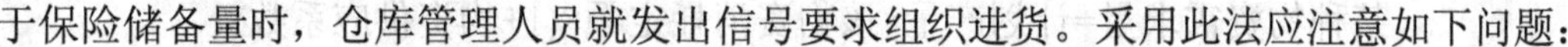

于保险储备量时，仓库管理人员就发出信号要求组织进货。采用此法应注意如下问题：

（1）根据物资收、耗、存的统计资料，预测资源和需用趋势，主动与供货单位协调，争取恰当的供货周期和批量。

（2）订购物资的计划要与生产经营计划衔接，进行物资储备量控制的决策。

（3）供应部门应把物资储备定额作为计划、订购、保管工作的依据之一。

**2．资金控制法**

根据物资储备资金定额控制储备量。按物资的订购任务把储备资金按月或按季分给计划和采购人员，按经济责任制进行奖罚，具有明显的经济效果。

# 任务二 物资采购管理

【任务引入】

物资采购是企业资金支出的关口，能不能把好这个关口是企业成本控制的关键。为此，实行比价、限价和定价采购制度为核心的物资采购管理便成为当前企业物资采购的主流模式。物资合理采购活动可通过科学的物资采购计划加上严格的物资采购过程控制来确保企业有效节省开支，从而为企业赢取更丰厚的利润打下坚实基础。

【信息获取】

## 物资合理采购

物资合理采购的依据是根据企业物资供应计划及物资采购计划来实施的。

## 一、物资供应计划

物资供应计划是企业为确保生产顺利进行提供物资保证编制的计划，其主要内容是确定计划内物资需求量，按照物资的消耗定额和储备定额清查企业库存资源，经过综合平衡，编制物资供应计划并组织实施。

企业编制物资供应计划的主要内容有：确定各类物资需求量；确定期初库存量和期末储备量；确定物资采购量等。

**1．确定各类物资需求量**

确定各类物资的需求量是编制物资供应计划的核心内容。物资需求量是指企业在计划期内为满足生产经营活动的各方面需要而应消耗的物资数量。它不仅包括基本生产的需要，也包括辅助生产、新产品试制、技术革新以及其他各种需要。物资需求量的确定，是按照每一类物资、每一种具体规格分别计算的。物资需求量的直接计算法为：

某种物资需求量=计划产量×该物资消耗定额×(1+物资供应系数)/(1−计划允许的废品率)×单位产品物资供应定额

计划产量是指计划期的商品产量及期末期初在制品差额之和。物资供应系数是由非工艺性损耗引起的需求量的增加额。

物资供应系数=合理的非工艺性消耗数量/物资消耗定额×100%

**2．确定期初库存量和期末储备量**

计划期期初库存量和期末储备量由于生产任务和供应条件变化而往往不相等，因而尽管物资需求量不变，但供应的物资数量却要发生相应的增减。当计划期期初库存量大于计划期期末储备量时，供应的物资数量就可减少，反之则要增加物资供应量。

（1）确定计划期期初库存储备量：MH 期初=MH 现存−MH 耗用+MH 到货

（2）确定计划期期末的库存储备量应视下一个计划期任务需要而定。

**3．确定物资采购量**

计划期内各种物资的需求量和期初、期末库存量确定之后，就要对每一种物资进行需求和供给平衡，编制物资平衡表。根据物资平衡表提出计划年度各类物资的申请量和采购量，编制物资供应计划。工业企业的物资计划采购量的计算公式为：

物资采购量=物资的需求量+期末储备量−期初库存量−企业内部可利用的资源

企业内部可利用的资源，是指企业进行改制、回收、代用和修旧利废的物资数量，这是一部分不可忽视的资源。

## 二、物资采购计划

物资采购计划主要指生产各部门将申请采购物资汇总及分类形成物资需求计划，物资部门计划人员依据物资需求计划制订的采购计划。物资采购计划经由物资部门计划员、物资部门领导审批后，生成的正式采购计划下发给采购人员采购。

物资采购计划从物资品种、质量、数量和需要时间等方面，以及采购地点、采购技术和采购成本等方面提出了具体要求。物资采购计划有年度采购计划、季度采购计划和月采购计划。

# 物资采购的制度及步骤

## 一、物资采购制度

**1．比价采购制度**

（1）比价采购制度的定义。比价采购是指在采购物资过程中实行的一种以综合比对为主要手段的物资采购制度。

（2）比价采购的内容。物资的供应质量和价格、采购的中间费用、售后服务、供货商的信誉及货款的承付方式等是采购对比的要素。简单而言，就是“同种物资比质量，同等质量比价格，同样价格比服务，同等服务比信誉，先比后买”，其实质就是通过对各要素进行综合比对，实现“物美价廉”的目标。

企业实行比价采购，不但可以使物资市场的竞争更加活跃，使物资的性价比不断提升，还在无形之中拓展了企业的物资来源渠道。

**2．限价采购和定价采购制度**

限价采购制度是比价采购制度的一种延伸，在特定的情况下能够发挥更加积极的作用。当企业采购的物资品种繁杂、零星采购次数频繁、物资采购难以形成大规模的情况下，可以由企业物资部门在深入调查物资市场行情的基础上，拟定和公布企业所能接受的物资价格上限或具体数额，实行限价采购制度或定价采购制度。

## 二、物资采购的方式

企业进行物资采购是依靠市场来保证供应和生产的有序进行。物资采购可通过市场采购、物资调剂与交流、物资租赁等形式实现。物资采购必须注重市场动态，遵守政策，以需订购，择优订购，就地就近购买，选准供货单位，做好企业物资供应组织工作。

**1．定期采购方式**

定期采购是指按预先确定的订货间隔期间进行采购补充库存的一种方式。企业根据过去的经验或经营目标预先确定一个订货间隔期间。每经过一个订货间隔期间就进行订货，每次订货数量都不同。在定期采购时，库存只在特定的时间进行盘点，例如每周一次或每月一次。

采购数量由实际库存和在途物资量具体确定，公式如下：

某物资采购量=订货周期×平均每日需要量+保险储量-实际库存量-在途物资量

**【例题 1】**

某企业需要某原材料，订货周期为 30 天。平均每日需要量为 20 件，保险储备为 100 件，提出采购计划时实际库存为 50 件，在途物资数量为 200 件，求本期物资采购量是多少？

**解：**某原材料采购量=30×20+100-50-200=450（件）

**2．定量采购方式**

定量采购方式是指订货时间不固定而采购数量固定的采购方法。当实际库存量达到一定水平——订货点库存量时，按照固定的订货量进行采购。其计算公式如下：

订货点库存量=平均日需要量×采购天数+保险储备量

固定订货量是由企业根据物资消耗量、采购储运条件及订货费用等综合考虑来确定的。较常用的确定采购数量的方法是经济批量法。其计算公式如下：

$$\text{经济订购批量}=\sqrt{\frac{2\times\text{每次采购费用}\times\text{某物资年需要量}}{\text{某单位物资库存年保管费用}}}$$

其中，采购费用是指物资订货和采购过程中的有关差旅费、验收费、管理费等；保管费用是指物资占用的资金利息、仓库及运输工具的折旧费、维护费、仓库保管费等。在物资年需要量既定条件下，采购数量与采购次数相互制约，采购费用与保管费用成反比，即采购数量大，则采购次数少，采购费用相应下降而保管费用随之增大，反之亦然，如图 8.1 所示。利用经济批量法，是寻求采购费用与保管费用两项费用总和最小时的采购数量及采购次数。

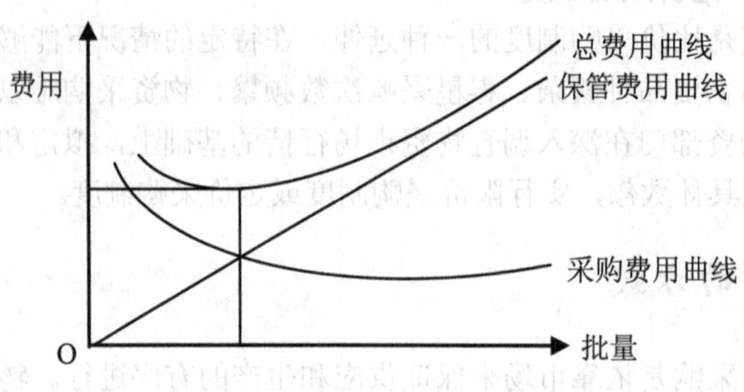


图 8.1 采购费用与保管费用关系示意图

【例题 2】

某企业每年需消耗某物资 2 400 千克，每千克物资保管费 12 元，每次采购费用为 25 元，求全年两项费用之和和最低的采购数量（见表 8.1）。

表 8.1 计算表

| 采购批量/千克 | 采购次数/（次/年） | 平均库存/千克 | 保管费用/元 | 采购费用/元 | 年总费用/元 |
|---|---|---|---|---|---|
| 50 | 48 | 25 | 300 | 1 200 | 1 500 |
| 60 | 40 | 30 | 360 | 1 000 | 1 360 |
| 75 | 32 | 37.5 | 450 | 800 | 1 250 |
| 100 | 24 | 50 | 600 | 600 | 1 200 |
| 150 | 16 | 75 | 900 | 400 | 1 300 |
| 300 | 8 | 150 | 1 800 | 200 | 2 000 |

$$经济订购数量=\sqrt{2\times 2\,400\times 25\div 12}=100（千克）$$

【任务实施】

## 一、技能训练

1. 某企业每年需耗用材料 2 000 千克，每次订货成本为 100 元，单位材料年储存成本为 10 元，计算需要每次订货多少千克。

2. 各项目小组为模拟公司制订一份物资采购计划。

## 二、案例分析

### 格兰仕降低采购成本

广东格兰仕集团有限公司是一家全球化家电专业生产企业，是中国家电业最优秀的企业集团之一。为了扩大规模，加强企业物资管理，格兰仕集团建立了强大的物资采购部门和完善精密的物资管理制度。采购部门不仅仅是一个购入原材料的部门，同时也是企业的利润中心之一。在收入不变的情况下，降低成本就意味着增加利润。所以格兰仕集团完全有理由认为采购部门也是利润中心。据调查统计，格兰仕集团每年的原材料成本占格兰仕总成本的 60%～70%，因此采购成本是格兰仕最重要的成本，也是每年降低成本的重点部门。

格兰仕降低物资采购成本有哪些妙招呢？（1）向供货商要利润。采购人员与对方谈判时最有效的一种武器是了解供货方的合理成本水平。为了培养采购人员的这种能力，格兰仕物资供应部把市场上各种同类产品都找来，分析最低多少成本能做出这个产品。（2）不断开发供货商，营造竞争局面。供货商的开发和管理应该是动态的，较理想的状态是采用鲇鱼效应。格兰仕就是不断开发新的、更有威胁的供货商，让它像鲇鱼激活沙丁鱼一样，在供货商之间营造彼此竞争的氛围。（3）与供货商共赢。与供货商合作谋取共赢是有远见的企业坚持不懈的工作。（4）招标比价技巧。格兰仕规定：所有采购都要通过招标进行，3 000 元以上的采购必须由 3 家以上的竞标，5 000 元以上的采购必须有 5 家以上的竞标，招标比价之后，采购人员可以初步定价，但采购员没有最终决定权，还得经过公司内的专家审计。（5）管好采购人员。格兰仕对采购人员的素质要求是：让对方充分地感到你的诚意；对非常有把握的事情不要承诺；少说多听，以静制动；多问多听对方的陈述和要求，然后再寻求突破。

资料来源：http:edu.21cn.com/caigou/g_66_762207_1.htm

【案例分析题】

1. 广东的格兰仕集团采用哪些方法降低物资采购成本？
2. 试想想还有哪些降低采购成本的方法。

# 任务三　物资存储管理

【任务引入】

物资存储管理包括物资验收入库、物资存储管理、物资发放、废旧物资回收和利用、物资的清仓盘点以及库存物资管理的方法几方面的内容。

【信息获取】

# 物资存储管理

## 一、物资存储管理的步骤

企业对库存物品和仓库设施进行管理可分为以下几个步骤。

**1．物资验收入库**

物资验收入库工作是物资存储工作的前提和基础。它对于减少物资损耗、防止物资浪费、加速资金周转、保证生产顺利进行具有十分重要的意义。购入的各种原材料、其他物资和产品入库保管时，必须准确、认真地做好验收工作，管理人员应配合有关部门或人员严格核对有关凭证，对物资进行数量和质量的检查，如实记录检查的结果，填写入库验收单。物资一经验收，应进行登账、立卡建档，必须设立物资保管明细账，及时反映物资收付动态。

**2．物资存储管理**

物资验收入库后，应根据各类物资的性质、体积和存储要求分别加以保管，做到科学摆放、堆垛整齐、数量准确、质量不变、消灭差错、标志鲜明，便于取放和查点，做好通风、降温、防火、防潮、防爆炸、防质变等工作。

库存物资在分区分类的基础上进行物资编号，实行专库保管、分类定位。具体的方法例如“四号定位”法，即按照仓库号、货架号、层号、位号四者统一编号，并与物资保管账页上的编号一致。物资保管中还采用“五五摆放”法，尽量按 5 的倍数摆放，如五件成堆，五件成行，五件成方，五件成串，以便于计量盘点、过目成数。

**3．物资的发放**

物资的领用和发放是保证生产正常进行和节约使用物资的重要环节。其主要的任务包括：一是按质、按量、准时、有计划地发放，保证生产的需要；二是严格发放手续和出库制度，防止浪费和不合理领用。企业在进行物资发放时必须有一定的凭证为依据，如领（发）料单、退库单等。实行承包的单位或个人应按承包合同的规定执行。对于已经领用但未使用的部分物资，应办理退料手续，以免浪费，回收这些账外物资是降低物耗的重要方面，也是仓储管理的重要工作。

**4．废旧物资回收和利用**

废旧物资主要是指企业生产过程中的废次品、废渣、废气、废液，以及废旧边角料、设备、材料、工业包装物等。将其再生利用或开发其他产品，不仅可以大大提高物资的利用效率，降低物耗成本，增加企业利润，而且可以防止工业污染，保护和净化生态环境。

**5．物资的清仓盘点**

仓库物资的流动性很大，为了及时掌握物资的变动情况，避免物资的短缺丢失和超

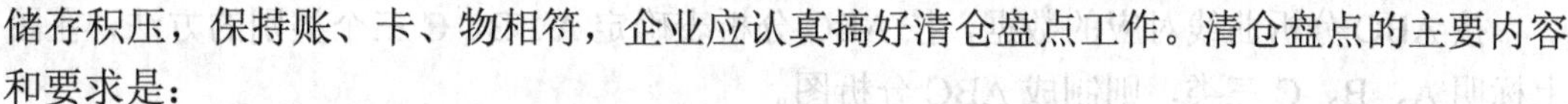

储存积压，保持账、卡、物相符，企业应认真搞好清仓盘点工作。清仓盘点的主要内容和要求是：

（1）检查物资的账面数与实存数是否相符；

（2）检查物资收发有无差错；

（3）检查各种物资有无超储积压、损坏和变质；

（4）检查安全设施和库房设备有无损坏等。

物资盘点的主要形式包括：

（1）永续盘点：是指每天对有收发动态的物资盘点一次。

（2）循环盘点：是指根据物资的特点，分轻重缓急，对所管理的物资作出月盘计划，按计划逐日轮番盘点。

（3）定期盘点：每月末、季末、年中及年末按计划进行盘点。

（4）重点盘点：根据季节变化或工作需要，为某种特定目的而进行的盘点。

通过盘点，要做到数量、质量、账、卡清楚，盈亏有原因，事故损坏有报告，调整有依据，确保库存物资的账、卡、物相符。

## 二、库存物资的管理方法

合理地控制物资库存是企业经营管理总的核心环节之一，也是一个企业能否取得经济效益的关键。企业只有做到合理地控制物资库存，使库存量最小、没有积压物资，这个企业就会取得最佳效益。因此，各个企业都十分重视并采取各种有效方法，加强物资管理。在这里我们讨论库存管理的 ABC 分类管理法。

**1．概念**

在物资库存管理中，ABC 分析法就是根据物资占有资金额的高低进行分类排队，将全部物资分 ABC 三类，采取不同的采购方式和库存管理方法。

**2．步骤**

（1）计算每一项库存物资的品种数量和总金额。

（2）列出 ABC 分析表，如表 8.2 所示。

表 8.2 ABC 分析表

| 物资类别品种 | 数量所占比例/% | 金额所占比例/% |
|---|---|---|
| A | 10～20 | 60～80 |
| B | 20～30 | 20～30 |
| C | 50～80 | 5～15 |

（3）绘制 ABC 分析图。以累计品目百分数为横坐标，以累计资金占用额百分数为纵坐标，按 ABC 分析表所提供的数据，在坐标图上取点，并联结各点曲线，则绘成 ABC 曲线。

按ABC分析曲线对应的数据，按ABC分析表确定A、B、C三个类别的方法，在图上标明A、B、C三类，则制成ABC分析图。

（4）确定重点管理方式，如表8.3所示。

表8.3　重点管理方式的确定

| | A | B | C |
|---|---|---|---|
| 管理要点 | 投入较大精力精心管理，勤进少储，将库存压缩到最低水平 | 按经营方式调节库存水平，灵活控制 | 集中大量订货，以较高的库存来节省订货费用 |
| 订货方式 | 计算每种物品的订货量，按最优的订货批量，采用定期订货方式，订货量由预测决定 | 采用定量订货方式，当库存降到订货点，便提出订货，订货量为经济批量 | 采用两个库位储存物资，一个库位发放完毕，由另一个库位接续 |
| 定额水平 | 按品种或规格控制 | 按大类品种控制 | 按总金额控制 |
| 检查水平 | 经常检查 | 一般检查 | 按年度或季度检查 |
| 统计方法 | 详细统计，按品种规格规定统计项目 | 一般统计，按大类规定统计项目 | 按金额统计 |

# 物资仓储管理

企业的仓库是储存和管理物资的场所，是各种物资供应的中心，是物资管理组织机构中的重要部门。做好仓储管理工作，对于保证及时供应生产需要、合理储备、加速周转、节约成本等方面都有着十分重要的作用。物资仓储管理活动包括物资存储管理和物资仓库管理流程两方面的内容。

## 一、物资仓储的内涵

物资仓储是保管、储存物品的建筑物和场所的总称。物流中的仓库功能已经从单纯的物资存储保管，发展到具有担负物资的接收、分类、计量、包装、分拣、配送、存盘等多种功能。仓储管理是指商品储存空间的管理。企业生产所需的各种物资及生产出来的产品，都需经过一定的存储、保管，才能进入生产和销售阶段，这需要对物资进行科学的保管。做好仓储管理工作，对减少物资损耗、防止物资浪费、确保企业生产顺利进行等方面有着十分重要的意义。

## 二、仓储管理作业应注意的问题

（1）库存商品要进行定位管理，其含义与商品配置图表的设计相似，即将不同的商品分类、分区管理的原则来存放，并用货架放置。仓库内至少要分为三个区域：第一，

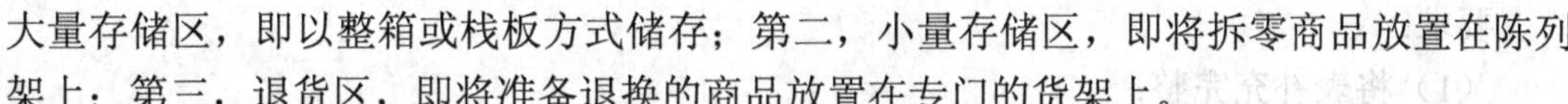

大量存储区，即以整箱或栈板方式储存；第二，小量存储区，即将拆零商品放置在陈列架上；第三，退货区，即将准备退换的商品放置在专门的货架上。

（2）区位确定后应制作一张配置图，贴在仓库入口处，以便于存取。小量储存区应尽量固定位置，整箱储存区则可弹性运用。若储存空间太小或属冷冻（藏）库，也可以不固定位置而弹性运用。

（3）储存商品不可直接与地面接触。一是为了避免潮湿；二是由于生鲜仪器的规定；三是为了堆放整齐。

（4）要注意仓储区的温湿度，保持通风良好，干燥、不潮湿。

（5）仓库内要设有防水、防火、防盗等设施，以保证商品安全。

（6）商品储存货架应设置存货卡，商品进出要注意先进先出的原则。也可以采取色彩管理法，如每周或每月不同颜色的标签，以明显识别进货的日期。

（7）仓库管理人员要与订货人员及时进行沟通，以便到货的存放。此外，还要适时提出存货不足的预警通知，以防缺货。

（8）仓储存取货原则上应随到随存、随需随取，但考虑到效率与安全，有必要制定作业时间规定。

（9）商品进出库要做好登记工作，以便明确保管责任。但有些商品（如冷冻、冷藏商品）为讲究时效，也采取卖场存货与库房存货合一的做法。

（10）仓库要注意门禁管理，不得随便入内。

【任务实施】

## 一、技能训练

下面是根据某企业的物资情况列出的 ABC 分析表，如表 8.4 所示。

表 8.4 物资情况的 ABC 分析表

| 品　名 | 品 目 数 | 单　价 | 金额/元 | 累计品目比例/% | 累计金额比例/% | 物 资 类 别 |
|---|---|---|---|---|---|---|
| a | 100 | 215.0 | | | | |
| b | 200 | 111.0 | | | | |
| c | 300 | 52.5 | | | | |
| d | 200 | 20.0 | | | | |
| e | 200 | 19.5 | | | | |
| f | 250 | 5.5 | | | | |
| g | 300 | 4.00 | | | | |
| h | 300 | 2.00 | | | | |
| 合计 | 1 850 | — | | | | |

要求：

（1）将表补充完整；

（2）绘制 ABC 分析图；

（3）确定各类物资管理方式。

## 二、案例分析

### 福州锦绣渔港的库存物资管理

福州锦绣渔港是本地最大的一个鱼类产品批发集散地，占地面积 1.2 万平方米。自从 2009 年营业以来，锦绣渔港利润率很低，企业内部管理凌乱……目前，锦绣渔港的 4 个仓库，按原先的设计布局，有放账单物品及消耗品的杂物仓库，有放食品原料及酒水饮料的原材物料仓库，还有专放电脑用品及监控的信息仓库。按理说，应该够用了，但事情并非如此……信息仓库里每天都要存放一大堆收银单、点菜单，几天就是一蛇皮袋，没多久，蛇皮袋就堆满了仓库。于是，办公室又为其腾出了一个仓库。可是月初腾出的仓库，到下旬时，会计部又打报告要求增加仓库了。原材物料仓库、杂物仓库的情况也大同小异，库存量越来越大，常常有超过库存标准几倍的物品堆放。而且由于原材物料仓库里的物品是有保质期的，经常是想用的时候找不到，不用的时候又找到了，有的已过期不能使用。仓库的混乱既占用了资金，又占用了大量空间，而且还增加了仓管员。原材物料仓库和杂物仓库已形成恶性循环——首先，没有控制好购买物品的数量，造成仓库里物品越积越多；再者，因为层层相压，那些被压在下层或塞在角落里的物品寻找起来非常麻烦，常常为找一样东西费时费力。最终无功而返，只好重新购买。为防止一次次购买，只好加大购买量，造成新一轮的新货压旧货，库存量更大了；有时，当在原材物料仓库找别的物品时，以前百寻不到的物品会不经意地出现，但大多已变质过期，造成了资金的大量浪费。

**【案例分析题】**

你认为福州锦绣渔港应从哪几个方面加强库存物资管理。

# 任务四　物资运输、配送管理

**【任务引入】**

物资运输与配送是物流中一种特殊、综合的活动形式，是商流、物流的紧密结合，包含了商流活动和物流活动。物流是“物”的物理性运动，这种运动不但改变了物的时间状态，也改变了物的空间状态。运输一般分为运输和配送。运输承担了改变空间状态

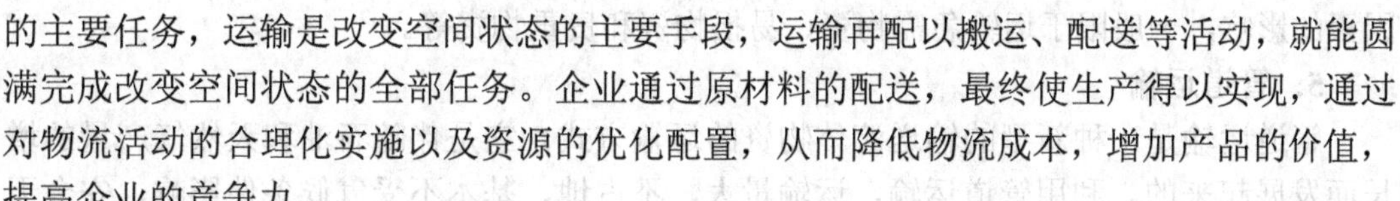

的主要任务，运输是改变空间状态的主要手段，运输再配以搬运、配送等活动，就能圆满完成改变空间状态的全部任务。企业通过原材料的配送，最终使生产得以实现，通过对物流活动的合理化实施以及资源的优化配置，从而降低物流成本，增加产品的价值，提高企业的竞争力。

**【信息获取】**

# 物资运输

物资运输是指把人、财、物由一个地方转移到另外一个地方的过程。它被认为是国民经济的根本。物资运输是企业竞争力的法宝，搞好运输可以实现零库存、零距离和零流动资金占用，是提高为用户服务、构筑企业供应链、增加企业核心竞争力的重要途径。在经济全球化、信息全球化和资本全球化的21世纪，企业只有建立现代货物运输结构，才能在激烈的竞争中求得生存和发展。

## 一、物资运输的种类

物资运输是物流的主要职能之一，也是物流业务的中心活动。物资运输主要是通过运输活动来实现物资资源在空间位置上的转移。按其运输方式的不同，物资运输可分为以下几种形式。

**1．铁路运输**

铁路运输是常见的一种物资运输方式，特别是大宗、单一、长距离发运的货物，如木材、煤炭、粮食、棉花等，主要采取铁路运输。在各种运输方式中，铁路运输是最安全、最有效的一种运输方式，可以全年、全天候地不间断运输，而且速度快、成本低，便于统一调度和编排。

**2．公路运输**

公路运输通常指的是汽车运输，主要承担短途以及没有建设铁路的偏远地区的长途货物运输任务，公路运输的特点是灵活机动，直达性强，可以实现“门到门”的运输，是一种相对便捷的运输方式，但成本耗费比较大，安全系数不高。

**3．水路运输**

水运是历史比较悠久的运输方式，包括海上运输和内河运输。水运的特点是运载能力强、投资小、成本低、运费便宜，但速度慢、环节多，而且受自然条件影响大，机动灵活性差。因此多用于时间要求不太急、大宗笨重货物的长途运输。

**4．航空运输**

航空运输因占地少、速度快、时间效益好等，成为当今物资运输发展最快的一种运输方式。但运输承载量小，飞机造价昂贵，运费高，安全性差，且受自然条件影响大等因素的影响，一般限于运输急需物资、易损物资和贵重物资等。

**5．管道运输**

管道运输是一种新型的输送流体物资的运输方式。它是伴随石油和天然气产量的增长而发展起来的。利用管道运输，运输量大，不占地，基本不受气候条件影响，安全无噪音，耗能低，而且能够不间断地、均衡地进行运输，减少被运输物资的损耗，还能节省大量的社会劳动，降低运输成本，并保证运输的安全。管道运输建设周期短，收效快，使用和管理很方便。但它不如其他运输方式灵活，货源减少时，不能改变线路，当运输量小到超出其合理运行范围时，优越性即难以发挥。

**6．综合运输**

以上五种运输方式各有特点，应在比较它们的运量、速度、费用、安全性和灵活性等基础上，结合所运物资的性质及供需情况，确定和选用最经济、合理的运输方式。还可以通过各种运输方式之间的协作，综合利用多种运输方式，即所谓发展联运。例如，铁路与水路联运、水路和公路联运、江海联运、江河联运、国内联运等方式组合运输。

## 二、物资运输的合理化选择

在各种运输方式中，如何选择适当的运输方式是物流合理化的重要问题。一般来讲，应从物流系统要求的服务水平和允许的物流成本来决定。可以使用一种运输方式，也可以使用联运方式。决定运输方式，可以在考虑具体条件的基础上，对下述五个具体项目认真研究考虑。

**1．货物品种**

关于货物品种及性质、形状，应在包装项目中加以说明，选择适合这些货物特性和形状的运输方式，货物对运费的负担能力也要认真考虑。

**2．运输期限**

运输期限必须与交货日期相联系，应保证运输时限。必须调查各种运输工具所需要的运输时间，根据运输时间来选择运输工具。运输时间的快慢顺序一般情况下依次为航空运输、汽车运输、铁路运输、船舶运输。各运输工具可以按照它的速度来安排日程，加上它的两端及中转的作业时间，就可以算出所需的运输时间。在商品流通中，要研究这些运输方式的现状，进行有计划的运输，希望有一个准确的交货日期是基本的要求。

**3．运输成本**

运输成本因货物的种类、重量、容积、运距不同而不同，而且运输工具不同，运输成本也会发生变化。在考虑运输成本时，必须注意运费与其他物流子系统之间存在着互为利弊的关系，不能只考虑运输费用来决定运输方式，要由全部总成本来决定。

**4．运输距离**

从运输距离看，一般情况下可以依照以下原则：300 千米以内，用汽车运输；300～

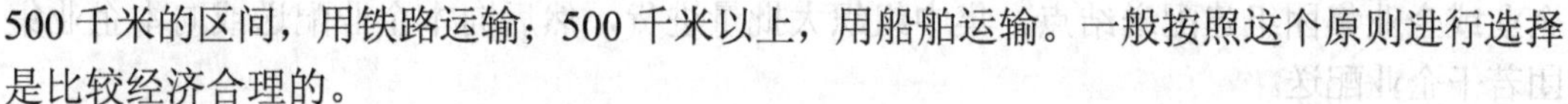

500千米的区间，用铁路运输；500千米以上，用船舶运输。一般按照这个原则进行选择是比较经济合理的。

**5. 运输批量**

大批量运输成本低，应尽可能使商品集中到最终消费者附近，选择合适的运输工具进行运输是降低成本的良策。一般来说，15～20吨以下的商品用汽车运输；15～20吨以上的商品用铁路运输；数百吨以上的原材料之类的商品，应选择船舶运输。

# 配送管理

配送是指在经济合理区域范围内，根据用户要求，对物品进行拣选、加工、包装、分割、组配等作业，并按时送达指定地点的物流活动。通过配送，最终使物流活动得以实现，并实现物流活动的合理化以及资源的合理化配置，从而降低物流成本，增加产品价值，提高企业的竞争力。对配送的管理是在配送的目标（满足一定的顾客服务水平）与配送成本之间寻求平衡，即在一定的配送成本下尽量提高对顾客的服务水平，或在一定的顾客服务水平下使配送成本最小。

## 一、配送管理的构成要素

配送利用有效的分拣、配货等理货工作，使送货达到一定的规模，以利用规模优势取得较低的送货成本。如果不进行分拣、配货，有一件运一件，需要一点送一点，这就会大大增加动力的消耗，使送货并不优于取货。所以，追求整个配送的优势，分拣、配货等项工作是必不可少的。构成要素如下：

（1）集货。集货是将分散的或小批量的物品集中起来，以便进行运输、配送的作业。

（2）分拣。分拣是将物品按品种、出入库先后顺序进行分门别类堆放的作业。

（3）配货。配货就是使用各种拣选设备和传输装置，将存放的物品按客户要求分拣出来，配备齐全，送入指定发货地点。

（4）配装。集中不同客户的配送货物，进行搭配装载以充分利用运能、运力。

（5）配送运输。配送运输是较短距离、较小规模、频度较高的运输形式，一般使用汽车作运输工具。配送运输的路线选择问题是技术难点。

（6）送达服务。圆满地实现运到之货的移交，并有效地、方便地处理相关手续并完成结算，讲究卸货地点、卸货方式等。

（7）配送加工。配送加工是按照配送客户的要求所进行的流通加工。

## 二、配送管理的主要类型

（1）销售配送。销售配送是指配送企业是销售性企业，或销售企业进行的促销型配送。

（2）供应配送。供应配送是指企业为了自己的供应需要所采取的配送形式，往往由企业或企业集团组建配送结点，集中组织大批量进货，然后向本企业配送或向本企业集团若干企业配送。

（3）销售与供应一体化配送。销售企业对于基本固定的客户和基本确定的配送产品在自己销售的同时承担对客户执行有计划供应的职能，它既是销售者又是客户的供应代理人。

（4）代存代供配送。代存代供配送是指客户将属于自己的货物委托配送企业代存、代供，有时还委托代订，然后组织对本身的配送。

## 三、运输配送管理流程

（1）物流配送中心根据客户的发货指令视库存情况做相应的配送处理。

（2）根据配送计划系统将自动地进行车辆、人员、相应的出库处理。

（3）根据选好的因素由专人负责货物的调配处理，可分自动配货和人工配货，目的是更高效地利用物流公司手头的资源。

（4）根据系统的安排结果按实际情况进行人工调整。

（5）在安排好后，系统将根据货物所放地点（库位）情况按物流公司自己设定的优化原则打印出拣货清单。

（6）承运人凭拣货清单到仓库提货，仓库做相应的出库处理。

（7）装车完毕后，根据所送客户数打印出相应的送货单。

（8）车辆运输途中可通过 GPS 车辆定位系统随时监控，并做到信息及时沟通。

（9）在货物到达目的地后，经收货方确认后，凭回单向物流配送中心确认。

（10）产生所有需要的统计分析数据和财务结算，并产生应收款与应付款。

**【任务实施】**

## 一、技能训练

阅读下列运输业务的描述，讨论运输过程是否合理。

1．小王从温州购买了 100 箱鞋子，准备运往乌鲁木齐销售。他雇了一辆 15 吨的载货汽车运输。

2．辛雨从重庆运送 200 吨土产杂品到上海，他采用铁路运输方式。

3．从浙江长兴运到上海的建筑材料都采用内河航运走长兴—湖州—上海航线。

## 二、案例分析

### 沃尔玛通过物流运输的合理化节约成本

沃尔玛公司是世界上最大的商业零售企业，在物流运营过程中，尽可能地降低成本

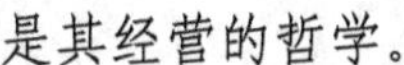

是其经营的哲学。

沃尔玛有时采用空运，有时采用船运，还有一些货物采用卡车公路运输。在中国，沃尔玛百分之百地采用公路运输，所以如何降低卡车运输成本是沃尔玛物流管理面临的一个重要问题，为此他们主要采取了以下措施：

（1）沃尔玛使用一种尽可能大的卡车，大约有 16 米加长的货柜，比集装箱运输卡车更长或更高。沃尔玛把卡车装得非常满，产品从车厢的底部一直装到最高，这样非常有助于节约成本。

（2）沃尔玛的车辆都是自有的，司机也是本公司的员工。沃尔玛的车队大约有 5 000 名非司机员工，有 3 700 多名司机，车队每周一次运输可以达 7 000～8 000 千米。

沃尔玛知道，卡车运输是比较危险的，有可能会出交通事故。因此，对于运输车队来说，保证安全是节约成本最重要的环节。沃尔玛的口号是“安全第一，礼貌第一”，而不是“速度第一”。在运输过程中，卡车司机们都非常遵守交通规则。沃尔玛定期在公路上对运输车队进行调查，卡车上面都带有公司的号码，如果看到司机违章驾驶，调查人员就可以根据车上的号码报告，以便于进行惩处。沃尔玛认为，卡车不出事故，就是节省公司的费用，就是最大限度地降低物流成本，由于狠抓了安全驾驶，运输车队已经创造了 300 万千米无事故的纪录。

（3）沃尔玛采用全球定位系统对车辆进行定位，因此在任何时候调度中心都可以知道这些车辆在什么地方，离商店有多远，还需要多长时间才能运到商店，这种估算可以精确到小时。沃尔玛知道卡车在哪里，产品在哪里，就可以提高整个物流系统的效率，有助于降低成本。

（4）沃尔玛连锁商场的物流部门 24 小时进行工作，无论白天或晚上，都能为卡车及时卸货。另外，沃尔玛的运输车队还利用夜间进行运输，从而做到了当日下午进行集货，夜间进行异地运输，翌日上午即可送货上门，保证在 15～18 个小时内完成整个运输过程，这是沃尔玛在速度上取得优势的重要措施。

（5）沃尔玛的卡车把产品运到商场后，商场可以把它整个地卸下来，而不用对每个产品逐个检查，这样就可以节省很多时间和精力，加快了沃尔玛物流的循环过程，从而降低了成本。这里有一个非常重要的先决条件，就是沃尔玛的物流系统能够确保商场所得到的产品是与发货单完全一致的产品。

（6）沃尔玛的运输成本比供货厂商自己运输产品要低，因此厂商也使用沃尔玛的卡车来运输货物，从而做到了把产品从工厂直接运送到商场，大大节省了产品流通过程中的仓储成本和转运成本。

沃尔玛的集中配送中心把上述措施有机地组合在一起，做出了一个最经济合理的安排，从而使沃尔玛的运输车队能以最低的成本高效率地运行。

资料来源：http://jpkc.ycxy.com/2011/55777.html

【案例分析题】

1. 结合案例分析如何从综合物流系统的角度降低运输成本。
2. 请分析降低运输成本与运输合理化的关系。

# 任务五 设备管理

【任务引入】

设备是企业进行生产经营活动的重要生产手段，是企业的物资技术基础，设备的范围十分广泛，包括各种机器、装置、设施、运输工具、器械等。设备管理是围绕设备开展的一系列组织与计划工作的总称，包括设备的技术管理和经济管理两方面的内容，主要工作有设备的选择与评价，设备的使用、维修、检查与修理，设备的改造与更新。

【信息获取】

## 设备管理的内容

### 一、设备的选择与评价

根据企业生产的产能及实际情况正确选择设备是设备管理的首要环节。

**1．设备选择应遵循的原则**

（1）生产上适用。所选购的设备应与本企业扩大生产规模或开发新产品等需求相适应。

（2）技术上先进。在满足生产需要的前提下，要求其性能指标保持先进水平，以利于提高产品质量和延长其技术寿命。

（3）经济上合理。经济上合理即要求设备价格合理，在使用过程中能耗、维护费用低，并且回收期较短。

设备选型首先应考虑的是生产上适用，只有生产上适用的设备才能发挥其投资效果；其次是技术上先进，技术上先进必须以生产适用为前提，以获得最大经济效益为目的；最后，把生产上适用、技术上先进与经济上合理统一起来。

**2．设备选择的方法**

企业在设备的选择上应根据企业生产的需要，在技术上考虑设备生产性、耐用性、可靠性、安全性、维修性、成套性、节能性、适应性和环保性。企业在设备选择上应从投资回收期和投资额两个方面进行经济评价，具体的方法包括：

（1）投资回收期法。

$$设备投资回收期（年）=\frac{设备投资费（元）}{采用新设备后的年节约额（元/年）}$$

设备投资额包括设备的价格与安装运输费；采用新设备后的年节约额是使用新设备后该设备在提高劳动生产率、节约原材料及能源、提高产品质量、节省劳动力以及减少停工损失等方面带来的节约额。由于该项计算公式未考虑资金的时间价值，因此可采用年费法和现值法来评价。

（2）年费法。通过计算、比较“年费”的方法来比较选择设备投资方案的方法。适用于难于单独计算投资收益的物资设备投资。“年费”可用下列公式计算：

$$C_I = I\frac{i(1+i)^n}{(1+i)^n-1}+C$$

式中：$I$为设备初期投资费；$i$为年利率；$C$为设备每年维持费；$n$为设备使用年限（经济寿命）；$C_I$为年总费用；“年数”是考虑了资金时间价值的年均支出费用。

年费高低，表示从成本的角度考虑不同方案的优劣。

（3）现值法。现值法是指设备的年维持费和残值，以基准收益率换算成设备投产初始时的现值，与初始投资费形成总现值代数和来分析比较的评价方法。“现值法”可用下列公式计算：

$$P_V = C_A + C_S\frac{(1+i)^n-1}{i(1+i)^n} - C_{DR}\square\frac{1}{(1+i)^n}$$

式中：$P_V$为总现值；$C_A$为初始投资费；$C_S$为年维持费；$C_{DR}$为设备残值，一般取设备原值3%～5%；$i$为利率；$n$为年份；$\frac{(1+i)^n-1}{i(1+i)^n}$为等额系列现值系数；$\frac{1}{(1+i)^n}$为现值系数。

## 二、设备的使用与保养

设备的合理使用十分重要，它直接关系到设备能否长期保持良好的工作精度和性能，关系到设备的故障率和作业率，关系到加工产品的质量，关系到工厂的生产效率和经济效益的提高。所以，必须抓好以下工作：

（1）合理配备设备。要根据生产特点与工艺要求配备适当设备；根据各种设备的性能结构、技术特点、使用范围和工作条件等合理安排设备的工作负荷。

（2）合理配备操作人员。配备熟练操作人员，实行定人定机的凭证操作，操作人员必须经过技术培训，做到三好（管好、用好、保养好）、四懂（懂设备结构、懂性能、懂原理、懂用途）、四会（会使用、会保养、会检查、会排除一般故障）。

（3）创建良好的设备工作环境和条件。安装设备的场地要宽敞、整洁明亮，有通风、防潮、防晒、防震、防尘及安全等方面的保护装置。

（4）建立健全设备使用规章制度，包括安全操作规程、使用保养制度、岗位责任制度及检查制度，违章必须追究责任。

设备保养是指为了维持设备正常运转而进行的清洁、润滑、紧固、调整、防腐等一系列工作。依据其工作量的大小和难易程度，一般分为日常保养、一级保养、二级保养等。设备维护保养的内容是保持设备清洁、整齐、润滑良好、安全运行，包括及时紧固松动的紧固件，调整活动部分的间隙等。简言之，即“清洁、润滑、紧固、调整、防腐”十字作业法。实践证明，设备的寿命在很大程度上决定于维护保养的好坏。设备保养应从抓好操作人员的培训工作开始，同时加强设备的日常维护保养，严格执行维护保养和检查制度的实施。

## 三、设备的检查与修理

**1. 设备检查**

设备检查是指对设备的运行情况、工作精度、磨损或腐蚀程度进行测量和校验。通过检查全面掌握机器设备的技术状况和磨损情况，及时查明和消除设备的隐患，有目的地做好修理前的准备工作，以提高修理质量，缩短修理时间。

检查按时间间隔可分为日常检查和定期检查。日常检查由设备操作人员执行，同日常保养结合起来，目的是及时发现不正常的技术状况，进行必要的维护保养工作。定期检查是按照计划，在操作者参加下，定期由专职维修工执行。目的是通过检查全面准确地掌握零件磨损的实际情况，以便确定是否有进行修理的必要。

检查按技术功能可分为机能检查和精度检查。机能检查是指对设备的各项机能进行检查与测定，如是否漏油、漏水、漏气，防尘密闭性如何，零件耐高温、高速、高压的性能如何等。精度检查是指对设备的实际加工精度进行检查和测定，以便确定设备精度的优劣程度，为设备验收、修理和更新提供依据。

**2. 设备修理**

设备修理是指修复由于日常的或不正常的原因而造成的设备损坏和精度劣化。通过修理更换磨损、老化、腐蚀的零部件，可以使设备性能得到恢复。根据修理范围的大小、修理间隔期的长短、修理费用的多少，设备修理可分为小修理、中修理和大修理三类：小修理通常只需修复、更换部分磨损较快和使用期限等于或小于修理间隔期的零件，调整设备的局部结构，以保证设备能正常运转到计划修理时间。中修理是对设备进行部分解体、修理或更换部分主要零件与基准件，或修理使用期限等于或小于修理间隔期的零件；同时要检查整个机械系统，紧固所有机件，消除扩大的间隙，校正设备的基准，以保证机器设备能恢复和达到应有的标准和技术要求。大修理是指通过更换，恢复其主要零部件，恢复设备原有精度、性能和生产效率而进行的全面修理。

## 四、设备的改造与更新

**1. 设备改造**

设备改造是指把科学技术新成果应用于企业的现有设备，通过对设备进行局部革新、

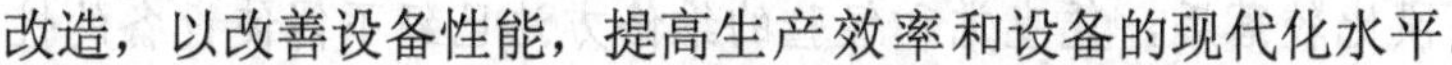

改造，以改善设备性能，提高生产效率和设备的现代化水平。

（1）设备的改装。设备的改装是指为了满足增加产量或加工要求，对设备的容量、功率、体积和形状的加大或改变。例如，将设备以小拼大，以短接长，多机串连等。改装能够充分利用现有条件，减少新设备的购置，节省投资。

（2）设备的技术改造。设备的技术改造也称现代化改造，是指把科学技术的新成果应用于企业的现有设备，改变其落后的技术面貌。例如，将旧机床改造为程控、数控机床，或在旧机床上增设精密的检测装置等。技术改造可以提高产品质量和生产效率，降低消耗，提高经济效益。

**2．设备更新**

设备更新是指对在技术上或经济上不宜继续使用的设备，用新的设备更换或用先进的技术对原有设备进行局部改造，或者说是以结构先进、技术完善、效率高、耗能少的新设备来代替物质上无法继续使用或经济上不宜继续使用的陈旧设备。

**【任务实施】**

## 一、技能训练

有甲、乙两台设备，估计寿命周期为 10 年，年利率为 6%，其最初投资费及每年维持费用分别为：甲 14 000 元、5 000 元；乙 20 000 元、4 000 元。请分别用年费法和现值法对两台设备进行评价和选择。

## 二、案例分析

### 施工企业设备管理中存在的问题

1．设备管理、使用和维修人员素质低下，人才缺乏

设备租赁市场的发展造成施工企业机械化专业队伍四分五裂，形不成规模。项目法施工追求短期效应，对设备的管理、使用和维修人员大量精简。再加上工程施工环境和作业条件恶劣，机械设备管理使用者工作待遇低，培训工作力度不够，激励制度不健全等一系列问题，造成人才的大流失。现有设备管理使用人员的工作积极性受以上问题的影响，思想波动大，人员不稳定，特别是中高级机械技师、工程师和富有经验的操作维修人员的缺乏，是制约设备管理水平得不到提高的重要原因。

2．维修保养手段落后

目前，施工机械的技术含量越来越高，机电液一体化在机械行业普遍使用，对修理工的水平要求也就越来越高。由于目前施工企业从事维修工作的专业人员素质较低，缺少技术素质较高的技术骨干，况且设备维修工作长期处于“被动维修”的局面，很难将设备的故障隐患控制在萌芽状态，致使设备故障频繁，故障损坏程度严重，维修难度大。

再加上企业的维修条件和手段比较落后，凭直觉和经验的维修方法已经不能使设备的性能得到完全恢复，“凑合着用”、“差不多就行”的维修观念在所难免。此外，由于现代机械设备机电液一体化程度的提高，设备维修和保养工作需要先进的检测仪器方可进行。没有必备的检测仪器设备，维修人员只能对着设备的故障现象望而却步，无能为力。设备的返厂维修又造成维修成本的增加和维修时间较长的尴尬局面。

3. 拼设备现象严重

由于市场的激烈竞争和招投标工作的日益规范，施工项目被划分为更多的标段，工期相应缩短。中标企业为了在短时间内完成项目，致使机械设备超负荷运转，有些小故障得不到及时的检修，终使小故障酿成大故障。这种重用轻管的拼设备现象使设备的完好率得不到提高，工程进度也同样受到影响，工期拖后又势必需要加班加点来弥补，机械设备的维修保养时间就又会被挤出来抢工期。如此的恶性循环，致使机械设备技术状况下降，维修成本居高不下。

4. 设备老化，更新换代滞后

工程项目低价中标后，施工企业为减少项目的投入成本，一方面精简人员；另一方面不愿购新设备。租用或继续使用年限长、技术状况差的老旧设备，不仅维修任务加大，维修成本高，而且使设备得不到及时的更新换代。其结果是一方面造成工程施工中机械设备的不足而工期拖后；另一方面是技术先进、高效率的机械设备得不到引进。这种落后的局面使施工企业的机械化水平一直徘徊不前。

5. 管理体制不健全，责任不明确

施工企业虽然制定了《设备管理办法》、《岗位责任制》、《操作规程》等各项管理制度，但一方面制度本身就漏洞百出，另一方面制度执行起来阻碍重重，难以落实。各级设备管理部门和使用单位形成一种谁都能管、谁都管不了的局面，这就是一种典型的责任不明确问题。机械的操作手只管操作，不管甚至于不顾设备的构造原理和保养方法，操作和保养不当造成设备损坏后又给维修工作加大任务，维修人员虽然了解设备损坏的原因，但只能对操作人员心怀不满，操作人员又过分依赖维修人员，就形成了一种“管理人员管不了、操作人员只管用、维修人员只管拆装”的畸形管理模式，对设备管理工作带来极大困难。虽然部分企业针对操作人员责任心不强的问题也相应采取了一系列奖罚制度、设备完好利用率和效益挂钩制度，但实际上奖的少，罚的多，或是纯粹以罚代管。操作人员对处罚不能理解和服从，心怀不满，故意损坏机械设备和“跳槽不干”的情况就在所难免。企业在缺少人员和无良策的情况下，只能在制度执行上“只喊不做”，使制度最终成为一本废纸。

资料来源：http://wenka.baidu.com/view/1739abfa700abb68a982fb47.html

【案例分析题】

1. 谈谈加强设备管理工作的重要性。

2. 针对上述资料中施工企业设备管理中存在的问题给出你的解决办法。【项目验收

与评估】

1．验收对象：各小组撰写的《企业应如何搞好物资管理工作》。

2．验收步骤：

（1）各项目小组查阅关于我国企业物资管理方面的资料，根据资料结合所学知识写一篇《企业应如何搞好物资管理工作》的论文。

（2）各项目小组推荐一名成员对本小组写作的论文在课上宣读。

（3）评委会根据下表进行评价，决出胜负。

| 评 价 内 容 | 分　值 | 评　分 |
|---|---|---|
| 资料全面、报告或案例完整 | 20 | |
| 研究深入、有说服力 | 20 | |
| 有创新观点和思路 | 20 | |
| 合作默契、体现团队精神 | 20 | |
| 发言人仪表端庄，语言表达清晰、准确 | 20 | |
| 总体评价 | 100 | |

（4）指导教师点评。

# 项目九　企业财务管理

**【知识目标】**

1. 了解资本成本的含义、表示方法；资本结构的标准；利润分配的原则。

2. 熟悉资金预测的方法、步骤；现金流量的计算方法；证券管理的内容；财务分析的指标体系。

3. 掌握资本成本的计算方法；投资决策的基本方法；运用财务指标进行财务分析及综合财务状况的分析。

**【技能目标】**

1. 能够进行资金预测和筹资决策。

2. 能够进行简单的项目决策和投资收益分析。

3. 能够制定优化现金存量、信用政策及对应收账款实施日常控制管理。

4. 能够制定不同的股利政策。

5. 能够根据企业的资产负债表和利润表作比率指标分析和综合分析，评价企业经营业绩。

**【项目背景】**

假设同学们现在要开设一家公司，那么开设一家公司最需要的是什么呢？首先，我们想到最主要的是资金，在筹集资金过程中数量如何确定，资金的来源和渠道如何，比例又如何，这都是我们需要思考的问题。有了资金以后，我们如何实现有效的运营和投资，才能使资金实现最大的效用，从而增加企业价值。在财务成果分配方面，我们需要遵循怎样的分配规则，制定怎样的股利政策，才能使资本真正实现保值增值，满足企业各方面的需要。这些都涉及财务管理方面的知识。

**【任务分解】**

财务管理是在一定的整体目标下，关于资产的购置（投资）、资本的融通（筹资）和经营中现金流量（营运资金）以及利润分配的管理。财务管理是企业管理的一个组成部分，它是根据财经法规制度，按照财务管理的原则，组织企业财务活动，处理财务关系的一项经济管理工作。简单地说，财务管理是组织企业财务活动、处理财务关系的一项经济管理工作。通过本项目的学习，你应该能完成以下任务：

任务一　筹资管理

任务二　投资管理
任务三　营运资本管理
任务四　利润分配管理
任务五　财务分析

# 任务一 筹资管理

【任务引入】

企业筹资是指企业为了满足其经营活动、投资活动、资本结构调整等需要，运用一定的筹资方式筹措和获取所需资金的一种行为。筹资管理的具体内容包括：通过资金预测合理确定资本需要量，控制资本投放的时间；正确选择筹资渠道和筹资方式，努力降低资本成本；合理安排资本结构，适度运用负债经营。

【信息获取】

## 资金预测分析

企业根据生产经营的需求，需要对未来所需资金进行估计和推测，即资金需要量预测，这是企业制订融资计划的基础。这些资金一部分来自企业内部，另一部分通过外部融资取得。资金需要量预测的方法主要有因素分析法、销售百分比法和回归分析预测法三种。

## 一、因素分析法

**1．含义**

因素分析法又称分析调整法，是以有关项目基期年度的平均资金需要量为基础，根据预测年度的生产经营任务和资金周转加速的要求，进行分析调整，来预测资金需要量的一种方法。

**2．计算公式**

资金需要量=(基期资金平均占用额−不合理资金占用额)×(1±预测期销售增减率)×(1±预测期资金周转速度变动率)

【例题 1】

甲企业上年度资金平均占用额为 2 200 万元，经分析，其中不合理部分 200 万元，预计本年度销售下降 5%，资金周转速度会下降 2%。则：

预测年度资金需要量=(2 200−200)×(1−5%)×(1+2%)=1 938（万元）

## 二、销售百分比法

### （一）基本原理

1．含义

销售百分比法是根据销售增长与资产增长之间的关系，预测未来资金需要量的方法。

2．计算公式

$$外部融资需要量=R_A/S\times\Delta S-R_L/S\times\Delta S-\Delta R_E$$

式中：$\Delta S$ 为预计年度销售增加额；$R_A$ 为基期敏感资产总额；$R_L$ 为基期敏感负债总额；$S$ 为基期销售额；$\Delta R_E$ 为预计年度留存收益增加额。

即　　外部融资需求量=增加的资产-增加的负债-增加的留存收益

### （二）基本步骤

**1．确定敏感资产和敏感负债项目**

（1）经营性资产与经营性负债的差额通常与销售额保持稳定的比例关系。

（2）如果现有的生产能力有剩余，则固定资产是非敏感资产；如果现有的生产能力已经饱和，按照销售额的增长比例增加固定资产投资，则固定资产也是敏感资产了。如果现有的生产能力已经饱和，但给出固定资产增加的具体数额，可直接在对外筹资需求量的公式中加上。

**2．确定经营性资产与经营性负债有关项目与销售额的稳定比例关系**

经营性资产与经营性负债项目的销售百分率=

基期变动性资产或（负债）/基期销售收入

**3．确定需要增加的筹资数量**

外部融资需求量=增加的资产-增加的负债-增加的留存收益

=增加的资金需要量-增加的留存收益

式中：

（1）增加的资产=增量收入×基期敏感资产占基期销售额的百分比+非敏感资产的调整数

或　　=基期敏感资产×预计销售收入增长率+非敏感资产的调整数

（2）增加的负债=增量收入×基期敏感负债占基期销售额的百分比

或　　=基期敏感负债×预计销售收入增长率

（3）增加的留存收益=预计销售收入×销售净利率×利润留存率

**【例题 2】**

天旺公司 2010 年 12 月 31 日的简要资产负债表如表 9.1 所示。假定该公司 2011 年销售额 10 000 万元，销售净利率为 10%，利润留存率 40%。2011 年销售额预计增长 20%，公司有足够的生产能力，无须追加固定资产投资。

表 9.1　天旺公司资产负债表

2010 年 12 月 31 日　　　　单位：万元

| 资　　产 | 金　　额 | 与销售关系/% | 负债与权益 | 金　　额 | 与销售关系/% |
|---|---|---|---|---|---|
| 货币资金 | 500 | 5 | 短期借款 | 2 500 | N |
| 应收账款 | 1 500 | 15 | 应付账款 | 1 000 | 10 |
| 存　　货 | 3 000 | 30 | 预提费用 | 500 | 5 |
| 固定资产 | 3 000 | N | 应付债券 | 1 000 | N |
| | | | 实收资本 | 2 000 | N |
| | | | 留存收益 | 1 000 | N |
| 合计 | 8 000 | 50 | 合计 | 8 000 | 15 |

要求：

（1）确定企业增加的资金需要量；

（2）确定企业外部融资需求量。

解：

（1）增加的资金需要量=50%×2 000−15%×2 000=700（万元）

（2）外部融资需求量=50%×2 000−15%×2 000−12 000×10%×40%=220（万元）

## 三、回归分析预测法

**1．含义**

回归分析预测法是假定资金需要量与销售额之间存在线性关系，然后根据历史资料，用最小二乘法确定回归直线方程的参数，利用直线方程预测资金需要量的一种方法。

**2．预测模型**

$$y=a+bx$$

即　　　　资金需要量=固定的资金需要量+变动资金率×销售额

式中：$y$ 为资金需要量；$a$ 为固定的资金需要量（即不随销售额增加而变化的资金需要量）；$b$ 为变动资金率（即每增加 1 元的销售额需要增加的资金）；$x$ 为销售额。

参数 $a$、$b$ 利用最小二乘法来确定，公式为：

$$b=\frac{n\sum xy-\sum x\sum y}{n\sum x^2-(\sum x)^2}$$

$$a=\overline{y}-b\overline{x}$$

**【例题 3】**

某企业历年产销量和资金变化情况如表 9.2 所示。2012 年预计销售量为 1 500 万件，请预计 2012 年的资金需要量。

表 9.2 产销量与资金变化情况表

| 年度/年 | 产销量（X：万件） | 资金占用（Y：万元） |
|---|---|---|
| 2006 | 1 200 | 1 000 |
| 2007 | 1 100 | 950 |
| 2008 | 1 000 | 900 |
| 2009 | 1 200 | 1 000 |
| 2010 | 1 300 | 1 050 |
| 2011 | 1 400 | 1 100 |

**解：**

按照回归模型建立资金需要量模型如下，如表 9.3 所示。

表 9.3 资金需要量预测表（按总额预测）

| 年度/年 | 产销量（X：万件） | 资金占用（Y：万元） | XY | $X^2$ |
|---|---|---|---|---|
| 2006 | 1 200 | 1 000 | 1 200 000 | 1 440 000 |
| 2007 | 1 100 | 950 | 1 045 000 | 1 210 000 |
| 2008 | 1 000 | 900 | 900 000 | 1 000 000 |
| 2009 | 1 200 | 1 000 | 1 200 000 | 1 440 000 |
| 2010 | 1 300 | 1 050 | 1 365 000 | 1 690 000 |
| 2011 | 1 400 | 1 100 | 1 540 000 | 1 960 000 |
| 合计 $n$=6 | $\sum x$=7 200 | $\sum y$=6 000 | $\sum xy$=7 250 000 | $\sum x^2$=8 740 000 |

$$a=\frac{\sum x^2\sum y-\sum x\sum xy}{n\sum x^2-(\sum x^2)}=400$$

$$b=\frac{n\sum xy-\sum x\sum y}{n\sum x^2-(\sum x)^2}=0.5$$

解得，$y=400+0.5x$

把 2012 年预计销售量 1 500 万件代入上式，得出 2012 年资金需要量为：

400+0.5×1 500=1 150（万元）

## 资本成本分析

企业无论以何种形式取得资金，都需要付出一定的代价，这就是资本成本。资本成本在多方面加以运用，主要用于筹资决策和投资决策。它是比较筹资方式、选择筹资方案的依据，是评价投资项目可行性的主要标准，也是作为评价企业经营成果的最低尺度。

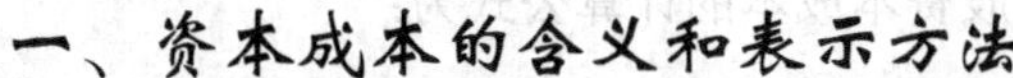

## 一、资本成本的含义和表示方法

**1. 资本成本的含义**

资本成本是指企业为筹集和使用资金而付出的代价，包括筹资费用和用资费用两部分。筹资费用是指企业在筹集阶段而支付的代价，如债券的发行费用，股票的发行费用、手续费等。用资费用是指企业为使用资金而付出的代价，如债务资金的利息和权益资金的股利、分红等。

**2. 资本成本的表示方法**

资本成本可以用绝对数表示，也可以用相对数表示。但是因为绝对数不利于不同资金规模的比较，所以在财务管理当中一般采用相对数即资本成本率表示。其计算公式为：

资金成本率=资金使用费/筹资总额×(1−筹资费率)

## 二、资本成本的计算

**1. 个别资本成本的计算**

（1）长期借款成本。长期借款需支付的借款利息和借款手续费是计算资本成本的基础。由于借款利息可在税前列入成本，这就抵减了公司的一部分所得税，因此企业借款的实际负担的利息为：

借款利息=借款额×年利息率×(1−所得税税率)

按照资本成本计算的一般模式，则长期借款的资本成本为：

$$K_t = \frac{P \times i \times (1-T)}{P \times (1-f)} = \frac{I \times (1-T)}{(1-f)}$$

式中：$K_t$为长期借款成本；$I$为银行借款年利息率；$P$为银行借款筹资总额；$T$为所得税税率；$i$为银行借款利息；$f$为银行借款筹资费率。

（2）债券资本成本。企业发行债券通常要事先规定利息率。按税金和会计制度规定，债券利息与借款利息一样在税前利润中支付，这样企业实际上就少缴了一部分所得税，因此，债券资本可比照长期借款来算。其计算公式为：

$$K_b = \frac{M \times i \times (1-T)}{B \times (1-f)}$$

式中：$K_b$为债券成本；$M$为债券面值；$i$为债券票面利息率；$T$为所得税税率；$B$为债券筹资额，按发行价格确定；$f$为债券筹资费率。

（3）普通股成本。

① 股利折现模型。如果每年股利固定不变，则可视为永续年金，则普通股资本成本的计算公式为：

$$K_S = \frac{D_t}{P_O(1-f)}$$

许多公司的股利都是不断增加的，则普通股资本成本的计算公式为：

$$K_S = \frac{D_1}{P_O(1-f)} + g$$

式中：$K_s$为普通股资本成本；$D_1$为第一年的股利；$P_O$为普通股成本；$f$为普通股筹资费用率；$g$为股利年增长率。

② 资本资产定价模型。采用资本资产定价模型计算普通股资本成本的公式为；

$$K_S = R_f + \beta(R_m - R_f)$$

式中：$K_S$为市场投资组合的期望收益率；$R_f$为无风险率；$\beta$为某公司股票收益相对于市场投资组合期望收益率的变动幅度。

（4）优先股成本。优先股筹资需支付筹资费用和优先股股利。优先股股利需定期按固定的股利率向持股人支付股利。因此，可以把优先股股利视为一种永续年金。优先股股利支付需在所得税后进行，不具有所得税的抵减作用。由此可得优先股资本成本计算公式为：

$$K_P = \frac{D_t}{P_O(1-f)}$$

式中：$K_P$为优先股成本；$D$为优先股每年的股利；$P_O$为发行优先股总额；$f$为优先股筹资费率。

（5）留存收益成本。留存收益是经股东同意，不作为股利分配，留在企业供生产经营继续使用的那部分税后净利润。它是股东对企业的追加投资，股东对这部分追加的投资也要求与直接购头普通股股票的股东一样，获得相同的报酬率。因此，留存收益的资本成本应视为普通股资本成本，不同之处只是它不必考虑发行费用。留存收益资本成本的计算公式为：

$$K_r = D / P_O + g$$

式中：$K_r$为留存收益成本，其他同上。

**2．综合资本成本**

企业总资本往往是由多种筹资方式形成的，不同筹资方式资本成本也有高低差异。为了进行筹资和投资决策，企业需计算加权平均资本成本。综合资本成本是对各种资本成本按所占资本比重加权平均的方法计算出来的，故又称为加权平均资本成本。

综合资本成本的计算公式为：

$$K_w = \sum K_j w_j$$

式中：$K_w$为加权平均资本成本；$K_j$为第$j$种资本占总资本的比重；$w_j$为第$j$种资本的成本。

权数的确定方式如下：

（1）账面价值权数，特点是资料容易取得，缺点是反映的是历史成本。

（2）市场价值权数，特点是反映的是现在的成本。

（3）目标价值权数，特点是反映的是未来的成本。

**【例题 4】**

某企业为了进行一项投资，计划筹集资金 500 万元，所得税税率为 40%。有关资料如下：

（1）向银行借款 100 万元，借款年利率为 6%，手续费率为 3%；

（2）按溢价发行债券，债券面值 50 万元，溢价发行价格为 60 万元，票面利率为 8%，期限为 10 年，每年支付一次利息，其筹资费率为 4%；

（3）按面值发行优先股 240 万元，预计年股利率为 10%，筹资费率为 5%；

（4）发行普通股 75 万元，每股发行价格 15 元，筹资费率为 6%，上一年的股利为每股 1.5 元，以后每年按 5%递增；

（5）其余所需资金通过留存收益取得。

要求：

（1）计算该企业各种筹资方式的个别资本成本。

（2）计算该企业的加权平均资本成本。

**解：**

（1）银行借款成本=[100×6%×(1−40%)]÷[100×(1−3%)]=3.71%

债券成本=[50×8%×(1−40%)]÷[60×(1−4%)]=4.17%

优先股成本=240×10%÷[240×(1−5%)]=10.53%

普通股成本=[1.5×(1+5%)]÷[15×(1−6%)]+5%=16.17%

留存收益成本=[1.5×(1+5%)]÷15+5%=15.5%

（2）银行借款所占的比例=100÷500×100%=20%

发行债券所占的比例=60÷500×100%=12%

发行优先股所占的比例=240÷500×100%=48%

发行普通股所占的比例=75÷500×100%=15%

留存收益所占的比例=5%

企业的加权资本成本=20%×3.71%+12%×4.17%+48%×10.53%+15%×16.17%+5%×15.5%=9.5%

**3．边际资本成本分析**

企业无法以某一固定的资本成本来筹集无限的资本，当其筹措的资本超过一定限度时，原来的资本成本就会增加，在企业追加筹资时，需要知道筹资额在什么数额上便会引起资本成本发生怎样的变化，这就要用到边际资本成本的概念。

（1）边际资本成本的含义。边际资本成本是指企业追加筹资的资金成本，资金每增加一个单位而增加的成本，即增量资本的成本。

（2）计算步骤：

第一步，确定目标资金结构，即确定个别资金占总资金的比重。

第二步，确定个别资金成本、确定个别资金分界点（特定筹资方式成本变化的分界点）。

第三步，计算筹资总额分界点。

筹资总额分界点=个别资金分界点÷个别资金在目标资本结构中所占比重

=可用某一特定成本率筹集到的某种资金额÷该种资金在资金结构中所占的比重

第四步，计算边际资本成本。根据计算出的分界点可得出若干组新的筹资范围，对各筹资范围分别计算加权平均资本成本，即可得到各种筹资范围的边际资本成本。

【例题 5】

某公司拥有长期资金 400 万元，其中长期借款资金 100 万元，普通股 300 万元，这一资本结构是公司的理想资本结构。公司需筹集新资金 200 万元，且保持现有资本结构。计算筹集资金后企业的边际资金成本（该公司筹资资料如表 9.4 所示）。

表 9.4 某公司的筹资资料

| 筹资方式 | 目标资本结构 | 新筹资的数量范围/万元 | 资金成本 |
|---|---|---|---|
| 长期负债 | 25% | 0～40 | 4% |
| | | 40 万元以上 | 8% |
| 普通股 | 75% | 0～75 | 10% |
| | | 75 万元以上 | 12% |

解：

长期借款占资金总额比重=100÷400=25%

权益资金占资金总额比重=300÷400=75%

筹资总额分界点如表 9.5 所示。

表 9.5 筹资总额分界点计算表

| 筹资方式及目标资本结构 | 资本成本 | 特定筹资方式的筹资范围/万元 | 筹资总额分界点/万元 | 筹资总额的范围/万元 |
|---|---|---|---|---|
| 长期负债 25% | 4% | 0～40 | 40÷25%=160 | 0～160 |
| | 8% | 40 万元以上 | — | 大于 160 |
| 普通股 75% | 10% | 0～75 | 75÷75%=100 | 0～100 |
| | 12% | 75 万元以上 | — | 大于 100 |

资金边际成本如表 9.6 所示。

表 9.6 资金边际成本计算表

| 筹资总额的范围/万元 | 筹资方式 | 目标资本结构 | 资金成本 | 资金的边际成本 |
|---|---|---|---|---|
| 100 万元以下 | 长期负债 | 25% | 4% | 1% |
| | 普通股 | 75% | 10% | 7.5% |
| | 资金的边际成本=8.5% | | | |

续表

| 筹资总额的范围/万元 | 筹 资 方 式 | 目标资本结构 | 资 金 成 本 | 资金的边际成本 |
| --- | --- | --- | --- | --- |
| 100～160 | 长期负债 | 25% | 4% | 1% |
| | 普通股 | 75% | 12% | 9% |
| | 资金的边际成本=10% | | | |
| 160 万元以上 | 长期负债 | 25% | 8% | 2% |
| | 普通股 | 75% | 12% | 9% |
| | 资金的边际成本=11% | | | |

由于企业筹资额为 200 万元，大于 160 万元，所以筹资后企业加权平均成本等于 11%。

# 资本结构决策

资本结构是指企业各种资金的构成及其比例关系。资本结构问题是企业筹资决策中的核心问题，它直接影响企业的财务能力，进而影响整个经营活动。企业应该综合考虑有关影响因素，运用适当的方法确定最佳资本结构，并在以后追加筹资中继续保持。企业资金结构如果不合理，应通过筹资活动进行调节，使其趋于合理化。

## 一、资本结构的标准

判断企业资本结构最佳的标准是综合资金成本最低，企业价值最大化。具体来说，包括：

（1）综合资金成本最低；

（2）筹集到手的能供企业使用的资金能充分确保企业长期经营和发展的需要，满足需要且有一定的资本结构弹性；

（3）股票的市价最大；

（4）企业的财务风险最小。

## 二、资本结构的决策方法

资本结构决策的方法主要有比较资本成本法和每股收益分析法两种。

**1．比较资本成本法**

比较资本成本法是指通过计算比较各筹资方案的加权平均资本成本，并以其中加权平均资本成本最低的方案为最佳的一种方法。

**【例题 6】**

某公司目前拥有资金 2 000 万元，其中长期借款 800 万元，年利率是 10%；普通股是 1 200 万元，上年支付的每股股利是 2 元，预计股利增长率是 5%，发行价格是 20 元，目前价格也是 20 元。该公司计算筹集资金 100 万元，企业的所得税税率 33%，有两种筹资方案：

方案一：增加长期借款 100 万元，借款利率上升到 12%，假设公司其他条件不变。

方案二：增发普通股，市价增加到每股 25 元。

要求：

（1）该公司筹资前的加权平均资本成本；

（2）利用比较资本成本法确定该公司最佳的资金结构。

**解**：（1）该公司筹资前的加权平均资本成本

$$K_l= 10\%×(1-33\%)=6.7\%$$

$$K_s= [2×(1+5\%)]/20+5\%=15.5\%$$

$$W_l=800/2\ 000=40\%$$

$$W_s=1\ 200/2\ 000=60\%$$

$$K_w=40\%×6.7\%+60\%×15.5\%=11.98\%$$

（2）利用比较资金成本法确定该公司最佳的资金结构

方案一：

$$K_{l1}= 10\%×(1-33\%)=6.7\%$$

$$K_{l2}= 12\%×(1-33\%)=8.04\%$$

$$K_s= [2×(1+5\%)]/20+5\%=15.5\%$$

$$K_w=(800/2\ 100)×6.7\%+(100/2\ 100)×8.04\%+(1\ 200/2\ 100)×15.5\%=11.79\%$$

方案二：

$$K_l= 10\%×(1-33\%)=6.7\%$$

$$K_s= [2×(1+5\%)]/25+5\%=13.4\%$$

$$K_w=(800/2\ 100)×6.7\%+(1\ 300/2\ 100)×13.4\%=10.85\%$$

通过比较发现，增加借款的方案加权平均成本是 11.79%，而对于股票筹资加权平均成本是 10.85%，所以应该选择普通股筹资。

**2．每股收益分析法**

将企业盈利能力和负债对股东的影响结合起来，分析资本结构与每股收益之间的关系，进而确定合理的资本结构的方法，叫息税前利润—每股收益分析法。这种方法因为要确定每股收益的无差点，所以又叫每股收益无差异点法。究竟息税前利润为多少时发行普通股有利，息税前利润为多少时发行公司债券有利呢？这就要测算每股利润无差异点处的息税利润。其计算公式为：

$$\frac{(\overline{EBIT}-I_1)\square(1-D)-D_1}{N_1}=\frac{(\overline{EBIT}-I_2)\square(1-T)-D_2}{N_2}$$

决策原则：尽量增大普通股的每股利润。当预计息税前利润大于每股利润无差异点时，采用负债筹资可以获得较高的每股利润；当预计息税前利润小于每股利润无差异点时，采用权益资金筹资可以获得较高的每股利润。

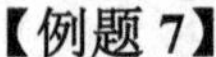
**【例题 7】**

华特公司目前有资金 7.5 亿元。现因生产发展需要准备再筹集 2.5 亿元资金，这些资金可以利用发行股票来筹集，也可以利用发行债券来筹集。公司原资金结构和筹资后资金结构情况如下：

公司原资金结构：公司债券 1 亿元，利率 8%；普通股 2 亿元，每股面值 10 元，发行价格 25 元，资本公积 2.5 亿元；留存收益 2 亿元；资金总额 7.5 亿元；普通股股数 2 000 万股。A 方案增发普通股：增发普通股后普通股股数 3 000 万股。B 方案增发公司债券。

$$发行普通股\ EPS_1=\frac{(\overline{EBIT}-800)\times(1-33\%)}{3\,000}$$

$$发行债券\ EPS_2=\frac{(\overline{EBIT}-2\,800)\times(1-33\%)}{2\,000}$$

$$计算无差别利润点\ \frac{(\overline{EBIT}-I_1)(1-T)-D_1}{N_1}=\frac{(\overline{EBIT}-I_2)(1-T)-D_2}{N_2}$$

$$\frac{(\overline{EBIT}-800)(1-33\%)-0}{3\,000}=\frac{(\overline{EBIT}-2\,800)(1-33\%)-0}{2\,000}$$

求得：$\overline{EBIT}=6\,800$（万元）

（1）追加筹资后如果息税前利润=6 800 万元，则利用债券筹资和股票筹资无差别；

（2）追加筹资后如果息税前利润>6 800 万元，则选择债券筹资；

（3）追加筹资后如果息税前利润<6 800 万元，则选择股票筹资。

**【任务实施】**

## 一、技能训练

甲公司目前的资本结构为：长期债券 1 000 万元，普通股 1 500 万元，留存收益 1 500 万元。其他有关信息如下：

（1）公司债券面值为 1 000 元/张，票面利率为 5.25%，期限为 10 年，每年付息一次，到期还本，发行价格为 1 010 元/张；

（2）股票与股票指数收益率的相关系数为 0.5，股票指数的标准差为 3.0，该股票收益率的标准差为 3.9；

（3）国库券利率为 5%，股票市场的风险附加率为 8%；

（4）公司所得税税率为 25%；

（5）股东比债权人承担更大的风险、所要求的风险溢价为 5%。

要求：

（1）计算债券的税后成本（提示：税前成本介于 5%～6%之间）；

（2）按照资本资产定价模型计算普通股成本；

（3）按照债券收益加风险溢价法计算留存收益成本；

（4）计算其加权平均资本成本。

## 二、案例分析

### 迅达航空公司的长期筹资决策

迅达航空公司于 2005 年实行杠杆式收购后，负债比率一直居高不下。直至 2010 年底，公司的负债比率仍然很高，有近 15 亿元的债务将于 2013 年到期。为此，需要采用适当的筹资方式追加筹资，降低负债比率。

2011 年初，公司董事长和总经理正在研究公司的筹资方式的选择问题。董事长和总经理两人都是主要持股人，也都是财务专家。他们考虑了包括增发普通股等筹资方式，并开始向投资银行咨询。

起初，投资银行认为，可按每股 20 元的价格增发普通股。但经分析，这是不切实际的，因为投资者对公司有关机票打折策略和现役服役年龄老化等问题顾虑重重，如此高价位发行，成功的几率不大。最后，投资银行建议，公司可按每股 13 元的价格增发普通股 2 000 万股，以提升股权资本比重，降低负债比率，改善财务状况。

迅达航空公司 2010 年底和 2011 年初增发普通股后（如果接受投资银行的建议），筹资方式组合如表 9.7 所示。

表 9.7　迅达航空公司长期筹资方式情况表

金额：市场价格/亿元

| 长期筹资方式 | 2010 年底实际数 | | 2011 年底估计数 | |
|---|---|---|---|---|
| | 金　额 | 百分比/% | 金　额 | 百分比/% |
| 长期债券 | 49.66 | 70.9 | 48.63 | 68.1 |
| 融资租赁 | 2.45 | 3.5 | 2.45 | 3.4 |
| 优先股 | 6.51 | 9.3 | 6.51 | 9.1 |
| 普通股 | 11.43 | 16.3 | 13.86 | 19.4 |
| 总　计 | 70.05 | 100 | 71.45 | 100 |

资料来源：http://wenku.baidu.com/view/e62ce67601f69e3143329437.html

【案例分析题】

假如你是该航空公司的财务总监：

1. 请你分析股票筹资方式的优缺点；
2. 你如何评价投资银行对公司的咨询建议；
3. 你将对公司提出怎样的筹资方式建议。

# 任务二　投资管理

【任务引入】

企业筹集资金的目的是将其投放出去，获得投资报酬。按照投资的方向，可将投资分为对内投资和对外投资两类。其中对内投资主要是项目投资，对外投资主要是证券投资。因此，投资管理主要包括项目投资管理和证券投资管理两个方面。通过投资管理保证投资资金的安全和有效增值，实现投资决策的科学化和经营管理的规范化、制度化，使企业在竞争激烈的市场经济条件下稳健发展，赢取良好的社会效益和经济效益。

【信息获取】

## 项目投资管理

### 一、项目投资的现金流量

项目投资是一种以特定项目为对象，直接与新建项目或更新改造项目有关的长期投资行为。项目投资按其涉及内容还可进一步细分为单纯固定资产投资和完整工业投资项目。项目投资的现金流量是指一个投资项目引起的企业现金流入和流出的数量。其中现金流入主要包括营业现金流入、设备报废时获得的残值收入和当初垫支的流动资金。现金流出主要包括购置设备的价款、设备的维护和修理费用及垫支的流动资金。用一定期间的现金流入量减去现金流出量计算出的差额即为现金净流量。

### 二、现金流量的计算

现金流量的计算有三种方法：

第一种，根据现金流量的定义计算：

经营现金净流量（NCF）=营业收入-付现成本-所得税

第二种，根据年末营业结果来计算：

营业现金流量=息前税后利润+折旧

另外若考虑开办费、无形资产的摊销额和项目终点时的残值、流动资金回收额，则上式还可以改写为：

营业现金流量（NCF）=息前税后利润+折旧+开办费、无形资产摊销额+终结点的回收额

第三种，根据所得税对收入和折旧的影响计算：

经营现金净流量（NCF）

=息前税后利润+折旧=(收入−成本)×(1−税率)+折旧

=(收入−付现成本−折旧)×(1−税率)+折旧

=收入×(1−税率)−付现成本×(1−税率)−折旧×(1−税率)+折旧

=收入×(1−税率)−付现成本×(1−税率)+折旧×税率

## 三、项目投资计算期的确定

项目投资计算期是指投资项目从投资建设开始到最终清理结束整个过程所需要的时间，一般以年为计量单位。

投资项目的整个时间分为建设期和生产经营期。其中建设期（记作 $s$，$s\geqslant 0$）的第一年年初称为建设起点，建设期的最后一年年末称为投产日；生产经营期（记作 $p$，$p>0$）是指从投产日到清理结束日之间的时间间隔。如果用 $n$ 表示项目投资计算期，则有 $n=s+p$。

## 四、项目投资决策的一般方法

项目投资决策的一般方法可分为两类：一类是考虑资金时间价值的方法，也叫动态分析法，或者叫贴现法；另一类是不考虑资金时间价值的方法，也叫静态分析法，或者叫非贴现法。两种方法都不考虑投资所冒的风险。

**1．项目投资决策的非贴现法**

项目投资的非贴现法主要包括静态投资回收期法、会计收益率法两种。

（1）静态投资回收期法。静态投资回收期法是采用回收期指标作为评价方案优劣标准的一种方法。所谓回收期是指收回原始投资所需要的时间，亦即投资引起的现金流入累计到原始投资额，与原始投资额相等所需要的时间。采用回收期法评价方案优劣时，需要先计算不同投资方案的回收期，然后按照投资回收期长短进行投资决策。进行决策的标准是：投资回收期最短的方案为最佳方案。

在原始投资额（BI）一次支出，每年现金净流入量（NCF）相等时：

$$\text{回收期}=\frac{\text{原始投资额}}{\text{每年现金净流入量}}=\frac{\mathrm{BI}}{\mathrm{NCF}}$$

如果现金流入量（NCF）每年不等，或原始投资（BI）是分 $m$ 年投入的，则可使下式成立的 $n$ 为回收期：

$$\sum_{K=0}^{m}\mathrm{BI}_K=\sum_{J=0}^{n}\mathrm{NCF}_J$$

**【例题 8】**

某企业准备投资一个项目，其预计现金流量如表 9.8 所示。

表 9.8 现金流量表

单位：元

| 项 目 | 现 金 流 量 | 回 收 额 | 未 回 收 额 |
|---|---|---|---|
| 原始投资 | −10 000 | | |
| 第一年现金流入 | 1 500 | 1 500 | 8 500 |
| 第二年现金流入 | 5 800 | 5 800 | 2 700 |
| 第三年现金流入 | 6 200 | 2 700 | 0 |

回收期=2+2 700÷6 200=2.44（年）

在评价投资方案的可行性时，进行决策的标准是：投资回收期最短的方案为最佳方案。因为投资回收期越短，投资风险越小。

（2）会计收益率法。会计收益率法又称投资报酬率（ROI）法，投资报酬率是指投资项目投产期间的平均净利润与投资项目的投资额之间的比率，一般以百分比表示。会计收益率法的决策标准是：如果投资项目的投资利润率高于企业要求的最低收益率或无风险收益率，则该投资项目可行；反之，则不可行。其计算公式如下：

$$会计收益率（ROI）=\frac{年平均净收益}{原始投资额}\times 100\%$$

**【例题 9】**

已知某项目的建设期为 2 年，经营期为 8 年。预计固定资产投资额为 100 万元，资本化利息为 10 万元，经营期平均每年的净收益为 10 万元。该项目的会计收益率为：

$$会计收益率=10\div(100+10)\times 100\%\approx 9.09\%$$

**2．项目投资决策的贴现法**

项目投资决策的贴现法主要包括净现值法、净现值率法、现值指数法、内含报酬率法等。

（1）净现值法。净现值（Net Present Value，NPV）是指在项目计算期内，按行业基准收益率或企业设定的贴现率计算的投资项目未来各年现金净流量现值的代数和。净现值是正指标，采用净现值法的决策标准是：如果投资方案的净现值大于或等于零，该方案为可行方案；如果投资方案的净现值小于零，该方案为不可行方案；如果几个方案的投资额相同，且净现值均大于零，那么净现值最大的方案为最优方案。

净现值的基本计算公式为：

$$净现值（NPV）=\sum_{t=0}^{n}\frac{I_t}{(1+i)^t}-\sum_{t=0}^{n}\frac{O_t}{(1+i)^t}$$

**【例题 10】**

设贴现率为 10%，有三个投资方案。有关现金流量的数据如表 9.9 所示。

表 9.9 现金流量数据表

单位：万元

| 期 间 | A 方案 | B 方案 | C 方案 |
|---|---|---|---|
| 0 | −20 000 | −9 000 | −12 000 |
| 1 | 11 800 | 1 200 | 4 600 |
| 2 | 13 240 | 6 000 | 4 600 |
| 3 |  | 6 000 | 4 600 |

**解：**

$$NPV_A=(11\ 800\times0.909\ 1+13\ 240\times0.826\ 4)-20\ 000$$
$$=1\ 669（元）$$

$$NPV_B=(1\ 200\times0.909\ 1+6\ 000\times0.826\ 4+6\ 000\times0.751\ 3)-9\ 000$$
$$=1\ 557（元）$$

$$NPV_C=4\ 600\times2.487-12\ 000$$
$$=-560（元）$$

（2）净现值率法。净现值率是指投资项目的净现值占原始投资现值总和的百分比（记作 NPVR）。净现值率是一个贴现的相对量评价指标。采用这种方法进行投资项目评价的标准是：当 NPVR≥0，则项目可行；当 NPVR<0，则项目不可行。其计算公式为：

$$净现值率（NPVR）=\frac{\sum_{t=0}^{n}\frac{I_t}{(1+i)^t}-\sum_{t=0}^{n}\frac{O_t}{(1+i)^t}}{\sum_{t=0}^{n}\frac{O_t}{(1+i)^t}}$$

**【例题 11】**

根据上例的资料，A、B、C 三个方案的净现值率计算如表 9.10 所示。

表 9.10 净现值率计算表

| 项 目 | A 方案 | B 方案 | C 方案 |
|---|---|---|---|
| 投资项目净现值/万元 | 1 669 | 1 557 | −560 |
| 原始投资现值/万元 | 20 000 | 9 000 | 12 000 |
| 净现值率（NPVR） | 0.083 5 | 0.173 | −0.046 7 |

（3）现值指数法。现值指数法亦称获利指数法（Profitability Index，PI），是指投产后按行业基准收益率或企业设定贴现率折算的各年营业期现金净流量的现值合计（可简称报酬总现值）与原始投资的现值合计（投资总现值）之比。从净现值率和现值指数的定义可知这两个指标存在以下关系：现值指数（PI）=l+净现值率（NPVR）。采用这种方法的判断标准是：如果 PI≥l，则该投资项目可行；如果 PI<1，则该投资项目不可行。如

果几个投资项目的现值指数都大于1，那么现值指数越大，投资项目越好。但在进行互斥性投资决策时，正确的选择原则不是选择现值指数最大的项目，而是在保证现值指数大于1的情况下，使追加投资收益最大化。现值指数的计算公式为：

$$现值指数（PI）=\frac{\sum_{t=0}^{n}\frac{I_t}{(1+i)^t}}{\sum_{t=0}^{n}\frac{O_t}{(1+i)^t}}$$

**【例题12】**

根据前例资料，A、B、C三个方案的现值指数计算如表9.11所示。

**表9.11　现值指数计算表**

| 项　　目 | A方案 | B方案 | C方案 |
|---|---|---|---|
| 未来现金流入现值/万元 | 21 669 | 10 557 | 11 440 |
| 现金流出现值/万元 | 20 000 | 9 000 | 12 000 |
| 现值指数（PI） | 1.08 | 1.17 | 0.95 |

（4）内含报酬率法。内含报酬率（Internal Rate of Return，IRR）又叫内部收益率，是指投资项目实际可以实现的收益率，亦可将其定义为能使投资项目的净现值等于零时的折现率。当内含报酬率≥资金成本率（或预期收益率）时，项目可行；否则项目不可行。当进行多项目互斥决策时，内含报酬率越大越好。其计算公式为：

$$\sum_{t=0}^{n}\frac{I_t}{(1+\mathrm{IRR})^t}-\sum_{t=0}^{n}\frac{O_t}{(1+\mathrm{IRR})^t}=0$$

**【例题13】**

某投资项目在建设起点一次性投资254 979元，当年完工并投产，经营期为15年，每年可获净现金流量50 000元。根据内含报酬率的定义有以下表达式：

$$50\,000\times(P/A，\mathrm{IRR}，15)-254\,979=0$$

$$(P/A，\mathrm{IRR}，15)=254\,979/50\,000=5.099\,58$$

查年金现值系数表，发现：

$$(P/A，18\%，15)=5.099\,58$$

因此，该项目的IRR=18%。

## 证券投资管理

证券投资是用现金、实物、无形资产等购买或折价取得其他单位有价证券（如股票、债券等）的对外投资。这些有价证券按其性质分为三类：一是债券性证券，包括国库券、金融债券和其他公司债券；二是权益性证券，即表明企业拥有证券发行公司的所有权，如其他公司进行的普通股股票；三是基金类投资。

我们在这里主要讨论证券投资方面的内容

## 一、债券投资管理

**1．债券投资的概念**

债券投资是企业通过购入债券成为债券发行单位的债权人，并获取债券利息的投资行为。

**2．债券投资的优缺点**

（1）优点：能够形成固定收入，利率高时收入也颇可观；可以自由流通，不一定要到期才能还本，随时可以到次级市场变现；可以利用买回及卖出回购约定灵活调度资金；有不同的到期日可供选择。

（2）缺点：当利率上扬时，价格会下跌；对抗通货膨胀的能力较差。债券投资本金的安全性视发行机构的信用而定，获利则受利率风险影响，有时还会受通货膨胀风险威胁。

**3．影响债券投资收益的因素**

（1）债券的票面利率。债券票面利率越高，债券利息收入就越高，债券收益也就越高。

（2）市场利率与债券价格。市场利率升高时债券价格下降，市场利率降低时债券价格上升。

（3）债券的投资成本。债券的投资成本大致有购买成本、交易成本和税收成本三部分。债券的投资成本越高，其投资收益也就越低。

（4）市场供求、货币政策和财政政策。市场供求、货币政策和财政政策会对债券价格产生影响，从而影响到投资者购买债券的成本，因此它们也是我们考虑投资收益时所不可忽略的因素。

**4．债券投资收益的计算**

（1）债券持有期间收益率

持有期收益率=(出售价格-购买价格+利息)/购买价格×持有年限×100%

（2）债券到期收益率

设 $F$ 为债券的面值，$C$ 为按票面利率每年支付的利息，$P_0$ 为债券当前市场价格，$r$ 为到期收益率，则：

$$P_0=\sum_{t=1}^{n}\frac{C_t}{(1+r)^t}+\frac{F}{(1+r)^n}$$

**【例题 14】**

如果票面金额为 1 000 元的两年期债券，第一年支付 60 元利息，第二年支付 50 元利

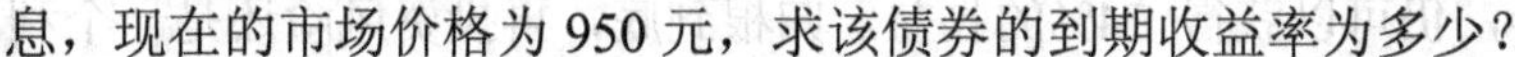

息，现在的市场价格为 950 元，求该债券的到期收益率为多少？

$$950=\frac{60}{(1+r)}+\frac{50}{(1+r)^2}+\frac{1000}{(1+r)^2}$$

$$r=5.5\%$$

**5．债券投资风险管理**

投资公司债券，首先要考虑其信用等级。资信等级越高的债券发行者，其发行的债券的风险就越小，对投资者来说收益就越有保证；资信等级越低的债券发行者，其发行的债券的风险就越大，对投资者来说收益就越没有保证。如何有效规避债券投资的风险，成为企业在对外投资中所关注的问题。

（1）利率风险。利率是影响债券价格的重要因素之一，当利率提高时，债券的价格就降低，此时便存在风险。规避方法：应采取的防范措施是分散债券的期限，长短期配合。如果利率上升，短期投资可以迅速地找到高收益投资机会；若利率下降，长期债券却能保持高收益。

（2）购买力风险。购买力风险是指由于通货膨胀而使货币购买力下降的风险。在通货膨胀期间，投资者实际利率应该是票面利率扣除通货膨胀率。规避方法：对于购买力风险，最好的规避方法就是分散投资，以分散风险，使购买力下降带来的风险能被某些收益较高的投资收益所弥补。通常采用的方法是将一部分资金投资于收益较高的投资品种上，如股票、期货等，但带来的风险也随之增加。

（3）变现能力风险。变现能力风险是指投资者在短期内无法以合理的价格卖掉债券的风险。规避方法：针对变现能力风险，投资者应尽量选择交易活跃的债券，如国债等，便于得到其他人的认同，冷门债券最好不要购买。

（4）经营风险。经营风险是指发行债券的单位管理与决策人员在其经营管理过程中发生失误，导致资产减少而使债券投资者遭受损失。规避方法：为了防范经营风险，选择债券时一定要对公司进行调查，通过对其报表进行分析，了解其盈利能力和偿债能力、信誉等。由于国债的投资风险极小，而公司债券的利率较高但投资风险较大，所以需要在收益和风险之间作出权衡。

（5）违约风险。发行债券的公司不能按时支付债券利息或偿还本金，而给债券投资者带来的损失。规避方法：违约风险一般是由于发行债券的公司经营状况不佳或信誉不高带来的风险，所以在选择债券时一定要仔细了解公司的情况，包括公司的经营状况和公司的以往债券支付情况，尽量避免投资经营状况不佳或信誉不好的公司债券，在持有债券期间，应尽可能对公司经营状况进行了解，以便及时做出卖出债券的抉择。同时，由于国债的投资风险较低，保守的投资者应尽量选择投资风险低的国债。

（6）再投资风险。购买短期债券，而没有购买长期债券，会有再投资风险。例如，长期债券利率为 14%，短期债券利率为 13%，为减少利率风险而购买短期债券。但在短期债券到期收回现金时，如果利率降低到 10%，就不容易找到高于 10%的投资机会，还不如当期投资于长期债券，仍可以获得 14%的收益，归根到底，再投资风险还是一个利率风险问题。规避方法：对于再投资风险，应采取的防范措施是分散债券的期限，长短期配合。如果利率上升，短期投资可迅速找到高收益投资机会；如果利率下降，长期债券却能保持高收益。也就是说，要分散投资，以分散风险，并使一些风险能够相互抵消。

## 二、股权投资管理

**1. 股权投资的特点**

股票的基本特征体现在不可偿还性、流通性、收益性和风险性、参与性。股票的收益要看公司的经营业绩，具有较强的波动性，因此风险较大。

**2. 影响股票价格的主要因素**

宏观经济形势、通货膨胀、利率和汇率的变化、经济政策、公司因素、市场因素和政治因素。

**3. 股票估值**

普通股一般有三种股价方法：

（1）长期持有、股利不变的股票$V=\dfrac{d}{k}$

（2）长期持有、股利固定增长的股票$V=\dfrac{D_0(1+g)}{K-g}$

（3）短期持有，准备未来出售的股票

$$V=\frac{D_0(1+g)}{(1+K)}+\frac{D_0(1+g)^2}{(1+K)^2}+\cdots+\frac{D_0(1+g)^n}{(1+K)^n}+\frac{P}{(1+K)^n}$$

**4. 股票收益率的计算**

（1）短期持有收益率

如投资者持有股票时间不超过一年，不用考虑资金时间价值。

$$\text{持有期收益率}=\frac{[\text{现金股利收入}+(\text{出售价格}-\text{购买价格})]\div\text{持有年限}}{\text{购买价格}}$$

（2）长期持有收益率

如投资者持有股票时间超过一年，需要考虑资金时间价值。股票持有期收益率 $R$ 应使下列等式成立：

$$V=\frac{D_1}{(1+R)^1}+\frac{D_2}{(1+R)^2}+\cdots+\frac{D_n}{(1+R)^n}+\frac{F}{(1+R)^n}$$

在股利固定增长的条件下，有：

$$R=K=\frac{D_1}{V}+g$$

【任务实施】

## 一、技能训练

东方公司是生产微波炉的中型企业，该公司生产的微波炉质量优良，价格合理，近几年来一直供不应求。为了扩大生产能力，该公司准备新建一条生产线。李强是该公司投资部的工作人员，主要负责投资的具体工作。该公司财务总监要求李强收集建设新生产线的相关资料，写出投资项目的财务评价报告，以供公司领导决策参考。

李强经过半个月的调研，得出以下有关资料。该生产线的初始投资为 57.5 万元，分两年投入。第一年初投入 40 万元，第二年初投入 17.5 万元。第二年可完成建设并正式投产。投产后每年可生产微波炉 1 000 台，每台销售价格为 800 元，每年可获得销售收入 80 万元。投资项目预计可使用 5 年，5 年后的残值可忽略不计。在投资项目经营期内需垫支流动资金 15 万元，这笔资金在项目结束时可如数收回。该项目生产的产品年总成本的构成情况如下：

| | |
|---|---|
| 原材料 | 40 万元 |
| 工资费用 | 8 万元 |
| 管理费用（不含折旧） | 7 万元 |
| 折旧费用 | 10.5 万元 |

李强又对本公司的各种资金来源进行了分析研究，得出该公司加权平均资本成本为 8%。该公司所得税税率为 40%。

根据上述资料，请问可以运用哪些方法对该项目进行计算与分析？

## 二、案例分析

### 双汇与春都之异

曾经生产出中国第一根火腿肠的“春都第一楼”，如今是人去楼空，落寞无声；而在几百里开外的双汇，厂内机器开足马力，厂外排着等货的长长车队。春都与双汇双双抓住了上市融资的艰难机遇，却催生出两种不同的结果，谜底何在？双汇和春都几乎是前后脚迈入资本市场。1998 年底双汇发展上市，1999 年初春都 A 上市，分别募集到三亿多和四亿多元。然而，从上市之初，春都和双汇的目的就大不相同：一个是为了圈钱还债；另一个意图扩大主业。

春都 A 新任董事长贾洪雷说，春都在上市之前，由于贪大求全，四处出击，已经背上了不少债务，上市免不了圈钱还债。春都集团作为独立发起人匆匆地把春都 A 推上市，然后迫不及待地把募集的资金抽走。春都 A 上市仅 3 个月，春都集团就提走募股资金 1.8

亿元左右，以后又陆续占用数笔资金。春都集团及其关联企业先后占用的资金相当一部分用来还债、补过去的资金窟窿，其余的则盲目投入到茶饮料等非主业项目中。春都 A 被大量“抽血”，至 2000 年底终于力不能支，跌入亏损行业。与春都不同，双汇希望凭借股市资金快速壮大主业。双汇发展董事长万隆说过，双汇使用募集资金有两条原则：一是股民的钱要“落地有声”；二是不该赚的钱坚决不赚。他们信守承诺，把募集资金全部投资到上市公司肉制品及其相关项目上。上市 3 年间，双汇发展先后兼并了华北双汇食品有限公司，完成了 3 万吨“王中王”火腿肠技术改造，建设双汇食品肉制品系列工程，产业链条不断完善，产品得到更新，企业实力显著增大。双汇集团和双汇发展的销售收入分别增加了 30 亿元和 10 亿元。投资者也得到了丰厚的回报。

资料来源：http://finance.sina.com.cn/stock/blank/chudushuanghui.shtml

【案例分析题】

1. 请分析春都与双汇是如何运用从资本市场募集到的四亿多元和三亿多元进行投资的？对各自公司的经营业绩有何影响？

2. 简要说明长期投资决策的重要性及其决策程序。

## 任务三 营运资本管理

【任务引入】

营运资本又称营运资金、循环资本，是指一个企业维持日常经营所需的资金，也叫净营运资本（流动资产—流动负债）。营运资本管理主要是对公司的流动资产与流动负债的管理，主要内容有现金管理、应收账款管理和存货管理。营运资金管理是企业财务管理的重要组成部分，作为企业日常经营活动的润滑剂和基础，在客观存在现金流入量与流出量不同步、不确定的情况下，持有一定量的营运资本十分重要。但是，持有过多或过少似乎都不大合适，故需要企业进行权衡，以将营运资本的数量控制在一定范围内。

【信息获取】

### 现金管理

现金是公司流动性最强的资产，现金有狭义和广义之分。狭义的现金就是指库存现金。广义的现金则还包括各种现金等价物，如银行存款、有价证券等。现金管理的目标，就是在资产的流动性和盈利性之间权衡抉择，使企业获得最大的长期效益。现金管理的内容主要包括确定企业现金收支数量和对现金的日常控制。

## 一、最佳现金持有量

公司持有过多的现金，虽然能够保证拥有较高的流动性，但由于现金这种资产的盈利性差，持有量过多会导致公司资金利用效率的下降。如果公司持有现金过少，则可能出现现金短缺而无法满足公司的正常生产经营活动。公司试图寻找一个既能保证经营对现金的需要，同时又能使现金持有成本最低的现金持有量，这就是理论上的最佳现金持有量。

**1．现金周转模型**

现金周转期是指从现金投入生产开始到最终重新转化为现金所花费的时间。现金周转大致经历存货周转期、应收账款周转期和应付账款周转期三个进程。

现金周转天数=存货周转天数+应收账款周转天数-应付账款周转天数

现金转换周期确定后，企业便可确定最佳现金持有量。其计算公式为：

最佳现金持有量=每日现金需要量×现金周转天数

**2．成本分析模型**

（1）成本分析模型的基本原理：分析持有现金的成本，寻找使持有成本、管理成本和短缺成本最低的现金持有量，即最佳持有量。

（2）成本分析模型的计算程序如下：

第一步，确定有关成本。

第二步，计算不同现金持有量下的成本总额。

第三步，确定最佳现金持有量。

**【例题 15】**

某企业现金持有量分别有甲、乙、丙、丁四个方案，各方案的现金持有成本如表 9.12 所示，试确定最佳持有量的方案。

表 9.12 某企业的现金持有成本

| 项 目 | 甲 方 案 | 乙 方 案 | 丙 方 案 | 丁 方 案 |
|---|---|---|---|---|
| 现金持有量 | 75 000 | 150 000 | 225 000 | 300 000 |
| 机会成本 | 4 500 | 9 000 | 13 500 | 18 000 |
| 短缺成本 | 60 000 | 60 000 | 60 000 | 60 000 |
| 管理成本 | 36 000 | 20 000 | 7 500 | 0 |
| 总成本 | 10 500 | 89 250 | 81 000 | 78 000 |

解：

甲方案的现金持有总成本为 4 500+60 000+36 000=10 500（元）

乙方案的现金持有总成本为 9 500+60 000+20 000=89 250（元）

丙方案的现金持有总成本为 13 500+60 000+7 500=81 000（元）

丁方案的现金持有总成本为 18 000+60 000+0=78 000（元）

从以上结果可知，应选择甲方案，即持有现金 75 000 元，可使现金持有总成本达到最低。

**3．存货模型**

确定最佳现金持有量的存货模式来源于存货的经济批量模型，最早由美国经济学家鲍莫（W. J. Baumol）于 1952 年提出，也称为鲍莫模型。

鲍莫模型的目的就是要确定企业最佳持有现金 $C$ 时的总成本最低，影响现金持有量的成本主要有两个：一是现金持有成本；二是现金转换成本。现金持有成本即企业持有现金所放弃的报酬，它是持有现金的机会成本。一般来说，这种成本通常以有价证券的利息率来计算，它与现金的余额成正比例变化；现金的转换成本即现金与有价证券转换的固定成本，如经纪人费用、税金及其他管理费用。这种成本只与交易的次数有关，而与持有现金的金额无关。两种成本总计最低条件下现金持有量即为最佳持有量。

存货模式下的最佳现金持有量的计算公式为：

$$C^*=\sqrt{\frac{2TF}{K}}$$

式中：$C^*$ 为最佳现金持有量；$T$ 为一个周期所需的现金总额；$F$ 为每次变现的交易成本。$K$ 为持有现金的机会成本，等于证券变现后所放弃的证券收益率或贷款的资本成本。

**【例题 16】**

某企业的现金流量稳定，预计全年的现金需求总量为 250 000 元，现金与有价证券的每次转换固定成本为 500 元，有价证券的年收益率为 10%。要求：采用存货模型确定该企业的最佳现金持有量。

$$C^*=\sqrt{\frac{2\times 250\ 000\times 500}{10\%}}=50\ 000\text{（元）}$$

## 二、现金的日常管理

**1．现金收入管理**

现金收入管理的目标是尽量加快现金的回收，提高现金利用效率。

企业账款的回收包括客户开出支票、企业收到支票、银行清算支票。

账款回收时间包括支票取得（时间邮寄）、支票停留时间、支票结算时间。

缩短支票邮寄时间和在企业停留时间的方法有邮政信箱法、银行业务集中法、集团内部的差额结算法。

**2．现金支出管理**

现金支出管理的目标是尽量延缓现金的支出时间。管理方法有力争现金流量同步、合理利用浮游量、推迟支付应付款（信用期内）、采用（商业）汇票付款、改进工资支付方式。

# 应收账款管理

应收账款是指公司因赊销产品或提供劳务而形成的应收款项。应收账款产生的原因主要是商业竞争，销售和收款的时间差距。

## 一、应收账款的成本

**1．机会成本**

应收账款机会成本=维持赊销业务所需要的资金×资金成本率

式中：维持赊销业务所需要的资金=应收账款平均余额×变动成本率；资金成本率一般可按有价证券利息率计算。

**2．管理成本**

管理成本即企业对应收账款进行管理而耗费的开支，是应收账款成本的重要组成部分，主要包括对客户的资信调查费用、应收账款账簿记录费用、收账费用以及其他费用。

**3．坏账成本**

应收账款基于商业信用而产生，存在无法收回的可能性，由此而给应收账款持有企业带来的损失，即为坏账成本。这种成本一般同应收账款数量成正比，即应收账款越多，坏账成本也越多。

## 二、信用政策

所谓信用政策即应收账款的管理政策，是指企业对应收账款投资进行规划与控制而确立的基本原则与行为规范，包括信用标准、信用条件和收账政策。

**1．信用标准**

（1）品质（Character）。品质是指顾客的信誉，即履行偿债义务的可能性。

（2）能力（Capacity）。能力是指顾客的偿债能力，即其流动资产的数量和质量以及与流动负债的比例。

（3）资本（Capital）。资本是指顾客的财务实力和财务状况，表明顾客可能偿还债务的背景。

（4）抵押（Collateral）。抵押是指顾客拒付款项或无力支付款项时能被用作抵押的资产。

（5）经济状况（Conditions）。经济状况是指可能影响顾客付款能力的经济环境。

**2．信用条件**

信用条件是指企业接受客户信用订单时所提出的付款要求。主要包括：

（1）信用期限，是指企业允许客户从购货到支付货款的时间限定。

（2）现金折扣和折扣期限。

**3. 收账政策**

收账政策亦称收账方针，是指当客户违反信用条件，拖欠甚至拒付款项时企业所采取的收账策略与措施。企业在向客户提供商业信用时，必须考虑以下三个问题。

（1）客户是否会拖欠或拒付账款，程度如何。

（2）怎样最大限度地防止客户拖欠账款。

（3）一旦账款遭到拖欠甚至拒付，企业应采取怎样的对策。

收账政策的内容主要包括两个方面：一是选择收账费用的投入量；二是制定收账程序。

## 三、应收账款的日常控制

**1. 建立客户信用档案**

（1）客户的基本情况，如客户名称、经营范围、银行往来账户、不动产资料、不动产抵押状况以及客户可能的其他投资和转投资资料。

（2）客户与本企业的往来情况，如订单数量、每月的采购金额、该客户的付款记录等。

（3）客户的资信情况，如信用评估的专门机构定期发布的有关企业信用等级的报告，基于客户的资产负债表和利润表等计算的有关财务比率，客户的实际经营情况及发展趋势信息，客户即期及延期的付款情况，客户近期有无拒绝付款的情况等。

**2. 利用信用额度控制**

信用额度就是在任何时候允许客户欠款的最大限额，它表示企业对一个客户所愿意承担的最大风险。企业对于初次提供赊销的客户要进行信用分析，从而制定合理的信用政策，但如果企业与该客户继续进行业务往来，则企业可以为客户制定一个信用额度，以便在每次收到订单时不必重新评价是否提供信用，从而提高了发货程序的效率。

**3. 应收账款监控**

对于应收账款的监控，应随时了解和掌握客户的信用状况，经常测算和分析应收账款的占用、回收情况，为企业的信用政策提出改进意见；通过将实际发生的应收账款与合理持有额度进行比较和分析，判断应收账款在总额上是否合理；通过应收账款的账龄分析，判断应收账款内部结构是否合理，信用标准的制定是否准确；对超过信用期限时间不同的过期账款制定不同的收账策略、采用不同的收账方法进行催收。

在应收账款的监控过程中，可供采用的主要方法有账龄分析法和平均收账期法。

# 存货管理

存货是企业生产经营过程中为生产或销售而储备的物资，包括原材料、产成品、自制半成品、低值易耗品、包装物、委托加工的材料等。存货的管理主要包括确定最佳采购批量、确定再订货点和确定保险储备量三个方面。

## 一、确定最佳采购批量

最佳采购批量也叫经济订货量或经济批量，它是指企业采购存货时，使存货总成本最低的采购批量。

经济批量基本模型：

$$\text{经济订货批量}Q=\sqrt{\frac{2\times\text{年需求量}\times\text{每次订货成本}}{\text{单件年储存费用}}}$$

## 二、确定再订货点

企业的存货很难做到随用随时补充，因此不能等到存货用光再去订货，要在没用完时提前订货。在提前订货的情况下，企业再次发出订单时，尚有存货的数量，称为再订货点（$R$）。

$$R=L\times d$$

式中：$L$ 为交货时间；$d$ 为每日平均需用量。

订货提前期对经济批量并无影响，只不过在库存达到再订货点时发出订货指令而已。

## 三、确定保险储备量

以前讨论假定存货的供需稳定且确知，实际上，每日需求量可能变化，交货时间也可能变化。在此情况下，如果需求增大或送货延迟，就会发生缺货或供货中断。为防止由此造成的损失，就需要置存保险储备。这些存货在正常情况下不动用，只有当存货过量使用或送货延迟时才动用。

设保险储备量（$B$），则含保险储备的再订货点 $R$ 的计算公式为：

$$R=L\times d+B$$

**【任务实施】**

## 一、技能训练

1. 某批发企业预测的年度赊销收入净额为 2 400 万元，其信用条件是：$N/30$，变动成本率为 65%，资金成本率（或有价证券利息率）为 20%。假设该企业收账政策不变，固定成本总额不变。该企业准备了三个信用条件的备选方案：（1）维持 $N/30$ 的信用条件；

（2）将信用条件放宽到 N/60；（3）将信用条件放宽到 N/90。各备选方案估计的赊销水平、坏账百分比和收账费用等有关数据如表 9.13 所示。

表 9.13　信用条件备选方案表

单位：万元

| 项　目 | A（N/30） | B（N/60） | C（N/90） |
|---|---|---|---|
| 年赊销额 | 2 400 | 2 640 | 2 800 |
| 应收账款周转率/次数 | 12 | 6 | 4 |
| 应收账款平均余额 | 2 400/12=200 | 2 640/6=440 | 2 800/4=700 |
| 维持赊销业务所需资金 | 200×65%=130 | 440×65%=286 | 700×65%=455 |
| 坏账损失/年赊销额 | 2% | 3% | 5% |
| 坏账损失 | 2 400×2%=48 | 2 640×3%=79.2 | 2 800×5%=140 |
| 收账费用 | 24 | 40 | 56 |

根据表 9.13 的资料，评价以上三个方案的可行性。

2．某公司每年需用某种材料 8 000 吨，每次订货成本 400 元，每吨材料的年储存成本为 40 元，该种材料买价为 1 500 元 / 吨。

要求：

（1）每次购入多少吨，可使全年与进货批量相关的总成本达到最低？此时相关总成本为多少？

（2）若一次订购量在 500 吨以上时可获 2%的折扣，在 1 000 吨以上时可获 3%折扣，请判断公司最佳经济订货量为多少？

（3）若该公司允许缺货，已知单位缺货成本为 120 元，计算允许缺货的经济订货量和平均缺货量。

## 二、案例分析

### 巨人集团背后的思考

史玉柱靠 4 000 元借款创办了巨人集团，依靠自主研发的电脑系列软件，巨人走上了快速发展的道路，通过电脑、健康和医药的多元化经营，巨人高速扩张并达到巅峰。当时的史玉柱风光无限。1994 年，在多元化经营的庞大摊子下，史玉柱依然投入上亿元建设巨人大厦，后来还加高至 70 层。1996 年，史玉柱把保健品方面全部资金都调往巨人大厦，而保健品业务则“失血”过多几乎被拖垮。直到 1997 年，巨人大厦还是没能按期完工，已购楼花者天天上门催要退款。建大厦时售出的这 4 000 万元的楼花就成了导致巨人集团破产危机的导火索。史玉柱骤然跌入深渊，背上 2.5 亿元巨债。从巨人集团的破产，引发了人们对流动资产管理的高度重视和深入思考。

资料来源：http://wenku.baidu.com/view/ebaf5e 00652acfc789ebc96c.html? from=rec&pos=3&neight=1

【案例分析题】

我们可以从其中获得怎样的启示？

# 任务四　利润分配管理

【任务引入】

利润分配就是将企业的净利润在投资者和企业再投资之间进行分配的过程。企业既是投资者获得投资回报的载体，又是经营者和其他职工提供劳动、创造价值并取得报酬的载体，还是依法缴纳税费的义务人。因此，一方面企业要依照相关法律规定的程序进行剩余收益的分配；另一方面企业也要制定合理的股利分配政策。因此，制定合理的股利政策对于理顺企业与投资者之间的分配关系，建立有效的激励机制，对改善企业财务管理的内部微观环境，增强企业竞争能力和发展能力，具有长足而深远的意义。

【信息获取】

## 利润分配概述

### 一、利润分配需要遵循的基本原则

利润分配需要遵循的基本原则有依法分配原则、分配与积累并重原则、兼顾职工利益原则和投资与收益对等原则。

### 二、利润分配的顺序

根据我国《公司法》的规定，一般企业和股份有限公司每期实现的净利润，首先是弥补以前年度尚未弥补的亏损，然后应按下列顺序进行分配：

（1）提取法定盈余公积；

（2）提取法定公益金；

（3）提取任意盈余公积；

（4）向投资者分配利润或股利。

企业实现的净利润在扣除上述项目后，再加上期初未分配利润，即为可供投资者分配的利润。对于股份有限公司而言，可供投资者分配的利润还应按下列顺序进行分配：

（1）应付优先股股利，是指企业按照利润分配方案分配给优先股股东的现金股利。

（2）应付普通股股利，是指企业按照利润分配方案分配给普通股股东的现金股利。

（3）转作资本（或股本）的普通股股利，是指企业按照利润分配方案以分派股票股利的形式转作的资本（或股本）。企业以利润转增的资本也在这一顺序进行分配。

## 股利分配方案的确定

股利分配方案主要包括选择股利支付政策、确定股利支付方式和确定股利发放日。

### 一、选择股利支付政策（支付多少）

在进行股利分配的实务中，公司经常采用的股利政策如下：

（1）剩余股利政策，是指公司在有良好的投资机会时，根据目标资本结构测算出投资所需的权益资本额，先从盈余中留用，然后将剩余的盈余作为股利来分配，即净利润首先满足公司的资金需求，如果还有剩余，就派发股利；如果没有，则不派发股利。

（2）固定股利或稳定增长股利政策，是指公司将每年派发的股利额固定在某一特定水平或是在此基础上维持某一固定比率逐年稳定增长。在这一政策下，应首先确定股利分配额，而且该分配额一般不随资金需求的波动而波动。

（3）固定股利支付率股利政策，是指公司将每年净利润的某一固定百分比作为股利分派给股东。这一百分比通常称为股利支付率，股利支付率一经确定，一般不得随意变更。在这一股利政策下，只要公司的税后利润一经计算确定，所派发的股利也就相应确定了。固定股利支付率越高，公司留存的净利润越少。

（4）低正常股利加额外股利政策，是指公司事先设定一个较低的正常股利额，每年除了按正常股利额向股东发放股利外，还在公司盈余较多、资金较为充裕的年份向股东发放额外股利。但是，额外股利并不固定化，不意味着公司永久地提高了股利支付率。

**【例题 17】**

某公司长期以来用固定股利支付率政策进行股利分配，确定的股利支付率为 30%，本年税后净利润为 1 500 万元。公司下一年度有较大的投资需求，如果公司下一年度的投资预算为 2 000 万元，目标资本结构为权益资本占 60%。计算：

（1）如果仍然继续执行固定股利支付率政策，公司本年度将要支付的股利为多少？

（2）若公司采用剩余股利政策，本年度将要支付的股利为多少？

**解：**

（1）执行固定股利支付率政策，公司本年度将要支付的股利为：

$$1\,500\times30\%=450\text{（万元）}$$

（2）按照目标资本结构的要求，公司投资方案所需的权益资本额为：

$$2\,000\times60\%=1\,200\text{（万元）}$$

公司本年度可以发放的股利为：

1 500−1 200 =300（万元）

## 二、确定股利支付方式（用什么支付）

股利支付的方式一般有以下三种：

（1）现金股利，是以现金支付的股利，是股利支付最常见的方式。公司选择发放现金股利除了要有足够的留存收益外，还要有足够的现金，而现金充足与否往往会成为公司发放现金股利的主要制约因素。

（2）财产股利，是以现金以外的其他资产支付的股利，主要是以公司所拥有的其他公司的有价证券，如债券、股票等，作为股利支付给股东。

（3）股票股利，是公司以增发股票的方式所支付的股利，我国实务中通常也称其为“红股”。股票股利对公司来说，并没有现金流出企业，也不会导致公司的财产减少，而只是将公司的留存收益转化为股本。但股票权利会增加流通在外的股票数量，同时降低股票的每股价值。它不改变公司股东权益总额，但会改变股东权益的构成。股票股利派发前后每一位股东的持股比例也不会发生变化。

## 三、确定股利发放日（什么时候支付）

确定股利发放日按董事会提出股利分配方案、股东大会决议通过、董事会宣布发放股利的发放方案的程序进行。

（1）股利宣告日，即股东大会决议通过并由董事会将股利支付情况予以公告的日期。

（2）股权登记日，即有权领取本期股利的股东资格登记截止日期。凡是在此指定日期收盘之前取得公司股票，成为公司在册股东的投资者都可以作为股东享受公司分派的股利。在这一天之后取得股票的股东则无权领取本次分派的股利。

（3）除息日，即领取股利的权利与股票分离的日期。在除息日之前购买的股票才能领取本次股利，而在除息日当天或是以后购买的股票，则不能领取本次股利。

（4）股利发放日，即公司按照公布的分红方案向股权登记日在册的股东实际支付股利的日期。

【案例】

某上市公司于 2009 年 4 月 10 日公布 2008 年度的最后分红方案，其公告如下：“2008 年 4 月 9 日在北京召开的股东大会，通过了董事会关于每股分派 0.15 元的 2008 年股息分配方案。股权登记日为 4 月 25 日，除息日为 4 月 26 日，股东可在 5 月 10 日至 25 日之间通过深圳交易所按交易方式领取股息。特此公告。”

【任务实施】

## 一、技能训练

某企业遵循剩余股利政策，其目标资本结构为资产负债率60%。

要求：

（1）如果该年的税后利润为60万元，在没有增发新股的情况下，企业可以从事的最大投资支出是多少？

（2）如果企业下一年拟投资100万元，企业将支付的股利是多少？

## 二、案例分析

### 分配：股利政策新动向

无论是从股利政策所传播的信息内容，还是外部融资费用高于内部留存收益的角度来看，股利政策都是非常重要的。公司在制定股利政策时，不仅受到法律与合同约定的限制，还需要考虑股东偏好、税收，特别是投资机会和未来收益的增长等多种因素。如何综合权衡这些因素的影响，根据企业的实际情况制定恰当的股利政策，以促进企业价值的最大化，是每个企业管理者必须进行的重大财务决策之一。

出于均衡股利水平和维持公司良好形象的考虑，国外上市公司一般都倾向于保持连续、稳定的股利政策。美国的实证研究也表明，投资者偏好公司采取稳定的、可预期的股利政策。

而就我国上市公司股利分配情况而言，2005年以前存在以下三方面问题。

第一，现金分红少。2000年以前，我国上市公司一般以送股为主要的股利分配方式，派发现金红利的很少。1996—2000年，派发现金红利比例较大的上市公司占上市公司总数的比例分别为9.78%、7.08%、9.33%、11.85%与10%。并且，绝大多数上市公司的现金分红都是象征性的，如同蜻蜓点水，少得可怜。有些企业派发现金红利主要是为了保住其配股资格，以便达到圈钱目的。2000年上市公司平均含税现金回报率仅为1.462%，低于当时一年期的银行存款利率。2000年以后，派发现金红利的上市公司逐渐增多，但股票股利仍在股利分配中占重要地位。

为了增强投资者的信心，促进中国资本市场的发展，中国证监会对上市公司的股利发放做出了相关规定，鼓励上市公司向投资者分派现金股利。2000年底，证监会要求现金分红是上市公司再融资的必要条件，2001年许多公司逐渐改变了一毛不拔的惯例，现金分红的上市公司逐渐增加。2004年，中国证监会明确将再融资资格与现金分红直接挂钩，在12月7日发布并实施的《关于加强社会公众股股东权益保护的若干规定》中指出，上市公司最近三年未进行现金利润分配的，不得向社会公众增发新股、发行可转换公司债券或向原有股东配售股份。

第二，股利政策缺乏连续性，没有长远的打算，股东很难从现行的股利政策预知未来股利如何变化。例如，1996年上市的公司中，上市后连续6年分配的公司比例仅为4.7%。

第三，股利分配形式上盲目迎合市场需要，从众行为明显。市场喜好送股则送股，市场喜好公积金转增则转增。

随着中国资本市场的深入改革以及股权分置改革的基本完成，企业控股股东与其他股东的目标趋向协调，加上2006年上市公司的业绩改善，目前不少上市公司在已公布的年报中都提出令人欣喜的股利分配方案。

资料来源：http://finance.sina.com.cn/meney/roll/200705/0/17013579765.shtml

**【案例分析题】**

1. 谈谈股利政策的重要性。

2. 针对案例中2005年以前股利分配中的问题，你认为2006年以后上市公司可以提出哪些股利分配方案。

# 任务五　财务分析

**【任务引入】**

财务分析是以会计核算和报表资料及其他相关资料为依据，采用一系列专门的分析技术和方法，对企业等经济组织过去和现在有关筹资活动、投资活动、经营活动、分配活动的盈利能力、营运能力、偿债能力和增长能力状况等进行分析与评价的经济管理活动。它是为企业的投资者、债权人、经营者及其他关心企业的组织或个人了解企业过去、评价企业现状、预测企业未来做出正确决策提供准确的信息或依据的经济应用学科。

**【信息获取】**

## 财务分析主要指标

## 一、偿债能力指标

**1. 短期偿债能力指标**

（1）流动比率=流动资产÷流动负债

（2）速动比率=(流动资产－存货－其他流动资产)÷流动负债

（3）现金流动负债比率=经营现金净流量÷流动负债

**2．长期偿债能力指标**

（1）资产负债率（或负债比率）=负债总额÷资产总额

（2）产权比率=负债总额÷所有者权益

（3）已获利息倍数=息税前利润÷利息费用

（4）长期资产适合率=(所有者权益+长期负债)÷非流动资产

## 二、营运能力指标

**1．流动资产周转情况指标**

（1）应收账款周转率（次）=营业收入净额÷平均应收账款

（2）应收账款周转天数（平均应收账款回收期）=360÷应收账款周转率
=(平均应收账款×360)÷营业收入净额

（3）存货周转率（次）=营业成本÷平均存货

（4）存货周转天数=360÷存货周转率=(平均存货×360)÷营业成本

（5）流动资产周转率（次）=营业收入净额÷平均流动资产

（6）流动资产周转天数=360÷流动资产周转率
=(平均流动资产×360)÷营业收入净额

**2．固定资产周转情况指标**

固定资产周转率（次）=营业收入净额÷平均固定资产

**3．总资产周转情况指标**

总资产周转率（次）=营业收入净额÷平均总资产

## 三、盈利能力指标

（1）主营业务利润率=主营业务利润÷主营业务收入×100%

（2）成本费用利润率=利润总额÷企业成本费用总额×100%

（3）总资产报酬率=(利润总额+利息支出)÷平均资产总额×100%

（4）净资产收益率=(净利润÷平均净资产)×100%

（5）社会贡献率=社会贡献总额÷平均资产总额×100%

式中：社会贡献总额包括工资、劳保退休统筹及其他社会福利支出、利息支出净额、应交或已交的各项税款。

（6）社会积累率=上交国家财政总额÷企业社会贡献总额×100%

## 四、发展能力指标

（1）营业收入增长率=本年营业收入增长额÷上年营业收入总额×100%

（2）总资产增长率=(本期总资产增长额÷年初资产总额)×100%

（3）固定资产成新率=(平均固定资产净值÷平均固定资产原值)×100%

# 财务分析方法

对于财务分析者来说，重要而有意义的并不是报表资料中的各项具体数据，而是各项数据的联系及变化趋势。揭示财务报表中各项数据的联系及变动趋势的方法即财务分析的方法。财务分析的方法主要有以下几种。

## 一、趋势分析法

趋势分析法又称水平分析法，是将两期或连续数期财务报告中相同指标进行对比，确定其增减变动的方向、数额和幅度，以说明企业财务状况和经营成果的变动趋势的一种方法。

趋势分析法的具体运用主要有以下三种方式。

**1．重要财务指标的比较**

它是将不同时期财务报告中的相同指标或比率进行比较，直接观察其增减变动情况及变动幅度，考察其发展趋势，预测其发展前景。

对不同时期财务指标的比较，可以有两种方法：

（1）定基动态比率。它是以某一时期的数额为固定的基期数额而计算出来的动态比率。其计算公式为：

定基动态比率=分析期数额÷固定基期数额

（2）环比动态比率。它是以每一分析期的前期数额为基期数额而计算出来的动态比率。其计算公式为：

环比动态比率=分析期数额÷前期数额

**2．会计报表的比较**

会计报表的比较是将连续数期的会计报表的金额并列起来，比较其相同指标的增减变动金额和幅度，据以判断企业财务状况和经营成果发展变化的一种方法。

**3．会计报表项目构成的比较**

这是在会计报表比较的基础上发展而来的。它是以会计报表中的某个总体指标作为100%，再计算出其各组成项目占该总体指标的百分比，从而来比较各个项目百分比的增减变动，以此来判断有关财务活动的变化趋势。

## 二、比率分析法

比率分析法是指利用财务报表中两项相关数值的比率揭示企业财务状况和经营成果

的一种分析方法。根据分析的目的和要求的不同，比率分析主要有以下三种：

（1）构成比率。构成比率又称结构比率，是某个经济指标的各个组成部分与总体的比率，反映部分与总体的关系。其计算公式为：

构成比率=某个组成部分数额/总体数额

利用构成比率可以考察总体中某个部分的形成和安排是否合理，以便协调各项财务活动。

（2）效率比率。它是某项经济活动中所费与所得的比率，反映投入与产出的关系。利用效率比率指标，可以进行得失比较，考察经营成果，评价经济效益。

（3）相关比率。它是根据经济活动客观存在的相互依存、相互联系的关系，以某个项目和与其有关但又不同的项目加以对比所得的比率，反映有关经济活动的相互关系，如流动比率。

## 三、因素分析法

因素分析法也称因素替换法、连环替代法，它是用来确定几个相互联系的因素对分析对象——综合财务指标或经济指标的影响程度的一种分析方法。采用这种方法的出发点在于，当有若干因素对分析对象发生影响作用时，假定其他各个因素都无变化，顺序确定每一个因素单独变化所产生的影响。

# 财务状况综合分析

综合分析是指将企业的偿债能力、营运能力和获利能力结合起来，对企业的财务状况进行整体评价，从而全面判断企业的财务管理状况，为各有关方面服务。常用的综合财务分析方法主要有综合评分法和杜邦分析法。

## 一、综合评分法

综合评分法也叫做沃尔评分法，是指将选定的财务比率用线性关系结合起来，并分别给定各自的分数比重，然后通过与标准比率进行比较，确定各项指标的得分及总体指标的累计分数，从而对企业的整体财务状况作出评价的方法。选择的七个财务比率分别是流动比率、产权比率、固定资产比率、存货周转率、应收账款周转率、固定资产周转率和自有资金周转率，分别给定各指标的比重，然后确定标准比率（以行业平均数为基础），将实际比率与标准比率相比，得出相对比率，将此相对比率与各指标比重相乘，得出总评分。

我国 20 世纪 90 年代开始引入沃尔评分法，在具体操作时，针对我国的国情进行了一定程度的改造。现行的综合评分法所采用的指标是我国财政部于 1995 年公布的一套指标体系。该体系的指标及计算公式如下：根据这十个指标对企业整体财务状况进行评价时，需要将这十个指标对整体财务状况的影响程度确定一个权数，加权计算企业整体财务状况的实际得分。如果实际总得分接近 100 分，说明企业整体财务状况很好；如果实际总得分远远小于 100 分，说明企业整体财务状况很差。具体评价方法可通过表 9.14 来说明。

表 9.14　企业实际总得分计算表

| 财 务 比 率 | 标准比率/%（1） | 实际比率/%（2） | 相对比率 /（3）=（2）/（1） | 权数/（4） | 实际得分（5）=（3）×（4） |
|---|---|---|---|---|---|
| 销售利润率 | 15 | 9 | 0.6 | 15 | 9 |
| 总资产报酬率 | 10 | 8 | 0.8 | 15 | 12 |
| 资本收益率 | 12 | 10 | 0.83 | 15 | 12.45 |
| 资本保值增值率 | 8 | 12 | 1.5 | 10 | 15 |
| 资产负债率 | 50 | 40 | 0.8 | 5 | 4 |
| 流动比率 | 200 | 150 | 0.75 | 5 | 3.75 |
| 应收账款周转率 | 400 | 600 | 1.5 | 5 | 7.5 |
| 存货周转率 | 200 | 400 | 2 | 5 | 10 |
| 社会贡献率 | 20 | 16 | 0.8 | 10 | 8 |
| 社会积累率 | 40 | 30 | 0.75 | 15 | 11.25 |
| 合计 | | | | 100 | 92.95 |

该企业的整体实际得分为 92.95，接近 100 分，说明该企业整体财务状况良好。

## 二、杜邦分析法

杜邦分析法是利用各个财务比率指标之间的内在联系，对企业财务状况进行综合分析的一种方法。这种方法首先由美国杜邦公司最先采用，故称杜邦分析法。利用这种方法可以把各种财务指标间的关系绘制成杜邦分析图，如图 9.1 所示。

杜邦分析法是对企业财务状况进行的综合分析。它通过几种主要的财务指标之间的关系，全面系统地反映出企业的财务状况。杜邦分析图可以提供下列主要的财务指标关系。

**1. 净资产收益率=资产净收益率×权益乘数**

净资产收益率也称净资产报酬率或净资产利润率，这是综合性最强的财务比率，也是杜邦财务分析系统的核心指标。净资产收益率反映所有者权益的获益能力，反映企业筹资、投资、资产运营等活动的效率，提高净资产收益率是所有者利润最大化的基本保证。一般认为，企业净资产收益率越高，企业的运营效益越好，对投资者、债权人的保证程度越高。对该指标的综合对比分析，可以看出企业获利能力在同行业中所处的地位，以及与同类企业的差异水平。从公式来看，净资产收益率的高低取决于资产净利润率和权益乘数。

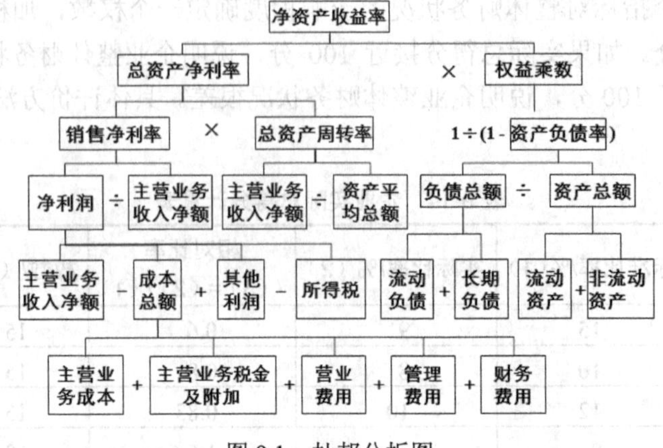

图 9.1 杜邦分析图

**2．资产净利润率=销售净利润率×资产周转率**

资产净利润率也是综合性较强的重要财务比率，它是销售净利润率和资产周转率的乘积，因此需要进一步从销售成功和资产运营两方面来分析。

**3．销售净利润率=净利润÷销售收入**

销售净利润率反映了企业净利润与销售收入的关系，提高销售净利润率是提高企业盈利能力的关键所在。指标表示销售收入的收益水平，指标的变化反映企业经营理财状况的稳定性、面临的危险或可能出现的转机。影响销售利润率的主要因素，一是销售收入，二是成本费用。分析时要从这两个方面入手进行详尽分析。

**4．资产周转率=销售收入÷资产总额**

资产周转率是反映运营资产以产生销售收入能力的财务指标。对资产周转率的分析，要从影响资产周转的各因素进行分析。除了对资产的各构成部分从占有量上进行合理分析外，还应对流动资产周转率、存货周转率、应收账款周转率等各有关资产组成部分的使用效率作深入分析，以找出影响资产周转的问题所在。

**5．权益乘数=资产总额÷所有者权益**

**=资产总额÷（资产总额−负债总额）**

**=1÷（1−资产负债率）**

权益乘数反映所有者权益同企业总资产的关系，它主要受资产负债率的影响。负债比率越高，权益乘数就越大，说明企业有较高的负债程度，既可能给企业带来较多的杠杆利益，也可能带来较大的财务风险。要联系企业的资本结构进行深入分析。

从杜邦分析图可以看出，净资产收益率与企业的销售规模、成本水平、资产运营、资本结构都有着密切的联系，这些因素构成一个相互依存的系统。只有把这个系统内的各个因素协调好，才能保证净资产收益率最大，进而实现企业的理财目标。

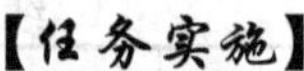


ABC公司2010年度财务报表主要资料如表9.15、表9.16所示。

**表9.15　资产负债表**

编制单位：ABC公司　　　　2010年12月31日　　　　单位：元

| 资　　产 | 年初数 | 年末数 | 负债和所有者权益 | 年初数 | 年末数 |
|---|---|---|---|---|---|
| 流动资产： | | | 流动负债： | | |
| 货币资金 | 2 812 600 | 1 641 490 | 短期借款 | 600 000 | 100 000 |
| 交易性金融资产 | 4 130 000 | 4 000 000 | 交易性金融负债 | | |
| 应收票据 | 492 000 | 92 000 | 应付票据 | 400 000 | 200 000 |
| 应收账款 | 598 200 | 1 196 400 | 应付账款 | 1 907 600 | 1 907 600 |
| 预付款项 | 400 000 | 200 000 | 预收款项 | 13 200 | 13 200 |
| 应收利息 | | | 应付职工薪酬 | 220 000 | 360 000 |
| 应收股利 | | | 应交税费 | 60 000 | 410 688 |
| 其他应收款 | 10 000 | 10 000 | 应付利息 | 2 000 | |
| 存货 | 1 060 000 | 1 149 400 | 应付股利 | | 64 431.70 |
| 一年内到期的非流动资产 | | | 其他应付款 | 100 000 | 100 000 |
| 其他流动资产 | | | 一年内到期的非流动负债 | 2 000 000 | |
| 流动资产合计 | 9 502 800 | 8 289 290 | 其他流动负债 | | |
| 非流动资产： | | | 流动负债合计 | 5 302 800 | 3 155 919.70 |
| 可供出售金融资产 | | | 非流动负债： | | |
| 持有至到期投资 | | | 长期借款 | 1 200 000 | 2 320 000 |
| 长期应收款 | | | 应付债券 | | |
| 长期股权投资 | 500 000 | 500 000 | 长期应付款 | | |
| 投资性房地产 | | | 专项应付款 | | |
| 固定资产 | 2 200 000 | 4 462 000 | 预计负债 | | |
| 在建工程 | 3 000 000 | 1 156 000 | 递延所得税负债 | | |
| 工程物资 | | 300 000 | 其他非流动负债 | | |
| 固定资产清理 | | | 非流动负债合计 | 1 200 000 | 2 320 000 |
| 生产性生物资产 | | | 负债合计 | 6 502 800 | 5 475 919.70 |
| 油气资产 | | | 所有者权益（或股东权益）： | | |
| 无形资产 | 1 200 000 | 1 080 000 | 实收资本（或股本） | 10 000 000 | 10 000 000 |
| 开发支出 | | | 资本公积 | | |
| 商誉 | | | 减：库存股 | | |

续表

| 资　　产 | 年 初 数 | 年 末 数 | 负债和所有者权益 | 年 初 数 | 年 末 数 |
|---|---|---|---|---|---|
| 长期待摊费用 | 400 000 | 400 000 | 盈余公积 | 200 000 | 271 370.30 |
| 递延所得税资产 | | | 未分配利润 | 100 000 | 440 000 |
| 其他非流动资产 | | | 所有者权益合计 | 10 300 000 | 10 711 370.30 |
| 非流动资产合计 | 7 300 000 | 7 898 000 | | | |
| 资产总计 | 16 802 800 | 16 187 290 | 负债和所有者权益总计 | 16 802 800 | 16 187 290 |

表 9.16　利润表

编制单位：ABC 公司　　　　2010 年度　　　　单位：元

| 项　　目 | 上 年 数 | 本年累计数 |
|---|---|---|
| 一、营业收入 | 2 230 000 | 2 500 000 |
| 减：营业成本 | 1 300 000 | 1 500 000 |
| 营业税金及附加 | 2 300 | 4 000 |
| 减：销售费用 | 50 000 | 40 000 |
| 管理费用 | 300 000 | 316 000 |
| 财务费用 | 52 000 | 83 000 |
| 资产减值损失 | | |
| 加：公允价值变动收益（损失以“-”号填列） | | |
| 投资收益（损失以“-”号填列） | 20 000 | 63 000 |
| 其中：对联营企业和合营企业的投资收益 | | |
| 二、营业利润（亏损以“-”号填列） | 545 700 | 620 000 |
| 加：营业外收入 | 50 000 | 100 000 |
| 减：营业外支出 | 30 000 | 39 400 |
| 其中：非流动资产处置损失 | | |
| 三、利润总额（亏损总额以“-”号填列） | 565 700 | 680 600 |
| 减：所得税费用 | 180 680 | 204 798 |
| 四、净利润（净亏损以“-”号填列） | 385 020 | 475 802 |
| 五、每股收益： | | |
| （一）基本每股收益 | | |
| （二）稀释每股收益 | | |

要求：

（1）分析该公司的短期偿债能力；

（2）分析该公司的长期偿债能力；

（3）分析该公司的运营能力；

（4）分析该公司的获利能力；

（5）通过计算出的指标，应用杜邦分析法验算有关指标间的关系；

（6）应用综合评分法评价该企业的整体财务状况。

**【项目验收与评估】**

1．验收对象：以项目小组为单位写一份演讲报告。内容：如何做好财务管理工作以及财务管理应树立的价值观念。

2．验收步骤：

（1）各项目小组就报告内容进行讨论。

（2）各项目小组编写演讲报告。

（3）各项目小组推荐一名成员在课上作演讲。

（4）评委会根据下表进行评价，决出胜负。

| 评价内容 | 分值 | 评分 |
|---|---|---|
| 资料全面、报告或案例完整 | 20 | |
| 研究深入、有说服力 | 20 | |
| 有创新观点和思路 | 20 | |
| 合作默契、体现团队精神 | 20 | |
| 发言人仪表端庄，语言表达清晰、准确 | 20 | |
| 总体评价 | 100 | |

（5）指导教师点评。各项目小组根据指导教师的点评交流心得体会。

# 项目十　企业技术管理

【知识目标】

1．了解技术创新的类型，技术引进的作用、原则，技术改造的作用，价值工程的含义、特点。

2．熟悉技术创新的过程、组织模式，技术引进的方式，提高价值的途径。

3．掌握新产品开发的方式、策略和程序，价值工程的工作程序。

【技能目标】

1．会设计新产品开发的程序。

2．会设计价值工程的工作程序。

【项目背景】

现在，你创办的企业在稳步发展，但同时也存在着企业技术改造投入不足、不少设备老化陈旧、资源利用率低、环境污染严重以及研究开发投入少、企业创新能力薄弱的毛病。如何提高企业的技术水平，走内涵式发展道路是摆在你面前的一大课题。

【任务分解】

技术通常指根据生产实践经验和自然科学原理总结发展起来的各种工艺操作方法与技能。现代企业技术管理就是依据科学技术工作规律，对企业的科学研究和全部技术活动进行的计划、协调、控制和激励等方面的管理工作。企业技术管理的目的，是按照科学技术工作的规律性，建立科学的工作程序，有计划地、合理地利用企业技术力量和资源，把最新的科技成果尽快地转化为现实的生产力，以推动企业技术进步和经济效益的实现。通过本项目的学习，你应该能完成以下任务：

任务一　技术创新、技术引进和技术改造

任务二　新产品开发

任务三　价值工程

# 任务一 技术创新、技术引进和技术改造

【任务引入】

技术创新、技术引进和技术改造都是一种技术经济活动，企业通过实施技术创新、技术引进和技术改造可以促进企业技术进步，提高企业科技水平。

【信息获取】

## 技术创新

技术创新是技术变革中继发明之后的一个技术应用阶段，技术创新管理的概念提出迄今已有七十多年，但至今尚未形成一个严格统一的定义。目前，我国学术界公认的定义是：技术创新是指企业家抓住市场潜在盈利机会，以获取经济利益为目的，重组生产条件和要素，不断研制推出新产品、新工艺、新技术，以获取市场认同的一个综合性过程。

### 一、技术创新的类型

技术创新可以从不同的角度进行分类，一般而言，对于技术创新的分类都是根据创新对象、创新程度、创新来源等角度来进行分类。

**1. 按创新对象分类**

根据技术创新中创新对象的不同，技术创新可分为产品创新和工艺（过程）创新。

（1）产品创新。产品创新是指在产品技术变化基础上进行的技术创新。按照产品技术变化量的大小，产品创新又可细分为全新（重大）的产品创新和渐进（改进）的产品创新。产品用途及其应用原理有显著变化的可称为全新产品创新。渐进的产品创新则是指技术原理本身没有重大变化，基于市场需要对现有产品进行功能上的扩展和技术上的改进。

（2）工艺（过程）创新。工艺创新也称过程创新。它是产品的生产技术变革，包括新工艺、新设备和新组织管理方式。工艺创新与提高产品质量、降低原材料和能源的消耗、提高生产效率有着密切的关系，是技术创新中不可忽视的内容。

**2. 按创新程度分类**

根据技术创新过程中技术变化强度的不同，可将技术创新分为渐进性创新和根本性创新两类。

（1）渐进性创新是指对现有技术进行局部性改进所引起的渐进性的技术创新。

（2）根本性创新是指在技术上有重大突破的技术创新。它往往伴随着一系列渐进性

的产品创新和工艺创新，并在一段时间内引起产业结构的变化。

**3．按创新来源分类**

根据技术创新的来源不同，可将技术创新分为自主型技术创新、模仿型技术创新和引进型技术创新三类。

（1）自主型技术创新。自主型技术创新是指依靠自我技术力量，进行研究、开发新技术并实现其工程化和商业化生产的技术创新。自主型技术创新要求企业必须拥有高素质的创新管理人才和较雄厚的资金保障。

（2）模仿型技术创新。模仿型技术创新指通过模仿已有技术成果的核心技术，并根据自我实际情况做进一步改进完善的技术创新。

（3）引进型技术创新。引进型技术创新是指企业利用各种引进的技术资源，在消化吸收的基础上完成的重大创新。

## 二、技术创新的过程

技术创新是企业持续创新的根本竞争力，是企业把科技进步和市场需求结合起来以提高企业效益的过程。这一过程不仅是知识的产生、创造和应用的进化过程，更是一种创造性的破坏过程，促使资源从低效率、低附加值的方面向高效率、高附加值的方面转变。同时，由于市场竞争激烈、创新难度大，任何企业都不可能一次性创新成功，也不可能在创新成功后一次性地确保其竞争优势。因而，技术创新也是一个不断循环的、复杂的过程。

20 世纪 60 年代以来，国际上出现了六代具有代表性的创新过程模型（或程序），下面分别做简要介绍。

**1．技术推动的创新过程模型**

这种模型的观点是，研究开发是创新构思的主要来源。科技推动的创新是一种简单的线性关系，从基础研究开始通过应用研究与制造，直到商业化的新产品在市场上销售。在这一阶段中，市场占有率可以说是企业从事科技研究开发所渴望的成果，因此，投入越多的技术研发可以获得更大的市场占有率。

**2．需求拉动的创新过程模型**

需求拉动模式指市场需求信息是技术创新活动的出发点。它对产品和技术提出了明确的要求，通过技术创新活动创造出适合这一需求的适销产品或服务，这样的需求就会得到满足。这一阶段，企业的策略主要集中于探究市场真正的需求是什么，而技术研发在企业的创新过程中不再扮演主动的角色，反而成为市场需求的被动配合。

**3．交互作用模型**

该模型表明技术创新是技术和市场交互作用引发的，技术推动和需求拉动的相对重要性在产业及产品生命周期的不同阶段可能有着显著的不同。单纯的技术推动和需求拉动创新过程模型只是技术和市场交互作用模型的特例。

**4. 一体化创新过程模型**

这一阶段的创新过程模型标志着观念的转变，即从将创新过程看作主要是序列式的，从一个职能到另一个职能的开发活动过程，到将创新看作是同时涉及市场营销、研究与开发、原型开发、制造等因素的并行过程的转变。这种模型强调的是创新模型内各要素应该具有平行且整合发展的特性。

**5. 系统集成和网络模型**

系统集成和网络模型是一体化模型的理想化发展。这种模型表明在创新的过程中，除了需要内部系统整合外，还需要与企业以外的其他公司建立良好的网络关系，通过策略联盟或联合开发形式，达到快速且低成本的创新。

**6. 国家创新体系**

国家创新体系指由公共机构和私有机构组成的网络系统，强调系统中各行为主体的制度安排及相互作用。该网络系统中各个行为主体的活动及相互作用旨在创造、引入、改进和扩散新的知识和技术，使一国的创新取得更好的绩效。它是政府、企业、大学、研究院所、中介机构之间寻求一系列共同的社会和经济目标而建设性地相互作用，并将创新作为变革和发展关键的动力系统。

## 三、技术创新的组织模式

**1. 企业内部的技术创新组织模式**

企业内部的技术创新组织模式有内企业家、技术创新小组、新事业发展部、企业技术中心等。

（1）内企业家。内企业家是指企业为了鼓励创新，允许自己的员工在一定限度的时间内离开本岗位工作，从事自己感兴趣的创新活动，并且可以利用企业的现有条件。由于这些员工的创新行为颇具企业家的特征，但是创新的风险和收益均在所在企业内，因此称这些从事创新活动的员工为内企业家，由内企业家创建的企业称为内企业。内企业家与企业家是有差别的，其根本的不同在于内企业家的活动局限在企业内部。如果企业的资金比较充足，实力雄厚，企业内部又有较多的技术人员，可以采用这种组织形式。

（2）技术创新小组。所谓技术创新小组，是指为完成某一创新项目临时从各部门抽调若干专业人员而成立的一种创新组织。其主要特点：① 创新小组是针对复杂的技术创新项目中的技术难题或较简单小型的技术项目而成立的，组成人员少，但工作效率却很高；② 一般情况下，创新小组可由企业研究开发、生产、营销和财务等部门人员组成，这些人员在一定时期内脱离原部门工作，完成创新任务之后就随之解散；③ 技术创新小组是一个开放性组织，小组成员随着技术项目的需要增加或减少；④ 创新小组具有明确的创新目标和任务，企业高层主管对创新小组充分授权，完全由创新小组成员自主决定工作方式；⑤ 创新小组成员既要接受原部门的领导，又要接受技术创新小组领导的管理，其组织形式是一种典型的简单矩阵式结构；⑥ 技术创新小组成员之间不存在严格意义的上下级关系，而是工作中的协作与合作关系，多为扁平型。技术创新小组是一个自由联合体，是最适合中小企业的技术创新组织形式之一。

（3）新事业发展部。新事业发展部是大企业为了开创全新事业而单独设立的组织形式，是独立于现有企业运行体系之外的分权组织。全新事业可能是重大的产品创新，也可能是全新的工艺创新，由于重大的技术创新伴有很大的风险，建立这种创新组织形式是十分必要的。这类组织是一种固定的组织，多数由若干部门抽调专人组成，是企业进入新的技术领域和产业领域的重要方式之一。

（4）企业技术中心。企业技术中心也称技术研发中心或企业科技中心，是企业（特别是大中型企业）实施高度集中管理的科技开发组织，在本企业的科技开发活动中起着主导和牵头作用，具有权威性，处于核心和中心地位。技术中心并不仅仅从事研究开发，同时它还是企业的试验检测中心、情报信息中心、数据处理中心和教育培训中心。

**2．企业外部的技术创新组织模式**

企业外部的技术创新组织模式主要包括产、学、研联盟、企业—政府模式和企业联盟。

（1）产、学、研联盟。产、学、研联盟的主要模式有：

高等院校、科研机构把科技成果（包括联合开发的成果）有偿转让给企业，之后帮助企业将技术投入生产，形成生产能力，直接生产出首批合格产品，以达到科技成果产业化的目的。科技成果转化途径比较适合中小企业。

高等院校或科研机构和企业组建共担风险的技术经济组织。该方式的特点是：合作各方依靠契约和经济利益的纽带联系起来，共同投资，合同期内共同经营、共担风险、共享利润。这种方式是我国目前产、学、研结合的最主要形式。

高等院校、科研机构自办企业，或将两个或两个以上产、学、研单位重组为一个规模更大，结构更加合理，功能更加全面的法人单位。

（2）企业—政府模式。政府在企业技术创新活动中可以直接或间接参与，协助企业成为技术创新主体或自己成为附属主体。

（3）企业联盟。企业联盟是企业—企业模式的主要形式。企业联盟也称动态联盟或虚拟企业，指的是两个或两个以上对等经济实体，为了共同的战略目标，通过各种协议而结成的利益共享、风险共担、要素水平式双向或多向流动的松散型网络组织体。企业联盟的主要形式是技术联盟，大多数联盟协议都集中在高技术产业。

## 技术引进

技术引进是指通过各种方式和渠道从国外获得先进技术。它是国家与国家之间的技术交流和转移，也是企业进行技术创新的一条途径。国际经验表明，技术引进可以使引进方迅速取得成熟的先进技术成果，不必重复别人已做过的科学研究和试制工作。它是世界各国互相促进经济技术发展必不可少的重要途径。

## 一、技术引进的作用

**1．技术引进可以大大节省技术创新时间**

一项重大的技术或科研成果，从酝酿、研究、试制到生产，一般要用10年左右的时间，而引进技术只需2～3年或更短的时间就可以投入生产，同时也可以少走弯路，赢得时间。

**2．引进技术可以节省大量的科研试制费用**

第二次世界大战以后，日本在1950—1979年引进28 000项国外先进技术，支出77亿美元，只占国外这些项目从发明到使用所花费的直接、间接费用总和的1/30。日本在第二次世界大战后的15年内，工业生产总值增长中有72%来自引进技术，其经济效益是引进费用的10倍。

**3．引进技术可以掌握国外先进的科学技术**

引进技术不仅可以提高生产效率、减少消耗、降低成本、增加积累、全面提高经济效益，而且还可以提高本国科技人员、管理人员的技术、管理水平，从而掌握先进的科学技术和管理水平。

**4．引进技术对改善经济结构、填补技术空白具有重要意义**

世界上没有哪个国家能够拥有发展本国经济所需要的全部资源，能够掌握世界所有的先进技术。每个国家都有自己的优势和条件，通过引进技术可以做到取长补短。

## 二、技术引进的原则

技术引进涉及政治、经济、技术、生产、贸易、外交、法律等各个方面，因此，做好技术引进工作必须坚持以下原则。

**1．实事求是，适合国情**

在技术的引进过程中，必须从我国的实际出发，坚持统筹安排、循序渐进的原则。也就是说，要把技术引进工作建立在有偿还能力的基础上，量力而行；引进的技术要同我国资源情况、技术水平和管理水平相适应，即引进"适用技术"；引进技术还要分轻重缓急，有计划、有重点、有选择地进行。

**2．相互平等，互利互惠**

这是指引进技术必须不损害该国主权，不妨碍该国经济独立；所谓经济上互利，是指合作双方在经济上都能得到合理的利益。

**3．精心选择，讲求效益**

技术引进要以提高经济效益为目的。因此，凡是我国自己能制造的，即使质量暂时稍差于国外也不要引进；制造设备，凡是自己可以制造的就不要引进、购买设备；关键设备，自己可以配套的就不要成套引进，只引进精度高的关键设备、自动控制仪器、仪表及检测仪器等。

**4．消化吸收，发展创新**

要引进技术为我所用就要切实认真地消化、吸收、发展，并力求创新。不提高自己的消化能力，不立求创新将永远是一个技术引进国。在引进关键设备时，一定要引进制造技术，在消化、吃透的基础上，做到既不损害引进技术的专利权，又能搞好仿制翻版；同时，要建立技术情报、技术力量、经费渠道到组织实施等一整套能够协调行动的体制和网络。

## 三、技术引进的内容

（1）从国外引进工艺、制造技术，包括产品设计、工艺流程、材料配方、制造图纸、工艺检测方法和维修保养等技术知识和资料，以及聘请专家指导、委托培训人员等技术服务。

（2）引进技术的同时，进口必要的成套设备、关键设备、检测手段等。

（3）通过引进先进的经营管理方法，充分发挥所引进技术的作用，做到引进技术知识和引进经营管理知识并举。

（4）通过广泛的技术交流、合作以及学术交流活动、技术展览等，引进国外的新学术思想和科学技术知识。

（5）引进人才。技术引进的远期目标是根本上消除本国、本单位与国外、其他企业在技术方面的差距，提高本国、本单位的技术水平；近期的目标则是从生产需要出发，填补技术空白。

## 四、技术引进的方式

技术引进的途径很多，一般包括许可贸易、技术咨询服务、工程承包、合作生产、国际合资经营、补偿贸易等。

（1）许可贸易。这是最广泛和最主要的一种技术引进途径。它是指专利权所有人或商标所有人或专有技术所有人作为许可方向被许可方授予某项权利，允许其按许可方拥有的技术实施，制造、销售该技术项下的产品，并由被许可方支付一定数额的报酬。许可贸易主要指专利许可贸易、商标许可贸易和专用技术许可贸易。

（2）技术咨询服务。技术咨询服务指技术提供方利用自己的技术、能力和经验，协助对方达到某种经济技术目的而进行合作，并取得一定报酬的一种技术贸易方式。技术咨询服务的范围广泛，它涉及各行各业的工程设计、管理技术、销售策略和商业服务等。

（3）工程承包。受方为了完成某项大型工程，可又缺乏必要的技术支持，于是受方委托供方按规定条件承包建设该项工程，在工程项目中提供工程项目的建设和全部技术工作，如工程设计、施工、提供机器设备并安装、提供技术、培训人员等。发展中国家就经常通过工程承包的方式引进发达国家的先进技术。

（4）合作生产。合作生产指技术引进方与技术供应方就某种产品的生产进行合作，由技术供应方提供并转让生产技术，提供一部分关键的机器设备或零部件，由技术引进方提供厂房、基础设施；或者根据共同签订的协议，分别生产同一产品的不同零部件，由一方或双方装配成成品出售；或分别制造对方所需要的零部件，互相交换，各自组装成产品出售。

（5）国际合资经营。国际合资经营中的外商投资者一般以技术、机器设备作价入股。东道国可以采用这种方式引进先进技术。

（6）补偿贸易。补偿贸易是用产品偿付引进技术和设备贷款的一种贸易方式。技术引进方以借贷方式引进技术供应方的技术和设备，利用引进的技术和设备生产产品，在双方商定的期限内用所生产的产品分期偿还贷款本金和利息。

# 技术改造

技术改造主要是指在坚持科学技术进步的前提下，把科学技术成果应用于企业生产的各个环节，用先进的技术改造落后的技术，用先进的工艺和装备代替落后的工艺和装备，实现扩大再生产，达到增加品种、提高质量、节约能源、降低原材料消耗、提高劳动生产率、提高经济效益的目的。

## 一、技术改造的作用

企业技术改造是企业的一项常规性活动，它对于企业的生存和发展有着十分重要的意义。

（1）技术改造投资少，见效快，经济效益高。技术改造与新建同等生产规模的企业相比，其优越性十分显著。技术改造可以充分利用原有的物质技术基础，如辅助生产部分和共同福利设施，投资一般可节省 2/3，设备、材料可节省 60%，建成时间可以缩短一半以上。

（2）技术改造有利于企业长期稳定。通过技术改造，采用新的技术成果，就能改进企业中落后的生产环节，增强设备的机械化、自动化程度，提高劳动生产率，增加产品品种，促进产品升级换代。

（3）技术改造是开拓国际市场的客观要求。在世界经济日趋一体化的今天，企业要发展，必须设法使自己的产品早日进入国际市场。企业要进入国际市场，就必须通过技术改造改善生产条件，提高生产效率，降低生产成本，增强竞争优势，为企业开拓国际市场提供技术保证。

## 二、技术改造的内容

（1）产品改造。用新产品替换陈旧的老产品，加速产品升级换代。

（2）机器设备和工具的改造。改进设备结构和性能，提高设备效率，加速生产设备和测试手段的更新，提高设备机械化和自动化程度。

（3）生产工艺和操作方法的改造。改革旧的工艺设计和落后的操作方法，缩短生产过程，实现高速化、自动化生产线。

（4）原材料和能源利用的改造。开辟新材料、新能源，科学地采用代用品。

（5）劳动保护和生产环境的改造。改善劳动条件，减轻工人劳动强度，消除或减少废水、废气、废渣的排放，妥善解决环境污染问题。

（6）改造厂房设施，调整工作场地以及改进和完善企业管理手段和研制手段，包括生产控制、信息处理及科研试制的仪器设备和技术测试等。

**【任务实施】**

## 一、技能训练

以项目小组为单位，查阅关于我国企业技术管理方面的文章，在课后做交流，并写一篇心得体会或建议对策。

## 二、案例分析

### 吉利宽容失败 成就技术创新

2011年前11个月，国内汽车销量同比增长只有2.56%，多数自主车企销量负增长。然而，吉利汽车却实现了全年5%以上的销量增长。

更值得一提的是，在自主品牌很难突破的中级车细分市场上，吉利首款中高端车型帝豪增长幅度超过50%。在海外市场上，吉利今年同样高歌猛进，全年出口增长率达到120%，成为国内自主品牌海外市场增幅最快的企业。

“创新是企业不竭的动力源泉，也是吉利逆势成长的原因。”吉利集团董事长李书福告诉记者，自创立之初，吉利就清醒地意识到，完善的体制催生创新动力，健全的机制激发创新活力。通过坚持不懈的理念创新、体制创新、机制创新，无论是自主研发还是海外收购，都体现了吉利人的创新基因。

12月15日，国内第一款搭配具有自主知识产权六速自动变速器的自主品牌轿车——吉利全球鹰GC7轿车在长沙上市。此前，中国市场上自动挡车型约占60%，自主品牌仅占7.8%。

"并不是我们主动放弃这片蓝海，主要是因为自动变速器技术大都掌握在跨国公司手中，不仅价格昂贵，最先进的技术更是买都买不到。"吉利集团副总裁刘金良告诉记者，从明年开始，这款源自吉利旗下澳大利亚DSI自动变速器公司的六速大扭矩自动变速器，将至少搭载在吉利四款1.8升以上排量的车型上。

吉利在自动变速器领域的率先突破并不只是海外收购那么简单。李书福告诉记者，早在10年前，吉利就瞄准自动变速器这一核心技术，踏上了艰苦的自主创新征程。

2002年年初，李书福找到天津齿轮厂总工程师、国家自动变速器电子电器课题组组长徐滨宽，约请他来吉利。李书福的诚心打动了他。当年10月，他接下了主持吉利自动变速器研发的帅印。

喜出望外的李书福与徐滨宽约法三章：要人给人，要钱给钱，责任完全由公司承担。但即便在如此宽松的环境下，吉利的变速器研发团队还是经历了数不清的失败。

令人欣慰的是，吉利有一个宽容失败的好环境、好体制。在科研人员每一次经历失败的挫折时，李书福总是鼓励，并在关键时刻伸出援手。李书福说，正是因为在自动变速器领域坚持不懈的原始创新，2009年收购澳大利亚DSI变速器公司才会如此顺利，收购完成后对DSI的经营管理、国产化引进和后续技术规划也才会得心应手。据悉，由吉利汽车研究院开发的7速双离合变速器将于2013年下半年在DSI投产。

"自动变速器只是近年来吉利原始创新的成果之一。"李书福说，"EPS电子助力转向系统、BMBS爆胎监测与安全控制系统……哪一个不是在经历了无数失败后才取得了成功？"

宽容失败的背后，是吉利自主研发的体制和机制活力。目前，吉利汽车研究院共有2 000名工程师，进行着170多个研发项目，而在其他企业，这些研发项目大概需要5 000名研发人员。

"2 000人能完成5 000人干的活，得益于研发体制机制的创新。"吉利集团副总裁、吉利汽车研究院院长赵福全告诉记者。首先，吉利汽车研究院采取了矩阵式的管理，每个研发人员面对的都不是一个单项，而是你中有我，我中有你，同时负责所有同一类型的研发项目。其次，吉利首次实现了汽车研发的量化考评，工程师完成每一个项目都会得到相应的工作量和绩效，这大大激发了工程师的积极性。

截至目前，吉利共申请3 464项专利，其中发明专利340项。继2009年荣获国家科技进步"企业自主创新工程类"最高奖之后，2011年，吉利又荣获了"2011知识产权自主创新十大品牌"称号。

资料来源：http://auto.sina.com.cn/neas/2011-12-30/0943895533.html

**【案例思考题】**

1. 结合案例谈谈技术创新的重要意义。
2. 吉利技术创新成功的根源是什么？

# 任务二　新产品开发

【任务引入】

现有产品给企业带来的是目前的市场占有率和利润，而新产品代表的是企业将来的市场竞争力，它反映了企业未来长远的发展潜力。因此，现代企业都非常重视新产品的研究开发，将其作为生产和发展的战略重点，并且通过营销策略等的配合适时地推出新产品，从而给企业创造最佳竞争地位、有利的市场形势及最佳利润。

【信息获取】

## 新产品的相关概念

### 一、新产品的概念

对新产品的定义可以从企业、市场和技术三个角度进行。对企业而言，第一次生产销售的产品都叫新产品；对市场来讲则不然，只有第一次出现的产品才叫新产品；从技术方面看，在产品的原理、结构、功能和形式上发生了改变的产品叫新产品。

### 二、新产品的分类

新产品从不同角度或按照不同的标准有多种分类方法。常见的分类方法有以下几种。

**1．从市场角度和技术角度分类**

从市场角度和技术角度，可将新产品分为市场型新产品和技术型新产品两类。

（1）市场型新产品，是指产品实体的主体和本质没有什么变化，只改变了色泽、形状、设计装潢等的产品，不需要使用新的技术，其中也包括因营销手段和要求的变化而引起消费者“新”的感觉的流行产品。例如，某种酒瓶由圆形改为方形或其他异形，它们刚出现也被认为是市场型的新产品。

（2）技术型新产品，是指由于科学技术的进步和工程技术的突破而产生的新产品。不论是功能还是质量，它与原有的类似功能的产品相比都有了较大的变化。例如，不断翻新的手机或电视机，都属于技术型的新产品。

**2．按新产品新颖程度分类**

按新产品新颖程度，可将新产品分为全新新产品、换代新产品、改进新产品和仿制新产品。

（1）全新新产品是指采用新原理、新材料及新技术制造出来的前所未有的产品。全新新产品是应用科学技术新成果的产物，它往往代表科学技术发展史上的一个新突破。它的出现，从研制到大批量生产，往往需要耗费大量的人力、物力和财力，这不是一般企业所能胜任的，因此它是企业在竞争中取胜的有力武器。

（2）换代新产品是指在原有产品的基础上采用新材料、新工艺制造出的适应新用途、满足新需求的产品。它的开发难度较全新新产品小，是企业进行新产品开发的重要形式。

（3）改进新产品是指在材料、构造、性能和包装等某一个方面或几个方面对市场上现有产品进行改进，以提高质量或实现多样化，满足不同消费者需求的产品。它的开发难度不大，也是企业产品发展经常采用的形式。

（4）仿制新产品是指对市场上已有的新产品在局部进行改进和创新，但保持基本原理和结构不变而仿制出来的产品。落后国家对先进国家已经投入市场的产品的仿制，有利于填补国家生产空白，提高企业的技术水平。在生产仿制新产品时，一定要注意知识产权的保护问题。

**3．按新产品的区域特征分类**

按新产品的区域特征，可将新产品分为国际新产品、国内新产品、地区新产品和企业新产品。

（1）国际新产品是指在世界范围内首次生产和销售的产品。

（2）国内新产品是指在国外已经不是新产品，但在国内还是第一次生产和销售的产品。它一般为引进国外先进技术，填补国内空白的产品。

（3）地区新产品和企业新产品是指国内已有，但本地区或本企业第一次生产和销售的产品。它是企业经常采用的一种产品发展形式。

# 新产品开发的方式、策略和程序

## 一、新产品开发的方式

新产品开发的方式包括独立研制开发、技术引进、研制与技术引进相结合、协作研究、合同式新产品开发和购买专利等。

（1）独立研制开发是指企业依靠自己的科研力量开发新产品。它包括以下三种具体的形式：

① 从基础理论研究开始，经过应用研究和开发研究，最终开发出新产品。一般是技术力量和资金雄厚的企业采用这种方式。

② 利用已有的基础理论，进行应用研究和开发研究，开发出新产品。

③ 利用现有的基础理论和应用理论的成果进行开发研究，开发出新产品。

（2）技术引进是指企业通过购买别人的先进技术和研究成果，开发自己的新产品，既可以从国外引进技术，也可以从国内其他地区引进技术。这种方式不仅能节约研制费用，避免研制风险，而且还节约了研制的时间，保证了新产品在技术上的先进性。因此，这种方式被许多开发力量不强的企业所采用，但难以在市场上形成绝对的优势，也难以拥有较高的市场占有率。

（3）研制与技术引进相结合是指企业在开发新产品时既利用自己的科研力量研制又引进先进的技术，并通过对引进技术的消化吸收与企业的技术相结合，创造出本企业的新产品。这种方式使研制促进引进技术的消化吸收，使引进技术为研制提供条件，从而可以加快新产品的开发。

（4）协作研究是指企业与企业、企业与科研单位、企业与高等院校之间协作开发新产品。这种方式有利于充分使用社会的科研力量，发挥各方面的长处，有利于把科技成果迅速转化为生产力。

（5）合同式新产品开发是指企业雇用社会上独立研究的人员或新产品开发机构，为企业开发新产品。

（6）购买专利是指企业通过向有关研究部门、开发企业或社会上其他机构购买某种新产品的专利权来开发新产品。这种方式可以大大节约新产品开发的时间。

## 二、新产品开发的策略

（1）抢先策略，即抢在其他企业之前将新产品开发出来并投放到市场中去，从而使企业处于领先地位。采用抢先策略的企业必须要有较强的研究与开发能力，要有一定的试制与生产能力，还要有足够的人力、物力和资金，以及勇于承担风险的决心。

（2）紧跟策略，即企业发现市场上的畅销产品就不失时机地进行仿制，进而投放市场。采用紧跟策略的企业必须要对市场信息进行收集和处理，并迅速地做出反应，而且要具有较强的、高效率的研究与开发能力。

（3）引进策略，即企业将专利和技术买过来，组织力量消化、吸收和创新，变成自己的技术，并迅速转变为生产力。

（4）系列化开发策略。系列化开发策略又称为系列延伸策略。企业围绕产品上下左右前后进行全方位的延伸，开发出一系列类似的但又各不相同的产品，形成不同类型、不同规格、不同档次的产品系列，如电冰箱的使用能够延伸出对电冰箱断电保护器、冰箱去臭剂、保鲜膜、冰糕盒的需求等。企业针对消费者在使用某一产品时所产生的新的需求，推出特定的系列配套新产品，可以加深企业产品组合的深度，为企业新产品开发提供广阔的天地。具有设计、开发系列产品资源，具有加深产品深度组合能力的企业可采用这种开发策略。

**【案例】**

**好神拖简介**

新型脱水装置可自行控制布条干湿度，兼具清洁、吸尘、吸水效果，省时方便，快速干燥更安全。新型拖把头专利设计可以360度任意旋转，均匀清洁、轻松深入任何角落。独特布条纤维，强力清洁、耐磨抗菌，不会刮伤各式地板或其他清洁面的精致表面。超强省力、省时、更省电：创新概念，结合吸尘器与脱水机设计，拥有吸尘器般的强力清洁效果，同时也能达到百分之百完全脱水效果，不脏您的玉手，不费体力，不需插电，操作简单，一套成型，大人小孩都上手。轻松动一动，快活更健康：完全采用人体工学设计，大幅减少双手、腰部肌肉施力负担，不会造成筋骨疲劳与身体伤害，轻轻松松一手掌握，让您美美做家事，快速、舒适、更健康贴心补充包，全家的清洁事一把就搞定。

资料来源：http://baike.baidu.com/vieu/2220315.htm

## 三、新产品开发的程序

开发新产品是一项十分复杂而风险又很大的工作。为了减少新产品的开发成本，取得良好的经济效益，必须按照科学的程序来进行新产品开发。开发新产品的程序因企业的性质、产品的复杂程度、技术要求及企业的研究与开发能力的差别而有所不同。一般来说，要经历产生构思、筛选构思、概念发展与测试、初拟营销计划、商业分析、产品开发、市场试销和正式上市八个阶段。

（1）产生构思。新产品构思是指新产品的设想或新产品的创意。企业要开发新产品，就必须重视寻找创造性的构思，构思的来源很多，主要有以下六个方面。

① 顾客。生产产品是为了满足消费者的需求，因此顾客的需求是新产品构思的重要来源。了解消费者对现有产品的意见和建议，掌握消费者对新产品有何期望，便于产生构思的灵感。

② 企业职工。企业职工最了解产品的基本性能，也最容易发现产品的不足之处，他们的改进建议往往是企业新产品构思的有效来源。

③ 竞争对手。分析竞争对手的产品特点，可以知道哪些方面是成功的，哪些方面是不成功的，从而对其进行改进。

④ 科技人员。许多新产品都是科学技术发展的结果。科技人员的研究成果往往是新产品构思的一项重要来源。

⑤ 中间商。中间商直接与顾客打交道，最了解顾客的需求。收集中间商的意见是构思形成的有效途径。

⑥ 其他来源。可作为新产品构思来源的其他渠道较多，如大学、科研单位、专利机构、市场研究公司、广告公司、咨询公司、新闻媒体等。

（2）筛选构思。这一阶段是将前一阶段收集的大量构思进行评估，研究其可行性，尽可能地发现和放弃错误的或不切实际的构思，以较早避免资金的浪费。一般分两步对构思进行筛选。第一步是初步筛选，即根据企业目标和资源条件评价市场机会的大小，从而淘汰那些市场机会小或企业无力实现的构思；第二步是仔细筛选，即对剩下的构思利用加权平均评分等方法进行评价，筛选后得到企业所能接受的产品构思。

（3）概念发展与测试。产品概念是指企业从消费者角度对产品构思所做的详尽描述。企业必须根据消费者对产品的要求，将形成的产品构思开发成产品概念。通常，一种产品构思可以转化为许多种产品概念。企业对每一个产品概念都需要进行市场定位，分析它可能与现有的哪些产品产生竞争，以便从中挑选出最好的产品概念。

（4）初拟营销计划。产品概念确定后，企业就要拟订一个初步的市场营销计划，并在以后阶段不断发展完善。

（5）商业分析。它是指对新产品的销售额、成本和利润进行分析，如果能满足企业目标，那么该产品就可以进入产品的开发阶段。

（6）产品开发。新产品构思经过一系列可行性论证后，就可以把产品概念交给企业的研发部门进行研制，开发成实际的产品实体。产品开发包括设计、试制和功能测试等过程。这一过程是把产品构思转化为在技术上和商业上可行的产品，需要投入大量的资金。

（7）市场试销。新产品开发出来后，一般要选择一定的市场进行试销，注意收集产品本身、消费者及中间商的有关信息，以便有针对性地改进产品，调整市场营销组合，并及早判断新产品的成效。值得注意的是，并不是所有新产品都必须经过试销，通常是选择性大的新产品需要进行试销，选择性小的新产品不一定试销。

（8）正式上市。如果新产品的试销成功，企业就可以将新产品大批量投产，推向市场。要注意研究选择适当的投放时机和地区、市场销售渠道以及销售促进策略。

**【任务实施】**

## 一、技能训练

以项目小组为单位，根据模拟公司现有产品的情况制定一份《新产品开发方案》。

## 二、案例分析

### 方太厨具的新产品开发

茅理翔先生是宁波飞翔集团公司和宁波方太厨具有限公司董事长。1985 年为了改变家乡的贫困落后面貌，振兴乡镇企业事业，他创办了慈溪无线电九厂。白手起家的他到处找项目、跑市场，终于在 1986 年研制成功国内第一支电子点火枪。就在点火枪生意逐渐在全世界铺开、企业也步入正轨之时，市场竞争引发的价格大战却似一只魔爪扼住了飞翔集团的咽喉。由于点火枪产品热销，加上技术含量低，劳动密集程度高，浙江慈溪、余姚一带三十多家小厂一哄而上，纷纷投产电子点火枪。在 1994 年秋季广交会上，各个厂家竞相压价，有的甚至以次充好，每支点火枪由原来的 1.2 美元降到 0.36 美元。面对这种形势，茅理翔意识到要想让飞翔集团继续生存发展下去，只有依靠开发新产品进行二次创业。

然而，新的发展空间到底在哪里呢？当时公司上下普遍看好厨房设备，尤其是抽油烟机和微波炉。吸取了二次创业初期只重产品、不重市场而失败的经验教训，茅先生先组织人员分头到广东、上海等地进行市场考察，对国际、国内的厨房设备生产厂家以及国内外用户的购买能力等情况做了详细调查。调查结果表明抽油烟机市场需求潜力巨大，随着生活水平的提高，尤其是中国住房改革的热潮，抽油烟机正大步进入现代家庭，中国年产抽油烟机当时仅为 300 万台，而需求量却达到 600 万台，由此可以推断，抽油烟机市场正处于成长期。相比之下，微波炉在当时则尚属可有可无的先驱设备，且价格不菲，还不是老百姓的首选消费目标。因此，茅先生的注意力聚焦到抽油烟机上。但是至 1995 年时市场上已有两百多家抽油烟机厂互相竞争，仅以慈溪为例，方圆几百里内，同类产品已是强手林立。帅康、老板、玉立等几个全国知名品牌占据了大部分国内市场，此时跻身其中无异于虎口夺食，似乎成功的胜算不大。而且，茅先生在进一步的用户家庭走访中了解到，市面上流行的抽油烟机大部分是模仿国外的产品，风量和吸力达不到理想水准，不适合中国老百姓做饭油烟大的特点；而且由于设计结构不合理，普遍存在滴油、漏油的弊病，使老百姓们对抽油烟机怨声载道，很多人认为还不如用一个换气扇好。因此，抽油烟机市场增长已经开始呈现回落趋势，一些小厂纷纷关闭，玉立、老板等知名品牌的销售也开始严重下滑。看来，投资抽油烟机的市场风险非常大。茅先生经过审慎分析后认为，市场已现的颓势并不是因为中国不存在抽油烟机的市场，而是因为没有真正适合中国老百姓的好产品。而市场上现有的抽油烟机在式样、油路、拆洗、风量、噪音、耗电量等方面大有改进的潜力。于是，茅先生于 1996 年在一片反对声中和没有人愿意冒风险共同投资的情况下，毅然决定投资三千万元进入抽油烟机行业。

起初，茅先生将厨具公司和抽油烟机的品牌都命名为飞翔，而茅忠群认为飞翔不太适合做厨具的品牌，他提议取名方太，因为当时在全国正在热播“方太美食”节目，节目主持人、香港的方任丽莎是中国港、澳、台地区以及东南亚地区家庭主妇的偶像。从美食想到烹调，从烹调想到厨具和抽油烟机，多么顺理成章呀。于是 1996 年宁波飞翔厨具有限公司更名为方太厨具有限公司，生产方太牌抽油烟机。

茅先生认为，将市场上现有抽油烟机的六大弱点改为六大优点可以成为方太进入抽油烟机市场的切入点和产品研发思路。为了研制新一代抽油烟机，他不惜重金从全国各地招聘了二十多位中、高级工程师，在国内第一个将工业设计理念引入抽油烟机设计。1996 年在市场上率先推出“罩电分离 拆洗更易”的方太产品，即深罩型大圆弧流线性抽油烟机。产品一炮打响、供不应求，当年销售 3 万台。消费者的反应证实了茅先生最初的设想，他们不买抽油烟机的真正原因不是因为不需要，而是因为没有适合自己的产品。初步的成功给了茅氏父子极大的鼓舞和更加坚定的信心。看来，即使作为抽油烟机行业的市场后入者，方太只要准确把握住消费者需求这根脉搏，仍然可以大有作为。父子俩乘胜追击，进行更加深入的市场调研，将开发出更贴近目标市场需求的产品作为企业的奋斗目标，先后推出了电脑控制型、人工智能型、智能调速式、VFD 显示型、煤气自动报警型等高科技含量的产品，以及适合上海等地小厨房的特点、具有一定的功率和吸力的介于深型与薄型之间的“亚深型”等型号的抽油烟机。用一路飚风、扶摇直上来形容二次创业初期的方太是再合适不过了，它在短短两年半的时间内跃居为抽油烟机行业市场占有率第二名。如今，经过 6 年的努力，宁波方太厨具有限公司在抽油烟机市场上的地位更加巩固了，下设产品开发部、厨具研究所、技术管理中心、测试中心，凭借在新产品推出方面的优势，共推出“厨后”、“日后”、“近吸式”、“鼎后”、“靓风”五大系列数十种抽油烟机。除了力争技术领先外，方太非常重视产品质量，也得到了市场的认可。方太抽油烟机在全国抽油烟机质量评比中，七项指标名列第一。所生产的大圆弧流线型抽油烟机、人工智能型抽油烟机、智能调速抽油烟机等以独特的外观、卓越的性能代表了抽油烟机行业的精品形象，在国内市场上连续刮起六次“方太旋风”，获得外观及实用新型等国家专利五十五项。通过北京赛偌市场研究公司的监测（以全国 206 家商场的数据为基础），方太 2002 年的市场占有率为 12.38%，排名第二，其中高端市场（1 000 元以上）的占有率为 30%，排名第一；以销售额计算的市场占有率为 18.4%，排名第一。

资料来源：http://www.docin.com/p-93725832.html

【案例分析题】

1. 方太厨具新产品开发的原因是什么？对其他企业有何借鉴意义？
2. 方太厨具从哪几方面着手新产品的开发，运用了什么策略？

## 任务三 价 值 工 程

【任务引入】

价值工程（Value Engineering，VE）是一种新兴的科学管理技术，是降低成本、提高经济效益的一种有效方法。它 20 世纪 40 年代起源于美国，我国运用价值工程是 20 世纪 70 年代末开始。我国引进价值工程以后，它在降低产品成本、提高经济效益、扩大社会资源的利用效果等方面所具有的特定作用，在短短几年的实践中已经充分显示出来，一批企业在应用中取得了显著的实效，为价值工程在不同行业广泛推广应用提供了重要经验。

【信息获取】

### 价值工程的含义、特点、途径和工作程序

价值工程涉及价值、功能和寿命周期成本等三个基本要素。价值工程是一门工程技术理论，其基本思想是以最少的费用换取所需要的功能。这门学科以提高工业企业的经

济效益为主要目标，以促进老产品的改进和新产品的开发为核心内容。

## 一、价值工程的含义

价值工程，也称价值分析（Value Analysis，VA），是指以产品或作业的功能分析为核心，以提高产品或作业的价值为目的，力求以最低寿命周期成本实现产品或作业使用所要求的必要功能的一项有组织的创造性活动，有些人也称其为功能成本分析。

## 二、价值（Value）的含义

价值工程中所说的“价值”有其特定的含义，与哲学、政治经济学、经济学等学科关于价值的概念有所不同。价值工程中的“价值”就是一种“评价事物有益程度的尺度”。价值高说明该事物的有益程度高、效益大、好处多；价值低则说明有益程度低、效益差、好处少。例如，人们在购买商品时总是希望“物美而价廉”，即花费最少的代价换取最多、最好的商品。价值工程把“价值”定义为：“对象所具有的功能与获得该功能的全部费用之比”，即

$$V=F/C$$

式中：$V$为“价值”；$F$为功能；$C$为成本。

功能是指产品的功能、效用、能力等，即产品所担负的职能或者说是产品所具有的性能。成本指产品周期成本，即产品从研制、生产、销售、使用过程中全部耗费的成本之和。衡量价值的大小主要看功能（$F$）与成本（$C$）的比值如何。人们一般对商品有“物美价廉”的要求，“物美”实际上就是反映商品的性能、质量水平；“价廉”就是反映商品的成本水平，顾客购买时考虑“合算不合算”就是针对商品的价值而言的。

## 三、价值工程的特点

（1）价值工程是以寻求最低寿命周期成本、实现产品的必要功能为目标。价值工程不是单纯强调功能提高，也不是片面地要求降低成本，而是致力于研究功能与成本之间的关系，找出二者共同提高产品价值的结合点，克服只顾功能而不计成本或只考虑成本而不顾功能的盲目做法。

（2）价值工程是以功能分析为核心。在价值工程分析中，产品成本计量是比较容易的，可按产品设计方案和使用方案，采用相关方法获取产品寿命周期成本，但产品功能确定比较复杂、困难。因为功能不仅是影响因素很多且不易定量计量的抽象指标，而且由于设计方案、制造工艺等的不完善，不必要功能的出现，以及人们评价产品功能方法存在差异性等，造成产品功能难以准确界定。所以，产品功能的分析成为价值工程的核心。

（3）价值工程是一个有组织的活动。价值工程分析过程不仅贯穿于产品整个寿命周

期，而且它涉及面广，需要所有参与产品生产的单位、部门及专业人员的相互配合，才能准确地进行产品的成本计量、功能评价，达到提高产品单位成本功效的目的。所以，价值工程必须是一个有组织的活动。

（4）价值工程是一个以信息为基础的创造性活动。价值工程分析是以产品成本、功能指标、市场需求等有关的信息数据资料为基础，寻找产品创新的最佳方案。因此，信息资料是价值工程分析的基础，产品创新才是价值工程的最终目标。

（5）价值工程能将技术和经济问题有机地结合起来。尽管产品的功能设置或配置是一个技术问题，而产品的成本降低是一个经济问题，但价值工程分析过程通过“价值”（单位成本的功能）这一概念，把技术工作和经济工作有机地结合起来，克服了产品设计制造中普遍存在的技术工作与经济工作相互脱节的现象。

## 四、提高价值的基本途径

（1）功能不变，成本降低，价值提高。

（2）成本不变，功能提高，价值提高。

（3）功能提高的幅度高于成本增加的幅度。

（4）功能降低的幅度小于成本降低的幅度。

（5）功能提高，成本降低，价值大大提高。

## 五、价值工程的工作程序

价值工程已发展成为一门比较完善的管理技术，在实践中已形成了一套科学的工作实施程序。这套实施程序实际上是发现矛盾、分析矛盾和解决矛盾的过程，通常是围绕以下七个合乎逻辑程序的问题展开的：

（1）这是什么？

（2）这是干什么用的？

（3）它的成本是多少？

（4）它的价值是多少？

（5）有其他方法能实现这个功能吗？

（6）新方案的成本是多少？功能如何？

（7）新的方案能满足要求吗？

按顺序回答和解决这七个问题的过程，就是价值工程的工作程序和步骤，即选定对象，收集情报资料，进行功能分析，提出改进方案，分析和评价方案，实施方案，评价活动成果。

价值工程的一般工作程序如表 10.1 所示。由于价值工程的应用范围广泛，其活动形式也不尽相同，因此在实际应用中可参照工作程序，根据对象的具体情况，应用价值工程的基本原理和思想方法，考虑具体的实施措施和方法步骤。但是对象选择、功能分析、功能评价和方案创新与评价是工作程序的关键内容，体现了价值工程的基本原理和思想，是不可缺少的。

表 10.1　价值工程一般工作程序

| 价值工程工作阶段 | 设计程序 | 工作步骤 | | 价值工程对应问题 |
|---|---|---|---|---|
| | | 基本步骤 | 详细步骤 | |
| 准备阶段 | 制订工作计划 | 确定目标 | 1．对象选择 | 1．这是什么? |
| | | | 2．信息搜集 | |
| 分析阶段 | 规定评价（功能要求事项实现程度的）标准 | 功能分析 | 3．功能定义 | 2．这是干什么用的? |
| | | | 4．功能整理 | |
| | | 功能评价 | 5．功能成本分析 | 3．它的成本是多少? |
| | | | 6．功能评价 | 4．它的价值是多少? |
| | | | 7．确定改进范围 | |
| 创新阶段 | 初步设计（提出各种设计方案） | 制定改进方案 | 8．方案创造 | 5．有其他方法能实现这个功能吗? |
| | 评价各设计方案，对方案进行改进、选优 | | 9．概略评价 | 6．新方案的成本是多少? |
| | | | 10．调整完善 | |
| | | | 11．详细评价 | |
| | 书面化 | | 12．提出提案 | 7. 新方案能满足功能要求吗? |
| 实施阶段 | 检查实施情况并评价活动成果 | 实施评价成果 | 13．审批 | 8．偏离目标了吗? |
| | | | 14．实施与检查 | |
| | | | 15．成果鉴定 | |

**【任务实施】**

## 一、技能训练

各项目小组选取模拟公司经营的某项产品，讨论如何提高其价值。

## 二、案例分析

### 价值工程实用案例——对产品的价值分析

国营黎明机械公司航空牌 1.5-1 型洗衣机是军工厂的民用产品，销路较好，1981 年年销 4 万台，1982 年年销 20 万台，批量较大，但成本高、利润小，成本远高于国内同类产品。为此，该公司组织价值工程领导小组对洗衣机进行价值工程的分析。

（1）寻找价值分析目标。把洗衣机全部零部件按成本大小分类排队，对产品的成本构成进行分析，算出各类零件所占成本的百分比，寻找分析目标运用ABC分析法。

ABC分析法又叫分类管理法或叫重点管理法。这种方法的基本原理是处理任何事情都要分清主次、轻重，区别关键的少数和次要的多数，根据不同的情况进行分类管理。7元以上的零件成本占总成本的74.6%，零件数占零件总数的10%，作为A区；约占30%的零件成本占总成本的18.5%，作为B区；其余60%的零件仅占总成本的6.9%，作为C区，绘制ABC曲线。这样可把重点放在A、B两区，特别是A区零件可以作为价值分析的目标。

（2）功能分析。对洗衣机的全部零件进行功能定义、功能整理、绘制功能系统图。经过整理，按功能体系排队，洗衣机分为四个功能系统：① 控制分系统；② 动力及传动分系统；③ 容器装置；④ 外观及保护分系统。依次绘出功能系统图，进一步明确了各零部件的基本功能和实现该功能的手段；明确了哪些功能是多余的，哪些功能是不足的。例如，设计中重复多处使用的防振胶垫，有几处是多余的，应予取消；洗衣机的外观装饰则功能不足，应予加强。

（3）功能评价。对选为分析对象的A区10个零件进行评价。首先，组织设计师、工艺师、老工人和车间干部根据各零件的基本功能、辅助功能和外观功能，利用强制确定法给各零件评分，计算出零件的功能系数。其次，计算零件的成本系数和价值系数。绘制成本——功能的最佳适应区。

（4）发动群众提出革新建议。该厂一方面组织专门的力量对电动机、盖圈等进行功能费用分析；另一方面把洗衣机的零件成本和功能分析的资料发至车间，动员群众人人出主意想办法，提出降低成本、改进功能的建议。建议内容包括零部件、原材料供、产、销的全过程，如哪些材料可以更替或改换供应点，哪些零件可以改变设计结构，哪些工序可以改变加工方法等。

（5）制定实施方案。电动机是外购件，42.6元/台，占洗衣机总成本的17%。价值系数为0.84，处于功能——成本曲线外右下侧，对成本影响较大，故公司组织了专门的分析小组对国内8个电动机厂的16台样机进行全面测试，通过技术经济的综合比较，从中选择了三种性能最好、价格最低的电动机作为订货对象。仅此一项就使洗衣机单台成本下降5.08元。盖圈采用不锈网1Cr18Ni9Ti，使单台价格达26.85元（17.1元/kg），价值系数0.63，成本偏高。经过分析，盖圈的功能是连接内外筒及防腐、密封，它在洗衣机中只起辅助作用。经过对多种材料方案的比较和试验表明：选用OCr13不锈钢代替1Cr18Ni9Ti材料更换后，单台成本又降低了17.43元。在对洗衣机动力系统的功能分析中，发现挡水板的功能是防止电动机进水，但装在风扇轮和电动机之间不利于电动机冷却。经过分析，稍稍加大风扇便可以起到挡水防潮的作用，从而取消挡水板，降低成本1.34元/台。内筒成本为25.05元，价值系数为0.99，原内筒冲压用的冲床效率低，大马拉小车。现购进三台冲床，建立专用生产线，以提高效率、降低工时。接着又建立了轴

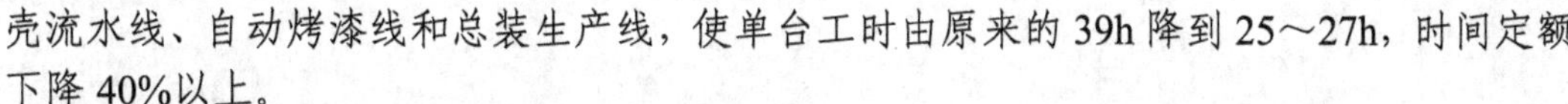

壳流水线、自动烤漆线和总装生产线，使单台工时由原来的39h降到25～27h，时间定额下降40%以上。

资料来源：http://www.pmec.net/bencandy-39-4838-1.htm

【案例分析题】

1. 总结该公司开展价值工程的工作程序。

2. 结合案例谈谈实施价值工程的意义。

**【项目验收与评估】**

1. 验收对象：各项目小组制定的《新产品开发方案》。

2. 验收步骤：

（1）各项目小组制定《新产品开发方案》。要求有一定的实用性，方案内容重点突出新产品开发的程序。

（2）各项目小组推荐一名成员对本小组的《新产品开发方案》在课上作演讲。

（3）评委会根据下表进行评价，决出胜负。

| 评 价 内 容 | 分 值 | 评 分 |
|---|---|---|
| 资料全面、报告或案例完整 | 20 | |
| 研究深入、有说服力 | 20 | |
| 有创新观点和思路 | 20 | |
| 合作默契、体现团队精神 | 20 | |
| 发言人仪表端庄，语言表达清晰、准确 | 20 | |
| 总体评价 | 100 | |

（4）指导教师点评。各项目小组根据指导教师的点评，对撰写的方案进行修改、完善后提交指导教师验收。

# 项目十一　企业质量管理

**【知识目标】**

1．了解全面质量管理的含义、特点；质量管理体系的内涵；ISO 9000 质量认证体系的建立；质量控制的含义。

2．熟悉全面质量管理的要求、基础工作；质量管理体系的内容；质量体系认证的程序。

3．掌握质量保证体系的运作方式；质量控制的技术。

**【技能目标】**

1．会推行全面质量管理方案。

2．会运用 PCDA 循环法提高企业质量管理水平。

3．会运用质量控制技术分析产品质量问题并提出合理建议。

**【项目背景】**

现在，公司收到某经销商的信息反馈，生产的一批产品在使用过程中出现了质量问题，遭到消费者的投诉。针对这一事件，公司召开了紧急会议，要求各部门配合协查质量问题产生的原因，并要求质量监督部门采取措施提高企业质量管理水平。

**【任务分解】**

质量是反映实体（产品、过程或活动等）满足明确的和隐含的需求的能力和特性的总和。项目质量管理是为了保证项目满足目标要求所需要的过程。它包括“确定质量方针、目标和职责并在质量体系中通过诸如编制质量计划、质量保证、质量控制和质量提高使其实施的全面管理职能的所有活动”。产品质量重于泰山，项目质量管理工作是企业赖以生存的基础和根本。越来越多的企业经营管理者认为，质量是的企业生命，质量管理是企业管理的重中之重，现代市场竞争已转化为产品质量的竞争，必须走质量效益的经营战略道路。通过本项目的学习，你应该能完成以下任务：

任务一　全面质量管理

任务二　质量管理体系

# 任务一 全面质量管理

【任务引入】

全面质量管理是在全面社会的推动下，企业中所有部门把专业技术、管理技术、数理统计技术集合在一起，建立起一套科学、严密、高效的质量保证体系，控制生产过程中影响质量的因素，以优质的工作、最经济的办法提供满足用户需要的产品的全部活动。全面质量管理的内容包括全面质量管理的内涵、要求及质量成本控制三方面的内容。

【信息获取】

## 全面质量管理

### 一、全面质量管理的含义及特点

**1. 全面质量管理的含义**

全面质量管理是指一个组织以质量为核心，以全员参与为基础，目的在于通过让顾客满意和本组织所有成员及社会受益达到长期成功的管理目标。

**2. 全面质量管理的特点**

（1）管理控制对象的全面性。全面质量管理是将产品质量、工作质量和工程质量三方面的综合作为管理控制的对象。它要求保障质量、功能，及时交货，服务周到，一切使用户满意。

（2）质量管理人员的全面性。它要求使企业各业务部门、各环节的全体职工都参与质量管理活动，学会质量管理的方法，掌握质量管理的工具，生产出顾客满意的产品。

（3）质量管理过程的全面性，即实施全面质量管理应从市场调查—产品规划—设计试制—加工制造—检查试验—销售使用等一系列的环节入手，重视质量管理工作的落实，将质量管理与产品质量管理的各个过程结合起来，从而建立可靠的质量保证体系。

（4）质量管理方法的多样性。在质量分析和质量控制时必须以数据为科学依据，以统计控制方法为基础，全面综合运用各种质量管理方法；实行组织管理、专业技术和数理统计相结合，充分发挥它们在质量管理中的作用。

### 二、全面质量管理的要求

**1. 一切为用户服务**

在全面质量管理中，必须树立以用户为中心、为用户服务的思想，产品质量的好坏应以顾客的满意度为标准。

**2．以预防为主**

在全面质量管理中，要做到以预防为主，就是对产品质量进行事前控制，把事故消灭在发生之前，使每一道工序都处于控制状态。

**3．一切以数据为依据**

全面质量管理强调一切以数据为依据，对质量问题要有定量分析，做到心中有数，掌握质量变化规律，通过调查分析得到可靠的结论，以便采取解决质量问题的有效措施。

**4．按 PDCA 管理循环办事**

PDCA 即 Plan（计划）、Do（实施）、Check（查核）、Action（处理），是从事持续改进（改善）所应遵循的基本步骤。PDCA 的意义就是永远不满足现状。因为员工通常较喜欢停留在现状，而不会主动去改善。所以管理者必须持续不断地设定新的挑战目标，以带动 PDCA 循环。

## 三、全面质量管理的基础工作

开展全面质量管理，必须抓好标准化、计量、质量教育、质量情报、质量责任制等几个方面的基础工作。

**1．标准化工作**

标准化包括产品标准化和工作标准化两个方面。产品标准化指的是现代化大生产中工业产品品种、规格的简化，尺寸、质量和性能方面的统一化。工作标准化包括业务标准化和作业标准化。业务标准是指对各部门业务工作的一些具体规定，如技术管理规定、设备管理规定等。作业标准包括工艺流程、操作规程、装配作业程序等。

**2．计量工作**

计量工作包括计量、测试、化验、分析工作，是保证零部件互换、确保产品质量的重要手段和方法。没有计量的准确性，就不能保证技术工作的准确性，就不可能正确地贯彻执行技术标准。

**3．质量教育工作**

质量教育工作是实行全面质量管理的一项最根本性的基础工作。质量管理要“始于教育，终于教育，贯彻始终”。

**4．质量情报工作**

质量情报指的是反映在产品质量和产品生产全过程中，各个环节工序质量、工作质量的信息，其中包括各种有关的基本数据、原始记录，直至产品使用过程中反映出来的各种情报资料。质量情报工作就是及时收集上诉情报，并掌握国内外产品质量发展动向和市场营销动态，为保证和提高产品质量提供依据。

**5．质量责任制**

建立健全严格的质量责任制，也是全面质量管理的一项重要的基础工作。要对企业

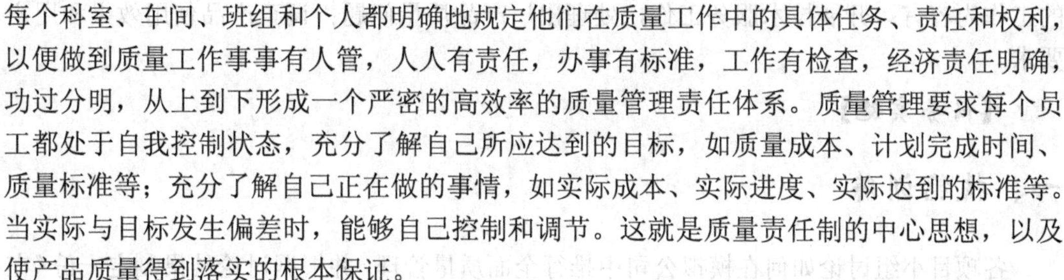

每个科室、车间、班组和个人都明确地规定他们在质量工作中的具体任务、责任和权利，以便做到质量工作事事有人管，人人有责任，办事有标准，工作有检查，经济责任明确，功过分明，从上到下形成一个严密的高效率的质量管理责任体系。质量管理要求每个员工都处于自我控制状态，充分了解自己所应达到的目标，如质量成本、计划完成时间、质量标准等；充分了解自己正在做的事情，如实际成本、实际进度、实际达到的标准等。当实际与目标发生偏差时，能够自己控制和调节。这就是质量责任制的中心思想，以及使产品质量得到落实的根本保证。

## 四、全面质量管理的内容

全面质量管理过程的全面性，决定了全面质量管理的内容应当包括设计过程、制造过程、辅助过程、使用过程等四个过程的质量管理。

**1. 设计过程质量管理的内容**

产品设计过程的质量管理是全面质量管理的首要环节。这里所指设计过程，包括市场调查、产品设计、工艺准备、试制和鉴定等过程（即产品正式投产前的全部技术准备过程）。主要工作内容包括：通过市场调查研究，根据用户要求、科技情报与企业的经营目标制定产品质量目标；组织有销售、使用、科研、设计、工艺、制度和质管等多部门参加的审查和验证，确定适合的设计方案；保证技术文件的质量；做好标准化的审查工作；督促遵守设计试制的工作程序等。

**2. 制造过程质量管理的内容**

制造过程是指对产品直接进行加工的过程。它是产品质量形成的基础，是企业质量管理的基本环节。它的基本任务是保证产品的制造质量，建立一个能够稳定生产合格品和优质品的生产系统。主要工作内容包括：组织质量检验工作；组织和促进文明生产；组织质量分析，掌握质量动态；组织工序的质量控制，建立管理点等。

**3. 辅助过程质量管理的内容**

辅助过程是指为保证制造过程正常进行而提供各种物资技术条件的过程。它包括物资采购供应、动力生产、设备维修、工具制造、仓库保管、运输服务等。它的主要内容有：做好物资采购供应（包括外协准备）的质量管理，保证采购质量，严格入库物资的检查验收，按质、按量、按期地提供生产所需要的各种物资（包括原材料、辅助材料、燃料等）；组织好设备维修工作，保持设备良好的技术状态；做好工具制造和供应的质量管理工作等。另外，企业物资采购的质量管理也将日益显得重要。

**4. 使用过程质量管理的内容**

使用过程是考验产品实际质量的过程，它是企业内部质量管理的继续，也是全面质量管理的出发点和落脚点。这一过程质量管理的基本任务是提高服务质量（包括售前服务和售后服务），保证产品的实际使用效果，不断促使企业研究和改进产品质量。它主要的工作内容有：开展技术服务工作，处理出厂产品质量问题；调查产品使用效果和用户要求。

【任务实施】

## 一、技能训练

各项目小组讨论如何在模拟公司中推行全面质量管理，并根据讨论结果制定一份《在公司中推行全面质量管理的方案》。

## 二、案例分析

### 联合汽车公司的产品质量问题

联合汽车公司高层管理者长期关心的问题是，零部件车间和汽车最后装配线车间的工人对他们的工作缺乏兴趣，使得产品质量不得不由检验部门来保证。对那些在最后检查中不合格的汽车，公司找到的唯一办法是在装配车间内设置一个由高级技工组成的班组，在生产线的最后解决问题。之所以这么做，主要是因为质量问题大多是装配零部件和汽车本身的设计而导致的，但这种做法费用很高，引起了人们的相当担心。在公司总裁的催促下，分公司总经理召集主要部门领导开会，研究这个问题如何解决。生产经理比尔·伯勒斯断言，有些问题是工程设计方面的原因造成的。他认为只要工程设计上充分仔细地设计零部件和车辆，许多质量问题就不会出现。他又责怪人事部门没有仔细挑选工人，并且没有让工会的企业代表参与到这个问题中来。他特别指出装配工人的流动率每月高达5%以上，且星期一的旷工率经常达到20%。他的见解是：用这样的劳动力，没有一个生产部门能有效运转。总工程师查利斯·威尔逊认为，零部件和车辆设计没有问题。如果标准要求再高一点，装配就更加困难和费时，必将使汽车成本提高。人事经理查利斯·特纳从多方面说明人事问题。首先，她指出鉴于本公司有强有力的工会，人事部门在公司员工雇佣和留用方面很少或没有控制权；其次，她观察到装配工作是单调、苦得要命的工作，公司不应该期望人们除了领取工资以外对这种工作有更多的兴趣。但是特纳女士说，公司可以提高工人的兴趣。她认为，如果降低装配工作的单调性，肯定会降低缺勤率和流动率，提高工作质量。为此，她提出建议：工人必须掌握几道工序的操作，组成小组进行工作，而不只是做些简单的工作；小组间每星期轮流换班，从装配线的一个位置换到另一个位置，目的是给他们创造更具挑战性的工作。特纳的建议被采纳并付诸实施。使每个人感到意外的是，工人对新计划表示极大不满。一星期后，装配线关闭罢工。工人们认为新计划只是管理上的一种诡计：训练他们替代其他工人，要他们完成比以前更多的工作，却不增加任何工资。分公司经理和人事部门都觉得惊奇，当分公司经理问人事经理发生了什么事情时，特纳女士只是说："这对我是不可思议的。我

们要使他们工作更有兴趣，而他们却罢工！”

资料来源：http://www.docin.com/p-297007278.html

【案例分析题】

1. 你认为这个计划存在什么问题？
2. 你认为应采取什么程序和办法来解决这一产品质量问题？

# 任务二 质量管理体系

【任务引入】

质量管理体系（Quality Management System，QMS）在 ISO 9001:2005 标准的定义为“在质量方面指挥和控制组织的管理体系”，通常包括制定质量方针、目标以及质量策划、质量控制、质量保证和质量改进等活动。企业要实现质量管理的方针目标，有效地开展各项质量管理活动，必须建立相应的内部质量管理体系。质量管理体系的建立应根据企业特点选用若干体系要素加以组合，加强从设计研制、生产、检验、销售、使用全过程的质量管理活动，并加以制度化、标准化，成为企业内部质量工作的要求和活动程序。

【信息获取】

## 质量管理体系

### 一、质量管理体系的内涵

质量管理体系是在质量方面指挥和控制组织的管理体系，是指企业内部建立的、为保证产品质量或质量目标所必需的、系统的质量活动。它根据企业特点选用若干体系要素加以组合，加强从设计研制、生产、检验、销售、适用全过程的质量管理活动，并且制度化、标准化，成为企业内部自我能够管理的要求和活动程序。企业通过建立质量管理体系来进行质量管理，正是代表着当今质量管理的要求和活动趋势。ISO 9000 族标准为组织建立、运行、评价质量管理体系提出了国际范围内通用的规范。

### 二、ISO 9000 族标准简介

ISO 9000 标准在 1987 年一经颁布，迅速为许多国家的标准化机构和企业认可与采用，成为 ISO 制定的标准在国际上应用最广泛、最成功的一个范例，出现了风靡世界的“ISO 9000”现象。

ISO 9000 族标准是指由 ISO/TC176（国际标准化组织质量管理和质量保证技术委员会）制定的所有标准。2000 版 ISO 9000 族标准包括了四个核心标准、几个支持标准和文件。四个核心标准是：

（1）ISO 9000:2000 质量管理体系基础和术语。该标准描述了质量管理体系思想和理论基础，规定了质量管理体系术语。

（2）ISO 9000:2000 质量管理体系要求。该标准规定了质量管理体系要求，用于证实组织具有提供满足顾客要求和适用法规要求的产品的能力，目的在于增进顾客满意。

（3）ISO 9000:2000 质量管理体系业绩改进指南。该标准提供考虑质量管理体系的有效性和效率两方面的指南，目的是促进组织业绩改进和使顾客及其他相关方满意。

（4）ISO 9000:2000 质量和环境管理体系审核指南。该标准提供了审核质量和环境管理体系的指南。

## 三、ISO 9000 质量体系的建立

### 1．条件

任何企业要想应用职能分配的方法贯彻系列标准、建立质量体系，必须具备以下两个方面的先决条件：

（1）企业领导的决心和决策。企业最高领导应对贯彻系列标准、建立质量体系有明确的认识，明确这项工作的艰巨性和长期性，以及搞好这项工作对企业生存和发展的意义，在有了认识的基础上下决心并做出决策。

（2）审定组织机构，以保证其阶段性的稳定。企业领导应亲自主持审定企业现有的组织机构，对不适应的应及时进行调整，保证三五年内企业组织机构不再有较大的变更和调整，否则编制的体系文件就需要频繁修改，质量活动也要相应变动，从而影响质量体系的有效性。

### 2．程序

贯彻系列标准、建立质量体系的方法，质量体系的建立大致可分为三个阶段十九项活动。

第一阶段：进行质量职能分配，为建立质量体系奠定基础。

第二阶段：编写质量体系文件，进行质量体系设计。

第三阶段：学习和贯彻质量体系文件，组织体系运行。

## 四、质量体系认证的内涵

质量体系认证是指第三方（社会上的认证机构）对供方的质量体系进行审核、评定和注册的活动。其目的在于通过审核、评定和事后监督来证明供方的质量体系符合某种质量保证标准，对供方的质量保证能力给予独立的证实。

质量体系认证起源于产品质量认证中的“企业质量保证能力评定”。它着重对保证质量条件进行检查，以确认该企业能否保证其申请产品能长期稳定地符合特定的产品标准。

## 五、质量体系认证的程序

**1．提出申请**

申请者（例如企业）按照规定的内容和格式向体系认证机构提出书面申请，并提交质量手册和其他必要的信息。

质量手册内容应能证实其质量体系满足所申请的质量保证标准（GB/T 19001 或 GB/T 19002 或 GB/T 19003）的要求。向哪个体系认证机构申请认证则由企业自己选择。

体系认证机构在收到认证申请之日起 60 天内做出受理申请的决定，并书面通知申请者；如果不受理申请应说明理由。

**2．体系审核**

体系认证机构指派审核组对申请的质量体系进行文件审查和现场审核。文件审查的目的主要是审查申请者提交的质量手册的规定是否满足所申请的质量保证标准的要求；如果不能满足，审核组需向申请者提出，由申请者澄清、补充或修改。只有当文件审查通过后方可进行现场审核。现场审核的主要目的是通过收集客观证据检查评定质量体系的运行与质量手册的规定是否一致，证实其符合质量保证标准要求的程度，做出审核结论，向体系认证机构提交审核报告。

审核组的正式成员应为注册审核员，其中至少应有一名注册主任审核员；必要时可聘请技术专家协助审核工作。

**3．审核发证**

体系认证机构审查组提交的审核报告，对符合规定要求的批准认证，向申请者颁发体系认证证书，证书有效期三年；对不符合规定要求的应书面通知申请者。

体系认证机构应公布证书持有者的注册名录，其内容应包括注册的质量保证标准的编号及其年代号和所覆盖的产品范围。通过注册名录向注册单位的潜在顾客和社会有关方面提供对注册单位质量保证能力的信任，使注册单位获得更多的订单。

**4．监督管理**

获准认证以后的监督管理工作有以下几项规定。

（1）标志的使用。体系认证证书的持有者应按体系认证机构的规定使用其专用的标志，不得将标志使用在产品上，防止顾客误认为产品获准认证。

（2）通报。证书的持有者改变其认证审核时的质量体系，应及时将更改情况报体系认证机构。体系认证机构根据具体情况决定是否需要重新评定。

（3）监督审核。体系认证机构对证书持有者的质量体系每年至少进行一次监督审核，以使其质量体系继续保持。

（4）监督后的处置。通过对证书持有者的质量体系的监督审核，如果证实其体系继续符合规定要求时，则保持其认证资格。如果证实其体系不符合规定要求时，则视其不符合的严重程度，由体系认证机构决定暂停使用认证证书和标志或撤销认证资格，收回其体系认证证书。

（5）换发证书。在证书有效期内，由于体系认证规则或体系标志变更或其他原因，证书的持有者不愿保持其认证资格的，体系认证机构应收回其认证证书，并注销认证资格。

# 质量保证体系

## 一、质量保证体系的内涵

### 1. 质量保证的含义

质量保证（Quality Assurance）指为使人们确信某一产品、过程或服务的质量所必需的全部有计划、有组织的活动。也可以说，是为了提供信任，表明实体能够满足质量要求，而在质量体系中实施并根据需要进行证实的全部有计划和有系统的活动。

### 2. 质量保证体系的含义

质量保证体系是指企业以提高和保证产品质量为目标，运用系统方法，依靠必要的组织结构，把组织内各部门、各环节的质量管理活动严密组织起来，将产品研制、设计制造、销售服务和情报反馈的整个过程中影响产品质量的一切因素统统控制起来，形成的一个有明确任务、职责、权限，相互协调、相互促进的质量管理的有机整体。

## 二、质量保证体系的运作方式

质量保证体系的运行应以质量计划为主线，以过程管理为重心，按 PDCA 循环进行，通过计划（Plan）、实施（Do）、检查（Check）和处理（Action）的管理循环步骤展开控制，提高保证水平。

### 1. PDCA 循环的概念

在质量管理中，PDCA 循环得到了广泛的应用，并取得了很好的效果，因此有人称 PDCA 循环是质量管理的基本方法。PDCA 循环的概念最早是由美国质量管理专家戴明提出的，所以又称为“戴明环”。PDCA 循环包括四个阶段、八个步骤，如图 11.1 所示。

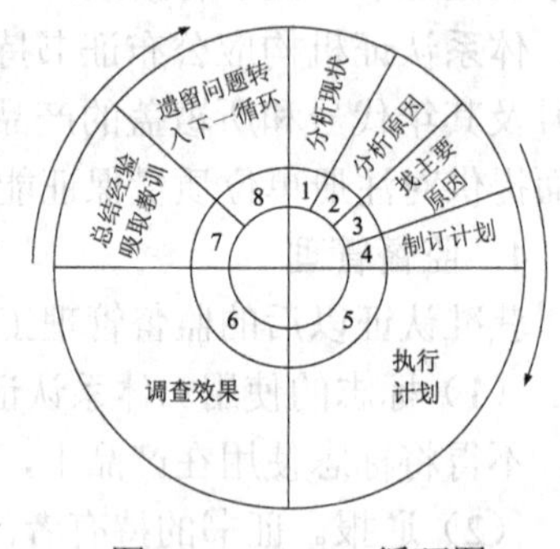

图 11.1　PDCA 循环图

第一阶段：计划（Plan）。确定方针和目标，确定活动计划。质量保证体系的主要内容是制定质量目标、活动计划、管理项目和措施方案，包括以下四个步骤：

（1）分析现状，找出存在的质量问题；

（2）分析产生质量问题的各种原因和影响因素；

（3）从各种原因中找出质量问题的主要原因；

（4）针对造成质量问题的主要原因，制定技术措施方案，提出解决措施的计划并预测预期效果，然后具体落实到执行者、时间进度、地点和完成方法等各个方面。

第二阶段：实施（Do）。通过实际工作实现计划规定的质量目标。

第三阶段：检查（Check）。研究和总结计划执行的效果，明确没有解决的问题和新出现的问题。

第四阶段：处理（Action）。对检查的结果进行处理，成功的经验要标准化，未解决的问题放到下一个PDCA循环。它包括以下两个步骤：

（1）总结经验教训，巩固成绩，处理差错；

（2）将未解决的问题转入下一个循环，作为下一个循环的计划目标。

**2．PDCA循环的特点**

（1）大环带小环。质量管理工作需要各个部门之间的相互协作，解决一个质量问题需要企业上下协调一致，各司其职。如果把整个企业的质量管理工作视为一个大的PDCA循环，那么各个部门、小组甚至个人都有各自小的PDCA循环，小环带动大环，一级带一级，有机地构成一个运转的体系。

（2）阶梯式上升。PDCA循环不是在同一水平上循环，每循环一次，就解决一部分问题，取得一部分成果，工作就前进一步，质量水平就提高一步。到了下一个循环，又有了新的目标和内容，更上一层楼。

（3）管理循环是综合性循环，四个阶段的划分是相对的，不能机械地把它们分开，而是紧密衔接，而且各阶段之间存在一定的交叉。

（4）管理循环的关键是A阶段，只有成功的经验和失败教训都纳入各项标准、规章、制度中，才能使今后的工作少走弯路，不断提高。

# 质量控制

## 一、质量控制的概念

质量控制是指为达到质量要求所采取的作业技术和活动。这就是说，质量控制是为了通过监视质量形成过程，消除质量环上所有阶段引起不合格或不满意效果的因素，以达到质量要求，获取经济效益，而采用的各种质量作业技术和活动。

## 二、质量控制的实施方法

（1）确立标准或目标。如果没有标准或目标，就没有衡量实际工作情况的根据，就无法进行控制工作。标准多种多样，可以是定量的，也可以是定性的。控制是为实现标准或目标为中心的。

（2）衡量成效。衡量成效通常在工作完成之后或告一段落后进行，但在工作进程中，必须加强监督、检查，及时获得有关信息。

（3）纠正偏差。将实际测量结果与标准或目标相比较，弄清楚是否发生了偏差以及偏差的性质、程度和原因，采取相应的措施纠正偏差。

## 三、质量控制技术

分析和控制产品质量的常用方法有排列图法、因果分析图法、分层法、直方图法、相关图法、统计分析表法和控制图法（质量管理的老“七种工具”为因果分析图法、直方图法、相关图法、排列图法、控制图法、分层法和调查表法；新“七种工具”为关联图法、KJ 法、系统图法、矩阵图法、矩阵数据解析法、过程决策和箭条图法）等。下面我们介绍的是常用的几种方法。

### （一）排列图法

**1．概念**

排列图法又称帕累特（巴雷特）图法、主次因素分析法，它是将影响产品质量的众多因素按其对质量影响程度的大小，用直方图形顺序排列，从而找出影响产品质量主要因素的一种简单而有效的图表方法。排列图是根据“关键的少数和次要的多数”的原理而制作的。

**2．用途**

寻找影响产品质量的主要（关键）因素。

**3．排列图结构**

两个纵坐标，一个横坐标，几根柱条，一条折线，如图 11.2 所示。

说明：

（1）左纵坐标：频数。

（2）右纵坐标：累计频率。

（3）横坐标：影响质量的各种因素，按影响程度大小从左向右排列。

（4）柱形条：高度表示某因素影响大小。

（5）折线：各影响因素大小的累计百分数。

**4．原理**

把所有影响因素分为以下三大类。

（1）A 类（主要因素）：累计百分比在 0～80%区间的因素。

（2）B 类（次要因素）：累计百分比在 80%～90%区间的因素。

（3）C 类：累计百分比在 90%～100%区间的因素。

对 A 类因素重点改进（控制）。

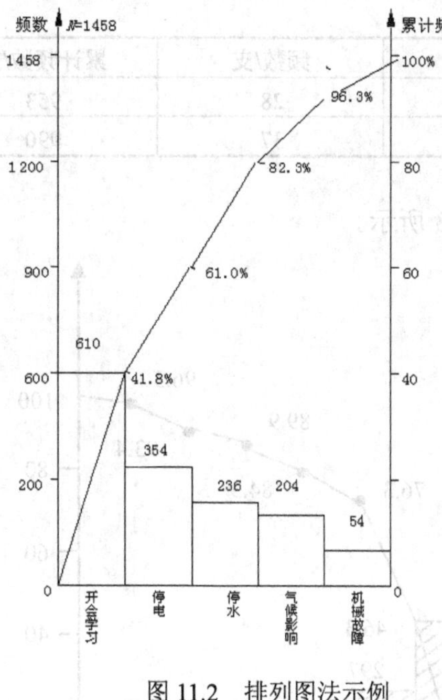


图 11.2 排列图法示例

【例题 1】

某卷烟车间 1994 年第四季度对成品抽样检验后得到外观质量不合格项目的统计资料，如表 11.1 所示。

表 11.1 不合格项目统计表

| 项目 | 切口 | 贴口 | 空松 | 短烟 | 过紧 | 钢印 | 油点 | 软腰 | 表面 |
|---|---|---|---|---|---|---|---|---|---|
| 缺陷数 | 80 | 297 | 458 | 35 | 28 | 10 | 15 | 12 | 55 |

分析步骤：

（1）确定排列项目，即列出一些影响质量的因素。

（2）收集数据。

（3）作缺陷项目统计表，如表 11.2 所示。

表 11.2 缺陷项目统计表

| 序 号 | 项 目 | 频数/支 | 累计频数/支 | 累计百分比/% |
|---|---|---|---|---|
| 1 | 空松 | 458 | 458 | 46.3 |
| 2 | 贴口 | 297 | 755 | 76.3 |
| 3 | 切口 | 80 | 835 | 84.3 |
| 4 | 表面 | 55 | 890 | 89.9 |
| 5 | 短烟 | 35 | 925 | 93.4 |

续表

| 序　　号 | 项　　目 | 频数/支 | 累计频数/支 | 累计百分比/% |
|---|---|---|---|---|
| 6 | 过紧 | 28 | 953 | 96.3 |
| 7 | 其他 | 37 | 990 | 100 |

（4）做排列图，如图 11.3 所示。

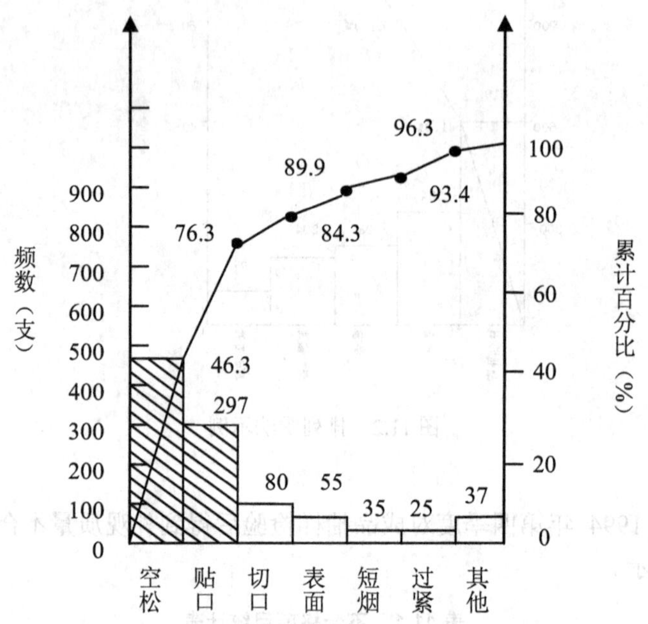


卷烟外观质量不合理排列图

图 11.3　卷烟外观质量不合格排列图

（5）分析、寻找 A 类因素。“空松”和“贴口”占全体质量缺陷的 76.3%，为 A 类，是质量改进的主要对象。

### （二）因果分析图法

（1）因果分析图法又叫鱼刺图法，是一种通过查找产品生产过程中的各个环节来寻找和分析产生质量问题的原因，进行定性分析的方法。

（2）用途：寻找某种质量问题的所有可能原因。

（3）因果分析图构成（见例题）。三大要素：结果、原因、主干。

（4）从产生质量问题的结果出发，首先找出影响质量的大原因，然后从大原因中找出中原因，再进一步从中原因中找出小原因，步步深入，一直找到能够采取措施为止。

**【例题 2】**

机械设备费超支原因分析。

分析步骤：

（1）明确问题的结果（要具体）。该题：废品多。

（2）如图 11.4 所示，做出主干与结果，大原因为大枝，中原因为中枝……

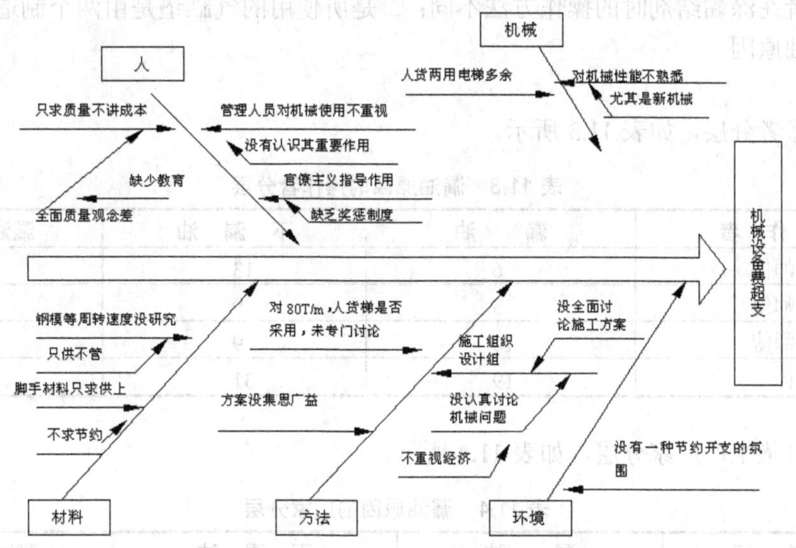


图 11.4 机械设备费超支的因果分析图

（3）对原因进行审查，权衡轻重，对关键原因采取措施后，用 ABC 分析图检查效果。

### （三）分层法

#### 1．分层法的概念

分层法又称为分类法，它是按照一定的标志把收集到的大量有关某一特定主题的统计数据和意见加以归类、整理和汇总的一种方法。分层的目的在于把杂乱无章和错综复杂的数据和意见归类汇总，使之更确切地反映客观事实。

#### 2．分层法的用途

加工整理、归纳数据，分析影响质量的原因。

#### 3．分层的标志

（1）按不同的时间分层，如按不同的日期、不同的班次等。

（2）按操作人员，如按年龄、性别、工龄、技术水平等。

（3）按使用设备分层，如按不同型号的设备，不同的工装夹具、新旧程序等。

（4）按操作材料分层，如按不同的进料时间，不同的供应单位、不同的材料成分等。

（5）按操作方法分层，如按不同的工艺方法、不同的作业环境条件等。

（6）按检测手段分层，如按不同的测量仪器和测量者等。

（7）按产生废品的缺陷项目分层，如按铸件的裂纹、气孔、缩孔、砂眼等缺陷分层。

（8）其他分类，如按不同工人、使用单位、使用条件等。

**【例题 3】**

某装配厂的气缸体与气缸盖之间经常发生漏油，经调查 50 套产品后发现，一是由于三个操作者在涂黏结剂时的操作方法不同；二是所使用的气缸垫是由两个制造厂提供的。请分析漏油原因。

**解：**

按操作者分层，如表 11.3 所示。

**表 11.3　漏油原因的操作者分层**

| 操　作　者 | 漏　　油 | 不　漏　油 | 漏油率/% |
|---|---|---|---|
| 王师傅 | 6 | 13 | 32 |
| 李师傅 | 3 | 9 | 25 |
| 张师傅 | 10 | 9 | 53 |
| 共计 | 19 | 31 | 38 |

按气缸垫生产厂家分层，如表 11.4 所示。

**表 11.4　漏油原因的厂家分层**

| 供　应　厂 | 漏　　油 | 不　漏　油 | 漏油率/% |
|---|---|---|---|
| 一厂 | 9 | 14 | 39 |
| 二厂 | 10 | 17 | 37 |
| 共计 | 19 | 31 | 38 |

分析：为降低漏油率，应采用李师傅的操作方法和先用二厂的气缸垫。还要考虑注意事项，如表 11.5 所示。

**表 11.5　考虑层与层之间各因素对产品质量的影响是否具有相关**

<table>
<tr><th colspan="3" rowspan="2">材料<br>操作者</th><th colspan="2">气　缸　垫</th><th rowspan="2">合　计</th></tr>
<tr><th>一　厂</th><th>二　厂</th></tr>
<tr><td rowspan="6">操作者</td><td rowspan="2">王师傅</td><td>漏油</td><td>6</td><td>0</td><td>6</td></tr>
<tr><td>不漏油</td><td>2</td><td>11</td><td>13</td></tr>
<tr><td rowspan="2">李师傅</td><td>漏油</td><td>0</td><td>3</td><td>3</td></tr>
<tr><td>不漏油</td><td>5</td><td>4</td><td>9</td></tr>
<tr><td rowspan="2">张师傅</td><td>漏油</td><td>3</td><td>7</td><td>10</td></tr>
<tr><td>不漏油</td><td>7</td><td>2</td><td>9</td></tr>
<tr><td colspan="2" rowspan="2">合计</td><td>漏油</td><td>9</td><td>10</td><td>19</td></tr>
<tr><td>不漏油</td><td>14</td><td>17</td><td>31</td></tr>
<tr><td colspan="3">共计</td><td>23</td><td>27</td><td>50</td></tr>
</table>

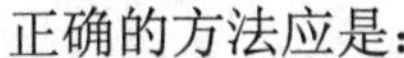

正确的方法应是：

当采用一厂生产的气缸垫时，应推广采用李师傅的操作方法；当采用二厂生产的气缸垫时，应推广采用王师傅的操作方法。这时的漏油率平均为 0%。

因此，运用分层法时不宜简单地按单一因素分层，必须考虑各因素的综合影响效果。

### （四）分布图法（直方图法）

（1）分布图的概念。分布图的全称为质量分布图，也叫做直方图，是通过对测定或收集来的数据加以整理，来判断和预测生产过程中质量和不合格品率的一种常用质量管理工具。

（2）分布图法的应用。以销售情况分析为例，按照分布图的方法：我们首先选定 $N$ 个要分析的对象，然后在每个对象的某个销售指标中找到最大值和最小值，并确定对该销售指标进行分组。一般而言，分组数的大小随着对象数目的多少成正比。对于质量管理来说，测定值（也就是分析对象）一般会比较多，按最少的数目 50～100 时，分 7 组就可以了。对于一般的销售对象（如销售人员、销售区域等）来说，大多不会超过 100，反而更多的时候是在 50 以下。所以，我们一般分成 7 组就可以了。最后是确定组距，有一个固定的公式，即用最大值和最小值之差除以组数就可以了。

例如，在一个渠道长度较短的公司，销售人员比较多，有 100 人。我们针对销量指标进行分析：在这 100 个人中，一年中销量最大的是 1 000，最小的是 300，分成 7 组，每组组距就是(1 000−300)/7=100。然后，根据各组的区间，我们将这 100 个销售人员的销量分布进行统计，如表 11.6 所示，就可以得到如图 11.5 所示的分布图。

**表 11.6　销量分布表**

| 分　组 | 频　数 |
|---|---|
| 300～400 | 3 |
| 400～500 | 10 |
| 500～600 | 19 |
| 600～700 | 32 |
| 700～800 | 21 |
| 800～900 | 11 |
| 900～1 000 | 4 |
| 合计 | 100 |

根据图 11.5 所示，我们可以非常清晰地了解销售人员的主要销量是集中在哪个和哪些区间中。同样的分析也可以针对其他指标，如对各个区域市场的相应销售指标：销量、销售额、利润等进行分析。

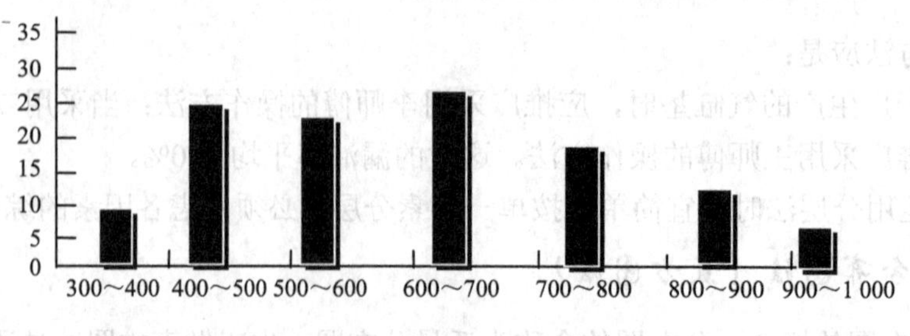


图 11.5　销量分布图

### （五）统计分析表法

统计分析表是利用统计表对数据进行整理和初步分析原因的一种常用图表。其格式可以根据产品和工序的具体要求来灵活确定。这种方法虽然简单，但是非常实用、有效。运用这种方法时，常用的统计表主要有以下几种。

（1）缺陷位置调查表。

（2）不良品原因统计表。

（3）按不良品项目分类调查表。

在实际生产中，统计分析表同分层法结合使用的效果最佳。

**【例题 4】**

某厂对冰箱外观质量缺陷位置调查表如表 11.7 所示。

表 11.7　冰箱外观质量缺陷位置调查表

| 型号 | | 调查部位 | 箱体侧面 |
|---|---|---|---|
| 工序 | | 调查日期 | 年　月　日 |
| 调查目的 | 喷漆缺陷 | 调查台数 | 1 200 |
| 左侧面　右侧面　╲ 划痕　● 漏青　○ 磕碰 | | | |

**【任务实施】**

## 一、技能训练

联系当地的一家制造企业，对其生产的产品进行质量分析，并提出改进措施。

## 二、案例分析

### 瑞南造纸厂的产品质量问题

瑞南造纸厂是一家生产纸张的企业，产品质量在2003年前两个月一直很不稳定，经常出现的问题有两个：一是纸张易碎，没有张力；另一个是纸张厚薄不均匀。这两点都是考核纸张质量的主要因素，企业的产品销售因此一落千丈。瑞南造纸厂立即对产品质量问题进行分析，得出结论：（1）工厂外购原材料纸浆的长纤维含量不够导致纸张易碎，没有张力；（2）造纸机拉纸时机速过快导致纸张厚薄不均匀。工厂针对这一情况对纸张产品的生产工序质量控制进行了调整，产品的质量也迅速得到了提高。

资料来源：http://www.docin.com/p-209922498.html

**【案例分析题】**

1. 你认为瑞南造纸厂的分析是否正确，为什么？

2. 对该产品的生产工序质量控制应该进行哪些方面调整？调整的具体内容应该是什么？

**【项目验收与评估】**

1. 验收对象：各项目小组撰写的《在公司中推行全面质量管理的方案》。

2. 验收步骤：

（1）各项目小组上网查阅推行全面质量管理方案的范文，明确基本格式和主要内容。

（2）各项目小组以范文为模板为模拟公司撰写《在公司中推行全面质量管理的方案》。

（3）各项目小组推荐一名成员对本小组撰写的方案在课上作报告。

（4）评委会根据下表进行评价，决出胜负。

| 评价内容 | 分值 | 评分 |
|---|---|---|
| 资料全面、报告或案例完整 | 20 | |
| 研究深入、有说服力 | 20 | |
| 有创新观点和思路 | 20 | |
| 合作默契、体现团队精神 | 20 | |
| 发言人仪表端庄，语言表达清晰、准确 | 20 | |
| 总体评价 | 100 | |

（5）指导教师点评。各项目小组根据指导教师的点评，对撰写的方案进行修改、完善后提交指导教师验收。

# 学习情景三　企业的成长

# 项目十二　企业的战略联盟和并购

【知识目标】

1．了解战略联盟的概念、特征；并购的概念、目的。

2．熟悉战略联盟的类型；战略联盟组建的关键；并购的类型。

3．掌握战略联盟组建的方式、步骤；并购的实施过程和风险控制。

【技能目标】

1．掌握战略联盟组建的步骤。

2．掌握并购实施的步骤。

3．树立并购风险防范意识。

【项目背景】

经过多年的努力，企业规模不断扩大，市场份额也稳步增长，企业实力得到了增强，但是面对的市场竞争也越来越激烈。公司高层认为，在这种形势下应该积极寻求战略合作伙伴来提高自己的竞争力，同时可以借助有利的时机尝试通过兼并收购的方式来谋求进一步的发展。

【任务分解】

美国管理咨询专家林奇（R. P. Lynch）认为，企业具有三种成长的基本方式：内部扩张的成长方式、构建企业战略联盟的成长方式和实施并购的成长方式。在竞争日趋激烈的市场经济中，任何企业都必须从这三种战略方式中作出适当选择，如果一个企业不能谨慎处理好如何使企业成长壮大的问题，那么这个企业可能会停滞不前甚至会衰落。通过本项目的学习，你应该能完成以下任务：

任务一　企业的战略联盟

任务二　企业的并购

# 任务一　企业的战略联盟

【任务引入】

20 世纪 80 年代以来，战略联盟的数量激增，逐步成为企业快速成长的一种方式。国际国内战略联盟都得到迅猛发展，这并不是偶然的，而是有着其客观必然性的。随着社会和经济的发展，企业之间竞争越来越激烈，在这激烈的竞争环境中，企业要想在市场上立于不败之地，必须善于利用各方面的力量以提高自身竞争能力，企业通过与自己有共同利益的其他企业或单位建立战略联盟，彼此可以通过合作发挥优势。

【信息获取】

## 战略联盟的概念、类型和特征

### 一、战略联盟的概念

战略联盟是指两个或两个以上的企业为了实现各自的某种战略目的，通过公司协议或联合组织等方式而结成的一种网络式的联合体。

### 二、战略联盟的类型

**1．按治理结构可分为股权式战略联盟和契约式战略联盟**

（1）股权式战略联盟。股权式战略联盟是由各成员作为股东共同创立，其拥有独立的资产、人事和管理权限。股权式战略联盟中一般不包括各成员的核心业务，具体又可分为对等占有型战略联盟和相互持股型战略联盟。股权式战略联盟一般被认为是知识转移的沃土。很多公司选择股权式战略联盟的动机之一就是获取合作伙伴的先进知识和技术。

（2）契约式战略联盟。当联盟内各成员的核心业务与联盟相同、合作伙伴又无法将其资产从核心业务中剥离出来置于同一企业内时，或者为了实现更加灵活地收缩和扩张、合作伙伴不愿建立独立的合资公司时，契约式战略联盟便出现了。契约式战略联盟以联合研究开发和联合市场行动最为普遍。最常见的形式包括：① 技术性协议。联盟成员间相互交流技术资料，通过“知识”的学习来增强竞争实力。② 研究开发合作协议。分享现成的科研成果、共同使用科研设施和生产能力，在联盟内注入各种优势，共同开发新产品。③ 生产营销协议。通过制定协议，共同生产和销售某一产品，这种协议并不给联盟内各成员带来资产、组织结构和管理方式的变化，仅仅通过协议规定合作项目、完成时间等内容。成员之间仍然保持着各自的独立性，甚至在协议之外仍然相互竞争。④ 产业协调协议。建立全面协作与分工的产业联盟体系，多见于高科技产业中。

**2．从价值链的角度可分为横向战略联盟和纵向战略联盟**

（1）横向战略联盟。横向战略联盟是指双方从事的活动是同一产业中的类似活动的联盟。这种联盟是竞争对手之间的联盟，包括研发阶段、生产阶段、销售阶段的联盟。横向战略联盟通常以合资企业的形式出现，如日本的飞机制造商与波音公司的合作。

（2）纵向战略联盟。纵向战略联盟是指处于产业链上下游有关系的企业之间建立的联盟。这种联盟关键在于使处于价值链不同环节的企业采取专业化的分工与合作，各自关注自身的核心竞争力与核心资源，利用专业化的优势与联盟的长期稳定性创造价值。纵向战略联盟较多采取非股权合作的方式，如生产厂商与供应商之间的联盟。

## 三、战略联盟的特征

（1）边界模糊。战略联盟并不像传统的企业具有明确的层级和边界，而是一种你中有我、我中有你的局面。

（2）关系松散。战略联盟主要是契约式或联结起来的，因此合作各方之间的关系十分松散，兼具了市场机制与行政管理的特点，合作各方主要通过协商的方式解决各种问题。

（3）机动灵活。战略联盟组建过程十分简单，无需大量附加投资，而且合作者之间关系十分松散，战略联盟存在时间不长，解散十分方便，所以战略联盟不适应变化的环境时可迅速将其解散。

（4）动作高效。合作各方将核心资源加入到联盟中来，联盟的各方面都是一流的。在这种条件下，联盟可以高效动作完成一些企业很难完成的任务。

# 战略联盟的组建

## 一、企业组建战略联盟的动因

**1．战略联盟可使企业获取互补资源，增强企业的核心竞争力**

全球化的浪潮席卷了世界上每一个市场，这使得企业的生存与发展空间豁然开朗。同时竞争也日益白热化和全球化，特别是在产品技术日益分散化的今天，一个企业不可能长期拥有生产某种产品的全部最新技术，企业单纯依靠自己的能力很难掌握竞争的主动权。企业要想在竞争中获胜，必须围绕巩固和发展核心竞争力来实现资源优化配置，达到成本效益最优化。而通过与其他企业建立战略联盟，可以沿着企业构建核心竞争力的方向，更有效地获取本企业原先不具备的互补性资产，借助与联盟内的企业的合作，企业间可以相互交流技术，加快研究与开发的进程，获取本企业缺乏的信息和知识，并带来企业文化的协同效应。

**2．战略联盟可以分担风险，实现规模经济，扩展企业核心竞争力**

变化无常的外部环境对企业的研究开发提出了更高的要求：不断缩短开发时间、降低研究开发成本、分散研究开发风险，但是任何一个企业研究和开发一项新产品、新技术会受到其自身能力、信息不完全等因素的制约，并且具有一定程度的风险。在这种情况下，企业应该从技术自给转向技术合作，通过建立战略联盟扩大信息传递的密度和速度，从而降低风险。同时，市场和技术的全球化使行业内实现规模经济成为可能，从而企业可以在以单位成本为基础的全球竞争中赢得优势。

**3．战略联盟有利于占领技术高地，巩固和革新核心竞争力**

在今天的国际经济竞争舞台上，先进的技术是获取成功的关键，这是不言而喻的。而激烈变动的外部环境对企业的研究开发提出了新的要求，缩短开发时间、降低研究开发成本并分散研究开发风险。对任何一个企业来说，研究和开发一项新产品、新技术需要花费很高的代价，而且常常受到自身能力、信息不完全和消费者态度等因素的制约。因此，企业从技术自给转变为技术合作，走向战略联盟越来越扮演重要角色。战略联盟可以促进研究与开发，加速技术商业化，使企业始终保持技术的领先地位，稳固核心竞争力，不会被拥有新技术的新公司赶下台。企业建立战略联盟后，可以共同支付技术开发费，承担单个企业力所不能及的巨额研究开发费用。

## 二、战略联盟的组建方式

**1．合资**

合资是指由两家或两家以上的企业共同出资、共担风险、共享收益而形成战略联盟。这种方式目前十分普遍，尤其是在发展中国家。通过合资的方式，合作各方可以以各自的优势资源投入到合资企业中，从而使其发挥单独一家企业所不能发挥的效益。

**2．研究与开发协议**

为了研究开发某种新产品或新技术，合作方可以制定一个合作开发协议，联盟各方分别以资金、设备、技术、人才投入，联合开发，开发成果按协议由各方共享。这种方式由于汇集了各方的优势，因此大大提高了成功的可能性，加快了开发速度；另外，由于各方共担开发费用，降低了各方的开发成本与风险。

**3．定牌生产**

如果一方具有知名品牌但生产能力不足，而另一方有剩余生产能力，则有生产能力的一方可以为知名品牌一方生产，然后对方冠以知名的品牌进行销售。这样，生产能力不足的一方可以迅速获得一定的生产力，增加产品销售，扩大品牌影响；而另一方则可以利用闲置的生产能力谋取一定的收益。对于拥有品牌的一方，还可以降低投资或购并所产生的风险。

**4．特许经营**

合作各方还可以通过特许的方式组建战略联盟，其中一方具有重要的无形资产，可以与其他各方签订特许协议，允许它们使用自己的品牌、专利或专有技术，从而形成一种战略联盟。这样，特许方可以通过特许权获取收益，并可以利用规模优势加强无形资产的维护；而受许方则可以利用该无形资产扩大销售，提高收益。

5．相互持股

相互持股是合作各方为加强联系而持有对方一定数量的股份，这种战略联盟中各方的关系相对更加紧密，各方可以进行更为长久、密切的合作，与合资不同的是双方的资产人员不必进行合并。

## 三、组建战略联盟的步骤

1．挑选合适的联盟伙伴阶段

企业在联合与合作之前，首先要树立明确的战略目标，并据此来寻找或接受能帮助实现战略意图、弥补战略缺口的合作伙伴。这是一项艰巨的任务，它需要高级管理层了解双方在一定时间里的目的和战略。一个合适的联盟伙伴的基本条件是：能够带来本企业所渴望的技术、技能、知识风险分担和进入新市场的机会等优势。还要注意，文化上相容、相似的企业比有较大文化差异的企业更适合成为本企业的合作伙伴。

2．联盟的设计和谈判阶段

成功的联盟不仅是以交叉许可安排、联合开发、合资经营、股权共享等联盟方式为基础的初始合作协议，还包括厂址选择、成本分摊、市场份额获得等通常的细节，以及对知识创新、技术协同等方法进行设计。企业的高级管理层还应就联盟的共同目标与主要的中层经理和技术专家进行沟通。另外，由于联盟伙伴之间往往存在着既合作又竞争的双重关系，双方应对联合与合作的具体过程和结果进行谨慎细心的谈判，摒弃偏见，求大同，存小异，增强信任。

3．联盟的实施和控制阶段

战略联盟的最终目的是通过联盟提高企业自身的竞争能力。联盟内的企业应该把通过联盟向对方学习作为一项战略任务，最大限度地尽快将联盟的成果转化为我方的竞争优势。联盟往往需要双方进行双向信息流动，每个参加联盟的企业都应该贡献出必要的信息供对方分享，从而提高联盟的成功率。同时企业要合理控制信息流动，保护自身的竞争优势，防止对方得到我方应予以保护的关键信息，做出有损我方的行为，因为联盟伙伴极有可能成为将来的主要竞争对手。

## 四、组建战略联盟的关键

1．注重战略联盟伙伴的选择

战略联盟是否获得成功，联盟的伙伴选择是关键因素。按联盟伙伴实力强度来划分，战略联盟可以包括强强联盟、强弱联盟和弱弱联盟三种方式。由于中国企业在国际市场相对属实力较弱企业，中国企业往往愿意寻求强大的合作伙伴以增强自己的实力。但在一般情况下，联盟双方都希望寻找一家规模和实力相当的合作伙伴。麦肯锡公司的研究表明，强弱联盟的成功率一般只有 30%左右，而弱弱联盟的成功率却在 40%，强强联盟的成功率则在 67%。

**2. 战略联盟应建立在彼此相互信任的基础上**

信任是联盟企业进行有效合作的纽带，是联盟企业赢得长久竞争优势的保证。在联盟时，由于联盟各方一般都具有特殊的优势，又各自独立，为了发展，加上外部环境不确定性的因素增多，很可能会产生一些目标与利益的矛盾。如果管理人员一开始就能全力以赴有意识地建设和培育可信而可靠的战略联盟关系，一旦有矛盾，双方就不难朝着有利于化解矛盾的方向努力。

**3. 注重联盟伙伴之间企业文化的一致性和差异协调能力**

选择合作伙伴时，必须深入了解、研究各公司的文化背景。一个联盟，如果单纯从能否实现既定目标的角度来看可能没有问题，甚至前景光明，但如果伙伴之间存在着文化上的不一致，就会被失败的阴影所笼罩。文化及战略的一致性越高，战略联盟成功的可能性就越大。现代商品文化含量、文化附加值越来越高，市场经济与企业文化也呈现出一体化的发展趋势。联盟企业一方面应注重自身文化的开发，同时要吸收合作方的文化精华，将其注入到企业管理实践中。在建立企业战略联盟时，企业文化的兼容性对联盟的成败具有深刻的影响，因为企业文化是企业行为与作风的指导思想，联盟企业间组织文化的差异会转化为经营管理上的差异，加大管理的难度。因此，创造以“合作”为指导思想的战略联盟文化显得尤为重要。

**4. 确定适宜的战略联盟模式**

企业战略联盟模式可以灵活多样，包括合资、互相持股、合作、R&D 合约、合作开发、联合生产和营销、加强与供应商合作、渠道协议及特许协议等模式。企业可以参照所属行业以及实力的不同而建立相宜的战略联盟模式。

**【任务实施】**

## 一、技能训练

各项目小组为模拟公司虚拟组建战略联盟，注意确定战略联盟的类型、对象和方式。

## 二、案例分析

### 戴姆勒—奔驰与克莱斯勒的战略联盟

2010 年 4 月 7 日，雷诺—日产联盟与德国戴姆勒集团官方对外宣布两家正式建立大战略联盟，两大汽车巨头将在一系列实质性的项目上进行广泛的战略合作，将以经验共享的形式寻求合作利益最大化的快速实现，而双方在资本运作上也以交叉持股的形式进行合作。全球汽车业界两大巨头的战略结盟无疑是在尚处于金融危机阵痛中的车市投入了一枚重磅炸弹，强势跻入全球汽车行业前三位的汽车联盟，仅次于不久之前组合的大众—铃木联盟和丰田集团，随着雷诺—日产和戴姆勒联盟的形成，全球汽车行业格局将很可能迎来一次大规模的重新洗牌。

戴姆勒—奔驰公司和克莱斯勒公司的战略联盟是为了实现优势互补、提高竞争力及扩大国际市场的共同目标而制定的双边或多边的长期或短期的合作协议。两公司合作的主要原因有以下三点:

（1）经济全球化的推动。经济全球化浪潮的冲击让两家企业明显感觉到 21 世纪汽车行业的竞争压力，这迫使他们不得不走上强强联合的道路。

（2）扩大市场占有份额是两大企业联合的另一重要原因。面对汽车市场供大于求的现状，通过借助彼此的现有市场，利用生产和销售领域的互补优势以进一步拓宽自己的市场。

（3）降低生产成本，提高竞争力。通过两家公司的合并来实现大规模生产，创造规模效应。在采购、营销、技术协作以及零部件互换方面开展协作，降低营销成本，方便研究与技术开发，发展生产并促进销售，赚取更多的利润，提高竞争力。

而关于这次战略合作的内容则主要在于五个方面，包括在动力总成领域、商用车领域、零件采购领域以及奔驰 Smart 和雷诺 Twingo 两款车型的平台合作。双方的合作范围相当全面，形式上也采取了多种合作方式，包括股权互换、技术共享、共同研发等，形式的多样性进一步降低了合作的风险，雷诺—日产与戴姆勒集团的战略联盟实力坚强，可谓看点多多，且让我们初步简析其前景到底如何。

受金融危机波及，无论是戴姆勒集团还是雷诺—日产联盟，近一两年的日子都不太好过，2008 年戴姆勒集团收入 959 亿欧元，同比下降 3.5%，净利润 14 亿欧元，下降 65%；而到了 2009 年戴姆勒集团更是净亏损 26.64 亿欧元，同时营业收入也下降了 20%，为 789 亿欧元。反观雷诺—日产联盟，其业绩更是惨不忍睹，2008 年净利润直接下降 79%，仅为 5.71 亿欧元，2007 年则更是爆亏 30 亿欧元，营业收入也随着同比下降 10.8%。看来即使是曾经一手将徘徊在“死亡线”边缘的日产拉回正轨的“业界神人”卡洛斯·戈恩，面对日益严峻的全球车市也再难延续“神奇”，效仿当年拯救日产时的合作策略，在这个时候寻求一个坚强的臂膀共渡难关无疑是最好的选择，而这一次戈恩的“最佳拍档”换成了来自德国的汽车巨头戴姆勒—奔驰集团，而戴姆勒—奔驰集团在并购克莱斯勒战略完败后，一直心有不甘，加之大形势的发展趋势，两者的全面合作可谓一拍即合。

这次雷诺—日产和戴姆勒的战略联盟合作项目范围广泛并且全面，其最大的特点就是合作互补性诉求十分明显。双方这次合作项目中雷诺和奔驰将在小型车领域上进行广泛全面性的合作，而奔驰 Smart 和雷诺 Twingo 两款车型将作为计划的先头兵率先试水。在小型车领域，奔驰的表现一直差强人意，无论是 A 级、B 级还是更小的 Smart 都不算成功，2009 年戴姆勒—奔驰共售出 11.7 万辆 Smart 和 21.9 万辆 A、B 级车型，每年的亏损至少在 4 亿欧元。豪华车出家的奔驰在这一领域要学的东西显然还有很多，看着老对手宝马 MINI 和奥迪 A1 等车型的大获成功，奔驰不可谓不眼红。

在小型车日益大行其道的情势逼迫下，这一市场缺陷显然再难以忽视，为抓住这一新的市场增长点，寻求相关技术合作也就成为必然，而雷诺的强项正是小型车，在小排量动力总成方面同样颇有建树，因此这次两大集团联盟的重点之一就是奔驰和雷诺在小型车领域的相互合作。通过这次的结盟，奔驰显然更有足够的实力叫板日益重要的小型车市场，这有利于其巩固欧洲市场的强势地位，进一步实现全方位对竞争对手施压。

雷诺—日产在这次的合作中最大的获益也许就是来自奔驰高端动力总成的共享，虽然雷诺在品牌上和奔驰有着不小的定位差距，但日产旗下的英菲尼迪却一直对欧洲豪华车市场虎视眈眈，在北美取得不错的成绩后，欧洲这一主流市场就成为日产英菲尼迪的最大目标，而是否具备丰富并且成熟的高端动力将成为一个重要的决定因素。显然通过这次的战略联盟，日产将得到来自奔驰成熟的大排量高端动力技术的强力支持，相信有了奔驰动力技术的加持，英菲尼迪在欧洲市场的前景也将更为看好。

这次雷诺—日产与戴姆勒的战略联盟在全球范围内都引起了较大的震动，其合作的力度足以对全球车市的格局造成举足轻重的影响，无论其结盟合作是否成功，这其中都有着许多值得分析和借鉴的地方。不同于以往较高风险的绝对控股形式，这次雷诺—日产和戴姆勒的联盟选择了对于双方都风险较低的交叉对持 3.1%的小额股份的形式，减弱风险度最高的资本运作在结盟中的影响力，着重加强在双方技术合作的部分，从而有效地降低了战略联盟的风险度，杜绝资源浪费，并且合作双方都保持了完全足够的独立运作能力。看似“低力度”的合作模式却将带来快速客观的实在利益，合作初期双方就可以获得 10 亿欧元左右的净成本节约，相信随着合作的日益深入，这一战略联盟的好处很快便会日益凸显。

而此次战略联盟对各方造成的影响也不可谓不深刻。

首先是对两家公司本身发展的影响。两家公司合并帮助戴姆勒—奔驰公司更好地大规模打入北美市场，克莱斯勒公司也借此机会在欧洲开拓市场，进一步减少对北美市场的依赖性。对其本身而言，这场合并是其全球化的表现，为公司节省了大量开支，也抬高了公司的股价，使公司重新整合达到资源的优化配置，最终提高了公司的竞争力。

其次，两家公司的合并引起全世界的高度关注，对汽车行业产生了强烈的冲击，加强了行业的跨国趋势，加剧了汽车行业通过建立跨国合作企业进行的产业结构调整。这也使得汽车行业的竞争愈来愈激烈，许多公司都设法加强自己在原有市场的存在，一些有影响力的公司也发动了更加强烈的收购攻势。

在经历过多次曾经看似美好的“强强结盟”最终分道扬镳的失败案例后，这次雷诺—日产与戴姆勒集团的全新联盟无疑是为今后的车企结盟战略指出了新的方向，如若这次的联盟能如愿取得令双方满意的合作效果，那么“低力度”的“微混模式”也许就将开启新一轮的全新结盟时代，风云变幻的全球车市无疑就将更为令人期待。

资料来源：http://www.docin.com/p-309130085.html

【案例分析题】

1. 戴姆勒—奔驰与克莱斯勒的战略联盟能给双方带来什么影响？
2. 你认为双方的战略联盟在组建之后会遇到什么问题？该如何解决？

# 任务二　企业的并购

【任务引入】

获得诺贝尔经济学奖的史蒂格尔教授在研究中发现，世界上最大的 500 家企业全都是通过资产联营、兼并、收购、参股、控股等手段发展起来的，也就是说，并购已成为企业超常规发展的一种重要方式。

【信息获取】

## 并购的概念、类型和目的

### 一、并购的概念

并购是指一家企业通过特定的渠道、支付一定的成本以获得其他企业的资产所有权或经营控制权的行为。并购可以划分为狭义和广义，狭义的并购一般包括企业兼并和收购两种形式；而广义的并购除兼并和收购外，还包括其他各种资产重组形式。

**1．兼并**

兼并是指企业运用支付现金、股权转换或承担债务、利润返还等形式取得其他企业产权，其他企业因而失去法人资格的资本运营行为。

**2．收购**

收购是指企业用现金、股票或债券等有价证券购买其他企业的部分或全部资产或股权，以获得其他企业控制权的资本运营行为。

**3．兼并与收购的比较**

从法律、经济的角度看，兼并与收购既有联系又有区别。两者的联系在于：（1）从行为动机上看，都是为了实现企业外部扩张的需求；（2）从行为手段上看，都是通过企业权力主体的变换来实现的。两者之间也存在区别：（1）主体不同，兼并的主体只能是法人，而收购的主体没有限制，可以是法人，也可以是自然人。（2）程序不同，兼并的实现必须通过双方股东大会批准，而收购基本可以不通过目标公司的管理层。（3）结果不同，在形式上，兼并行为使得目标企业的法人资格丧失，而收购后，目标企业的法人资格仍可以存在；在实质上，兼并方最终完全获得目标公司的法人财产权和终极所有权，而收购方只是通过购买部分或全部终极所有权来获得目标公司全部或部分的法人财产权。

## 二、并购的类型

（1）根据并购双方所经营的业务内容进行划分，可以将公司并购划分为横向并购、纵向并购和混合并购三种类型。

① 横向并购。横向并购是指具有竞争关系的、经营领域相同或生产产品相同的同一行业企业之间的并购。通常来说，横向并购是企业为了扩大其经营规模和提高市场占有率，而对那些生产或经营同类或相似产品的企业所进行的并购。其优点在于：通过企业间的横向并购，资本在同一生产、销售领域或部门之间进行集中，企业能够迅速达到新技术条件下的最佳规模经济，实现同等条件下经济效益最大化。但是从一国的宏观经济角度来看，横向并购有可能会导致行业性垄断，损害市场中的竞争，从而降低社会福利，因此国家会密切关注并限制横向并购的发生。

② 纵向并购。纵向并购是指企业为了将其业务向上游产业或下游产业扩展，对那些上游产业或下游产业企业进行的并购。在纵向并购中，并购双方处于生产同一产品的不同生产阶段的企业，往往是原材料供应者或制成品购买者。从收购方向角度，纵向并购可进一步分为向前并购和向后并购两种。向前并购是指企业并购那些在生产经营链条中处于其上游的企业，以解决其作为下游生产企业原材料及半成品的来源问题。向后并购是指企业并购在生产经营链条中处于其下游的经销商或零售商企业，以利于其能够更加接近最终消费者。纵向并购扩大了企业的业务范围，使得原本发生在企业之间的市场交易转变为企业内部的资源配置行为，在一定程度上降低了企业的成本，提高了企业的经济运营效率。通常来说，纵向并购主要发生在加工制造业，如加工制造业的企业并购其原材料或运输贸易企业。纵向并购有助于加强生产经营过程各个环节的配合，实现协作化生产。纵向并购能够加快生产速度，缩短生产周期，节约储运费用，减少资源浪费，有助于扩大生产规模，降低设备成本，实现规模经济。

③ 混合并购。混合并购是指在生产过程上并不直接关联、产品也不完全相同的企业间的并购行为。混合并购已经成为企业并购的重要形式之一。混合并购不会受到反垄断法规的限制，企业通过混合并购实现多元化发展战略，降低单一行业经营风险，使企业快速进入更具成长潜力的行业和企业，提高企业整体盈利能力。混合并购后，企业通过集中化的行政管理和先进财务管理手段的运用，实现规模经济。

（2）根据并购双方是否友好协商，可以将并购分为善意并购和敌意并购。

① 善意并购。善意并购是指收购方在事先得到目标公司管理层的同意后和缓地完成并购行为的一种收购方式。在友好收购中，目标公司管理层一般会站在促进并购的立场上规劝公司股东接受公开并购要约，出售股票，目标公司主动向收购方提供公司的基本经营资料。采用善意并购方式，企业能够得到目标公司管理层和股东的支持和配合，在一定程度上降低了并购的成本和风险，提高并购成功率。但是收购方可能要牺牲自身利益以获取目标公司的合作，与目标公司的管理层讨价还价的谈判过程也可能会消耗大量

的时间。

② 敌意并购。敌意并购指收购方在目标公司管理层对收购持反对态度的情况下，对目标公司并购的行为。也就是说，敌意并购经常会损害目标公司现有管理层的既得利益，因而是目标公司对并购存在敌意的情况下进行的并购。在敌意并购中，并购经常会损害目标公司现有管理层的既得利益，因此，收购方不能得到目标公司管理层有效配合，难以获得目标公司的真实经营资料，使得并购难度和风险增大。因此在进行敌意并购时，收购方应当事前制订严格的并购计划，严格保密的同时快速实施。同时，由于敌意并购往往损害整个并购市场的秩序和目标公司管理层的利益，越来越多的反并购策略被创造出来应对敌意收购，这些都对敌意并购制造了非常大的阻力。

（3）根据企业并购的付款方式，可将并购分为以下几种方式。

① 现金购买式并购。现金购买式并购是指并购公司使用现金购买目标公司全部或部分资产，或者用现金购买目标公司的全部或部分股权，以获得对目标公司控制权的一种并购方式。

② 承担债务式并购。承担债务式并购是指当目标公司资不抵债时，并购企业以全部承担目标公司债权债务的方式获得目标公司控制权的一种并购方式。

③ 股权转换式并购。股权转换式并购是指并购公司通过自己公司的股票换取目标公司的股票或资产，使目标公司的股东变成并购公司的股东，或者使目标公司的资产变成并购公司的资产，最终对目标公司进行控股的一种并购。

④ 利润分享式并购。利润分享式并购是一种类似于分期付款来取得目标公司控制权的一种并购方式。采取这种方式并购时，并购双方先根据资产评估值来商定一个一次性的基础价格，然后再根据并购完成后存续公司的不同盈利状况，来确定后期分期向目标公司支付的不同利润，即根据存续公司的不同收益状况决定向目标公司分成的数额。这样，对于收购行为完成之后的利润，并购方和目标公司进行利润分享。

（4）根据并购资金来源，可以将并购划分为杠杆并购和非杠杆并购。

① 杠杆并购。杠杆并购是指收购方只使用少量的自有资金，主要利用目标公司资产的未来经营收入作为抵押，进行大规模的信贷融资来支付并购价金的一种收购方式。杠杆并购在 20 世纪 60 年代首先出现在美国，其后风行于西方国家。由于杠杆并购形式被广为采用，使得一些规模较大的企业可能成为并购的目标。具体来说，杠杆并购的特征在于，收购方使用自有资金相对较少，通常占并购总价款的 10%～15%；并购资金来源单一，绝大部分并购资金来源于债务融资，企业将来偿还并购融资债务的资金来源于所并购的目标公司未来的现金流。

② 非杠杆并购。非杠杆并购是指收购方不以目标公司的资产及其未来收益为担保融资来完成并购，而主要以自有资金来完成并购的一种并购形式。早期的并购形式多属非杠杆并购，但这并不意味着并购公司不用举债也就可承担并购价款。在并购实践中，几乎所有的收购方都会贷款，只是不同并购中的贷款数额的多少不同。

## 三、并购的目的

企业并购的目的主要包括以下几个方面。

**1．扩大规模，获得规模效应**

所谓规模效应是指企业规模扩大后，能获得材料采购成本、产品生产成本和产品销售成本降低，经济效益得以提高，即取得规模经济效益的一种效应。具体而言，通过产、供、销纵向上的并购，企业可获得稳定、低廉的原材料供应，可获得固定、广泛的销售市场，从而大幅度降低材料采购成本、产品生产成本和产品销售成本，以提高经济效益。

**2．优势互补，提高竞争能力**

通过并购，并购双方的不同优势会产生互补作用，企业的规模会迅速扩大，而优势的互补和企业规模的扩大必然会提高企业的市场竞争能力，提高企业适应市场突然变动的能力，提高企业开发新产品、新技术的能力，产生1+1>2的效应。

**3．减少进入新领域的难度，获得更大的市场份额**

企业进入新的市场、新的领域、新的行业，会受到该市场、领域、行业的抵触和排斥，会发生学习新技术、研制新产品、开发新市场等大幅度的新成本。另外，由于不熟悉新的环境和领域，缺少经验，因此失败的可能性也较大，故企业进入新行业的难度一般较大。而通过并购行为，企业可将进入新市场的难度和障碍降低到最低限度。通过并购行为，企业也会增强自己控制产品价格、成本、资金来源和顾客购买行为的能力，增强自己协调与政府管理部门、投资人和债权人关系的能力，从而能在市场竞争中占据有利地位，以提高产品的市场占有率，取得更大的市场份额。

**4．实行多元化经营，规避经营风险**

企业通过并购某些与自己产品无关或相关性较低的企业，即通过对不同行业的并购，可进行多元化经营，进而当某一行业、某一产品发生亏损时，可以从另外行业、另外产品的盈利中得到补偿，以规避某一行业经营不景气的风险，从而收到以某一行业的盈利弥补另一行业亏损并最终降低经营风险的效果。

**5．巩固优势地位，获得超额利润**

对于自己经营的行业里处于竞争优势的企业而言，通过对其他企业的并购可进一步巩固自己的优势地位，扩大自己的市场占有率，树立公司的良好形象，并获得超额利润。

# 并购的实施与风险控制

## 一、实施并购的程序

这里是指除上市公司外的所有企业的并购程序。

（1）企业决策机构做出并购的决议。企业股东会或董事会根据企业发展战略对企业进行并购形成一致意见，做出决议，并授权有关部门寻找并购对象。

（2）确定并购对象。企业并购成功的第一步是选择正确的并购对象，这对企业今后的发展有着重大的影响。一般可以通过两种途径来选择：一种是通过产权交易市场，其信息来源于全国各地，信息面广，信息资料规范，选择余地大；另一种是并购双方直接洽谈，达成并购意向，制定并购方案并向有关部门提出申请。

（3）尽职调查并提出并购的具体方案。并购企业应对目标企业所提供的一切资料（如目标企业的企业法人证明、资产和债务明细清单、职工构成等）进行详细调查，逐一审核，并进行可行性论证，在此基础上提出具体的并购方案。

（4）报请国有资产管理部门审批。国有企业被并购，应由具有管辖权的国有资产管理部门负责审核批准。

（5）进行资产评估。对企业资产进行准确的评估，是企业并购成功的关键。并购企业应聘请国家认定的有资格的专业资产评估机构对被并购方企业现有资产进行评估，同时清理债权债务，确定资产或产权的转让底价。

（6）确定成交价格。以评估价格为基础，通过产权交易市场公开挂牌，以协议、拍卖或招标的方式确定市场价格。

（7）签署并购协议。在并购价格确定后，并购双方就并购的主要事宜达成一致意见，由并购双方的所有者正式签订并购协议。

（8）办理产权转让的清算及法律手续。在这个过程中，并购双方按照并购协议的规定办理资产的移交，对债权进行清理核实，同时办理产权变更登记、工商变更登记及土地使用权等转让手续。

（9）发布并购公告。并购完成后，并购双方通过有关媒体发布并购公告。

## 二、企业并购的风险

### 1. 企业并购实施前的决策风险

目标企业的选择和对自身能力的评估是一个科学、理智、严密谨慎的分析过程，是企业实施并购决策的首要问题。如果对并购的目标企业选择和自身能力评估不当或失误，就会给企业发展带来不可估量的负面影响。在我国企业并购实践中，经常会出现一些企业忽略这一环节的隐性风险而给自身的正常发展带来麻烦和困境的情况。概括而言，企业并购实施前的风险主要有：

（1）并购动机不明确而产生的风险。一些企业并购动机的产生，不是从企业发展的总目标出发，通过对企业所面临的外部环境和内部条件进行研究，在分析企业的优势和劣势的基础上，根据企业的发展战略需要形成的；而是受舆论宣传的影响，只是在概略地意识到并购可能带来的利益，或是因为看到竞争对手或其他企业实施了并购，就非理性地产生了进行并购的盲目冲动。这种不是从企业实际情况出发而产生的盲目并购冲动，从一开始就潜伏着导致企业并购失败的风险。

（2）盲目自信夸大自我并购能力而产生的风险。有的企业善于并购，有的企业不善于并购，可以说是基于提升和完善核心竞争力的要求，但并购本身也是一种能力。既然是一种能力，很少企业是生而知之的。从我国一些实例看，一些企业看到了竞争中历史企业的软弱地位，产生了低价买进大量资产的动机，但却没有充分估计到自身改造这种劣势企业的能力的不足，如资金能力、技术能力、管理能力等，从而做出错误的并购选择，陷入了低成本扩张的陷阱。

**2．企业并购实施过程中的操作风险**

企业实施并购的主要目标是协同效应，具体包括管理协同、经营协同和财务协同，然而从实际情况来看，协同就如同鼓动，非常罕见。笔者认为，造成这种情况的主要原因是并购企业没有对企业实施并购过程中的风险加以识别和控制。这些风险主要包括：

（1）信息不对称风险。所谓信息不对称风险，是指企业在并购的过程中对收购方的了解与目标公司的股东和管理层相比可能存在严重的不对等问题给并购带来的不确定因素。由于信息不对称和道德风险的存在，被并购企业很容易为了获得更多利益而向并购方隐瞒对自身不利的信息，甚至杜撰有利的信息。企业作为一个多种生产要素、多种关系交织构成的综合系统，极具复杂性，并购方很难在相对短的时间内全面了解、逐一辨别真伪。一些并购活动因为事先对被并购对象的盈利状况、资产质量（例如有形资产的可用性、无形资产的真实性、债权的有效性）、或有事项等可能缺乏深入了解，没有发现隐瞒着的债务、诉讼纠纷、资产潜在问题等关键情况，而在实施后落入陷阱，难以自拔。

（2）资金财务风险。每一项并购活动背后几乎均有巨额的资金支持，企业很难完全利用自有资金来完成并购过程。企业并购后能否及时形成足够的现金流入以偿还借入资金，以及满足并购后企业进行一系列的整合工作对资金的需求是至关重要的。具体来说，财务风险主要来自几个方面：筹资方式的不确定性、多样性，筹资成本的高增长性，外汇汇率的多变性等。因此，融资所带来的风险不容忽视。

**3．企业并购后整合过程中的“不协同”风险**

企业并购的一大动因是股东财富最大化。为了实现这一目标，并购后的企业必须要实现经营、管理等诸多方面的协同，然而在企业并购后的整合过程中，未必一定达到这一初衷，导致并购未必取得真正的成功，存在巨大的风险。

（1）管理风险。并购之后管理人员、管理队伍能否得到合适的配备，能否找到并采用得当的管理方法，管理手段能否具有一致性、协调性，管理水平能否因企业发展而提出更高的要求，这些都存在不确定性，都会造成管理风险。

（2）规模经济风险。并购方在完成并购后，不能采取有效的办法使人力、物力、财力达到互补，不能使各项资源真正有机结合，不能实现规模经济和经验的共享补充，而是低水平地重复建设。这种风险因素的存在必将导致并购的失败。

（3）企业文化风险。企业文化是在空间相对独立、时间相对漫长的环境下形成的特定群体一切生产活动、思维活动的本质特征的总和。并购双方能否达成企业文化的融合，形成共同的经营理念、团队精神、工作作风受到很多因素的影响，同样会带来风险。企业文化是否相近，能否融合，对并购成败的影响是极其深远的，特别是在跨国、跨地区的并购案中。

（4）经营风险。为了实现经济上的互补性，达到规模经营，谋求经营协同效应，并购后的企业还必须改善经营方式，甚至生产结构，加大产品研发力度，严格控制产品质量，调整资源配置，否则就会出现经营风险。

## 三、企业并购风险的控制管理

并购的各个环节、各个阶段都是相互关联的，针对企业并购风险产生的机理和具体环节，企业可以采取以下具有针对性的措施加以有效的控制。

**1．以增强企业核心竞争力这一战略为出发点选择是否并购目标企业**

企业并购的根本价值在于通过并购获得对方的核心资源，增强自身的核心竞争力和持续发展能力，这就要求企业注重战略并购。一个企业要进行扩张，首先需要制定战略规划，有了战略规划就有了选择并购对象的标准。符合战略布局，有利于企业长远发展的，即便其价格不菲，也值得收购；不符合战略布局，只有短利可图的，即便其价格低廉，也不可轻易涉足，特别是在跨行业混合并购中，更要对新行业从战略的高度进行宏观、微观审慎地考察，对目标企业的竞争优势、弱点和增长潜力进行客观评估和判断。

**2．全面搜索和分析目标企业信息**

在选择目标企业的时候，企业要大量搜集信息，包括目标企业的产业环境信息（产业发展阶段、产业结构等）、财务状况信息（资本结构、盈利能力）、高层领导信息（能力、品质）、生产经营、管理水平、组织结构、企业文化、市场链、价值链等，以改善并购方所面临的信息不对称。

**3．对并购活动中可能出现的资金财务风险，企业可以采取以下措施加以控制**

（1）严格制定并购资金需求量及支出预算。企业应在实施并购前对并购各环节的资金需求量进行认真核算，并据此做好资金预算。以预算为依据，企业应根据并购资金的支出时间制定出并购资金支出程序和支出数量，并据此做出并购资金支出预算。这样可以保证企业进行并购活动所需资金的有效供给。

（2）主动与债权人达成偿还债务协议。为了防止陷入不能按时支付债务资金的困境，企业对已经资不抵债的企业实施并购时必须考虑被并购企业债权人的利益，与债权人取得一致的意见时方可并购。

（3）采用减少资金支出的灵活的并购方法。

**4．对于并购后整合风险的控制，企业应明确整合的内容和对象，注意时间进度的控制和方法的选择**

（1）生产经营整合风险的控制。企业并购后，其核心生产能力必须跟上企业规模日益扩大的需要，根据企业既定的经营目标调整经营战略、产品结构体系，建立统一的生产线，使生产协调一致，取得规模效益，稳定上下游企业，保证价值链的连续性。

（2）管理制度整合风险的控制。随着并购工作的完成、企业规模的扩大，并购企业既要客观地对目标企业原有制度进行评价，还必须尽快建立起驾驭新的资源管理系统。

（3）人员整合风险的控制。通过正式或非正式的形式对员工做思想工作，做好沟通工作；采取优胜劣汰的用人机制，建立人事数据库，重新评估员工，建立健全人才梯队；推出适当的激励机制等。

（4）企业文化整合风险的控制。为了使目标企业能按本领域的要求正常发展，可以使被并购方保持文化上的自主，并购方不便直接强加干预，但要保持“宏观”上的调控。

总之，并购企业要本着战略为根、严控为基、细节至上的原则，从企业的核心竞争力、执行力的角度来理解并购，在认真分析并购风险的基础上对其加以控制。

**【任务实施】**

## 一、技能训练

各项目小组查阅企业并购失败的案例，分析失败的原因并探讨应对措施。

## 二、案例分析

### 吉利收购沃尔沃

新华社北京3月28日电（记者　张毅）当地时间3月28日15时（北京时间21时），浙江吉利控股集团有限公司与美国福特汽车公司在沃尔沃总部所在地瑞典哥德堡签署了吉利收购沃尔沃协议。在获得美国、中国、瑞典和欧盟相关监管机构批准后，预计将于2010年第二季度完成交易。

酝酿已久的吉利收购沃尔沃基本上大局已定，作为中国汽车企业收购国外豪华汽车品牌第一宗，具有十分重要的意义。

**中国汽车梦寐以求的好事**

中国汽车技术研究中心主任赵航在接受新华社记者采访时表示，2009年年初国家出台的《汽车产业调整和振兴规划》明确指出：“以结构调整为主线，推进汽车企业兼并重组。”兼并重组有多种形式，不仅是国内企业之间的兼并重组，也要利用国际金融危机带来的机遇并购海外的汽车企业。吉利并购沃尔沃，一是可以帮助中国自主品牌汽车企业尽快走向国际市场；二是可以嫁接国际知名品牌为我所用；三是可以彰显中国汽车产业的实力。

国务院发展研究中心研究员隆国强认为，在国际金融危机冲击下，许多国外企业的资产价值被低估，是中国企业出手的好时机。通过海外并购，可以用较低的成本获取到梦寐以求的汽车国际品牌、核心技术和国际营销渠道。吉利成功收购沃尔沃，是中国汽车产业实现技术跨越的一个捷径，可以迅速提高中国汽车产业的软实力。

沃尔沃品牌值得去买

作为与奔驰、宝马、奥迪齐名的国际豪华汽车品牌，沃尔沃的品牌价值和技术含量远远超过萨博。已有82年历史的沃尔沃是欧洲著名的豪华汽车品牌，被誉为“世界上最安全的汽车”，在汽车安全和节能环保方面有许多独家研发的先进技术和专利。

尽管近年来沃尔沃经营陷入困境，销量一路下滑，但仍是一家净资产超过15亿美元、具备造血和持续发展能力的跨国汽车公司。仅沃尔沃品牌价值就接近百亿美元，还拥有4 000名高素质研发人才队伍与体系能力，拥有低碳发展能力，可满足欧6和欧7排放法规的10款整车和3款发动机，年产汽车能力近60万辆。

1999年，福特汽车公司花了64.5亿美元收购沃尔沃，沃尔沃成为福特旗下的全资子公司。而吉利收购沃尔沃的全部净资产，付出的价格仅有当年福特收购价的三分之一左右。

福特汽车总裁穆拉利表示，沃尔沃是一个很棒的品牌，之所以出售沃尔沃，主要原因是福特今后将重点发展福特品牌。

仅从生意的角度来看，吉利收购沃尔沃绝对是一笔划算的买卖。

吉利收购沃尔沃买到了核心技术

从当事双方签署的协议来看，吉利不仅收购了沃尔沃的全部股权，买到了沃尔沃的核心技术、专利等知识产权和制造设施，还获得了沃尔沃在全球的经销渠道。

中国汽车技术研究中心首席专家黄永和认为，这项海外并购可以提升中国汽车产业在本土市场的竞争力，为自主创新提供原始技术依据，实现技术跨越，并为中国汽车产业“走出去”提供现成的通道，迅速提升中国汽车及零部件在欧、美、日市场的比例，解决中国汽车产业自主创新所面临的知识产权问题，实现在发达国家汽车市场你中有我零的突破，从根本上改变中国汽车产业的国际形象。

据吉利介绍，此次并购将以在国内及海外设立特殊目的项目公司的形式进行。目前参与各方资金已经落实，项目公司已经筹建，并将按照项目进度计划分步增资，以确保满足收购项目正常进展的需要。

最近几年，吉利成功进行了一系列国际化运作，在资本运营方面取得了一定经验。例如与英国锰铜公司合资重组，在上海生产英国老爷出租车。在香港地区成功借壳上市。金融危机爆发后，吉利汽车成功收购了位于澳大利亚全球排名第二的自动变速器生产商，为吉利进行海外国际化运作提供了实战参考。

吉利有信心两年内让沃尔沃盈利

吉利作为中国自主品牌汽车的一匹黑马，近年来发展神速，成为中国汽车工业的一支生力军。但是，不论企业规模、研发水平以及销售额等，吉利的实力与沃尔沃还有很大差距，有人把吉利收购沃尔沃比喻为“蛇吞象”。还有人质疑吉利经营国际品牌的能力，认为“即使最终吉利买下沃尔沃，也很难消化”。

吉利控股董事长李书福对新华社记者介绍说，两年前吉利就启动了并购沃尔沃项目，并组建了包括国际知名投行、会计师事务所、律师事务所在内的庞大团队。两年间，项目团队与福特进行了大量的信息交换，建立了完整的财务预测模型，对各类潜在风险进行了定性和定量分析，并在此基础上确定了收购后的运营管理计划。

李书福认为，沃尔沃之所以陷入亏损，主要是受金融危机影响销量大幅下滑，产能放空，以及采购成本过高。实现并购后，吉利将充分调动发挥瑞典现有管理团队的积极性、主动性和创造性，制定新的奖励考核机制。在巩固稳定现有欧美成熟市场的同时，积极开拓以中国为代表的新兴市场，降低成本、拓宽产品线。

李书福预计，上述措施到位后，可以在两年内让沃尔沃扭亏为盈。

**沃尔沃品牌和质量不会降低**

有人担心沃尔沃被吉利收购后，质量和品牌会降低。尽管国内大多数人认为今后会优先购买国产沃尔沃，但也有人声称今后不会再考虑购买沃尔沃。

沃尔沃（中国）公司 CEO 柯力世博士认为，沃尔沃始终把豪华品质放在第一位，在世界各地都会按照统一的标准生产高品质汽车。吉利和沃尔沃是两个完全不同的细分市场品牌，吉利不会为短期内降低成本而牺牲沃尔沃的质量。

柯力世对被吉利收购后的沃尔沃在中国的发展充满信心。他认为，被收购之后，沃尔沃的总体战略发展方向不会受到影响，反而有利于沃尔沃在中国市场的发展计划更好、更便利地实施。其一，从民族感情上看，中国消费者很希望看到本土品牌对国际品牌的收购，这有助于消费者对沃尔沃的认可，也可以扩大沃尔沃在中国豪华车市场的份额。其二，吉利完成收购后，沃尔沃成为中国唯一的豪华车生产商，中国政府会给予沃尔沃更多支持。其三，有助于沃尔沃加快在中国的国产化进展，一些车型还会出口到其他国家。

黄永和认为，吉利之所以收购沃尔沃，正是看上了沃尔沃的品牌价值和核心技术。正在努力摆脱低端车制造商的吉利汽车会格外珍惜即将到手的沃尔沃品牌的价值，也会不惜一切代价保持沃尔沃世界级品牌的传统地位。

也有专家认为，收购成功只是走出了第一步。吉利汽车虽然在国际化经营方面有过一些成功，但毕竟没有运营一家跨国汽车企业的经验。如何保证收购后尽快让沃尔沃扭亏为盈，并保持品牌的良好口碑，更大的挑战还在后头。

资料来源：http://auto.ifeng.com/topic/shougou/

**【案例分析题】**

1. 谈谈吉利收购沃尔沃的意义。

2. 你认为吉利收购沃尔沃将面临哪些风险。

**【项目验收与评估】**

1. 验收对象：各项目小组制作的关于我国企业并购海外企业案例的PPT。

2. 验收步骤：

（1）各项目小组查阅关于我国企业并购海外企业的几大案例，如TCL并购德国施耐德、联想收购IBM个人计算机业务、吉利收购沃尔沃等。根据案例结合课本所学知识，谈谈对并购的认识，并制作成中国企业并购海外企业案例的PPT。

（2）各项目小组推荐一名成员在课上作讲解。

（3）评委会根据下表进行评价，决出胜负。

| 评价内容 | 分值 | 评分 |
|---|---|---|
| 资料全面、报告或案例完整 | 20 | |
| 研究深入、有说服力 | 20 | |
| 有创新观点和思路 | 20 | |
| 合作默契、体现团队精神 | 20 | |
| 发言人仪表端庄，语言表达清晰、准确 | 20 | |
| 总体评价 | 100 | |

（4）指导教师点评。

# 项目十三　企业的国际化经营

【知识目标】

1. 了解企业国际化经营的概念及动因、我国企业国际化经营的历程及现状。
2. 熟悉独资企业、合资企业和合作企业各自的优缺点。
3. 掌握企业国际化经营的方式、我国企业国际化经营的战略模式。

【能力目标】

1. 深刻认识我国企业国际化经营的必要性。
2. 能正确区分企业国际化经营的方式。
3. 对企业国际化经营战略如何选择有一定的了解。

【项目背景】

你创办的企业在你和企业全体员工共同努力下，现在一跃已成为行业的龙头企业，产品形象、企业形象已深入人心。面对良好的发展态势，公司高层一致认为开展国际化经营、拓展海外市场，谋求进一步发展的时机到了……

【任务分解】

企业开展国际化经营所处的国际经营环境远比国内经营环境复杂，企业有机遇，但同时也将面临更大的风险和挑战。开展国际化经营需要对国际经营环境进行分析，在此基础上选择投资国别、投资行业、进入市场的方式以及制定国际化经营战略等。在这里，我们重点来学习下面两个任务：

任务一　企业国际化经营的方式
任务二　我国企业国际化经营的战略

# 任务一 企业国际化经营的方式

【任务引入】

开展国际化经营是企业对外扩张的必然选择。不同的企业其国际化经营的动因也有所不同。国际化经营的方式有多种，企业要根据所处的经营环境、自身条件和经营战略做出正确选择。

【信息获取】

## 企业国际化经营的概念、动因及方式

### 一、企业国际化经营的概念

企业国际化经营是指企业为了寻求更大的市场、寻找更好的资源、追逐更高的利润而突破一个国家的界限，在两个或两个以上的国家从事生产、销售、服务等活动。

### 二、企业国际化经营的动因

不同的企业走向国际化的具体原因千差万别，出于各自不同的考虑，受到各种不同因素的驱使。但是，无论出于何种原因，企业的国际化经营从根本上说都是出于整体战略的考虑，即为了寻求更大范围的竞争优势。企业国际化的动因包括以下三个。

**1. 为现有的产品和服务寻找新的顾客**

企业从事国际化活动最直接的动因是开发海外市场，在国内市场趋于饱和时为现有的产品和服务寻找新的顾客。随着经济全球化的发展，不同国家的消费者在需求偏好和消费习惯上有趋同的倾向，这使得企业有可能将产品和服务推向更广阔的市场。

**2. 寻找低成本的资源**

企业在海外市场寻找更优质和更低廉的资源，以降低生产成本，获得低成本优势。可以带来低成本优势的资源主要包括原材料、劳动力和技术。

**3. 打造核心竞争力**

核心竞争力是企业竞争优势的源泉，是企业比竞争对手更优秀的根本性的原因。企业将经营活动领域从单一的国内市场扩展到海外市场，可以在更大的范围内学习新的技术、管理经验，积累对顾客需求的认识，由此打造出更强的核心竞争力。

### 三、企业国际化经营的方式

企业进入国际市场的方式可以通过进出口商品、许可协议、并购、合资以及建立新

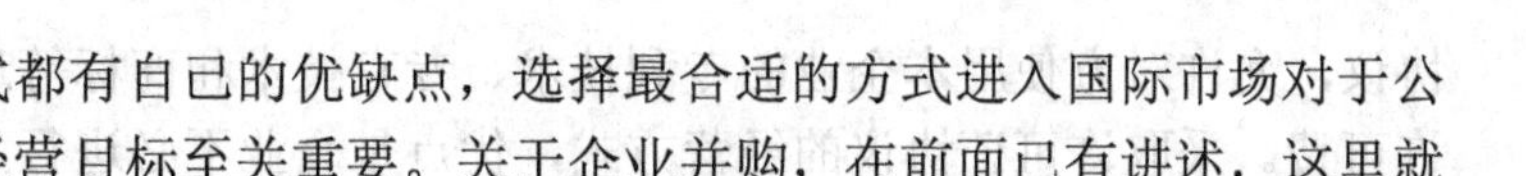

的全资子公司。每一种方式都有自己的优缺点，选择最合适的方式进入国际市场对于公司能否达成预定的国际化经营目标至关重要。关于企业并购，在前面已有讲述，这里就不再赘述。

### （一）贸易式进入

这是企业开展国际化经营的起点，风险小，成本低，简便易行。企业通过产品出口贸易将产品销往国外。

**1．间接出口**

间接出口是指生产企业不直接对外，只是通过本国中间商出口产品。间接出口有以下三种做法：

（1）企业将自己的产品交给国内外贸易公司，由他们负责外销。这种做法，生产企业不必考虑贸易风险，可专心抓好生产。

（2）企业把产品委托给国内外贸易公司代理，由他们代表生产企业将产品推往国外。这种做法，外贸公司只收取佣金，所得价款全部交付生产企业，盈亏由生产企业承担。

（3）企业委托某一家已在国外设立销售机构的生产企业代销，付给一定的佣金。这种做法在这两家生产企业的外销产品之间无竞争性，甚至能相互补充时，就易于采用。

**2．直接出口**

直接出口是该生产企业设立出口部，向国外的中间商出口产品，或与国外的零售商甚至用户直接挂钩，或在国外设立分支机构就地推销，这样，一切对外出口业务都得由企业自己来做。这种形式可直接向外商宣传本企业产品并能用长期观点看待出口外销问题。但进行外销活动往往需要更多的人力、时间和经费。直接出口有以下四种做法：

（1）通过交易会、展销会等直接接受外商的订货。

（2）直接与外商进行合作生产，按照外商要求组织生产，产品由外商拿到国际市场上销售。这种做法有来样加工、来料加工、来件装配三种方式。

（3）参与外国政府或企业对某一工程项目招标的投标，如被选中，即可按合同规定的要求出口所需要的有关设备等产品。

（4）在国外设立自己的销售机构。这种做法可以深入了解国外市场。销售人员由企业派出和指挥，易于贯彻本企业的要求。但缺点是进入市场的速度较慢，而且费用较大。为了节省费用，也可由几家企业联合在国外设立一个共同的销售机构。

### （二）契约式进入方式

它是指在不涉及企业股权的条件下，通过契约转让无形资产而进入目标国的经营方式，具体有以下几种方式。

**1．许可证贸易**

许可证贸易是国际技术贸易中最常见的一种方式，是指通过与国外一方签订许可证协议，允许对方使用本企业的专利技术、专有技术和商标等进行生产，然后向对方收取许可费。采取许可证协议的经营方式，优点是企业不必进行生产和营销方面的大量投资而能较易地进入国际市场，因此费用低、障碍少、风险小。缺点是取得的收益往往比直接出口产品或海外直接投资所得收益相差甚远；供方因不在目标市场直接经营而控制力量弱，因放弃其他进入方式而机会成本大，因技术的扩散而潜在竞争强。

**2．特许经营**

特许经营是许可证贸易的一种变体，特许权转让方将整个经营系统或服务系统转让给独立的经营者，后者则支付一定金额的特许费。特许经营的优点是投资金额小，风险小，进入市场快；缺点是提成费有限，特许方缺乏全面的控制权，可能培育出自己的竞争对手。

**3．合同安排**

合同安排是指进入企业通过对技术、管理、销售等各种资源的控制，并通过签订一系列合同为东道国提供各种服务，与东道国企业建立密切联系，并从中获得各种利益。合同安排具体有以下四种：

（1）制造合同，即跨国公司与国外生产企业签订合同，由跨国公司向后者提供订单和生产技术并由后者进行生产活动。其优点是对外投资少、风险小，但不易找到合作伙伴。

（2）管理合同，即跨国公司可以向东道国企业提供管理服务的方式介入该企业的经营活动并收取管理费的一种合同安排。通过管理合同安排，东道国企业可以获得先进的管理经验和技术，提高经济效益；跨国公司则可利用其对东道国企业在经营管理方面的实际控制，将其纳入自己的全球战略。

（3）工程项目合同，即跨国公司为外国政府或企业从事道路交通、水利等工程建设，在提供设备、材料的同时，还提供设计、工程管理等项服务。在工程建设期间，项目管理由跨国公司负责，工程完工后，管理权即交付给东道国政府或企业。

（4）交钥匙项目合同，即跨国公司与东道国有关方面签订合同，由跨国公司为东道国建造一个完整的项目或工厂体系，承担从设计、施工、安装、调试到验收的全部建设内容，试车成功后，整个工程或工厂体系移交东道国管理。交钥匙项目合同对资金、技术、施工管理等方面要求较高，作为承包商的跨国公司必须具备较强的实力才能获得这种合同，这种合同利润丰厚，而且有利于带动成套设备的出口，其主要缺点是在合同执行过程中遇到东道国的干涉和阻力较多。

### （三）投资式进入

这种经营形式是指企业直接投资参与经营活动的运作方式，是真正意义上的跨国经营，也是跨国公司的主要经营形式，有独资、合资、合作三种经营方式。

**1．独资经营**

独资经营是指企业在东道国直接投资、独自开办企业并进行经营管理活动的方式。

独资企业的优点：

（1）100%股权投资者拥有完全的自主权和经营决策权，有利于贯彻公司的全球发展战略。

（2）投资者对专利、专有技术、特许权和企业的管理实施严格的保密和垄断，可以减少扩散带来的损失。

（3）独资者独享经营成果，免除共同投资而引起的摩擦和冲突。

独资企业的风险：

（1）独资公司在东道国具有当地国籍和法人资格，但仍被视作来自外国的异己力量，在投资方向和经营范围上受到一定限制。

（2）东道国对设立独资公司条件苛刻，审批严格，尤其是发展中的东道国要求他们投入高新技术、承担出口义务以及逐渐转让股权，即对其实施“减退政策”。

（3）独资企业要求一切业务自行办理，对资本要求高，业务经营的外部环境生疏，企业经营风险大。

**2．合资经营**

合资经营是指跨国经营企业与东道国的企业在东道国法律管辖范围内共同投资组建生产经营企业，并且共同管理、共享利润、共负亏损及共担风险的一种经营方式。

合资企业的特点：

（1）企业的投资者来自两个或两个以上的国家或地区。

（2）组建的合资企业具有东道国国籍的法人地位，是一个独立的经济实体。

（3）各方提供现金、设备和知识产权并折算成股份，按照股份分享利润和分担亏损。

（4）根据协议、合同章程建立管理机构共同管理企业。

对跨国经营企业的优点：

（1）易于进入东道国，能减少或避免政治风波。

（2）除享受对外投资的优惠外还可以获得国民待遇。

（3）受到东道国的欢迎，利于开展经营活动。

（4）具有稳定的销售市场，能获得长期、稳定、丰厚的利润。

对东道国的优点：

（1）可以弥补资金的不足，并且不增加国家的负担；引进资金不需要还本付息且使用期限长。

（2）可以极大地节省资金和外汇的支出。

（3）能够加强投资双方的合作和配合，使企业的经营成效更好。

（4）可以引进国外先进的技术，加快国内企业技术进步；填补国内技术空白。

（5）可以学习国外企业的先进管理方法、技能和经验，提高国内企业管理水平。

（6）合资企业的出口产品，外国投资者比较积极主动。

（7）有利于扩大东道国劳动就业机会。

（8）促进东道国经济的发展。

**3．合作经营**

它是由跨国公司和东道国投资者根据东道国的有关法律以各自的法人身份共同签订合作经营合同，在合同中对合作各方的投资条件、经营方式、收益分配、责任风险做出明确规定。这种投资方式的基本特征是：合作各方的权利和义务的基础是合同而不是股权。

合作经营的特点：

（1）合作双方投资的可以是现金、有形资产和无形资产，出资方式灵活。

（2）合作双方各自的投资不折算成股本，双方的权益和责任按契约和合同规定。

（3）关系较为松散，不具有东道国法人地位。

（4）合作双方的管理是一方为主、其他方协助的模式。

（5）纳税方法与合资企业不同，可以先分利然后缴税。

（6）合作经营企业合作期满后不再分割剩余资产，剩余资产一般归东道国投资方所有，或按照合同规定。

合作经营的优点：

（1）投资灵活，使缺少资金和技术的发展中国家可以利用场地使用权、基础设施、实物和劳动力作为合作经营的投资，而外商也可以少用资金，多用技术和设备以及知识产权作为投资。

（2）不仅可以采用快速折旧来收回投资，而且还可以从利润中预提一部分作为本息先行回收，投资回收期可以缩短，投资风险小。

（3）合作经营的审批手续比合资经营简便。

**【任务实施】**

## 一、技能训练

指出下列企业国际化经营的动因和经营的方式：中石油　联想　华为　松下　可口可乐

## 二、案例分析

**业绩大幅下滑　中国合资跨国企业寻求“独资”**

继 2005 年 6 月以 5 000 万美元的价格收购了广州美晨 20%的股份后，雅芳将于 2006 年第一季度完成剩余的 6.155%股权的交易，届时雅芳（中国）将掌握美晨 100%的控股权，由中外合资企业彻底变身为独资企业。

外企的独资化已不新鲜，但人们的议论耐人寻味。据说雅芳正承受着连续两个季度的业绩大幅下滑的苦果；同时，它在美国遭到了股东和投资者的质疑。之前雅芳（中国）对媒体表示："公司独资的目的，是希望能够通过100%控股权的优势，更好地发展中国业务。"雅芳不是唯一的个案，早年以合资形式进入中国的很多跨国企业正越来越多地寻求"独资"的渠道。

**外企利润率比中资低**

前不久，北京大学光华管理学院战略系根据国家统计局的数据，对1998年和2002年在华企业利润进行分类比较，得出了和人们设想大相径庭的结论：外资企业的业绩表现并没有人们想象的好，实际上只比国企和有限责任公司这两类好一点，不如其他中资公司的各类企业，包括股份制企业、私营企业和集体企业。

国家统计局的数据只包含年销售收入达到500万元人民币以上的企业，在这样规模上的比较，发现1998年外企根本就是负利润，2002年虽然盈利，但利润率很低，低于1%。

最新的统计数据则显示，在2005年1—11月，全国规模以上工业企业（全部国有企业和年产品销售收入500万元以上的非国有企业）中，国有及国有控股企业实现利润2004年同期增长14.8%；集体企业利润增长31.5%；股份制企业利润增长26.4%；私营企业利润增长42.4%；而外商及中国港、澳、台商投资企业利润增长最少，为5.3%。

"跨国公司以合资身份进入中国，并不像最初设想的那样赚取高额利润，甚至还亏本。"研究的牵头人、光华管理学院教授许德因说。他介绍，他们把企业规模、位置（沿海还是内陆）、行业等可能影响到利润的因素都考虑在内，发现外企"还是比不上中资企业"。

管理咨询机构博思艾伦咨询公司的一项调查结果则指出：今后几年，将近1/4的在华跨国公司并不能成为真正的赢家。也就是说，他们将只是保持收支平衡甚至亏本。

**合资病**

外方把业绩不佳归罪于合资企业弊病。"你永远不要期待一个喝计划经济奶水长大的人习惯市场经济思维。"在经历了一系列痛苦的管理摩擦终于走向独资后，某合资企业的外方管理者说了这样一句话。关于合资企业中外双方不协调的传言不绝于耳：外方抱怨中方办事效率低，人情关系太浓；中方抱怨外方转移利润，风险和费用还要他们一起承担。

改革开放初期，跨国公司在华投资主要以合资为主，一方面是政策限制；另一方面是因为对中国国情的不甚了解，需要一个当地的合作伙伴。但是经过二十多年的发展，跨国公司对中国市场有了相当的了解，总结了足够的经验教训，他们开始注意中方的种种弱点，并视之为绊脚石。

"从西方人的观点，单是中国条块分割的体制，对跨国公司统一战略，就是一个很大的限制。"许德因在接受《财经时报》专访时说。

合资企业一般都是地方政府牵头的，政绩、地方税收、就业等诸多因素使得地方政府往往干预合资企业里的决策。而各地方各部门政策法规把握尺度不一，不利于跨国公司在全国范围统一经营活动。

例如，有的项目某个省市批准了，由于跨省市经营，其他省市不批准，或者要求在当地再成立一家经营机构。跨国公司如有了一个江西的合作伙伴，他们的市场就仅限于江西，要出这个省，就要找新的合作伙伴，因此，跨国公司普遍在中国有很多个合作伙伴。松下独资前，在中国就有三十多个合资伙伴。

独资为长远利润

全球整合，松下做的最重大的决定就是将松下中国转变为独资公司。独资前，松下在华有 50 家公司，其中合资公司 33 家。2002 年 12 月 17 日，松下电器（中国）有限公司首先转变为独资公司，英文简称也由 CMC 变为 MC。MC 成立后，开始与 33 家中方合资机构一家家地谈判，劝说他们把股权转让过来。

很多早期进入中国的合资企业，开始通过增资扩股等方式转变为独资企业。2004 年 5 月，宝洁公司以 18 亿美元代价与中国的最后一个合资伙伴分道扬镳，彻底成为一家独资公司。几乎同时，西门子也以收购合资公司中方股份的方式完成了独资化。2005 年 1 月，合作了 16 年的中外运和跨国物流巨头 UPS 也分道扬镳。

过去跨国公司各个事业部在中国分别投资了几十家企业，现在通过整合，把财务权集中到跨国公司中国总部，对银行统一借贷，内部资金互相调剂。有公司估算，整合后综合财务成本可以降低 1/3。对于年资金流达到数十亿元的跨国公司来说，这显然是不能不考虑的成本。

南开大学国际商学院院长李维安曾牵头做过一项调查，结果显示，跨国公司在华成立合资企业几年后，外方增资扩股的行为极为普遍。

拿天津开发区来说，合资与合作企业的外资比例分别达到 65.8%和 69.9%，而独资企业总数已超过前两类企业。

商务部研究院产业投资趋势调研课题组最近公布的一份报告也显示，国际跨国公司在中国的独资化潮流不可阻挡，57%的跨国公司在生产方面投资，倾向于独资新建。

资料来源：赵冉. 财经时报，2006-01-16

【案例分析题】

1. 请阐述独资和合资各自的优缺点。
2. 分析跨国公司合资转独资的原因。

## 任务二　我国企业国际化经营的战略

【任务引入】

21 世纪国际竞争日趋激烈，国际经营环境变得越来越严峻。中国企业如何增强自身实力，走向世界，实现国际化经营并在与国外跨国公司的竞争中立于败之地，选择制定合适的国际化经营战略是非常重要的一步。

【信息获取】

# 我国企业国际化经营的历程、现状及战略选择

## 一、我国企业国际化经营的历程

（1）起步时期：1979—1985 年，开始在国外和我国港澳地区兴办第一批合资经营企业。

（2）发展时期：1985—2000 年，企业国外投资的规模、数量逐步增大，投资方式日益多元化，取得了初步成效。

（3）壮大时期：2000 年至今，跨国经营的中国企业已发展到三万多家，对外投资额近一百亿美元，中国对外投资初步形成了全方位、多层次、宽领域的多元化格局。一批优秀企业在国际经济舞台上崭露头角。

## 二、我国企业国际化经营的现状

（1）起步晚，规模小。相关资料显示，截至 2005 年，经商务部批准和备案设立的境外非金融类中资企业近 8 000 家，对外直接投资达到 517 亿美元，而截至该年我国累计吸引外资金额已超过 6 000 亿美元，是我国对外投资的 10 多倍。同时，目前我国企业的对外投资多以中小型为主。据统计，目前 90%的海外中资企业投资规模不到 100 万美元，平均单项投资额仅为数十万美元，远远低于发达国家平均 600 万美元的水平，同时也低于发展中国家 450 万美元的水平，甚至低于东欧 140 万美元的水平。据统计分析，在中国海外企业中，80%以上的企业投资总额很小，没有形成规模经营，难以适应竞争激烈的国际市场变化，无力与外国跨国公司相抗衡。

（2）投资结构不合理，投资效益不高。这一点集中表现在地区结构、产业结构、币种结构不合理。从地区结构上看，尽管随着改革开放的深入和对外交流的扩大，我国的境外投资企业已遍及世界各地，但目前我国企业跨国经营的区位选择主要以周边发展中国家和地区为主，相对集中在亚太经济区，有近 80%的投资项目位于亚洲。从产业结构上看，我国的跨国投资偏重初级产品，忽视高科技；偏重消费资料，忽视生产资料；偏重生产性，忽视服务性。从币种结构上看，投资币种过于单一，美元比重过大，这在当前的国际金融市场风云变幻的情况下，加大了企业投资的外汇风险。

（3）宏观对外政策上还不能很好地适应跨国企业发展的需要。我国的宏观政策有不少不利于企业跨国经营的发展，主要体现在企业跨国经营项目审批程序、融资条件、企业负担等方面的不能适应企业跨国经营的需要。国家对境外投资项目审批、外汇管理较严，不少海外企业常常面临资金短缺和周转不灵的困扰。

（4）企业核心竞争力不足。对外投资是企业充分利用其垄断优势（通常是技术、管理、品牌或市场）以实现利益最大化的一种经营行为。综观获得成功的外国和我国跨国

公司无一不是在上述某个方面具有独到的优势。而我国多数企业缺乏上述四种跨国经营所要求的优势，大多数企业通常拥有的优势是价格和廉价的劳动力，这些优势在国际化经营中又受反倾销等制约，常常难以发挥作用。

（5）进入国际市场方式单一。我国企业进入国际市场，从事跨国经营目前存在着“四多四少”现象，即：出口贸易多，三角贸易少；商品贸易多，许可证贸易少；海外分公司（销售办事处）多，海外公司少；海外销售多，海外投资、生产少。

（6）缺乏高水平的跨国经营人才，经营决策和管理水平不高。我国海外企业人员队伍总体素质和水平与开展跨国经营的需要相比尚有较大差距。有些外派人员缺乏国际贸易知识和财会知识、不懂当地的法律和语言，有些项目缺乏可行性研究和对合作伙伴的了解，因而造成投资的失误，带来经济损失。

## 三、我国企业国际化经营的战略选择

**1．区域选择**

（1）以开发自然资源为目的可选择的国家和地区：企业开发国外石油、天然气资源可重点选择俄罗斯、中亚、中东、北非、南美地区。

（2）矿产资源开发重点可选择富有铁矿资源的俄罗斯、南美洲的巴西、南亚的印度和大洋洲的澳大利亚；富有钾矿资源的东南亚的泰国和老挝；富有铜矿资源的南美洲的智利和非洲的赞比亚。森林资源开发重点可选择俄罗斯、南美洲、中非和东南亚，这四个地区占有全世界 60%的森林资源，其中俄罗斯、巴西、印尼和刚果（金）四国就拥有全球 40%的森林。

（3）以开拓市场、扩大市场份额为目的可选择的国家和地区：对中国企业来说，目前全球有北美、西欧和日本等发达成熟的市场，东南亚正在发展的市场，东欧、俄罗斯新兴的市场，拉美和非洲待开发的市场。

（4）以获取世界先进技术、管理方法为目的可选择的国家和地区：获取先进技术和管理方法的重点是北美、西欧国家。

**2．行业选择**

（1）中档技术水平的加工组装制造业。我国有相当一部分行业，技术性能和产品质量稳定，很适合国外市场特别是发展中国家的市场需求。例如家用电器、摩托车、金属制品、家用机械类产品等，在国外市场很有竞争力，发展中国家对这类项目投资需求也较大。

（2）纺织与服装业。我国纺织与服装业生产能力较强，许多企业设备水平高，产品质量好，在国际市场上颇具竞争力。

（3）研发和中小型高新技术企业。我国有一些企业资产规模与生产规模都已经较大，但是与国外大型跨国公司相比有较大的技术差距。到国外技术资源与智力资源密集、靠近市场的地方设立研发机构和科技型中小企业，是较快提高研发能力的有效途径。

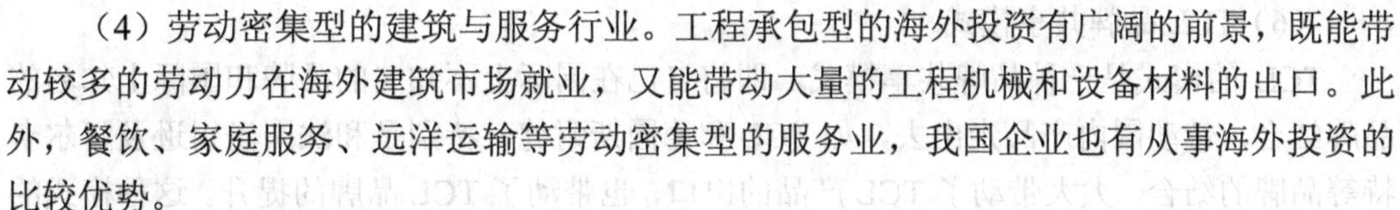

（4）劳动密集型的建筑与服务行业。工程承包型的海外投资有广阔的前景，既能带动较多的劳动力在海外建筑市场就业，又能带动大量的工程机械和设备材料的出口。此外，餐饮、家庭服务、远洋运输等劳动密集型的服务业，我国企业也有从事海外投资的比较优势。

**3．模式选择**

（1）海尔安营扎寨模式

海尔是国内较早走出去的企业，早在中国加入WTO之前它已走出国门。这种模式是中国企业在海外建立自己的生产基地，直接建立和推广自己的品牌，树立当地企业形象，以便更好、更多地销售自己在当地和中国所生产的产品，避免更多的关税壁垒等，如海尔在美国、巴基斯坦等国所建立的生产基地。这种模式的优点是容易获得所在国消费者的信任和欢迎，提高销售，可以回避关税，但挑战是成本较高。

（2）海外上市，借鸡生蛋模式

这些年来，中国企业还有一种也可称为走出去的模式就是到海外上市。中国目前已有上百家企业在海外上市，包括中国电信、中国网通、中国移动、中国联通、中国石化等一大批国有企业，也包括亚信、搜狐、UT斯达康等一大批新经济企业。这是中国在新的形势下利用外资的一种更有效的新方式，不仅靠走出去借助国外市场带回了新的资金，也带回了更加规范化的经营管理模式。

（3）联想借船出海模式

联想的模式是一个以小博大的一个赌注，其核心是借船出海。收购IBM PC使联想一跃跨入世界500强行列，虽然借IBM的品牌只有5年的使用期，但联想获得了IBM在国际上的成熟团队和销售渠道。不过，借船出海能否成功最大的关键还在于双方企业文化的融合和联想国际化团队的整合能力。联想国际化的进程准备已有一段时间，从联想英文更名到成为奥运会顶级赞助商，联想为出海做了大量的铺垫。这种“蛇吞象”的模式最大的挑战是两个公司文化的融合和国际人才的使用。

（4）长虹产品代理模式

长虹的产品代理模式从形式上看，是现阶段中国企业走出去的一种主要模式。国内许多企业产品的出口主要依靠海外的代理。这种模式的优点是产品出口有现成的指引或渠道，可以获得一定的利润；缺陷是企业自有的品牌不突出，有时过于依赖海外代理，有时甚至有回收货款的风险。

（5）中石油、中海油资源互补模式

中国目前还有不少国有大中型企业在石油、天然气、矿石和林业等资源方面需要走出去，寻找新的资源来支撑国内经济更大的发展。这种模式一般是政府主导的国有企业为主，是中国企业为自身需要在海外发展所必不可少的一种模式。这种模式一般投资额较大，其挑战是如何加强可行性研究，加强监管，如何避免决策失误和损失。

（6）TCL 品牌共享模式

TCL 的模式是一种品牌共享模式，即将自己在国际上不知名的品牌和国际上知名的品牌结合，带动国内产品走出去，如 TCL 和德国斯耐德，特别是和法国汤姆逊及阿尔卡特等品牌的结合，大大带动了 TCL 产品的出口，也带动了 TCL 品牌的提升。这种模式的优点是品牌长期的共享，但从长远来看，还是需要最终推出自己的品牌。

（7）华为农村包围城市模式

华为的模式是一个中国企业注重建立和开发自己的技术体系，有明确的国际市场目标，先占领发展中国家市场，后大力出击发达国家市场，形成自己品牌的拳头产品和优势，国际销售已占到公司销售的 50%，是中国企业“走出去”较为成功的一种技术导向模式。其模式的挑战性是如何更进一步进行技术创新而又避免知识产权纠纷。

（8）温州星火燎原模式

中国企业“走出去”这些年也出现一种方兴未艾的“星星之火，可以燎原”的温州模式。这种模式主要是一些中小企业，它们利用在海外的亲戚朋友或其他网络，把中国的一些有竞争力的产品推销到世界各地，如温州鞋、义乌小五金、温州打火机、分水中国制笔之乡等，产品燎原到全世界。这种自发的、家族型的企业往往有着非常强大的灵活性和活力，是中国中小企业大面积“走出去”的开始，具有中国特色，是一种值得鼓励的模式。但是这种模式的挑战是如何加强行业协调、对当地文化的理解和在海外有序的管理。

（9）广阔天地对外承包工程模式

这种模式是一种相对传统的模式，主要是到海外更大的市场去承揽工程。这方面可以充分利用中国的比较优势，中国政府对此也比较重视，也培养出了一批在国际上能排上名的中国跨国承包公司，如中建、中土、路桥、港湾公司等。随着中东局势的逐步稳定，国际承包市场还会给中国企业带来更多的机会。

（10）大有作为劳务合作模式

劳务合作模式是中国企业可以组织劳务出口的一个有巨大潜力的事业。中国是一个劳动力资源大国，中国在向海外派劳务人员、海员、护士、研修生、厨师，甚至家政服务人员方面都有巨大的潜力。现在农民工都可以进城务工了，中国也可以鼓励素质高的劳务人员大踏步地“走出去”。中国在过去二十多年中在这方面也积累了丰富的经验，可以进一步总结和提高。

**【任务实施】**

## 一、技能训练

各项目小组为模拟公司制定国际化经营战略。

## 二、案例分析

### 海尔的国际化战略

一、海尔集团简介

海尔创立于1984年，其前身是一个濒临倒闭的集体小工厂——青岛电冰箱总厂。海尔经过二十多年的艰苦奋斗和卓越创新，发展壮大成为现在在国内外享有盛誉的跨国企业。从单一生产冰箱到现在拥有白色家电、黑色家电、米色家电在内的36大门类、15 100多个规模的产品群，并出口到世界160多个国家和地区。在国内，海尔冰箱、冷柜、空调、洗衣机四大主导产品的市场份额均达到30%左右；在国外市场，海尔产品进入欧洲15家大型连锁店的12家、美国前10大连锁店。1993年，海尔品牌成为首批中国驰名商标，自2002年以来，海尔品牌价值连续四年蝉联中国最有价值品牌榜首。2004年1月31日，世界五大品牌价值评估机构之一——世界名牌实验室编制的《世界最具影响力的100个品牌》报告揭晓，海尔排在第95位，实现了中国品牌零的突破。同年，海尔的全球营业额达到1 000亿元，成为中国第一个千亿级规模的自主品牌。2005年，海尔品牌价值高达702亿元，2005年8月30日，海尔被英国《金融时报》评为“中国十大世界级品牌”之首。海尔已跻身世界级品牌行列。其影响力正随着全球市场的扩张而快速上升。二十年间，海尔共向国家上缴税金136亿元。海尔取得的这些成就很大程度上得益于海尔实施的国际化战略。

二、海尔集团国际化战略要点

（一）市场进入战略

1. 目标市场选择——先难后易

海尔的国际化就像是一盘棋，要提高棋艺，最好的办法就是找高手下棋。海尔选择的高手是美国和欧洲。欧洲人对中国的陌生和对中国产品的偏见是海尔在欧美市场遇到的最大难题，海尔洗衣机1997年进入欧洲时，没有一个客户，为了消除进入障碍，海尔聘用了熟知市场的当地人。海尔聘请在飞利浦干了16年营销的亚默瑞作为欧洲贸易公司总裁。亚默瑞认为，海尔产品先后获得过几十项权威质量认证，质量不存在问题，海尔缺少的是符合欧洲人消费需要的产品。因此，海尔针对欧洲人的消费习惯专门进行设计。在欧洲，一个新的产品从设计到制造一般需要一年时间，但海尔仅用一个月的时间就做到了。这样海尔不仅在产品设计上满足了欧洲人的需要，而且显示了其他大公司无法做到的快速反应。1999年，海尔聘请美国人迈克作为海尔美国贸易部的总裁，年薪25万美元。迈克成功地让海尔产品进入美国最大的连锁超市沃尔玛，产品品种也从最初的一两种发展到现在的近十种。

经过三年的努力，海尔终于打开了欧美市场。2001年，海尔在美国的销量达到2亿美元，在欧洲达到1.1亿欧元，海尔欧美市场的销量已经占到海尔海外总销量的60%以上。

2. 市场进入方式——先易后难

所谓先易后难模式，是指企业先通过简单易行、投资要求最少的出口方式参与国际市场，然后逐渐从事资金要求更高、风险更大的跨国经营活动，包括设立海外销售办事处和海外直接投资。先易后难模式的优点是，企业有时间积累经验，积累资源，增加企业海外经营能力，减少决策的风险和对失败的承受能力。1995 年海尔以 OEM 的方式向美国出口冰箱，然后再开始打自己的品牌。在积累了近五年的有关美国市场知识后，海尔才在美国设立贸易公司和生产中心。海尔的产品战略也是先易后难，张瑞敏将其描述为“一列纵队方式”。他说：“如到欧洲去，这列纵队的排头兵是冰箱，通过冰箱在欧洲打开了销路，市场对我们的冰箱认同了，再进洗衣机、彩电、空调都容易得多了”。

（二）“三位一体”的本土化战略

为了实现海尔开拓市场的三个三分之一（三分之一国内生产国内销售、三分之一国内生产国外销售、三分之一国外生产国外销售）的目标，海尔在海外设立了 10 个信息站和 6 个设计分部，专门开发适合当地人消费特点的家电产品，提高产品的竞争能力。1996 年开始，海尔已在菲律宾、印度尼西亚、马来西亚、美国等地建立海外生产厂。1999 年初，海尔在美国南卡州的生产制造基地的奠基标志着海尔在海外第一个“三位一体本土化”的海外海尔产生，即设计中心在洛杉矶、生产中心在南卡州、销售中心在纽约。2002 年 3 月 4 日，海尔在美国纽约百老汇购买原格林尼治银行大厦这座标志性建筑作为北美的总部，此举标志着海尔的“三位一体本土化”战略又上升到新阶段。张瑞敏把海尔的这一思路概括为“思路全球化，行动本土化”。行动本土化的目的在于加快品牌影响力的渗透过程。

（三）创造本土化国际名牌战略

海尔实施国际化战略的目标是创出全球知名的品牌，因此宣传海尔品牌是海尔在美国的一项重要任务。过去海尔在美国市场上的宣传比较低调，除了在几个主要机场的手推车上打上“Haier”商标外，基本没有广告宣传。但近来海尔加强了品牌战略。海尔在美国采用一些新的广告媒体，包括广告牌、汽车站和电视，将海尔最新的 DVD 同麦克尔·乔丹的影片宣传联系在一起的电视广告已经在电视上播放。走在洛杉矶、纽约、华盛顿的大街上，也可以看到巨大的广告：1-888-76HAIER，这是海尔在美国推出的免费服务电话。海尔美国贸易公司的售后服务中心开通的免费热线电话服务已覆盖全美。在美国，海尔产品达到 2003 年的能耗标准。企业要创名牌，还必须和当地消费者的需求紧密结合，而且要超前满足当地消费者的需求。海尔超级节能无氟冰箱就是一个典型的例证，它既解决了国际社会对于环保的要求，又考虑到消费者的切身利益，在开发无氟冰箱的同时实现了节能 50%的目标，不但发明了一项世界领先的成果，还取得了巨大的市场效果。冰箱达到了 A 级能耗标准，消费者凡购买海尔超级节能无氟冰箱可得到政府补贴。

（四）整合全球资源战略

海尔实施国际化战略的真谛，在于有效地利用分布在世界不同地区的资金资源、研

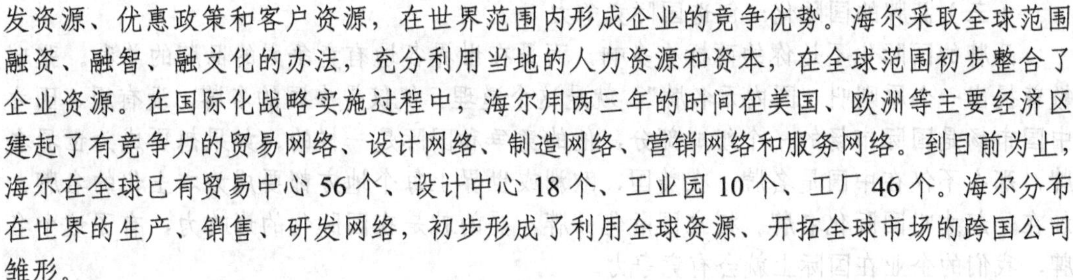

发资源、优惠政策和客户资源，在世界范围内形成企业的竞争优势。海尔采取全球范围融资、融智、融文化的办法，充分利用当地的人力资源和资本，在全球范围初步整合了企业资源。在国际化战略实施过程中，海尔用两三年的时间在美国、欧洲等主要经济区建起了有竞争力的贸易网络、设计网络、制造网络、营销网络和服务网络。到目前为止，海尔在全球已有贸易中心 56 个、设计中心 18 个、工业园 10 个、工厂 46 个。海尔分布在世界的生产、销售、研发网络，初步形成了利用全球资源、开拓全球市场的跨国公司雏形。

三、海尔国际化战略的三大支点

（一）管理的国际化：创造员工忠诚度

管理的国际化不是管理模式的国际化，而是人的国际化。员工的创新是企业最有价值的资产。管理的本质不在于控制员工的行为，而在于给员工提供创新的空间。海尔的管理国际化就是在一个开放的系统，使每个人有一个创新的空间，就是每个人要成为一个 SBU（策略事业单位，即自主创新的个体），成为老板，每个人都对着市场，每个人的价值应该体现在为用户创造的价值上。除了企业里的每个人要成为 SBU 外，作为企业自身也要成为一个开放的系统。主要对着三个方面：第一，对着企业的上游，就是企业的分供方。我们把和上游的关系改变了，变为过去我来买你的部件，现在我来买你的设计。第二，对着企业的下游，也就是我们的客户，我们就是他们的分供方。与他们之间的关系，不是卖给你产品，而是卖给你一个解决方案。第三，对着我们的竞争对手。现在没有任何一个企业可以打败他所有的竞争对手，也没有任何一个企业可以满足用户的所有需求，因此，对抗不如对话，竞争不如竞合。要做到管理得国际化，还有一个问题是不能按照国际化大公司的路亦步亦趋，海尔必须通过创新走一条更快的路。

（二）服务的国际化：创造用户忠诚度

服务的国际化就是要得到用户资源、用户的忠诚度。作为一个企业，所有有形的方面都可以用钱买来——全世界最好的设备、技术，只要有钱可以买到，全世界最好的人才，只要你肯花大价钱也可以挖过来。唯有用户资源你买不到，因为那是用户的心。这和企业发展是一个正比关系，谁拥有的用户资源多，谁的竞争力就强。海尔成功的原因是因为海尔不断在帮助自己的用户成功，在用户成功的过程中自身也获得了成功。出了问题后的服务不叫服务，叫补偿。真正满意的服务是帮用户解决潜在的问题。在网络经济时代，谁在网络中最快满足用户需求，谁就能获得用户资源，所以它必须是零距离，如果晚了什么都得不到。互联网时代，企业库存越大，越说明你没有和用户零距离。因为你生产的产品不是根据用户需求生产的，而是根据自己企业的计划生产的。企业仓库是错误的设置，不应该有仓库，最多是一个过站式的物流，货物只是在那停留一下而已。中国企业如果仅仅想怎么压缩库存，什么用处都没有，唯一的办法是从根本上给用户创造有价值的订单，再来快速生产满足用户需求，这就可以真正实现与用户的零距离，真正实现企业本身的成长，这就是服务的国际化。

（三）品牌的国际化：创造国际竞争力

品牌的国际化不是你的商标有多响，而是在世界各地有竞争力的品牌的总和。张瑞敏曾提出一个原则叫“国内无名牌”，就是这个道理。仅仅是中国的名牌，没有用。因为中国市场是国际市场的一个组成部分，他的竞争和国际是一样的。如果想要成为世界名牌，那么不仅在中国是名牌，在美国、欧洲或世界上每个地方都要成为本土化的名牌，加在一起才叫国际化名牌。树立国际化品牌，要的就是在国际化的影响力，有了这个名牌，我们的企业在国际上就会有竞争力。

管理的国际化、服务的国际化和品牌的国际化中，前两项是为最后一项服务的。品牌的国际化的基因就应该是员工的创新力，也就是管理的国际化给品牌的国际化培育了不断的发展基因，服务的国际化应该是品牌国际化拓展过程中的一个源泉。如果品牌的竞争力不断提升，反过来又会给管理的国际化也就是员工的创新提供一个更大的空间。海尔在全球建了十几个工厂，那就为创新提供了一个更广阔的发展空间，也提供了一个可以创造更大用户资源的空间。

资料来源：http://wenku.baidu.com/view/46ad9180e53a580216fcfeb7.html

**【案例分析题】**

结合海尔国际化经营成功的案例，分析我国企业如何开展国际化经营。

**【项目验收与评估】**

1．验收对象：各小组撰写的《我国中小企业国际化经营的现状与对策》。

2．验收步骤：（1）各项目小组收集资料，撰写《我国中小企业国际化经营的现状与对策》论文一篇。

（2）各项目小组之间推荐一名成员在课上宣读。

（3）由评委会根据下表进行评价，决出胜负。

| 评价内容 | 分　值 | 评　分 |
|---|---|---|
| 资料全面、报告或案例完整 | 20 | |
| 研究深入、有说服力 | 20 | |
| 有创新观点和思路 | 20 | |
| 合作默契、体现团队精神 | 20 | |
| 发言人仪表端庄，语言表达清晰、准确 | 20 | |
| 总体评价 | 100 | |

（4）小组间相互交流意见。

（5）指导教师点评。

# 参 考 文 献

[1] 全国经济专业技术资格考试试用书编写委员会. 工商管理专业知识与实务[M]. 沈阳：辽宁人民出版社，2007.

[2] 全国经营师执业资格认证培训教材编审委员会. 企业经营管理实操[M]. 北京：清华大学出版社，2007.

[3] 吴拓. 现代企业管理[M]. 北京：机械工业出版社，2009.

[4] 赵钎，宋翼东. 现代企业管理[M]. 北京：电子工业出版社，2008.

[5] 朱永杰. 企业的经营与成长[M]. 北京：人民邮电出版社，2005.

[6] 刘忠康，司岩. 企业经营战略概论[M]. 武汉：武汉大学出版社，2005.

[7] 白云. 市场营销实务[M]. 武汉：华中师范大学出版社，2011.

[8] 季辉. 现代企业经营与管理[M]. 大连：东北财经大学出版社，2007.

[9] 张佩云. 人力资源管理[M]. 北京：清华大学出版社，2007.

[10] 苗长川，杨爱花. 现代企业经营管理（修订本）[M]. 北京：清华大学出版社，北京交通大学出版社，2008.

[11] 张仁侠. 现代企业生产管理[M]. 北京：首都经济贸易大学出版社，2009.